# AGÊNCIAS REGULADORAS

## DA ORGANIZAÇÃO ADMINISTRATIVA PIRAMIDAL À GOVERNANÇA EM REDE

# AGÊNCIAS REGULADORAS

## DA ORGANIZAÇÃO ADMINISTRATIVA PIRAMIDAL À GOVERNANÇA EM REDE

SÉRGIO GUERRA

# AGÊNCIAS REGULADORAS

## DA ORGANIZAÇÃO ADMINISTRATIVA PIRAMIDAL À GOVERNANÇA EM REDE

3ª edição revista, ampliada e atualizada

Belo Horizonte

FÓRUM
CONHECIMENTO JURÍDICO

2023

2021 2ª edição revista, ampliada e atualizada
2022 2ª edição, 1ª reimpressão
2023 3ª edição revista, ampliada e atualizada



FÓRUM
CONHECIMENTO JURÍDICO

Luís Cláudio Rodrigues Ferreira
Presidente e Editor

Coordenação editorial: Leonardo Eustáquio Siqueira Araújo
Aline Sobreira de Oliveira

Rua Paulo Ribeiro Bastos, 211 – Jardim Atlântico – CEP 31710-430
Belo Horizonte – Minas Gerais – Tel.: (31) 99412.0131
www.editoraforum.com.br – editoraforum@editoraforum.com.br

Técnica. Empenho. Zelo. Esses foram alguns dos cuidados aplicados na edição desta obra. No entanto, podem ocorrer erros de impressão, digitação ou mesmo restar alguma dúvida conceitual. Caso se constate algo assim, solicitamos a gentileza de nos comunicar através do *e-mail* editorial@editoraforum.com.br para que possamos esclarecer, no que couber. A sua contribuição é muito importante para mantermos a excelência editorial. A Editora Fórum agradece a sua contribuição.

Dados Internacionais de Catalogação na Publicação (CIP) de acordo com ISBD

G934a Guerra, Sérgio

Agências reguladoras: da organização administrativa piramidal à governança em rede / Sérgio Guerra. - 3. ed. - Belo Horizonte : Fórum, 2023

385p.; 14,5cm x 21,5cm.

Inclui bibliografia

ISBN: 978-65-5518-501-0

1. Direito. 2. Direito Constitucional. 3. Direito Econômico. 4. Direito Empresarial. 5. Direito Público. 6. Administração Pública. I. Título.

2023-20

CDD 342
CDU 342

Elaborado por Odilio Hilario Moreira Junior - CRB-8/9949

Informação bibliográfica deste livro, conforme a NBR 6023:2018 da Associação Brasileira de Normas Técnicas (ABNT):

GUERRA, Sérgio. *Agências reguladoras*: da organização administrativa piramidal à governança em rede. 3. ed. Belo Horizonte: Fórum, 2023. 385p. ISBN 978-65-5518-501-0.

*Esta obra é dedicada ao Professor Doutor Marcos Juruena Villela Souto, que faleceu, precocemente, em 09.11.2010.*

# LISTA DE ABREVIATURAS E SIGLAS

ABIN – Agência Brasileira de Inteligência
ACL – Ambientes de Contratação Livre
ACR – Ambiente de Contratação Regulada
ADA – Agência de Desenvolvimento da Amazônia
ADECON – Associação de Defesa da Cidadania e do Consumidor
ADENE – Agência de Desenvolvimento do Nordeste
ADI – Ação Direta de Inconstitucionalidade
ADPF – Ação de Descumprimento de Preceito Fundamental
ADUSEPS – Associação de Defesa dos Usuários de Seguros, Planos e Sistemas de Saúde
AEB – Agência Espacial Brasileira
AGERGS – Agência Reguladora de Serviços Públicos Delegados do Rio Grande do Sul
AGU – Advocacia Geral da União
AIR – Análise de Impacto Regulatório
ANA – Agência Nacional de Águas e Saneamento Básico
ANAC – Agência Nacional de Aviação Civil
ANPD – Autoridade Nacional de Proteção de Dados
ANATEL – Agência Nacional de Telecomunicações
ANCINE – Agência Nacional de Cinema
ANEEL – Agência Nacional de Energia Elétrica
ANM – Agência Nacional de Mineração
ANP – Agência Nacional de Petróleo, Gás e Biocombustíveis
ANPD – Agência Nacional de Proteção de Dados
ANS – Agência Nacional de Saúde Suplementar
ANSEC – Agência Nacional de Serviços de Correios
ANTAQ – Agência Nacional de Transportes Aquaviários
ANTT – Agência Nacional de Transportes Terrestres
ANVISA – Agência Nacional de Vigilância Sanitária
APEXBR – Agência Brasileira de Promoção de Exportações e Investimentos
APO – Autoridade Pública Olímpica
ARNB – Agência Reguladora Nuclear Brasileira
ARTR – Agência Reguladora Territorial Rural
BACEN – Banco Central do Brasil
BNB – Banco do Nordeste do Brasil
BNDES – Banco Nacional de Desenvolvimento Econômico e Social

BNH – Banco Nacional de Habitação
CADE – Conselho Administrativo de Defesa Econômica
CAM-CCBC – Centro de Arbitragem e Mediação da Câmara de Comércio Brasil-Canadá
CBF – Confederação Brasileira de Futebol
CBMA – Câmara Brasileira de Mediação e Arbitragem
CCEE – Câmara de Comercialização de Energia Elétrica
CCI – Câmara de Comércio Internacional
CDA – Certidão da Dívida Ativa
CDC – Código de Defesa do Consumidor
CEPEL – Centro de Pesquisas de Energia Elétrica
CF – Constituição Federal de 1988
CFPB – Consumer Financial Protection Bureau
CIBRAZEM – Companhia Brasileira de Armazéns
CND – Conselho Nacional de Desestatização
CNEM – Conselho Nacional de Energia Nuclear
CNPC – Conselho Nacional de Previdência Complementar
CONAC – Conselho Nacional de Aviação Civil
CONSU – Conselho Nacional de Saúde Suplementar
COSIPA – Companhia Siderúrgica Paulista
CP – Certificados de Privatização
CPPI – Conselho do Programa de Parcerias de Investimentos
CRA – Conselho Regional de Administração
CRECI – Conselho Regional de Corretores de Imóveis
CRPC – Câmara de Recursos da Previdência Complementar
CSN – Companhia Siderúrgica Nacional
CVM – Comissão de Valores Mobiliários
DASP – Departamento de Administração e Serviço Público
DIVEX – Títulos da Dívida Externa
EASA – Agência Europeia para a Segurança da Aviação
EFSA – Autoridade Europeia de Segurança Alimentar
ELETROBRAS – Centrais Elétricas Brasileiras
EMBRAER – Empresa Brasileira de Aeronáutica
EMBRAFILME – Empresa Brasileira de Filmes S.A.
EMBRAPA – Empresa Brasileira de Pesquisa Agropecuária
EMBRATUR – Empresa Brasileira de Turismo S.A.
EMSA – Agência Europeia de Segurança Marítima
ENADE – Exame Nacional de Desempenho de Estudantes
ENEM – Exame Nacional do Ensino Médio
EOP – The Executive Office of the President
ERG TELECOM – Grupo Europeu de Reguladores de Redes e Serviços de Comunicação Eletrônica

ERGEG – Grupo Europeu de Reguladores de Eletricidade e Gás
FGV – Fundação Getulio Vargas
FIARC – Frente Intensiva de Avaliação Regulatória e Concorrencial
FIFA – Federação Internacional de Futebol
FNM – Fábrica Nacional de Motores
GOL – Gol Linhas Aéreas Inteligentes
IAA – Instituto do Açúcar e do Álcool
IBC – Instituto Brasileiro do Café
IBGE – Instituto Brasileiro de Geografia e Estatística
IMAZON – Instituto Homem e Meio Ambiente
IMBEL – Indústria de Material Bélico do Brasil
INC – Instituto Nacional do Café
INCRA – Instituto Nacional de Colonização e Reforma Agrária
INFRAERO – Empresa Brasileira de Infraestrutura Aeroportuária
INM – Instituto Nacional do Mate
INMETRO – Instituto Nacional de Metrologia, Qualidade e Tecnologia
INP – Instituto Nacional do Pinho
INPM – Instituto Nacional de Pesos e Medidas
IPEA – Instituto de Pesquisa Econômica Aplicada
LIGHT – Serviços de Eletricidade S.A.
LINDB – Lei de Introdução às Normas do Direito Brasileiro
LOF – Lei Orgânica do Fisco
MIN. – Ministro
MME – Ministério de Minas e Energia
MP – Medida Provisória
MP – Ministério Público
NPM – New Public Management
OAB – Ordem dos Advogados do Brasil
OCDE – Organização Europeia para o Comércio e Desenvolvimento
OFFER – Office of Eletricity Regulation
OFGAS – Office of Gas
OFGEM – Office of Gas and Eletricity Markets
OFLOT – Office of The Nation Lottery
OFND – Obrigações do Fundo Nacional de Desenvolvimento
OFTEL – Office of Telecomunication
OFWAT – Water Services Regulation Authority
ONS – Operador Nacional do Sistema Elétrico
ORR – Office of Fair Trading
OS – Organização Social
OSCIP – Organização da Sociedade Civil de Interesse Público

PDT – Partido Democrático Trabalhista
PETROBRAS – Petróleo Brasileiro S.A.
PIB – Produto Interno Bruto
PND – Programa Nacional de Desestatização
PORTOBRAS – Portos Brasileiros S.A.
PPA – Plano Plurianual
PPI – Programa de Parcerias de Investimentos
PREVIC – Superintendência Nacional de Previdência Complementar
PSD – Partido Social Democrático
PT – Partido dos Trabalhadores
PTB – Partido Trabalhista Brasileiro
REL – Relator
RESP – Recurso Especial
RFB – Receita Federal do Brasil
RFF – Rede Ferroviária Federal
SAD – Sistema de Alerta de Desmatamento
SAE – Secretaria de Acompanhamento Econômico
SEAE – Secretaria de Advocacia da Concorrência e Competitividade
SAEB – Sistema Nacional de Avaliação da Educação Básica
SBC – Sistema Brasileiro de Certificação
SBDC – Sistema Brasileiro de Defesa da Concorrência
SDE – Secretaria de Direito Econômico
SEBRAE – Serviço Brasileiro de Apoio às Micro e Pequenas Empresas
SIDERBRAS – Siderúrgica Brasileira S.A.
SIN – Sistema Interligado Nacional
SINMETRO – Sindicato Nacional de Metrologia, Normalização e Qualidade Industrial
SNAAPP – Serviço de Navegação da Amazônia e Administração do Porto do Pará
STF – Supremo Tribunal Federal
STJ – Superior Tribunal de Justiça
SUSEP – Superintendência de Seguros Privados
TAM – Tam Linhas Aéreas S.A.
TCU – Tribunal de Contas da União
TDA – Títulos da Dívida Agrária
TELEBRAS – Telecomunicações Brasileiras S.A.
UDN – União Democrática Nacional
UPU – União Postal Universal
USIMINAS – Usinas Siderúrgicas de Minas Gerais

# SUMÁRIO

CAPÍTULO 4

NOVOS ENTES PÚBLICOS FEDERAIS COM ESTRUTURA ORGANIZACIONAL POR REDE (NÃO PIRAMIDAL) ..... 199

# APRESENTAÇÃO DA TERCEIRA EDIÇÃO

Com regozijo chego à 3ª edição desta obra, cujo acolhimento no meio acadêmico e profissional levou a 2ª edição, editada em 2021, e à 1ª reimpressão em 2022, por sua vez esgotada em poucos meses.

Esta edição, completamente revista, revisada e atualizada, a partir de novas pesquisas e debates com alunos do Programa de Pós-graduação em Direito da Regulação (mestrado e doutorado), da FGV Direito Rio, traz um aprofundamento sobre algumas categorias advindas da nova Lei das Agências Reguladoras (Lei nº 13.848/2019), bem como a atualização normativa voltada ao programa de liberdade econômica (Lei nº 13.874/2019 e sua regulamentação). A atualização também contempla o programa de melhores práticas em regulação do governo federal – fortemente impactadas pelos estudos da OCDE – e o programa de desestatização durante o governo do Presidente Jair Bolsonaro.

Dentre outros aspectos, examinamos os mecanismos de Análise de Impacto Regulatório (AIR) e o instrumento de Análise de Resultado Regulatório (ARR), que deverá ser integrado pelas agências reguladoras à atividade de elaboração normativa. Analisamos as inovações trazidas pela Secretaria de Advocacia da Concorrência e Competitividade (antiga Secretaria de Acompanhamento Econômico), do Ministério da Economia (SEAE/ME), órgão responsável pela coordenação da melhoria regulatória, que criou o programa "Frente Intensiva de Avaliação Regulatória e Concorrencial (FIARC)" voltado à contenção do abuso do poder regulatório disciplinado pela Lei de Liberdade Econômica.

A obra também contemplou as mudanças ocorridas com o Banco Central do Brasil (BACEN) e com a Autoridade Nacional de Proteção de Dados (ANPD), cuja natureza jurídica se assemelha às agências reguladoras, além de aspectos jurídicos acerca da inarbitrabilidade objetiva envolvendo as agências reguladoras.

Agradeço à Deus por tantas graças recebidas nesta vida, especialmente pelo amor e apoio permanente da minha esposa, dos meus filhos e de toda a minha família. Um agradecimento especial aos pesquisadores do projeto de pesquisa *Regulação em Números*, em especial à pesquisadora Gabriela Borges, pelas suas contribuições na coleta de informações e apoio na atualização geral.

Rio de Janeiro, dezembro de 2022.

**Sérgio Guerra**

# APRESENTAÇÃO DA SEGUNDA EDIÇÃO

A primeira edição desta obra foi escrita entre 2009 e 2011, fruto de pesquisa pós-doutoral realizada na Escola de Administração Pública e de Empresas (FGV/EBAPE), período em que era aguardada a edição de nova Lei Geral das Agências Reguladoras a partir dos debates ocorridos no PL nº 3.337/2004. O PL tramitou até 2013, quando foi retirado a pedido da então presidente Dilma Rousseff.

Segundo a exposição de motivos enviada pelo Poder Executivo quando do encaminhamento do PL, o projeto pretendia "estabelecer um conjunto homogêneo e estável de regras para orientar a gestão e a atuação das agências reguladoras, constituindo-se, de certa maneira, numa 'Lei Geral' das agências reguladoras que, ao superar diferenciações entre elas, ora existentes, e que não se justificam, apesar das evidentes especificidades tratadas em suas leis de criação, permitem, ainda, tornar mais transparente, eficiente, socialmente controlado e legítimo o exercício da função reguladora por essas entidades".

Somente no final de 2019 entrou em vigor a Lei nº 13.848, dispondo sobre a gestão, a organização, o processo decisório e o controle social das agências reguladoras. Esta mesma lei alterou a Lei nº 9.427, de 26 de dezembro de 1996, a Lei nº 9.472, de 16 de julho de 1997, a Lei nº 9.478, de 6 de agosto de 1997, a Lei nº 9.782, de 26 de janeiro de 1999, a Lei nº 9.961, de 28 de janeiro de 2000, a Lei nº 9.984, de 17 de julho de 2000, a Lei nº 9.986, de 18 de julho de 2000, a Lei nº 10.233, de 5 de junho de 2001, a Medida Provisória nº 2.228-1, de 6 de setembro de 2001, a Lei nº 11.182, de 27 de setembro de 2005, e a Lei nº 10.180, de 6 de fevereiro de 2001, que disciplinam as competências e atividades das agências reguladoras setoriais.

Esta lei surgiu em decorrência do PLS nº 52/2013, que originou o substitutivo da Câmara dos Deputados (PL **nº** 6.621/2016), sancionado com vetos pelo Chefe do Poder Executivo.

Passada quase uma década da primeira edição, esta segunda edição foi totalmente revisada e atualizada, contando com o apoio das pesquisadoras Maíra Villela Almeida e Marcella Brandão Flores da Cunha na atualização normativa e das desestatizações, a quem registro um especial agradecimento.

Trago, no primeiro capítulo, um estudo aprofundado sobre a origem e o desenvolvimento do modelo regulatório norte-americano, que influenciou na estruturação do modelo nacional. O estudo foi realizado durante as minhas pesquisas pós-doutorais, como *visiting researcher* na Yale Law School, que mantém um programa de direito comparado sob a coordenação da professora Susan Rose-Ackerman.

A obra também investiga, nos capítulos seguintes, as mudanças normativas que impactaram conceitos, categorias jurídicas e na governança estatal, notadamente, as novidades com a ampliação do número de entidades autárquicas especiais e o impacto da nova lei geral na governança das agências reguladoras.

Esta segunda edição traz, ainda, no último capítulo, pesquisas sobre a evolução da arbitragem envolvendo as entidades reguladoras, tema dos mais atuais considerando o aumento dos procedimentos arbitrais envolvendo a administração pública, a partir da alteração da Lei nº 9.307/1996 em 2015, e um estudo de caso sobre a polêmica criação de órgão arbitral por entidade autárquica em regime de competição com o setor privado.

Por fim, registro um agradecimento a Deus, por tantas bênçãos em minha vida, especialmente, por ter sempre ao meu lado os meus amores, a minha família, Virginia, Renan e Thamires.

Teresópolis, agosto de 2020.

**Sérgio Guerra**

# APRESENTAÇÃO DA PRIMEIRA EDIÇÃO

O Jubileu é uma comemoração religiosa da Igreja Católica. É celebrado dentro de um ano santo; o que difere deste é que a celebração jubilar é feita de 25 em 25 anos.

Completei, neste ato, 25 anos de advocacia e, para celebrar essa importante marca – o jubileu – na minha carreira, estou tendo a oportunidade, proporcionada pela Editora Fórum, de materializar algumas reflexões que decorrem de pesquisa realizada entre 2009-2011 no âmbito do Programa de Pós-Doutorado da Fundação Getulio Vargas (EBAPE).

Contudo, a conclusão de uma pesquisa e consequente publicação de um livro não significa a realização de um trabalho isolado, apenas do pesquisador/autor. Ela só ocorre com a participação e o apoio de pessoas especiais.

Antes das pessoas, devo agradecer a Deus. Ele sempre tem iluminado o meu caminho ao me aproximar de pessoas maravilhosas; agradeço a Ele pela minha linda família, por me dar saúde e determinação para seguir caminhando na busca de novos desafios, do conhecimento, da informação.

Tive o privilégio em ter, na minha vida acadêmica e pessoal, a presença do Professor Doutor Marcos Juruena Villela Souto, falecido em novembro de 2010. Juntamente com o decano do Direito Administrativo brasileiro, Professor Doutor Diogo de Figueiredo Moreira Neto, me orientou nos programas de Mestrado e de Doutorado na área do Direito Público. Ao Professor Marcos Juruena, dedico este livro.

Mais recentemente, tive o privilégio de estar próximo ao Professor Doutor Enrique Jeronimo Saravia, meu supervisor na pesquisa de Pós-Doutorado realizada na FGV/EBAPE, e que corresponde, na maior parte, à presente obra. O Prof. Saravia me abriu os caminhos para, além das questões jurídicas, o aprofundamento nos diversos aspectos administrativos que se imbricam nos hodiernos desafios da complexa organização administrativa brasileira, notadamente com o aumento de entidades com função neutral (em rede, não piramidal).

Sem as suas ideias, provocações e lições, assim como dos profissionais entrevistados para a elaboração da pesquisa semiestruturada que compôs a pesquisa (Luiz Guilherme Schymura, Jerson Kelman, Luiz Alberto Machado Fortunato, Luiz Alberto dos Santos e João Alziro Herz da Jornada) – a quem, desde já, registro o meu profundo agradecimento – eu jamais teria conseguido chegar ao problema e às conclusões.

Registro, ainda, especial agradecimento à Direção da Fundação Getulio Vargas, suas Escolas e Institutos, especialmente à EBAPE, onde se desenvolveu a pesquisa materializada neste livro, e a FGV DIREITO RIO, que, desde 2004, me acolheu e onde exerço, com muita satisfação e alegria, como Professor Titular, a cátedra de Direito Administrativo.

Também devo agradecer aos demais membros da Banca Examinadora da pesquisa de Pós-Doutorado, Professores Doutores Alketa Peci, Deborah Moraes Zouain, Luiz Guilherme Schymura e Teresa Cristina Nunes, pelas observações e aperfeiçoamento do texto, e pela recomendação, naquela sessão solene, da presente publicação.

Não poderia deixar de agradecer aos meus amores, Virgínia, com quem estou casado há 23 anos, e a meus queridos filhos, Renan e Thamires. Sem eles, a vida não teria qualquer graça. E, por fim, aos membros da Pastoral Familiar da Igreja Nossa Senhora da Vitória, Barra da Tijuca, que, sem sombra de dúvida, transformaram a minha vida desde que participei do Encontro Paroquial de Casais, há 10 anos.

Rio de Janeiro, julho de 2011.

**Sérgio Guerra**

# PREFÁCIO À PRIMEIRA EDIÇÃO

Poucos discutem que o Estado deva mudar e que esteja mudando. Mas não há consenso sobre o quê deve permanecer e o quê deve mudar. Os impactos tecnológicos, a força da variável internacional e a globalização crescente, a pressão por maior transparência, a necessidade de participação da população nas decisões públicas, entre outros fatores, colocam em xeque a estrutura e a própria razão de ser do nosso Estado que finca suas raízes no iluminismo do século XVIII e na tradição liberal do século XIX e ainda mantém suas tradicionais aderências patrimonialistas.

A adequação das estruturas estatais às características desta primeira parte do século XXI torna-se difícil perante exigências incontornáveis: a necessidade de preservar –e ampliar- as garantias aos direitos dos cidadãos, e, principalmente, de eliminar as tentações de autoritarismo e abuso do poder; a exigência de preservar os dinheiros pagos pelo contribuinte das inclinações perdulárias ou criminosas de seus administradores; a preocupação em preservar e aperfeiçoar o Estado de Direito, entre outros. Como conseguir tudo isso considerando a rigidez e natural conservadorismo da estrutura normativa?

Há uma equação lógica que sustenta as mudanças no campo do direito, desde que seus termos sejam respeitados. A ordem jurídica surge do diálogo dinâmico de três dimensões: os princípios gerais do direito, as normas positivas e a realidade da sociedade disciplinada por essas normas. Daí a miopia da visão do intérprete da lei que só se atém à letra da norma positiva sem levar em consideração que essa norma pertence a um sistema jurídico maior com o que ela deve ser congruente. E que essa norma deve sempre se adequar a uma realidade dinâmica e mutável. Realidade que tem "desejo de lei" e como resume magnificamente o pensador argentino Ignacio Leikowicz – "se um desejo de lei é possível é porque supomos um tempo de harmonia nesse complexo que chamamos de lei: a harmonia entre lei simbólica, norma jurídica e regra social. A lei simbólica – estruturante do sujeito –, a norma jurídica – estruturante do corpo político estatal –, a regra social

– estruturante das condutas de relação entre os indivíduos – ecoaram harmonicamente em condições históricas precisas" (LEWKOWICZ, Ignacio. *Pensar sin Estado: la subjetividad en la era de la fluidez*. Buenos Aires: Paidós, 2006, p.189-190).

Esses são os dilemas que enfrenta o analista das realidades estatais e aqueles que no seu afazer legiferante procuram organizar a realidade em harmonia com as tendências presentes da estrutura socioeconômica e política. Não é outra a história, nem sempre bem-sucedida, das reformas administrativas no Brasil. Desde as iniciativas pioneiras de Getulio Vargas na década de 1930, com a criação das autarquias, primeiras figuras de administração descentralizada, até as agências executivas e organizações sociais do plano de reforma de FHC e Bresser Pereira, a história administrativa do Brasil é uma sucessão de soluções criativas para contornar as rigidezes da estrutura estatal tradicional. E nesse sentido, a história não tem fim.

É isso o que Sergio Guerra nos mostra com madura lucidez. Tive o privilégio de orientar o trabalho acadêmico que deu lugar a este livro. Apoiei a pesquisa, mas aprendi muito. E conseguimos uma síntese adequada entre a intenção do pesquisador e o olhar do orientador: a correlação entre sistema jurídico, norma positiva e os dados da realidade.

O autor analisa exaustivamente a maioria das novas formas jurídicas de que se reveste o Estado, seja nas instituições que são administração pública stricto sensu – CVM, CADE, agências reguladoras –, bem como aquelas que foram criadas para apoiar as prestações estatais no marco do Estado de Direito moderno – ONS, CCEE. Examina, também, as novas propostas ainda não concretizadas.

Mas a maior originalidade do trabalho do Sergio Guerra é a sua vinculação com a realidade concreta da vida quotidiana das instituições, o que ele consegue através das entrevistas que levou a cabo com administradores públicos conscientes e engajados que contam a história dos êxitos e fracassos da aplicação efetiva das normas à realidade regulada. Verifica-se, assim, o velho adágio de que "a teoria na prática é outra...". O que é uma verdade universal, mas absolutamente indiscutível na paisagem brasileira.

O esforço do autor abre, certamente, novos caminhos para a reflexão jurídica e de ciência política. Tomara que a brecha por ele aberta modernize e consolide uma perspectiva analítica que mantenha o diálogo harmônico entre o sistema jurídico, a legislação positiva e a dinâmica da vida da Administração. E que tudo isso seja útil para o progresso do Brasil e sua institucionalidade e para o benefício da cidadania.

Rio de Janeiro, setembro de 2011

**Enrique Saravia**

Doutor em Direito pela Universidade de Paris I (Panthéon-Sorbonne). Professor visitante do Instituto de Economia da UFRJ. Professor titular aposentado da EBAPE/FGV. Membro fundador do Center for Advanced Studies in International Cooperation in the 21st Century (German Development Institute/Bonn, Institute for Advanced Study in the Humanities/Essen, e Universidade de Duisburg-Essen, Alemanha)

# INTRODUÇÃO

O sistema administrativo e a organização pública brasileira vêm sendo paulatinamente aprimorados, visando à estruturação de um Estado moderno que atenda os interesses e necessidades dos cidadãos.[1] Parte dos avanços se deve às possibilidades trazidas pela tecnologia e pela digitalização de serviços públicos,[2] o que facilita a eficiência e a modernização da gestão pública. Mas muito ainda há que ser feito para se alcançar satisfação mínima e legitimação do Estado perante o cidadão brasileiro.

É nesse contexto que muito se debate acerca da forma de estruturação e atuação da administração pública brasileira, visando ao seu aperfeiçoamento. Parece ser unânime que a organização administrativa deva ter como vetor de sua atuação a necessidade de ser ágil, eficiente, eficaz e, assim, ter capacidade para resolver os problemas cotidianos da sociedade.[3]

O que, na prática, se observa no Brasil em termos de organização administrativa está próximo de um modelo híbrido ainda não totalmente superado de uma administração inspirada – mas não

---

1 Sobre a evolução do sistema administrativo e atuação do agente público brasileiro que, até os dias atuais, provoca certa desconfiança junto à sociedade, colhe-se a doutrina de Sérgio Buarque de Holanda em seu clássico *Raízes do Brasil*: "No Brasil, pode dizer-se que só excepcionalmente tivemos um sistema administrativo e um corpo de funcionários puramente dedicados a interesses objetivos e fundados nesses interesses. Ao contrário, é possível acompanhar, ao longo de nossa história, o predomínio constante das vontades particulares que encontram seu ambiente próprio em círculos fechados e pouco acessíveis a uma ordenação impessoal. Dentre esses círculos, foi sem dúvida o da família aquele que se exprimiu com mais força e desenvoltura em nossa sociedade". HOLANDA, Sérgio Buarque de. *Raízes do Brasil*. 26. ed., 26. reimpr. São Paulo: Companhia das Letras, 2006. p. 106.

2 Cumpre registrar que por meio da Lei nº 14.129, de 29 de março de 2021, foram estabelecidos os princípios, as regras e os instrumentos para o aumento da eficiência da administração pública, especialmente por meio da desburocratização, da inovação, da transformação digital e da participação do cidadão.

3 Nesse sentido, a lição de Enrique Saravia: "Na determinação das funções e finalidades estatais, é necessário admitir que o Estado hoje só se legitima pela sua efetividade, isto é, pela sua capacidade para implementar as políticas públicas sancionadas pelo poder público". SARAVIA, Enrique J. Governança social no Brasil contemporâneo. *Revista Governança Social – IGS*, Belo Horizonte, ano 3, edição 7, p. 21-23, dez. 2009/mar. 2010.

totalmente alcançada[4] – no modelo piramidal, *weberiano*, com ilhas de racionalidade[5] e excelência,[6] rotulada de pesada, lenta e ineficiente, que acaba por frustrar os cidadãos.

Mas por que essa questão vem se intensificando e pautando os debates ocorridos nas últimas duas décadas sobre a atuação da administração pública? Um fato é, entre nós, de superlativa importância para essa ordem de questões. Despontou no Brasil, nas letras promulgadas da Carta Cidadã de 1988, o desenho de um novo Estado de Direito, agora democrático, estruturando a ordem social focada no trabalho, bem-estar e justiça social, e a ordem econômica sobre os pilares da livre iniciativa e da valorização do trabalho humano, impactando a forma como o Estado deve se relacionar com o cidadão.[7]

Sob o ideal de que compete ao Estado formular políticas públicas[8] visando, cumulativamente, regular setores complexos e a competitividade nos mercados, de modo a promover o bem comum da sociedade (meio), o foco, a meta maior, passa a ser alcançar instrumentos de elevação e proteção da dignidade da pessoa humana (fim).[9]

---

4 Segundo Saravia, as administrações públicas mantêm o modelo weberiano como ideal a alcançar. Isso é muito claro na América Latina, onde, em muitos casos, ainda não se chegou aos elementos que caracterizaram o modelo racional-legal como avanço frente ao paradigma patrimonialista. SARAVIA, Enrique J. O sistema de carreira no setor público: descrição, análise comparativa e perspectivas. *In*: BALASSIANO, Moisés; COSTA, Isabel de Sá Affonso da. *Gestão de carreiras*: dilemas e perspectivas. Rio de Janeiro: Atlas, 2006. p. 5.

5 MATTOS, Paulo Todescan Lessa. *O novo Estado regulador no Brasil*: eficiência e legitimidade. 2. ed. São Paulo: Revista dos Tribunais, 2017. p. 120.

6 NUNES, Edson *et al*. Agências reguladoras no Brasil. *In*: AVELAR, Lúcia; CINTRA, Antônio Octávio (Org.). *Sistema político brasileiro*: uma introdução. São Paulo: UNESP, 2004. p. 186.

7 "Em síntese, a legalidade – que no constitucionalismo clássico dispensava a legitimidade e a licitude, pois entendida como puro produto estatal, a ser expresso pelos parlamentos, chefes-de-estado ou chefes de governo – foi superada pela constitucionalidade, que limita a atuação do Estado no definido espaço de juridicidade que lhe seja constitucionalmente aberto e rigorosamente compartimentado. Em outros termos: a constitucionalidade, como expressão máxima da juridicidade na ordem jurídica interna de cada País, passa a ser amplamente entendida não apenas como a inspiração e a motivação, mas como o limite da legalidade. Eis assim delimitado o reino do Direito contemporâneo, no qual o Direito Administrativo se amplia e se alteia, não apenas como um ramo jurídico afeto ao Estado, mas como a Disciplina do ordenamento de relações entre pessoas e centros de poder". MOREIRA NETO, Diogo de Figueiredo. *Poder, direito e estado*: o direito administrativo em tempos de globalização. Belo Horizonte: Fórum, 2011. p. 54.

8 Sobre as diversas abordagens acerca das políticas públicas, ver: SARAVIA, Enrique J.; FERRAREZI, Elisabete. *Políticas públicas*: coletânea. Brasília: ENAP, 2006. 2. v.

9 BRASIL. Constituição Federal (1988). Art. 1º A República Federativa do Brasil, formada pela união indissolúvel dos Estados e Municípios e do Distrito Federal, constitui-se em Estado Democrático de Direito e tem como fundamentos: I – a soberania; II – a cidadania; III – a dignidade da pessoa humana; IV – os valores sociais do trabalho e da livre iniciativa; V – o pluralismo político.

Presenciou-se, segundo diversos autores,[10] com a promulgação da Carta de 1988, um novo e instigante sistema, em que o protagonismo do Poder Executivo, o conhecido intervencionismo exacerbado e centralizado no campo econômico, deve ceder lugar à atuação estatal regulatória sob um modelo policêntrico, com desafios atinentes ao pluralismo, à alta complexidade cotidiana[11] e questões sociais que demandam novas soluções para atingir o bem-estar do cidadão.

Um dos principais traços dessa fase por que passa a sociedade brasileira está no fato de que a atuação estatal em um determinado aspecto do conjunto social tende a produzir reflexos em outro segmento e afetar o direito individual. Isto é, diante do pluralismo e da enorme diversidade de interesses contrapostos assegurados na Constituição Federal de 1988, a implementação de políticas públicas, regra geral, não atende satisfatoriamente a todos os desejos e expectativas dos brasileiros.[12]

Diante desses desafios, trazidos, em parte, pela forte complexidade e tecnicidade cotidiana, e impostos pela Constituição Federal de 1988, ainda que se leve em conta a teoria da "reserva do possível",[13] as ações governamentais necessitam de diretrizes claras, maior planejamento, eficiência e eficácia, e melhor aplicação dos recursos orçamentários, ao contrário do que, em muitos casos, ainda ocorre no Brasil.

O sistema administrativo – que não é o detentor, mas apenas o administrador dos negócios públicos –[14] deve funcionar de maneira eficiente e eficaz; isto é, deve ser um instrumento para o desenvolvimento nacional e, especialmente, prestar contas de suas atividades. É sabido

---

10 Por todos, cite-se: MOREIRA NETO, Diogo de Figueiredo. *Direito regulatório*: a alternativa participativa e flexível para a Administração Pública de relações setoriais complexas no Estado democrático. Rio de Janeiro: Renovar, 2003.

11 CAMPILONGO, Celso Fernandes. *O direito na sociedade complexa*. São Paulo: Max Limonad, 2000. p. 2.

12 "A dinâmica acelerada da vida social, os avanços tecnológicos, a internacionalização da política e da economia, a pressão exercida pela população para obter melhores condições de vida e de participação política, somados à necessidade de uma autoridade que oriente, coordene e controle, produzem enormes desafios para a ação do Estado". SARAVIA, Enrique J. Governança social no Brasil contemporâneo. *Revista Governança Social – IGS*, Belo Horizonte, ano 3, edição 7, p. 21-23, dez. 2009/mar. 2010.

13 Por essa teoria, objeto de críticas no Brasil pelo fato de a administração pública, muitas vezes, adotar interpretação distorcida, reconhece-se haver dificuldade prática na compatibilização do atendimento dos direitos fundamentais previstos na Constituição Federal e os recursos disponíveis no tesouro público para a plena satisfação desses direitos. Daí, constantemente, o tema ser levado a julgamento a ser feito pelo Poder Judiciário, como, por exemplo, nos casos da entrega de medicamentos.

14 LIMA, Ruy Cirne. *Princípios de direito administrativo*. 6. ed. São Paulo: RT, 1987. p. 21.

que áreas que abrangem políticas públicas sociais voltadas à distribuição de renda, alimentação, oferta de empregos, segurança, investimentos em educação, acesso à justiça, melhorias na saúde e programas de infraestrutura para moradia, saneamento básico e transportes públicos devem ser a base central do planejamento estatal. Contudo, ainda hoje, no Brasil, depara-se com certa opacidade no planejamento público e na capacidade para implementar, adequadamente, as políticas públicas em áreas essenciais para o bem-estar da sociedade.

Em suma, se o Estado brasileiro passa a ter, pelo texto constitucional,[15] um viés preponderantemente regulador, com objetivos bem definidos em termos de respeito aos direitos fundamentais e à reserva do exercício de atividades econômicas prioritariamente pelo setor privado, a sociedade atual necessita de uma governança pública[16] orientada, especialmente, para a transparência máxima do planejamento das políticas públicas e, consequentemente, das metas, dos gastos públicos e dos resultados alcançados com a ação governamental.

O acompanhamento dos resultados deve, sempre que possível, ser realizado, objetivamente, por meio de indicadores de desempenho, métricas, análises comparativas, índices,[17] que, de alguma forma, abandonem o casuísmo, a discricionariedade opaca e traduzam as consequências práticas das ações políticas, das escolhas públicas, em melhores condições para a prática dos negócios e de vida para a população.[18] Só assim esses resultados poderão ser avaliados, mensurados

---

[15] Constituição Federal (1988). Art. 174. Como agente normativo e regulador da atividade econômica, o Estado exercerá, na forma da lei, as funções de fiscalização, incentivo e planejamento, sendo este determinante para o setor público e indicativo para o setor privado.

[16] Para Enrique Saravia, o conceito de governança é o conjunto de instrumentos técnicos de gestão que asseguram a eficiência da ação pública, o que nos conduz à necessidade de reformular a administração mediante a elaboração de novas ferramentas gerenciais, jurídicas, financeiras e técnicas. Esse conceito não se confunde com o de governabilidade, que é a necessidade de dotar de condições adequadas o ambiente político em que se efetivam as ações da administração, o que requer legitimidade dos governos, credibilidade e imagem pública dos governantes e dos servidores públicos, além da redefinição das funções do Estado, do seu padrão de intervenção econômica e social, de suas relações com a sociedade civil e o mercado e entre os poderes Executivo, Legislativo e Judiciário. SARAVIA, Enrique J. Governança social no Brasil contemporâneo. *Revista Governança Social – IGS*, Belo Horizonte, ano 3, edição 7, p. 21-23, dez. 2009/mar. 2010.

[17] Alguns sistemas de avaliação até foram criados no Brasil, como, por exemplo, o Sistema de Avaliação do Plano Plurianual (PPA), o Sistema Nacional de Avaliação da Satisfação dos Usuários de Serviços Públicos, o Sistema Nacional de Avaliação da Educação Básica (SAEB), o Exame Nacional do Ensino Médio (ENEM), o Exame Nacional de Desempenho dos Estudantes (ENADE) etc. Contudo, não bastam os sistemas e controles sobre planos de metas meramente "formais".

[18] "Quanto aos critérios de avaliação e desempenho, que são essenciais a uma administração pública pautada pela autonomia, Lustosa da Costa (1998, p. 211) chama a atenção para

e controlados pela sociedade, sendo a participação popular um dos melhores mecanismos para o "poder" chegar às mãos dos cidadãos.[19]

Nessa busca incessante pela melhoria da atuação governamental, é necessária a realização de parcerias e estratégias regulatórias entre governos das diferentes esferas (União, Estados e Municípios), entidades da administração indireta, organismos internacionais, organizações não governamentais, autorreguladores e empresas privadas. Com a soma de esforços e parcerias público-privadas pode-se viabilizar, com mais agilidade, a execução de diversos programas estruturados em políticas públicas.

Visando trazer mais agilidade e profissionalismo em setores complexos, que impõe a reestruturação da máquina estatal, o Governo Federal objetivou a mudança na forma de executar algumas de suas ações em áreas estratégicas. Seguindo tal posicionamento estruturado no Plano Diretor da Reforma do Aparelho do Estado, de 1995,[20] órgãos da Administração Federal passariam a trabalhar sob um novo formato

---

a precariedade até dos mais sofisticados mecanismos de avaliação de desempenho que, ao se mostrarem incapazes de medir o impacto das ações empreendidas, 'tendem a privilegiar a mensuração da eficiência, deixando de lado qualquer esforço para avaliar a real eficácia social das iniciativas'. O estabelecimento de mecanismos condizentes, na opinião de Kettl (1998), é projeto para décadas, não apenas para meses sujeitos a interrupções, tal como ocorrido em 1995. Por exemplo, no caso das agências reguladoras, auditorias realizadas pelo Tribunal de Contas da União apontam a existência de diversos e, por vezes, conflitantes mecanismos de autonomia e avaliação de desempenho. No caso da ANEEL, o primeiro contrato de gestão foi assinado em 2 de março de 1998, teve vigência até 31 de dezembro de 2000 e foi objeto de auditorias pela Secretaria Federal de Controle durante os exercícios 1998 e 1999, quando foi verificado um desempenho satisfatório. Na auditoria realizada na ANEEL, exercício 2000, pelo Tribunal de Contas da União (TCU, 2001), os auditores constataram que as metas da agência, estipuladas no contrato de gestão, foram agrupadas em dois grandes programas contemplados no PPA, fazendo com que o contrato assumisse um caráter formal, uma função redundante em relação a outros instrumentos de planejamento e orçamento". PECI, Alketa *et al.* Governança e New Public Management: convergências e contradições no contexto brasileiro. *Organização e Sociedade – O&S*, v. 15, n. 46, p. 48, jul./set. 2008.

19 Como asseveram Osborne e Gaebler, a maioria dos governos empreendedores promove a competição entre os que prestam serviços ao público. Eles dão poder aos cidadãos, transferindo o controle dessas atividades da burocracia para a comunidade. Medem a atuação de suas agências, focalizando não fatores localizados, os insumos, mas sim resultados. Orientam-se pelos seus objetivos – sua missão, em vez de regras e regulamentos. Redefinem seus usuários como clientes, oferecendo-lhes opções. OSBORNE, David; GAEBLER, Ted. *Reinventando o governo*: como o espírito empreendedor está transformando o setor público. Tradução de Sérgio Fernando Guarisch Bath e Ewandro Magalhães Jr. 10. ed. Brasília: MH Comunicação, 1998. p. 21.

20 BRASIL. Presidência da República Câmara da Reforma do Estado. *Plano Diretor da Reforma do Estado*. Brasília, 1995. Disponível em: http://www.biblioteca.presidencia.gov.br/publicacoes-oficiais/catalogo/fhc/plano-diretor-da-reforma-do-aparelho-do-estado-1995.pdf. Acesso em 22 mar. 2022.

de atuação: a denominada "administração gerencial", que romperia com o modelo de sistema administrativo burocrático:

> [...] emerge na segunda metade do século XX, como resposta, de um lado, à expansão das funções econômicas e sociais do Estado e, de outro, ao desenvolvimento tecnológico e à globalização da economia mundial, uma vez que ambos deixaram à mostra os problemas associados à adoção do modelo anterior. A eficiência da administração pública – a necessidade de reduzir custos e aumentar a qualidade dos serviços, tendo o cidadão como beneficiário – torna-se então essencial. A reforma do aparelho do Estado passa a ser orientada predominantemente pelos valores da eficiência e qualidade na prestação de serviços públicos e pelo desenvolvimento de uma cultura gerencial nas organizações. A administração pública gerencial constitui um avanço, e até um certo ponto um rompimento com a administração pública burocrática. Isso não significa, entretanto, que negue todos os seus princípios. Pelo contrário, a administração pública gerencial está apoiada na anterior, da qual conserva, embora flexibilizando, alguns dos seus princípios fundamentais, como a admissão segundo rígidos critérios de mérito, a existência de um sistema estruturado e universal de remuneração, as carreiras, a avaliação constante de desempenho, o treinamento sistemático. A diferença fundamental está na forma de controle, que deixa de basear-se nos processos para concentrar-se nos resultados, e não na rigorosa profissionalização da administração pública, que continua um princípio fundamental. Na administração pública gerencial a estratégia volta-se: (1) para a definição precisa dos objetivos que o administrador público deverá atingir em sua unidade; (2) para a garantia de autonomia do administrador na gestão dos recursos humanos, materiais e financeiros que lhe forem colocados à disposição para que possa atingir os objetivos contratados; e (3) para o controle ou cobrança a posteriori dos resultados.

Esse plano de reforma administrativa, na década de 1990, pretendeu criar no sistema administrativo brasileiro uma nova mentalidade, uma cultura gerencial nos moldes praticados por organizações que enfrentaram e continuam lidando com desafios de modernização, sob formas flexíveis de gestão, incentivo à inovação e aos experimentalismos naturais em ambientes complexos e permeados por incertezas.[21]

---

[21] "O paradigma gerencial contemporâneo, fundamentado nos princípios da confiança e da descentralização da decisão, exige formas flexíveis de gestão, horizontalização de estruturas, descentralização de funções, incentivos à criatividade. Contrapõe-se à ideologia do formalismo e do rigor técnico da burocracia tradicional. À avaliação sistemática, à recompensa pelo desempenho, e à capacitação permanente, que já eram características

Entre várias ações voltadas à modernização do sistema administrativo nacional foram criadas, ou reestruturadas, no bojo de um processo de desestatização, entidades reguladoras dotadas de autonomia reforçada (autarquias especiais vinculadas, e não subordinadas ao Poder Público central), com funções neutrais, compondo, em parte, a chamada administração descentralizada ou indireta.[22]

A criação de entes estatais reguladores na década de 90 seguiu tendência internacional[23] de reforma da administração pública mediante a elaboração de novas ferramentas de governança sob as óticas gerencial, jurídica, financeira e técnica.[24]

As denominadas entidades reguladoras independentes, mais conhecidas entre nós como agências reguladoras, com características próprias examinadas nesta obra, foram implantadas em diversos países, a exemplo das: *independent regulatory commissions* estadunidenses, *autorités administratives indépendantes* francesas, *autorità indipendenti* italianas, *administraciones independientes* espanholas, *régies* canadenses, *ambetswerk* suecas e finlandesas, e *ministerialfreien Raums* germânicos.[25]

---

da boa administração burocrática, acrescentam-se os princípios da orientação para o cidadão-cliente, do controle por resultados, e da competição administrada. No presente momento, uma visão realista da reconstrução do aparelho do Estado em bases gerenciais deve levar em conta a necessidade de equacionar as assimetrias decorrentes da persistência de aspectos patrimonialistas na administração contemporânea, bem como dos excessos formais e anacronismos do modelo burocrático tradicional. Para isso, é fundamental ter clara a dinâmica da administração racional-legal ou burocrática. Não se trata simplesmente de descartá-la, mas sim de considerar os aspectos em que está superada e as características que ainda se mantêm válidas como formas de garantir efetividade à administração pública. O modelo gerencial tornou-se realidade no mundo desenvolvido quando, através da definição clara de objetivos para cada unidade da administração, da descentralização, da mudança de estruturas organizacionais e da adoção de valores e de comportamentos modernos no interior do Estado, se revelou mais capaz de promover o aumento da qualidade e da eficiência dos serviços sociais oferecidos pelo setor público. A reforma do aparelho do Estado no Brasil significará, fundamentalmente, a introdução na administração pública da cultura e das técnicas gerenciais modernas". *Idem*.

22 Criou-se, ainda, modelo de organização social (OS), visando transferir certas atuações estatais em campos sociais para pessoas estranhas ao corpo público.

23 Para uma análise comparativa entre as entidades reguladoras independentes nos Estados Unidos da América, Reino Unido, Alemanha, França, Itália e Espanha, ver a obra doutrinária de: SALVADOR MARTÍNEZ, Maria. *Autoridades independientes*. Barcelona: Ariel, 2002.

24 Sobre o tema, ver: PIMENTA, Carlos Cesar. A reforma gerencial do Estado brasileiro no contexto das grandes tendências mundiais. *Revista de Administração Pública*, Rio de Janeiro, v. 32, n. 5, p. 173-199, 1998; REZENDE, Flavio da Cunha. *Por que falham as reformas administrativas*? Rio de Janeiro: FGV, 2004.

25 Para análise detalhada sobre esses entes, CARDOSO, José Lucas. *Autoridades administrativas independentes e Constituição*. Coimbra: Coimbra Ed., 2002.

Cumpre destacar, ainda, que com o processo de unificação europeia inspirado no federalismo norte-americano,[26] tornou-se quase que imperativa a necessidade de coordenar as atividades dos diversos membros, sendo criadas inúmeras instituições regulatórias com esse objetivo.

Cite-se a Agência Europeia para a Segurança da Aviação (EASA). Essa entidade foi criada pelo Parlamento Europeu e pelo Conselho da Europa no ano de 2002, e atualmente conta com mais de 30 Estados membros.[27] Vale destacar a Autoridade Europeia de Segurança Alimentar (EFSA), também criada no ano de 2002 pelo Conselho da Europa. É um órgão comunitário com personalidade jurídica própria, independente das instituições da comunidade.[28]

Cabe ressaltar a existência da Agência Europeia de Segurança Marítima (EMSA), criada em 2002 com o objetivo de reduzir o risco de acidentes marítimos, a poluição produzida por navios e a perda de vidas humanas no mar.[29]

Outro ente criado em 2003 é o Grupo Europeu de Reguladores de Eletricidade e Gás – European Regulators Group for Electricity and Gas (ERGEG), que surgiu no âmbito da Comissão Europeia como grupo assessor das autoridades reguladoras independentes de cada país, de forma a apoiar a Comissão na consolidação do mercado europeu de eletricidade e gás. Essa entidade foi substituída pela Agência de Cooperação dos Reguladores da Energia (ACER), também da União Europeia, criada no âmbito do terceiro pacote energético para impulsionar a conclusão do mercado interno da energia no que respeita à eletricidade e ao gás natural. A ACER foi criada em março de 2011, estando sediada em Liubliana, na Eslovênia. Atua como entidade independente, com o objetivo de promover a cooperação entre os reguladores europeus da energia, mediante a integração do mercado e a harmonização dos quadros regulamentares de modo que se processem em conformidade com os objetivos da política energética da UE.[30]

---

26 BALBÉ, Manuel. El futuro del derecho administrativo em la globalización: entre americanización y la europeización. *Revista de Administración Publica*, Madrid, v. 174, p. 215-276, sep./dic. 2007.

27 EASA – EUROPEAN UNION AVIATION SAFETY AGENCY. Disponível em: https://www.easa.europa.eu/. Acesso em 15 mar. 2022.

28 EFSA – EUROPEAN FOOD SAFETY AUTHORITY. Disponível em: http://www.efsa.europa.eu/. Acesso em 15 mar. 2022.

29 EMSA – EUROPEAN MARITIME SAFETY AGENCY. Disponível em: https://www.emsa.europa.eu/. Acesso em 15 mar. 2022.

30 ACER – EUROPEAN UNION AGENCY FOR THE COOPERATION OF ENERGY REGULATORS. *About Acer*. [s.d]. Disponível em: https://www.acer.europa.eu/the-agency/about-acer. Acesso em 15 mar. 2022.

Destaque-se, ainda, o Grupo Europeu de Reguladores de Redes e Serviços de Comunicação Eletrônica (ERG Telecom),[31] criado pela Comissão Europeia em 2002, com o objetivo de fomentar a cooperação e coordenação das autoridades nacionais de regulação com a Comissão, promover o desenvolvimento do mercado interno de redes e serviços de comunicação eletrônica e lograr a aplicação efetiva, em todos os Estados membros, das determinações do novo marco regulatório. Esse ente foi substituído pelo Body of European Regulators for Electronic Communications (BEREC).[32]

Como se vê, buscou-se, no início da segunda metade da década de 1990, implantar um novo marco teórico para a administração pública brasileira, que substituísse, ao menos em parte substancial, a perspectiva governamental centralizada e piramidal. Com efeito, o modelo até então seguido – sob a ótica de um corpo burocrático de viés weberiano – mantinha os órgãos públicos em posição subordinada hierarquicamente às escolhas governamentais. Entidades reguladoras independentes, ao contrário, foram estruturadas apenas vinculadas ao Poder Público central, com a ideia inicial de promover escolhas feitas com base em leis setoriais, com características preponderantemente técnicas, na implementação continuada das políticas públicas de Estado; isto é, na busca da separação entre formulação e execução de políticas públicas em setores complexos.[33]

Naquele contexto histórico brasileiro, partiu-se da ideia de que havia questões em que a visão preponderantemente política, inerente ao ciclo eleitoral, poderia afetar a adoção de práticas que, nos termos das diretrizes e do planejamento estatal, carecem de continuidade, tecnicidade e segurança jurídica na execução das políticas públicas, conforme definido pela OCDE:[34]

> A partir da perspectiva de governança pública, as agências reguladoras independentes são entidades dotadas de um poder significativo e com

---

31 COMISSÃO EUROPEIA. Disponível em: http://ec.europa.eu. Acesso em 15 mar. 2022.

32 BEREC – BODY OF EUROPEAN REGULATORS FOR ELETRONIC COMMUNICATIONS. Disponível em: https://berec.europa.eu. Acesso em 15 mar. 2022.

33 Acerca das críticas envolvendo a possibilidade de distinção explícita e estanque entre formulação e execução (ou elaboração e implementação) de políticas públicas, amplamente condenada pela literatura no campo da administração, ver o estudo de: PECI, Alketa *et al*. Governança e New Public Management: convergências e contradições no contexto brasileiro. *Organização e Sociedade – O&S*, v. 15, n. 46, p. 48, jul./set. 2008.

34 ORGANIZAÇÃO PARA COOPERAÇÃO E DESENVOLVIMENTO ECONÔMICO – OCDE. Relatório sobre a reforma regulatória no Brasil: fortalecendo a governança para o crescimento. Paris e Brasília, 2008.

> certo nível de autonomia em seu processo de tomada de decisões. Isso corresponde a uma etapa posterior na descentralização da administração pública, promovida pela *Nova Gestão Pública*. No entanto, os reguladores independentes diferem significativamente das agências descentralizadas por causa desse poder de tomada de decisões, que é superior ao da administração descentralizada e por causa de outros poderes delegados que detêm, os quais tradicionalmente é uma prerrogativa do Poder Executivo. A vantagem das agências reguladoras independentes é que elas podem isolar as atividades regulatórias das considerações políticas de curto prazo e a influência de interesses especiais públicos ou privados, particularmente das empresas reguladas.

É nessa perspectiva que a doutrina costuma indicar certas questões de interesse geral como sendo consideradas práticas de Estado – e não de Governo. Bresser-Pereira sustentou essa dicotomia entre Estado e Governo ao afirmar que as agências executivas e reguladoras são organizações estatais descentralizadas que implementam políticas. Quando a lei define claramente a política, tem-se uma política de Estado; quando deixa a definição precisa para a administração vigente, tem-se uma política de governo.[35]

A partir do plano diretor da década de 1990, foram criadas no Brasil onze agências reguladoras e disciplinados novos modelos de governança para entes autárquicos, a exemplo do Conselho Administrativo de Defesa da Concorrência (CADE), da Comissão de Valores Mobiliários (CVM) e do Banco Central do Brasil (BACEN). Além disso, registre-se a criação de entidades com características regulatórias similares às agências reguladoras, a exemplo da Superintendência Nacional de Previdência Complementar (PREVIC), a Autoridade Nacional de Proteção de Dados (ANPD) e outras com natureza jurídica de direito privado (Operador Nacional do Sistema Elétrico – ONS e Câmara de Comercialização de Energia Elétrica – CCEE).

Nesse contexto, compreendido o sistema constitucional brasileiro; identificadas as bases teóricas do sistema administrativo nacional; e, com o ingresso de novos atores com função regulatória em sistemas econômicos e sociais complexos, dotados de certa autonomia funcional e independência decisória diversa do modelo hierarquizado *weberiano* – e, por isso, causando certos conflitos[36] –, remanesce a discussão se esse

---

[35] BRESSER-PEREIRA, Luiz Carlos. *Construindo o Estado republicano*: democracia e reforma da gestão pública. Rio de Janeiro: FGV, 2009. p. 305.

[36] Segundo Paulo Mattos, o modelo de agências reguladoras autônomas, adotado no Brasil no contexto da reforma do Estado na década de 1990, insere-se no cenário em

formato deve ser perseguido e ampliado para outros setores (subsistemas) que indicam, pela natureza das suas atividades, a necessidade de estruturas organizacionais voltadas à implementação, sob um viés preponderantemente técnico, de políticas de Estado, infensos ao ciclo político-eleitoral.[37]

Como exemplo da relevância do debate no Brasil quanto à expansão ou não do modelo de agencificação, conhecido nos Estados Unidos da América como "Estado Administrativo",[38] destaque-se a atuação da Comissão Nacional de Energia Nuclear (CNEN). A União tem o monopólio da mineração de elementos radioativos, da produção e do comércio de materiais nucleares, sendo este monopólio exercido por essa autarquia federal, criada em 10 de outubro de 1956 e vinculada ao Ministério de Ciência e Tecnologia.

Como órgão superior de planejamento, orientação, supervisão e fiscalização, a CNEN estabelece normas e regulamentos em radioproteção e licencia, fiscaliza e controla a atividade nuclear no Brasil. Ademais disso, a CNEN desenvolve, ainda, pesquisas na utilização de técnicas nucleares com a missão de garantir o uso seguro e pacífico da energia nuclear, desenvolver e disponibilizar tecnologias nuclear e correlatas, visando ao bem-estar da população.

---

que se abrem novos canais de circulação de poder político. A formulação de políticas setoriais, que antes estava restrita aos gabinetes ministeriais, dentre outros, subordinadas às decisões políticas do Presidente da República e ao jogo das barganhas políticas com o Congresso, passou a ser feita de forma insulada por técnicos especializados, porém aberta ao público afetado pelas normas editadas pelas agências reguladoras. MATTOS, Paulo Todescan Lessa. *O novo Estado regulador no Brasil*: eficiência e legitimidade. 2. ed. São Paulo: RT, 2017. p. 31.

37 Sobre esse aspecto do Estado Regulador, Marçal Justen Filho observa que "é, antes de tudo, uma organização institucional que se relaciona às concepções do Estado de Direito. Essa figura pressupõe não apenas o monopólio do Direito por parte do Estado, mas também a submissão deste àquele. Para compreender o Estado Regulador, é necessário reconhecer a supremacia da ordem jurídica sobre a atuação política". JUSTEN FILHO, Marçal. *O direito das agências reguladoras independentes*. São Paulo: Dialética, 2002. p. 16.

38 A Constituição Federal norte-americana não disciplinou a estrutura do Poder Executivo para o desempenho de suas funções, essa questão foi desenvolvendo-se ao longo do tempo de forma diversa ao ocorrido na França. Construiu-se, pouco a pouco, um modelo de governança que denominou-se Estado Administrativo (*Administrative State*). O Estado Administrativo, portanto, é uma concepção tipicamente norte-americana e estruturada por meio de agências (executivas e reguladoras) externas ao Poder Executivo, que compõem a burocracia estatal estadunidense. A concepção de Estado Administrativo pode ser conferida em WALDO, Dwight. The Administrative State Revisited. *Public Administration Review*, v. 25, n. 1, p. 5-30, 1965, e GUERRA, Sérgio. Separação de poderes, executivo unitário e Estado administrativo no Brasil. *Revista Estudos Institucionais*, v. 3, 1, 2017.

Diante da relevância dos assuntos estratégicos para o Estado (e não só para governantes), o então Presidente da CNEN, Odair Dias Gonçalves, afirmou, em entrevista publicada no dia 17 de abril de 2009, que o país poderia ter uma agência reguladora voltada exclusivamente para a energia nuclear. A criação da Agência surgiria no âmbito do programa nuclear brasileiro, que prevê a implantação de novas usinas e a autossuficiência do país na fabricação de combustível nuclear. O então presidente da CNEN fez questão de ressaltar que a proposta de criação da agência não seria motivada por mau funcionamento do sistema de fiscalização; mas em função do crescimento e relevância da regulação do programa nuclear.

Ou seja, a criação de entidade autônoma para a regulação da energia nuclear decorreria, apenas, do crescimento do programa nuclear, ou adviria da ideia de que esse setor deveria ser "blindado", ao menos em parte, contra ingerências político-partidárias (por exemplo, preenchimento de cargos sem comprovada formação técnica na área), e, até mesmo, de "desejos personalíssimos" ou "excentricidades" dos governantes?

Mesmo diante do marco constitucional, antes exposto, constata-se que algumas entidades – que são vocacionadas ao exercício de funções tipicamente de Estado – acabam por ser afetadas por questões e interesses preponderantemente políticos; isto é, são, em muitos casos, aparelhadas com o preenchimento de cargos por indicação com fins e interesses puramente políticos, sem comprovada experiência técnica na área, para atuar, em grande parte, no interesse pessoal ou político-partidário.

Nesse sentido, algumas entidades – por não gozarem de autonomia funcional em relação ao poder público central, como é característica do modelo de agencificação ("Estado Administrativo") – se envolveram em certas polêmicas na sua atuação administrativa.

Por exemplo, o Instituto Brasileiro de Geografia e Estatística (IBGE), fundação pública da Administração Federal, criada em 1934, que tem relevantes atribuições ligadas às geociências e estatísticas sociais, demográficas e econômicas. Entre as funções do IBGE se encontra a de realizar censos e organizar as informações obtidas nesses levantamentos para suprir órgãos das esferas governamentais federal, estadual e municipal, para outras instituições e o público em geral.

Essa entidade esteve envolvida no imbróglio acerca da suposta inadequação dos critérios vigentes para a partilha de *royalties* e compensações financeiras pela atividade petrolífera entre Estados e municípios brasileiros. No ano de 2019, o IBGE voltou a ser objeto de grande polêmica, em função de críticas feitas pelo então Presidente Jair Bolsonaro, uma delas sobre dados apresentados acerca do desemprego no Brasil durante o seu governo.

Cite-se, ainda, o Instituto Nacional de Pesquisas Espaciais (INPE), ao que parece, ainda não encontrou um modelo gerencial e institucional adequado às especificidades e desafios que se apresentam para ele próprio. O INPE tem como objetivo ampliar e consolidar competências em ciência, tecnologia e inovação nas áreas espacial e do ambiente terrestre para responder a desafios nacionais; desenvolver, em âmbito mundial, liderança científica e tecnológica nas áreas espacial e do ambiente terrestre enfatizando as especificidades brasileiras; ampliar e consolidar competências em previsão de tempo e clima e em mudanças ambientais globais; promover uma política espacial para a indústria, visando atender às necessidades de desenvolvimento de serviços, tecnologias e sistemas espaciais.

No ano de 2010, o INPE esteve envolvido em questões sobre dados divulgados referentes ao desmatamento na Região Amazônica. Primeiro, foram apresentadas as medições feitas pelo INPE, que detectou, entre novembro e dezembro de 2008 e janeiro de 2009, 754 quilômetros quadrados de desmatamento. Os números foram considerados positivos em comparação ao mesmo período do ano anterior, quando o desmatamento foi de 2.527 quilômetros quadrados, o que representaria uma queda de aproximadamente 70% no desmatamento.

Na sequência, foram disponibilizados vários dados pelo Instituto Homem e Meio Ambiente (IMAZON). Segundo os dados do Sistema de Alerta de Desmatamento (SAD), em janeiro de 2009 houve 51 quilômetros quadrados de desmatamento na Amazônia Legal. Isso representaria uma queda de 38% em relação ao mês de janeiro de 2008, quando o desmatamento somou 82 quilômetros quadrados.

A divergência acaba por colocar em evidência a atuação do INPE como típico exemplo de um arranjo estatal no qual se pode questionar se deve, ou não, ser qualificado para comportar uma entidade autônoma no modelo de Estado Administrativo; isto é, "blindada" contra pressões político-partidárias. No ano de 2019, a gestão do INPE voltou a ser objeto de polêmicas sobre dados acerca do desmatamento no Brasil, o que levou à demissão do seu diretor pelo Presidente Jair Bolsonaro. Em julho de 2020, com a demissão da coordenadora-geral de observação da terra, setor que faz o monitoramento do desmatamento na Amazônia, houve questionamentos sobre a possibilidade de que dados sobre queimadas passassem a ser "maquiados" pelo Governo.

Em casos como este, independentemente do governante, há risco de uso político de relevantes informações científicas para, em tese, "maquiar" dados e relatórios técnicos e, com isso, beneficiar a imagem de ocupantes de cargos eletivos.

Destaque-se, ainda, a Empresa Brasileira de Pesquisa Agropecuária (EMBRAPA), vinculada ao Ministério da Agricultura, criada em 26 de abril de 1973 e que tem em sua missão a responsabilidade de viabilizar soluções de pesquisa, desenvolvimento e inovação para a sustentabilidade da agricultura, em benefício da sociedade brasileira. Em 2009, noticiou-se amplamente na imprensa que o Partido dos Trabalhadores tentou anular o processo de seleção do Presidente da EMBRAPA haja vista a "influência da Estatal". Dez anos depois, o Presidente Jair Bolsonaro demitiu o Presidente, em que pese haver mandato, outorgado pelo Presidente Michel Temer.

Outra entidade que foi objeto de críticas sobre a sua forma de atuação é o Instituto de Pesquisa Econômica Aplicada (IPEA). Segundo notícia veiculada pela imprensa, desvios de finalidade e a interferência política no IPEA teriam comprometido a imagem da instituição, que, na sua história, teria se mantido como organismo de Estado em todos os outros governos.

A indagação acerca da conveniência ou não de estender o modelo de autonomia funcional para diversos setores do sistema administrativo brasileiro, com as características de funções tipicamente neutrais, próximo aos das entidades reguladoras, permanece atual. Malgrado terem ocorrido, no Brasil, relevantes alterações normativas (Lei das Estatais e Lei Geral das Agências Reguladoras), que coíbem a prática de preenchimento de cargos de entes estatais para atender interesses pessoais, essa situação permanece no cenário nacional e acaba por afetar a governabilidade,[39] de modo que, como se procurará demonstrar nesta obra, não é de simples solução pela complexidade do sistema administrativo nacional.

Com efeito, mesmo diante das pressões democráticas para tornar autônomos determinados temas de Estado das escolhas pessoais, discricionárias e/ou arbitrárias, a administração pública federal acaba por atuar com preponderância política em ambientes que, a princípio, deveriam ser conduzidos sob forte planejamento de longo prazo e regulação técnica. Nesses ambientes não deveria haver solução de

---

[39] Nesse mesmo sentido, DINIZ, Eli. Governabilidade, *governance* e reforma do Estado: considerações sobre o novo paradigma. *Revista do Serviço Público*, ano 47, v. 120, n. 2, p. 13, mai./ago. 1996.

continuidade, decorrente dos ciclos eleitorais, na gestão dos interesses sociais e econômicos, mesmo diante da alternância no poder decorrente do sufrágio.

Com a autonomia reforçada, pesquisas empíricas já demonstraram que entes de Estado têm maiores condições de atuar num ambiente de maior estabilidade, segurança jurídica, *accountability* e ficar infensos ou, ao menos, ter instrumentos para reduzir pressões ilegítimas, com fins e interesses político-partidários.

O Brasil ainda carece de um debate institucional aprofundado sobre qual desenho de Estado de Direito deve ser adotado,[40] com relação ao sistema administrativo e às suas estruturas de governança executiva. As dificuldades para se alcançar esse modelo de Estado começam na falta de um debate público aprofundado sobre a definição de quais devem ser as orientações a serem seguidas pelo sistema administrativo brasileiro no planejamento, no desenvolvimento e na execução das políticas públicas, em cotejo com os ditames abertos da Constituição Federal de 1988.[41]

A partir daí é que se deveriam perquirir quais são as formas jurídicas da administração pública que o Estado brasileiro deve adotar para cumprir os seus deveres constitucionais. Ou seja, qual deveria ser a estrutura e a governança da organização pública brasileira (órgãos, entidades, grau de autonomia, competências etc.) necessárias para se atingir os comandos constitucionais adequados ao alcance do interesse comum e dos indivíduos.[42]

---

40 Esse debate, nos Estados Unidos da América, envolvendo o surgimento das agências reguladoras, pode ser conferido em SORDI, Bernardo. Révolution, Rechtsstaat and the Rule of Law: historical reflections on the emergence and development of administrative law [2017] ELECD 1082. In: ROSE-ACKERMAN, Susan; LINDSETH, L. Peter; EMERSON, Blake (Ed.). *Comparative Administrative Law*. Edward Elgar Publishing, 2017. p. 23.

41 Constituição aberta, no sentido de que o que há de valer como Direito Constitucional se resolverá, cada vez, nos casos concretos. Conforme lição de Ricardo Lobo Torres, embora contenha também como elementos constitutivos os fatos e as instituições, o Direito é fundamentalmente um sistema aberto de valores. Ele apresenta unidade e coerência interna. Essa unidade não leva ao fechamento; mas à compatibilização entre diversos valores. TORRES, Ricardo Lobo. *Tratado de direito constitucional financeiro e tributário*. Rio de Janeiro: Renovar, 2005. v. 2, p. 43.

42 "A Constituição brasileira de 1988 determina que todos os entes e órgãos da administração pública obedeçam ao princípio da legalidade (art. 37, *caput*); a compreensão do princípio deve abranger não somente a lei formal, mas também os preceitos decorrentes de um Estado Democrático de Direito, que é o modo de ser do Estado brasileiro, conforme prevê o art. 1º *caput* da Constituição; e ainda, deve incluir os demais fundamentos e princípios de base constitucional. Desse modo vincula-se a atividade administrativa aos valores que informam o ordenamento como um todo, associando-se, de modo mais estreito, o direito administrativo às disposições constitucionais". MEDAUAR, Odete. *O*

Esse, portanto, foi o contexto e a problematização endereçada para o desenvolvimento da presente pesquisa, investigando-se o estado da arte do modelo de agencificação brasileiro inserido na modelagem de administração pública indireta. Com efeito, apenas em alguns poucos setores foi implantado o modelo de agências e entidades reguladoras com a criação de órgãos dotados de autonomia e independência, e comandados por agentes detentores de mandato fixo e impossibilidade de demissão *ad nutum*.

A hipótese de pesquisa centra-se na afirmação de que o Brasil não tem um modelo de Estado centralizado, conforme estrutura ainda prevista no Decreto-Lei nº 200/67, com a concentração das competências administrativas na figura do Chefe do Poder Executivo, nem, tampouco, um Estado Regulador (Estado Administrativo), influenciado pelo modelo estadunidense, trazendo, em muitas situações, uma desorientação sobre as formas organizativas da Administração e, assim, insegurança jurídica nas relações do Estado com o mercado e com a sociedade.

No desenvolvimento da pesquisa, será investigado o padrão constitucional de Estado Regulador brasileiro, sua complexidade e o modelo adotado, em parte, a partir da reforma administrativa ocorrida na década de 1990, notadamente, com a criação de autarquias especiais dotadas de autonomia funcional diferenciada em relação ao Poder Público central.

O objetivo, portanto, da presente obra, partindo-se dessa introdução, que critica a ausência de um modelo definido de sistema administrativo, notadamente, no que se refere à governança executiva é: a) investigar o modelo alienígena que inspirou o modelo regulatório brasileiro, apresentando algumas conclusões e propostas que visem a contribuir para a compreensão e a reestruturação de entidades reguladoras com função neutral legal, vocacionadas ao desenvolvimento de políticas de Estado; b) sistematizar informações sobre a atuação do Estado brasileiro e apresentar a evolução da estrutura clássica da organização administrativa de viés piramidal e "napoleônico", até chegar ao modelo de Estado híbrido, com parte das competências administrativas centralizadas na chefia do Poder Executivo e parte distribuída entre entidades reguladoras (administração policêntrica); c) identificar as características do modelo constitucional denominado doutrinariamente de Estado Regulador, e a previsão de criação de entes independentes sob uma concepção de função neutral constitucional,

---

*direito administrativo em evolução*. 2. ed. São Paulo: Revista dos Tribunais, 2003. p. 149.

apontando as modificações ocorridas na estrutura clássica e hierarquizada da administração pública brasileira (piramidal), e a criação, por lei, de entes com autonomia funcional reforçada (função neutral legal) sob a ótica de "rede";[43] d) demonstrar como o Governo Federal, com as alterações dos ocupantes da chefia do Poder Executivo nos ciclos eleitorais pós-CRFB/88, vem se comportando diante dessas alterações, e como elas impactam categorias e institutos do direito administrativo clássico; e e) examinar e sistematizar a arbitragem envolvendo agências reguladoras, notadamente diante da previsão legal de atuação desses entes autárquicos especiais na solução alternativa de conflitos entre os entes regulados.

Por meio desta obra, pretende-se incrementar a cooperação científica nos estudos dos processos e intervenções que, na área pública, se voltam à alteração da forma de atuação e organização da governança estatal. Buscou-se dispor à comunidade acadêmica, ao Governo e à sociedade organizada estudos e pesquisas que possam contribuir nas reformas administrativas necessárias à concretude plena do Brasil como Estado Democrático de Direito; este sob a forma constitucional que indica a atuação reguladora e propícia ao equilíbrio entre as forças do Estado, os interesses da sociedade civil e os agentes econômicos.

---

[43] Sobre o significado da nova estruturação das instituições em "rede", em que se conforma a informação com a economia, sociedade e cultura, ver: CASTELLS, Manuel. *Sociedade em rede*. 8. ed. Tradução de Roneide Venancio Majer e Klauss Brandini Gerhardt. São Paulo: Paz e Terra, 2005.

# CAPÍTULO 1

# ORIGEM DAS AGÊNCIAS REGULADORAS: UM ESTUDO COMPARADO[44]

O modelo de agências reguladoras no Brasil é recente e não é genuíno. Surgiu na década de 1990, sendo implantado em um momento de reestruturação do papel do Estado em relação à sua intervenção no domínio econômico. Ocorreu durante o governo do Presidente Fernando Henrique Cardoso, sob a direção de Luiz Carlos Bresser-Pereira.[45]

Naquela fase, a segregação de competências entre a administração pública direta e a indireta para a regulação autônoma de utilidades públicas estratégicas (telefonia, energia elétrica etc.) apresentou-se como sendo fundamental para: (i) criar um ambiente propício à segurança jurídica dos contratos com o Estado e atração de capital privado

[44] Este capítulo foi elaborado quando o autor esteve, na qualidade de *Visiting Researcher*, na Escola de Direito da Yale University. Nesse período acompanhou as aulas da Professora Christine Jolls (*Administrative Law*) e do Professor E. Donald Elliot (*Conservative Critique of Administrative State*) para o desenvolvimento de projeto de pesquisa, em nível pós-doutoral, que teve por objetivo uma análise comparada dos Poderes Executivos estadunidense e brasileiro, notadamente sobre o desenvolvimento do Estado Administrativo e a função de regulação exercida por agências independentes. O acolhimento do projeto de pesquisa naquela prestigiosa Escola de Direito foi supervisionado pela Professora Susan Rose-Ackerman, coordenadora do núcleo de pesquisas denominado *Comparative Administrative Law Program*. Essa pesquisa, em sua maior parte, consta do artigo GUERRA, Sérgio. Aperfeiçoando a regulação brasileira por agências: quais lições podem ser extraídas do sesquicentenário modelo norte-americano? *In*: GUERRA, Sérgio (Coord.). *Teoria do Estado regulador*. Curitiba: Juruá, 2015. p. 13.

[45] O desenvolvimento do modelo de agências, desenvolvido pela equipe chefiada pelo então Ministro Bresser-Pereira, do Governo Fernando Henrique Cardoso, pode ser conferido em suas obras BRESSER-PEREIRA, Luiz Carlos. Da Administração Pública burocrática à gerencial. *In*: BRESSER-PEREIRA, Luiz Carlos; SPINK, Peter Kevin (Org.). *Reforma do Estado e administração pública gerencial*. Rio de Janeiro: FGV, 1998; e BRESSER-PEREIRA, Luiz Carlos. *Construindo o Estado republicano*. Rio de Janeiro: FGV, 2009.

(notadamente estrangeiro); e (ii) descentralizar a governança estatal sob temas complexos e preponderantemente técnicos, emprestando-lhes certa previsibilidade e tornando-as menos suscetíveis aos embates e interesses políticos/partidários típicos das rotinas do Congresso Nacional.

Trazendo novidade aos direitos constitucional e administrativo brasileiro, fortemente impactados pelo direito econômico, as agências nacionais foram criadas sob a natureza autárquica especial, com as seguintes características: órgão colegiado, mandato fixo e em prazos escalonados para seus dirigentes, autonomia administrativa e decisória, congregando funções executivas, normativas e judicantes.

A introdução dessas agências, na estrutura burocrática nacional de viés *weberiano*,[46] gerou – e ainda gera – polêmicas. Há questionamento na esfera política, notadamente, quanto à sua legitimidade democrática. O mesmo ocorre na seara jurídica, envolvendo vários questionamentos sobre a sua juridicidade.

Em linhas gerais, discute-se a constitucionalidade da implantação do modelo regulatório por agências quanto: (i) à ofensa ao princípio tripartite da separação de poderes; (ii) à ausência de juridicidade na delegação de funções normativas, sob o argumento de serem privativas do Poder Legislativo (reserva do legislador) e do Poder Executivo (reserva regulamentar), e (iii) o malferimento do princípio da hierarquia e da unidade governamental a partir dos mandatos fixos e da impossibilidade de demissão *ad nutum*, relativamente à função e às prerrogativas constitucionais do Chefe do Poder Executivo.

O modelo de agencificação nacional é uma reprodução (parcial) do padrão existente nos Estados Unidos da América. Enquanto, no Brasil, a primeira agência teve sua lei de criação editada em 1996,[47] o modelo norte-americano surgiu em 1887, com a Interstate Commerce Commission (ICC).[48]

---

[46] Burocracia, no sentido estruturado por Max Weber, contrapondo-se à ideia de patrimonialismo. WEBER, Max. *Economia e sociedade*. Tradução de Regis Barbosa e Karen Elsabe Barbosa. São Paulo: Imprensa Oficial, 2004. v. 2, p. 199. Título original: *Wirtschaft und Gesellschaft*: Grundriss der verstehenden Soziologie. Sobre o debate norte-americano acerca das características atuais da burocracia federal, ver SCHUCK, Peter. *Why government fails so often*: and how it can do better. New Jersey: Princeton University Press, 2014. p. 307 ss.

[47] Lei nº 9.427, de 26 de dezembro de 1996, que institui a Agência Nacional de Energia Elétrica (ANEEL).

[48] Para compreender o contexto em que foi criada a ICC, recomendam-se as seguintes obras: KOLKO, Gabriel. *Railroads and regulations*: 1877-1916. New York: The Norton Library, 1965. p. 45 ss; e FELLMETH, Robert. *The interstate commerce omission*. New York: Grossman Publishers, 1970.

Para efeitos históricos, a ICC marca o início da implantação desse padrão burocrático estadunidense na regulação de atividades econômicas, envolvendo o complexo sistema ferroviário que ultrapassava as fronteiras dos estados da federação. Em que pese a ICC marcar o início dessa fase, vale registrar que já havia, nos Estados Unidos da América, intervenção estatal indireta sobre atividades econômicas desde meados do século XIX, com a regulação do transporte por barcos a vapor (*steamboat inspectors*).[49]

Diante das características dessas novas autarquias brasileiras (autarquias especiais), e se não há dissenso sobre o modelo de agencificação nacional estar próximo ao sistema de agências reguladoras independentes dos Estados Unidos da América,[50] justifica-se a realização de pesquisas sobre o sesquicentenário modelo norte-americano, de viés progressista,[51] sob a ótica comparada. Tendo passado por diversas fases durante a sua história republicana, o longevo modelo de agencificação estadunidense é objeto de inúmeras pesquisas e foi submetido a incontáveis casos judiciais, contendo elementos que podem contribuir para o aclaramento de certas incompreensões sobre o padrão regulatório brasileiro.

Assim, este primeiro capítulo tem por objetivo trazer elementos que possam contribuir nos debates sobre o padrão regulatório local, visando aperfeiçoá-lo, seja apontando questões que merecem ser

---

49 Conforme amplo levantamento histórico elaborado pelo Professor da Yale Law School, Jerry Mashaw, e constante da sua obra *Creating the administrative constitution*: the lost one hundred years of American administrative law. New Haven: Yale University Press, 2012. p. 314.

50 A estrutura detalhada do sistema regulatório norte-americano pode ser conferida em CASS, Ronald A. *et al. Administrative law*. 6. ed. New York: Wolters Klumer Law & Business, 2011.

51 Susan Rose-Ackerman adverte que, para os progressistas, o moderno sistema estatal regulatório é o eixo do direito norte-americano: "For progressives, the modern regulatory-welfare state is at the heart of American Law". ROSE-ACKERMAN, Susan. *Rethinking the progressive agenda*: the reform of the American regulatory state. New York: The Free Press, 1992. p. 3. O movimento progressista ocorreu basicamente pela atuação da classe média e cidadãos localizados em áreas urbanas chocados com a corrupção e fraudes no campo político da virada do século XIX. A solução para esses problemas seria a criação de agências de modo que as decisões sobre o controle de determinadas atividades industriais fossem decididas por *experts*, de forma racional e livres das pressões partidárias. Cf. BERNSTEIN, Marver H. *Regulating business by independent commission*. 2. tir. New Jersey: Princeton University Press, 1955. p. 35. Sobre as críticas ao movimento progressista, ver a obra: EPSTEIN, Richard A. *How progressives rewrote the constitution*. Washington: Cato Institute, 2001. p. 52 ss. Esse autor é um dos maiores defensores da tese de retorno do papel estatal ao viés liberal clássico sobre a economia. Ver, ainda, do mesmo autor, EPSTEIN, Richard A. Why the modern administrative state is inconsistent with the rule of law. *NYU Journal of Law & Liberty*, v. 3, p. 491-515, 2006.

investigadas com maior profundidade – e, eventualmente, replicadas no modelo nacional –, seja para buscar a antecipação de deficiências do modelo original dos Estados Unidos, de modo a evitá-las.

Com pretensões propedêuticas, pretende-se investigar os seguintes aspectos que se relacionam nos dois sistemas regulatórios: primeiro, identificar o contexto, as fases e quais foram os motivos que levaram à adoção, nos Estados Unidos da América, do modelo de intervenção reguladora de atividades econômicas e sociais em oposição à centralização do poder nas mãos do chefe do Poder Executivo (Executivo Unitário);[52] segundo, perquirir em que termos o modelo de agencificação se engastou no sistema constitucional norte-americano, que, formalmente, se estrutura em três poderes: Legislativo, Executivo e Judiciário; terceiro, verificar como e em que bases o modelo de agencificação, implantado em um momento econômico, com características agrárias (pré-industrialização), conseguiu sustentar-se diante das transformações da sociedade norte-americana e permanecer íntegro neste século XXI marcado por inovações tecnológicas disruptivas e pela complexidade das relações sociais; quarto, apresentar os elementos necessários a cotejar os dois modelos de agencificação, estadunidense e brasileiro, para verificar o nível de similitude de ambos e identificar quais temas e pautas são relevantes para o desenvolvimento de pesquisas jurídicas voltadas ao desenvolvimento da governança regulatória, seja pela comunidade acadêmica, seja por instituições públicas e privadas.

O método de pesquisa comparativa entre os sistemas organizacionais e jurídicos do Brasil e dos Estados Unidos da América foi – e ainda é – relevante em questões constitucionais. Têm-se, como exemplo, estudos sobre a federação, a separação de poderes, o regime presidencialista e o sistema de freios e contrapesos entre os três poderes (*checks and balances*). Com efeito, os casos julgados pela Suprema Corte estadunidense, costumeiramente, são utilizados pelos ministros do Supremo Tribunal Federal como fundamentação para seus votos.

É razoável sustentar que o mesmo passou a ocorrer no direito administrativo. Com o movimento para a difusão das pesquisas de direito

---

[52] Sobre os debates envolvendo o modelo de Executivo Unitário nos Estados Unidos da América, ver: CALABRESI, Steven G.; YOO, Christopher S. The unitary executive during the first half-century, 47 *Case W. Res. L. Rev.* 1451 (1997); YOO, Christopher S.; CALABRESI, Steven G.; NEET, Laurence D. The unitary executive during the third half-century, 1889-1945. 80 *Notre Dame L. Rev.* 1 2004-2005; LAWSON, Gary. Delegation and original meaning. *Virginia Law Review*, v. 88, n. 2, apr. 2002; 26 *Harv. J. L. & Pub. Poly* 667 2003; CALABRESI, Steven G.; LAWSON, Gary. The unitary executive, jurisdiction stripping, and the hamdan opinions: a textualist response to Justice Scalia. 107 *Colum. L. Rev.* 1002 2007.

administrativo comparado ou global, abre-se uma nova e instigante linha de estudos acadêmicos envolvendo análises sobre temas comuns favoráveis à democracia, tais como: regulação estatal,[53] transparência administrativa, procedimentalização e *accountability*.[54]

## 1.1 Poder Executivo dos Estados Unidos da América

Com *status* de Lei Maior, a Constituição norte-americana foi estruturada para disciplinar a forma do Estado e do governo (federação, presidencialismo etc.), os órgãos legitimados para o exercício do poder e as suas competências. O poder estatal foi distribuído entre três estruturas: o Poder Legislativo (*Legislative branch*), que cria as leis, o Poder Executivo (*Executive branch*), que executa as leis, e o Poder Judiciário (*Judiciary branch*), que interpreta e faz cumprir as leis. Esta é a estrutura posta no texto constitucional e seguida por vários países, inclusive o Brasil.[55]

O Poder Executivo norte-americano passou por grandes mudanças ao longo dos anos, tornando-se muito diferente do que era no período de George Washington, primeiro presidente. Hoje é muito maior, mais complexo e, logicamente, mais poderoso do que era quando a Constituição foi criada em 1787, um período em que as atividades eram, basicamente, agrárias.

Quando os *Framers*, que desenharam o modelo constitucional estadunidense no final do século XVIII, foram decidir quais seriam os poderes e as responsabilidades que caberiam ao Executivo, certamente

---

53 Sobre as diversas concepções do conceito de "regulação", ver ORBACH, Barak. What is regulation? Sept. 7, 2012. 30 *Yale Journal on Regulation* Online 1 (2012).

54 O programa denominado *comparative administrative law* foi iniciado pela professora Susan Rose-Ackerman e é apoiado pelo Fundo Ruebhausen M. Oscar, da Yale Law School. O programa estuda os princípios e as práticas do direito administrativo sob a perspectiva comparada, abrangendo democracias e regimes não democráticos emergentes. Diversas abordagens sobre o tema podem ser conferidas no livro organizado pelos Professores Susan Rose-Ackerman e Peter L. Lindseth, intitulado *Comparative administrative law*. Cheltenham, UK: Edward Elgar, 2010. Para compreender o estudo do direito administrativo comparado, ver: ROSE-ACKERMAN, Susan; LINDSETH, Peter L. Comparative administrative law: outlining a field of study. *Windsor Y.B.*, v. 201, p. 435-449, 2010; KRISCH, Nico. KINGSBURY, Benedict. Introdução: governança global e direito administrativo global na ordem legal internacional. *Revista de Direito Administrativo*, Belo Horizonte, v. 261, p. 12-31, set./dez. 2012; BALBÉ, Manuel. El futuro del derecho administrativo em la globalización: entre americanización y la europeización. *Revista de Administración Publica*, Madrid, v. 174, p. 215-276, sep./dic. 2007.

55 Logo no início do texto da Constituição Federal de 1988, está posto: Art. 2º São Poderes da União, independentes e harmônicos entre si, o Legislativo, o Executivo e o Judiciário.

houve influência (negativa) do relacionamento das antigas colônias com o governo britânico, então sob o poder do Rei George William Frederick (George III).

Considerando os abusos perpetrados pelo monarca inglês, que governou por quase sessenta anos, os *Founding fathers* da Constituição americana decidiram que os poderes detidos pelo presidente da nova república deveriam ser restritos.[56] Seria o "governo das leis", e não o "governo dos homens".

De outro lado, os *Framers* também tinham a compreensão de que esses poderes deveriam ser suficientes para que o Chefe do Poder Executivo pudesse conduzir a política externa, governar de forma eficiente, visando a conter as disputas entre os estados da nova federação.

O desafio envolvia ter um Poder Executivo dotado de ferramentas que favorecessem a governabilidade e, de outro lado, que não permitisse o arbítrio e a tirania tão repudiados pelos colonizados. Assim é que os pais fundadores da ordem constitucional norte-americana estruturaram o Poder Executivo no artigo II da Constituição, onde se pode constatar que os poderes são específicos, relativamente limitados, e descritos sob uma linguagem extremamente vaga.

Basicamente, o Presidente da República exerce a posição de comandante em chefe (*Commander in Chief*) das forças armadas e detém competência para conceder perdões, firmar tratados, nomear embaixadores, juízes da Suprema Corte e outros oficiais do governo.[57]

---

[56] MOSHER. Frederick C. *Basic documents of American public administration*: 1776-1950. New York: Holmes & Meier Publishers, Inc. 1976. p. 5.

[57] Section 2 – The President shall be Commander in Chief of the Army and Navy of the United States, and of the Militia of the several States, when called into the actual Service of the United States; he may require the Opinion, in writing, of the principal Officer in each of the executive Departments, upon any Subject relating to the Duties of their respective Offices, and he shall have Power to Grant Reprieves and Pardons for Offences against the United States, except in Cases of Impeachment. He shall have Power, by and with the Advice and Consent of the Senate, to make Treaties, provided two thirds of the Senators present concur; and he shall nominate, and by and with the Advice and Consent of the Senate, shall appoint Ambassadors, other public Ministers and Consuls, Judges of the supreme Court, and all other Officers of the United States, whose Appointments are not herein otherwise provided for, and which shall be established by Law: but the Congress may by Law vest the Appointment of such inferior Officers, as they think proper, in the President alone, in the Courts of Law, or in the Heads of Departments – The President shall have Power to fill up all Vacancies that may happen during the Recess of the Senate, by granting Commissions which shall expire at the End of their next Session – Section 3 – He shall from time to time give to the Congress Information of the State of the Union, and recommend to their Consideration such Measures as he shall judge necessary and expedient; he may, on extraordinary Occasions, convene both Houses, or either of them, and in Case of Disagreement between them, with Respect to the Time of Adjournment, he may adjourn them to such Time as he shall think proper; he

Em termos gerais, e ainda que não claramente definido no texto constitucional sobre como deveria fazer, nem, tampouco, com que estrutura deveria contar para alcançar esse objetivo, o Presidente da República é competente para garantir que as leis, criadas pelo Poder Legislativo (*Legislative branch*), sejam fielmente executadas.

Na estrutura pensada pelos *Framers*, quanto ao poder e aos mecanismos de seu exercício, destaque-se aquele que passou a ser uma das pedras angulares do sistema de garantias constitucionais: o princípio da separação tripartite de poderes (*separation of powers*). Mas a ideia que norteou os *fathers* não constituía uma separação absoluta, onde cada um dos três poderes exercesse a sua fatia de forma individual e isolada. Com efeito, os autores do texto constitucional criaram um sistema de freios e contrapesos (*checks and balances*) que buscava impedir que qualquer um dos poderes se sobressaísse em relação ao outro.

De fato, a Constituição norte-americana procurou trazer algumas contenções das funções detidas pelo Poder Executivo. Algumas das escolhas do Presidente, para serem validadas, dependem de aprovação pelos membros do Poder Legislativo (*The United States Congress*), formado pelo Senado Federal (*Senate*) e pela Câmara dos Representantes (*House of Representatives*).

Do mesmo modo, e, também, visando trazer certa limitação ao Poder Legislativo, o Presidente é chamado a participar de diversos atos de competência legiferante. Compete a ele, nesse mesmo sentido de contenção do poder, indicar membros do Poder Judiciário mediante o aconselhamento e a aprovação do Senado.

No que se refere à principal atribuição do Congresso, que é a de criar leis, nota-se, no texto constitucional, que essa função é dependente da aprovação e sanção do Presidente, sendo certo que, se o Presidente se recusar a promulgar a lei por meio de veto (*veto*), o Congresso pode anular esse ato, desde que por maioria de dois terços dos congressistas.

---

shall receive Ambassadors and other public Ministers; he shall take Care that the Laws be faithfully executed, and shall Commission all the Officers of the United States – Section 4 – The President, Vice President and all Civil Officers of the United States, shall be removed from Office on Impeachment for, and Conviction of, Treason, Bribery, or other high Crimes and Misdemeanors.

## 1.2 Evolução da burocracia norte-americana no período progressista

Considerando que a Constituição norte-americana não trouxe qualquer detalhamento sobre a estrutura que daria suporte ao Chefe do Poder Executivo, fazendo menção a esse poder de forma absolutamente breve e vaga, a interpretação de suas cláusulas vem permitindo certa flexibilidade na criação de agências que compõem a burocracia estatal estadunidense.

No começo da nova república, os primeiros presidentes americanos contavam com poucos órgãos ou agentes para assessorá-los, haja vista que a Constituição não continha – nem contém até hoje – disposição específica quanto à estrutura administrativa de apoio presidencial.

Esse cenário foi sendo alterado, passo a passo, por meio de vários fatos que marcaram a transformação dos Estados Unidos.[58] No século XIX, começaram a surgir os monopólios naturais,[59] isto é, aqueles setores de utilidade pública que não suportam, de forma eficiente, a participação de mais de uma indústria.[60] Registre-se, ainda, a forte industrialização, os *trusts*,[61] os cartéis, a forte concentração de riquezas, a corrupção na máquina estatal e os problemas sociais daí decorrentes.

### 1.2.1 Criação da primeira agência reguladora: *Insterstate Commerce Comission*

Em 1887, por meio do *Interstate Commerce Act*, o Congresso criou a primeira agência reguladora para regular o transporte ferroviário interestadual, de pessoas ou bens:

---

[58] Uma detalhada pesquisa sobre essas transformações está em: SKOWRONEK, Stephen. *Bulding a new American state*: the expansion of national administrative capacities 1877-1920. New York: Cambridge University Press, 1982.

[59] Nesse sentido, BREYER, Stephen. *Regulation and its reform*. Cambridge: Massachusetts, 1982. p. 15.

[60] Cf.: PRIEST, George L. The origins of utility regulation and the "theories of regulation" debate. *J.L. & Econ*, v. 36, p. 289-323, 1993.

[61] *Trusts* eram as empresas que possuíam as seguintes características: larga escala e gestão centralizada. Exemplos: Standard Oil, American Tobacco e United States Steel. Cf.: MCCRAW, Thomas K. *et al. Prophets of regulation*: Cf. Charles Francis, Adams Louis D. Brandeis, James M. Landis, Alfred E. Kahn. Massachusetts: Harvard, 1984. p. 65. Segundo o autor: "The trust movement – that is, the powerful tendency of businessmen to combine with their competitors in association. This was the problem of periodic industrial overcapacity, tied to the boom-and-bust cycles of the late nineteenth century". *Idem*.

> That a Commission is hereby created and established to be known as the Inter-State Commerce Commission, which shall be composed of five Commissioners, who shall be appointed by the President, by and with the advice and consent of the Senate. The Commissioners first appointed under this act shall continue in office for the term of two, three, four, five, and six years, respectively, from the first day of January, anno Domini eighteen hundred and eighty-seven, the term of each to be designated by the President; but their successors shall be appointed for terms of six years, except that any person chosen to fill a vacancy shall be appointed only for the unexpired term of the Commissioner whom he shall succeed. Any Commissioner may be removed by the President for inefficiency, neglect of duty, or malfeasance in office. Not more than three of the Commissioners shall be appointed from the same political party. No person in the employ of or holding any official relation to any common carrier subject to the provisions of this act, or owning stock or bonds thereof, or who is in any manner pecuniarily interested therein, shall enter upon the duties of or hold such office. Said Commissioners shall not engage in any other business, vocation, or employment. No vacancy in the Commission shall impair the right of the remaining Commissioners to exercise all the powers of the Commission.[62]

Em 1890, foi editada uma nova lei contra os cartéis (*the Sherman Act*),[63] que formalizava a hostilidade da *common law* contra essa prática e forçava o Departamento de Justiça a agir, ativamente, contra essas associações.[64] Por meio dessa lei, foram declarados ilegais os contratos ou qualquer outra forma de combinação em forma de *trust,* ou conspiração para restringir o comércio entre os diversos estados ou com nações estrangeiras. Do mesmo modo, qualquer pessoa que monopolizasse, ou tentasse monopolizar, qualquer ramo da indústria ou do comércio entre os diversos estados ou com nações estrangeiras, seria considerada culpada.

Para a implementação dessas disposições legais, registrem-se dois fatos. Em primeiro lugar, não foi criada uma agência para a fiscalização/regulação, e, em segundo, ocorrido cinco anos após a edição do *Sherman Act,* a Suprema Corte acabou por enfraquecer esse novo instituto. Numa decisão histórica, o tribunal estabeleceu um novo

---

[62] Disponível em: https://www.archives.gov/milestone-documents/interstate-commerce-act. Acesso em 3 dez. 2022.

[63] Sobre as suas origens, ver: STIGLER, George J. The Origin of the Sherman Act. *The Journal of Legal Studies,* v. 14, n. 1, 1985, p. 1-12.

[64] Cf.: MCCRAW, Thomas K. *et al. Prophets of regulation*: Charles Francis, Adams Louis D. Brandeis, James M. Landis, Alfred E. Kahn. Massachusetts: Harvard, 1984. p. 68.

*standard* interpretativo denominado *the rule of reason*. Foi no caso *United States v. E. C. Knight Company* (1895),[65] no qual o Tribunal decidiu que a American Sugar Refining Company, um dos outros réus no caso, não havia violado a lei apesar de controlar cerca de 98% de todo o refino de açúcar nos Estados Unidos:

> The apparent clarity of the statutory language became lost in verbal uncertainties. Courts struggled with the meaning of such terms as "restraint of trade' and 'monopolization'; and judge's opinions created a semantic confusion that persisted for years afterward. Soon the obvious ineffectiveness of early antitrust policy began to stimulate a new movement to do something more.[66]

Esses fatos da história norte-americana contribuíram para a expansão da burocracia[67] e a forma de atuação governamental denominada "estado administrativo" (*administrative state*), também representado na doutrina pelas expressões: *bureaucratic state, capitalist state, corportate state, posindustrial state, regulatory state* e *welfare state*.[68]

Em seu principal livro James Landis apresenta comentários sobre o surgimento do Estado administrativo, estruturado por meio de agências. Segundo ele, a nomenclatura (*administrative state*) deveu-se ao direito administrativo francês pela aproximação da nova categoria processual das agências com o sistema de trâmite de litígios entre o governo e os cidadãos:[69]

> The insistence upon the compartmentalization of power along triadic line gave way in the nineteenth century to the exigencies of governance. Without too much political theory but with a keen sense of the practicalities of the situation, agencies were created whose functions embraced the three aspects of government. Rule-making, enforcement, and the disposition of competing claims made by contendies parties, were all intrusted to them. As the years passed, the process grew. These agencies, tribunals, and reule-making boards were for the sake of convenience distinguished from the existing governmental

---

65 United States v. E. C. Knight Co., 156 U.S. 1 (1895).

66 MCCRAW, Thomas K. *et al. Prophets of regulation*: Charles Francis, Adams Louis D. Brandeis, James M. Landis, Alfred E. Kahn. Massachusetts: Harvard, 1984. p. 79.

67 Cf.: SKOWRONEK, Stephen. *Bulding a new American state*: the expansion of national administrative capacities 1877-1920. New York: Cambridge University Press, 1982. p. 4.

68 Cf.: SKOWRONEK, Stephen. *Bulding a new American state*: the expansion of national administrative capacities 1877-1920. New York: Cambridge University Press, 1982. p. 3.

69 LANDIS, James. *The administrative process*. New Haven: Yale Univesity Press, 1938. p. 2-3.

bureaucracies by terming them "administrative". The law the courts permitted them to make was named "administrative law", so that now the process in all its component parts can be appropriately termed the "administrative process". The terminology, like the formulation of the doctrine of the separation of the powers, seems to have had a Garllic origin. [...] Because droit administrative concerned the disposition of claims between the government and individual, and because the major emphasis of our newer administrative agencies appeared to concern the same category of claims, a superficial similarity was present.

No que se refere à política antitruste, passou a ser consenso[70] que seria necessário criar uma agência reguladora para interpretar e administrar os aspectos técnicos inerentes a esses temas, evitando-se espasmódicos caprichos dos juízes: "[...] experts administrative regulation would be more stable and predictable than hit-on-miss antitrust litigation".[71]

Nas palavras de James Landis, um dos arquitetos do padrão regulatório norte-americano,[72] o modelo de Estado administrativo surgiu pela inadequação da forma tripartite clássica de exercício do poder do Estado (Legislativo, Executivo e Judiciário), para lidar com os complexos problemas modernos,[73] a exemplo, como visto, do sistema de *trusts*. Ademais, as cidades ficaram superpovoadas, as condições sanitárias e de trabalho dos operários eram péssimas, aumentando o número de doentes. Diversos fatores, portanto, levaram os Estados Unidos da América ao implemento dessa modalidade de atuação governamental (reguladora):

---

70 Em que pese o fato de a maioria dos reguladores serem advogados, a classe jurídica (advogados e juízes) se apresentou como opositora ao modelo de agências independentes, pois caminhava em sentido contrário à estrutura judicial então existente. Cf.: MCCRAW, Thomas K., *et al*. *Prophets of regulation*: Charles Francis, Adams Louis D. Brandeis, James M. Landis, Alfred E. Kahn. Massachusetts: Harvard, 1984. p. 130 e 136.

71 Cf.: MCCRAW, Thomas K. *et al*. *Prophets of regulation*: Charles Francis, Adams Louis D. Brandeis, James M. Landis, Alfred E. Kahn. Massachusetts: Harvard, 1984. p. 80 e 116. Em 1914, durante a Presidência de Woodrow Wilson, o Congresso aprovou o *Clayton Antitrust Act*, enumerando as práticas ilegais e que configuravam monopólio, e criou a *Federal Trade Commission* (FTC) por meio do *the Convington Trade Commission bill*.

72 MCCRAW, Thomas K. *et al*. *Prophets of regulation*: Charles Francis, Adams Louis D. Brandeis, James M. Landis, Alfred E. Kahn. Massachussets: Harvard, 1984.

73 LANDIS, James. *The administrative process*. New Haven: Yale Univesity Press, 1938. p. 1. Nesse sentido, decidiu a Suprema Corte norte-americana no caso Mistretta v. United States, 488 U.S. 361 (1989): "Applying this 'intelligible principle' test to congressional delegations, our jurisprudence has been driven by a practical understanding that, in our increasingly complex society, replete with ever-changing and more technical problems, Congress simply cannot do its job absent an ability to delegate power under broad general directives".

> Public regulation of business affairs developed as a reaction to the process of industrial and economic change that has drastically altered the shape of American society. Technological advances increased the rate of industrialization, as well as the urbanization of the population. While have immigration in the latter part of the nineteenth century was absorbed throughout the country, the cities and the new industrial areas were the principal points of immigrants settlement.[74]

James Landis defendia que as agências nada mais eram do que o resultado de um processo de desenvolvimento saudável do governo americano, uma vez que se caracterizavam tanto como uma alternativa viável às incertezas do processo legislativo, quanto como um importante recurso para agregar o conhecimento técnico às suas múltiplas funções – adjudicatória, normativa e sancionatória –, sem as restrições impostas normalmente ao Judiciário.[75]

### 1.2.2 Governo de Theodore Roosevelt: Square Deal

Voltando ao contexto do início do século XX, Theodore Roosevelt, que assumiu a presidência da república após a morte do Presidente McKinley, iniciou os movimentos com vistas a lograr mudanças sociais, adotando uma estratégia conhecida como *Square Deal*. O programa desenvolvido por Roosevelt consistia em três ideias básicas: a proteção de recursos naturais; o controle sobre as empresas e a proteção dos consumidores. Esse programa ficou conhecido como os "três Cs" (*corporations, consumer protection and conservation*).

Nesse período houve um forte combate à plutocracia e, ao mesmo tempo, a proteção dos negócios privados contra os movimentos sindicais. A república progressista de Roosevelt seguia a linha de que a ação governamental deveria ser dirigida para mitigar os conflitos sociais, enfrentar cartéis e atuar contra as grandes empresas que adotavam práticas predatórias em relação ao mercado.

Em 1902, houve uma grande greve dos trabalhadores de minas de carvão no Estado da Pennsylvania, que pleiteavam aumento salarial, redução dos dias de trabalho e o reconhecimento do próprio sindicato. Roosevelt convocou o sindicato e os empresários para tentar mediar um

---

[74] BERNSTEIN, Marver H. *Regulating business by independent commission*. 2. tir. New Jersey: Princeton University Press, 1955. p. 16.

[75] CUÉLLAR, Mariano-Florentino. James Landis and the Dilemmas of Administrative Government. *George Washington Law Review*, v. 83, p. 1330-1339, 2014. p. 1339.

acordo; contudo, os empresários se recusaram a participar. Roosevelt pretendia intervir usando a força do Estado, mas foi aconselhado pelo Procurador-Geral Philander Knox a não fazê-lo, pois não possuía autoridade (competência) para tal.

A aproximação do inverno, e a redução do fornecimento de carvão, trouxe grande preocupação ao país. Roosevelt ficou a favor do sindicato e ameaçou usar o seu *big stick*,[76] colocando o exército nas minas de modo a promover a operação diretamente pelas tropas federais. Mesmo insatisfeitos, os empresários concordaram em participar da mediação com os trabalhadores. Com esse gesto, compreendido pelos grevistas como uma forma de reconhecimento dos pleitos, passaram a adotar um tom conciliador.

A postura do presidente Roosevelt ficou muito popular levando-o a ser reconhecido pelos trabalhadores como um político realmente preocupado com as questões sociais. A partir daí o Presidente Theodore Roosevelt foi reeleito em 1904, sendo aprovadas inúmeras leis para criar mecanismos de regulação de questões sociais, tais como: relações de trabalho, saúde (remédios e alimentos), vigilância sanitária, educação, áreas rurais, bem como regulação de negócios e de áreas de proteção de recursos naturais. No campo da regulação de utilidades públicas, foi aprovada uma lei, em 1906, aumentando a competência da Interstate Commerce Commission (ICC) para controlar as tarifas do sistema ferroviário.

Roosevelt não quis concorrer a mais uma eleição, apoiando o candidato Howard Taft, que havia prometido continuar com o modelo progressista. Com o respaldo de Roosevelt, Taft foi eleito e promoveu algumas reformas regulatórias, como, por exemplo, a que aumentou os poderes da ICC para fiscalizar a telefonia e o telégrafo.

### 1.2.3 Governo do Presidente Woodron Wilson: superação da teoria da separação de poderes

Em que pesem algumas ações progressistas, Taft era mais conservador do que Theodore Roosevelt, de modo que não promoveu o avanço esperado na proteção de recursos naturais. Roosevelt, revoltado com a postura de Taft, voltou a se candidatar à presidência pelo novo

---

[76] *Slogan* usado por Theodore Roosevelt para descrever a sua forma de diplomacia nas negociações de paz com outras nações. De um lado, a estratégia era buscar uma solução amigável e, ao mesmo tempo, exibir seu poderio militar.

Partido Progressista, disputando com o republicano Taft e com o democrata Woodrow Wilson. Na divisão de votos dos republicanos entre Roosevelt e Taft, Wilson acabou vitorioso.

O Presidente Wilson apresentou uma nova compreensão sobre o papel do governo, com uma visão própria sobre a evolução dos conceitos previstos na Constituição. Wilson sustentava que o mecanismo rígido de interpretação da Constituição, de viés *newtoniano* advindo do velho liberalismo, deveria ser reformulado sob uma perspectiva *darwiniana,* ajustando-se, a Constituição, como uma entidade orgânica adaptável às necessidades cotidianas.

Wilson também culpou a teoria de separação de poderes para o que ele acreditava ser a inflexibilidade do governo nacional e da sua incapacidade de lidar com as tarefas demandadas pelas novidades dos tempos modernos:

> The trouble with the theory is that government is not a machine, but a living thing. It falls, not under the theory of the universe, but under the theory of organic life. It is accountable to Darwin, not to Newton. It is modified by its environment, necessitated by its tasks, shaped to its functions by the sheer pressure of life. No living thing can have its organs offset against each other, as checks, and live.[77]

Em termos regulatórios, Wilson criou o Banco Central, agência com poderes para fiscalizar os bancos (*Federal Reserve System*) e regular a inflação, além da Federal Trade Commission (FTC), agência com a função de regular o mercado atuando por meio de medidas antitruste.

Com a lei antitruste (*Clayton Antitrust Act*), de 1914, Wilson reforçou os poderes estatais para promover regulações visando proteger o direito da livre concorrência. Atuou fortemente na redução de impostos, além de apoiar, no Congresso, uma completa reforma da legislação tributária. Alterou o sistema de eleição dos membros do Senado e aumentou os canais democráticos para a participação popular.

Outro fato é relevante no processo de expansão do Estado Administrativo (*administrative state*) no período progressista. Em março de 1911, houve um incêndio em uma fábrica da Triangle Shirtwaist, no edifício Asch em Nova Iorque.[78] Para manter as mulheres trabalhando,

[77] WILSON, Woodrow. *The new freedom*. New York: Doubleday, Page and Company, 1913. p. 47. O tema pode ser conferido no Capítulo 2, intitulado "The bicentennial myth", da obra de ACKERMAN, Bruce. *We the people*: foundations. Massachusetts: First Harvard University Press paperback edition, 1993. v. 1, p. 34.

[78] MCEVOY, Arthur F. The Triangle Shirtwaist Factory Fire of 1911: Social Change, Industrial Accidents, and the Evolution of Common-Sense Causality. *Law & Social*

o proprietário da fábrica trancava a porta de acesso. Nessa tragédia, morreram dezenas de pessoas, a maioria mulheres – que se atiraram pelas janelas –, e jovens imigrantes, que trabalhavam cerca de quatorze horas por dia. A partir desse incêndio, reformas progressistas foram realizadas e o Estado passou a regular as condições de segurança do trabalho.

Outro movimento que provocou grande impacto na intervenção estatal foi a proibição de comercialização, fabricação e transporte de bebida alcoólica (*The Noble Experiment*), entre 1920 e 1933, por força da 18ª Emenda Constitucional.[79]

O país experimentou forte prosperidade nesse período. Destaque-se o desenvolvimento da aviação, indústria automobilística, rádios, filmes, energia elétrica e telefonia, alterando o perfil econômico nos Estados Unidos.

A entrada dos Estados Unidos na Primeira Guerra Mundial provocou mudanças e marcou o fim da era progressista. Grandes desafios surgiram para o Estado com os problemas decorrentes da forte expansão do crédito, inclusive o mercado de ações, alcançando grandes altas posteriormente afetadas pela queda da Bolsa de Valores de Nova Iorque em 1929.

### 1.2.4 Governo do Presidente Franklin D. Roosevelt: New Deal

A crise decorrente da Grande Depressão (*Great Depression*), ocorrida na década de 1930, acabou por levar à criação de mais agências governamentais. Com efeito, em que pese a existência de entes reguladores desde o século XIX, foi no Governo do Presidente Franklin D. Roosevelt, primo de Theodore Roosevelt, sob a forma de um programa conhecido como *New Deal*, que o Poder Executivo e o Congresso es-

---

*Inquiry*, v. 20, n. 2, p. 621-651, 1995: "The Triangle Shirtwaist Factory fire of 1911, long noted as a catalyst for Progressive Era factory reform, worked a change in the legal culture's 'common sense' of why and how industrial injuries took place".

79 "Section 1 – After one year from the ratification of this article the manufacture, sale, or transportation of intoxicating liquors within, the importation thereof into, or the exportation thereof from the United States and all territory subject to the jurisdiction thereof for beverage purposes is hereby prohibited. Section 2 – The Congress and the several States shall have concurrent power to enforce this article by appropriate legislation. Section 3 – This article shall be inoperative unless it shall have been ratified as an amendment to the Constitution by the legislatures of the several States, as provided in the Constitution, within seven years from the date of the submission hereof to the States by the Congress".

truturaram a máquina estatal para combater os enormes e complexos problemas sociais e econômicos que o país enfrentava.[80]

O Presidente Franklin D. Roosevelt solicitou ao Congresso a criação de inúmeras agências reguladoras para fomentar a recuperação econômica, dando início a uma das maiores transformações na estrutura do governo desde 1789.[81]

O programa resultou na estruturação de uma burocracia federal, bem diferente do antigo modelo denominado *spoil system*, em que os cargos públicos eram preenchidos pelos partidos políticos vencedores das eleições. Roosevelt criou uma Comissão (*Committe on Administrative Management*), que ficou popularmente conhecida como *Brownlow Committee*,[82] por ter sido comandada por Louis Brownlow.

O trabalho consistia em analisar a organização do Poder Executivo e sugerir soluções para grandes problemas que afetavam a governança estatal. O relatório Brownlow, concluído em 1937, fez diversas recomendações, incluindo a criação de um órgão (The Executive Office of the President – EOP), que reunisse as atividades do Poder Executivo, tais como orçamento, eficiência, pessoal e planejamento.

O Congresso rejeitou algumas propostas contidas no relatório Brownlow, mas aprovou a criação do EOP, por meio do *Reorganization Act* de abril de 1939. O principal benefício dessa inovação, trazida pelo relatório Brownlow, consistiu na estruturação de um órgão de apoio direto da presidência da república. Lançou as bases para a estrutura administrativa básica, que permitiria o gerenciamento das inúmeras e diversas atividades afetas ao Poder Executivo.

Com esse histórico, pode-se melhor compreender o estágio atual da burocracia estadunidense e identificar a estrutura em que se inserem as agências reguladoras.

## 1.3 Sistema administrativo dos Estados Unidos da América

Atualmente, diante da grande complexidade na gestão dos encaminhamentos políticos de competência do Presidente da República, o Poder Executivo estadunidense divide-se em três esferas: EOP, o

---

80 Cf. : MCCRAW, Thomas K. *et al. Prophets of regulation*: Charles Francis, Adams Louis D. Brandeis, James M. Landis, Alfred E. Kahn. Massachussets: Harvard, 1984. p. 152.

81 WILLIAM, Burnham. *Introduction to the Law and Legal System of the United States*. West Academic Publishing: Seventh Edition, 2021. p. 24.

82 Uma análise detalhada, pode ser encontrada em ARNOLD, Peri E. The Brownlow Committee, Regulation, and the Presidency: Seventy Years Later. *Public Administration Review*, v. 67, n. 6, p. 1030-1040, 2007.

gabinete (*cabinet*) e departamentos executivos (*executive departments*) e uma série de agências responsáveis por áreas específicas do governo.

O EOP não é um único escritório ou departamento. Compreende um conjunto de agências que são diretamente responsáveis por assessorar o Chefe do Poder Executivo no relacionamento com o Congresso e gerenciar a máquina estatal.

O gabinete executivo é composto pelo presidente, vice-presidente, os chefes dos departamentos executivos (*executive departments*), além de quaisquer outros funcionários do governo que o presidente queira incluir. Durante o século XIX, as nomeações para participar do gabinete eram, muitas das vezes, realizadas por razões meramente políticas, e não por questões de confiança. Como resultado, alguns presidentes tiveram problemas para gerir o seu próprio gabinete ou, ainda que composto por colaboradores com esse perfil, acabavam por se reunir com pouca frequência.

Desde o século XX, o gabinete executivo tem servido como um fórum no qual o presidente discute algumas questões e recolhe as opiniões; raramente tem servido como um órgão de decisão. De fato, isso tem ocorrido com os membros da equipe da Casa Branca que, frequentemente, funcionam como os principais assessores do Presidente.

Esses departamentos, que variam muito em tamanho e função, são responsáveis por administrar a grande maioria das atividades e programas do governo federal.

Um ponto complexo, e que, em parte, dificulta a compreensão nas pesquisas comparadas quanto à estruturação de órgãos e entidades dos Estados Unidos da América e do Brasil, deve-se ao sistema burocrático de agencificação. A grande maioria das ações estatais, nos Estados Unidos, é conduzida por uma agência administrativa. Pelos padrões jurídicos brasileiros, que, geralmente, têm por característica promover classificações influenciadas pelo modelo centralizado francês,[83] há certa dificuldade de compreender o formato de agencificação do sistema burocrático norte-americano.[84]

---

83 Mesmo sendo conhecida como detentora de estrutura estatal centralizada (napoleônica), a França adotou um modelo de agencificação. Sobre as agências independentes no modelo francês sob uma ótica comparada com os Estados Unidos da América, sugere-se o artigo de ROSE-ACKERMAN, Susan; PERROUD, Thomas. Policymaking and Public Law in France: public participation, agency independence, and impact assessment. *The Columbia Journal of European Law*, v. 19, n. 2, Spring 2013. No Brasil, GUERRA, Sérgio; GUERRA, Thamires. Brasil deve observar modelo francês de agências reguladoras. *Consultor Jurídico*, São Paulo, 2016. Disponível em: https://www.conjur.com.br/2016-out-30/brasil-observar-modelo-frances-agencias-reguladoras. Acesso em: dez. 2019.

84 Poucos autores promoveram pesquisas no Brasil sobre o tema e compreenderam essas peculiaridades, merecendo destaque os livros: BUCCI, Maria Paula Dallari. *Direito*

Agência, nos Estados Unidos da América, nos termos da lei,[85] é uma entidade governamental com autoridade para dirigir e supervisionar a implementação de determinados objetivos aprovados em lei.

Além da categorização como "agência", as entidades governamentais norte-americanas são estruturadas sob a forma de "comissões", "empresas", "conselhos", "departamentos" ou "divisões".[86] Contudo, continuam sendo agências para efeitos do estudo do direito administrativo (*administrative law*) e, consequentemente, a indicência das regras judiciais (*judicial rules*) e a aplicação dos dispositivos do *Administrative Procedure Act* de 1946.[87]

Independentemente da nomenclatura adotada, as agências são criadas pelo Congresso, quando federais, ou pelos legislativos dos Estados e dos governos locais. As agências são criadas por meio de lei para gerenciar crises, disciplinar questões cotidianas, corrigir graves problemas sociais ou para acompanhar matérias complexas de preocupação governamental. Algumas agências foram criadas por Decreto do Presidente da República (*executive order*), recebendo a competência, posteriormente, por lei.[88]

No nível federal, os mais variados assuntos, sejam eles relacionados a negócios comerciais, ou a interesses diretos da sociedade em geral, são tratados por agências: Farm Credit Administration, Small

---

*administrativo e políticas públicas*. São Paulo: Saraiva, 2002; e MATTOS, Paulo Todescan Lessa. *O novo Estado regulador no Brasil*: eficiência e legitimidade. 2. ed. São Paulo: Revista dos Tribunais, 2017.

85 *Administrative Procedure Act* – APA: SEC. 2. As used in this Act – (a) AGENCY. – "Agency" means each authority (whether or not within or subject to review by another agency) or the Government of the United States other than Congress, the courts, or the governments of the possessions, Territories, or the District of Columbia. Nothing in this Act shall be construed to repeal delegations of authority as provided by law. Except as to the requirements of section 3, there shall be excluded from the operation of this Act (1) agencies composed of representatives of the parties or of representatives of organizations of the parties to the disputes determined by them, (2) courts martial and military commissions, (3) military or naval authority exercised in the field in time of war or in occupied territory, or (4) functions which by law expire on the termination of present hostilities, within any fixed period thereafter, or before July 1,1947, and the functions conferred by the following statutes: Selective Training and Service Act of 1940; Contract Settlement Act of 1944; Surplus Property Act of 1944.

86 Nesse sentido, ver: LAWSON, Gary. *Federal administrative law*. 6. ed. ST. Paul: West, 2013. Capítulo I.

87 *Administrative Procedure Act* é uma lei que disciplina o processo pelo qual as agências federais desenvolvem as suas atividades e expedem normas. A norma dispõe sobre procedimentos regulatórios, a exemplo das consultas públicas, além de parâmetros para o controle judicial das escolhas regulatórias.

88 Casos da *Environmental Protection Agency* e do *Department of Homeland Security*. Cf.: BRESSMAN, Lisa Schultz *et al*. *The regulatory state*. New York: Aspen Publishers, 2010. p. 1.

Business Administration, Commodity Futures Trading Commission, Federal Trade Commission, Federal Deposit Insurance Corporation, Office of Thrift Supervision, Internal Revenue Service, Department of Commerce e Securities and Exchange Commission.

Assuntos relativos a recursos financeiros também são administrados por agências: General Accounting Office, Office of Management and Budget, Office of the Comptroller of the Currency, Treasury Department, General Services Administration, Congressional Budget Office e Federal Reserve Board.

Serviços públicos, prestados por agências, incluem, por exemplo: Department of Education, Department of Transportation, Environmental Protection Agency, Food and Drug Administration, Department of Health and Human Services, Department of Housing and Urban Development, Department of Interior, Immigration and Naturalization Service e National Highway Traffic Safety Administration.

Assuntos relacionados aos trabalhadores e à segurança laboral abrangem várias agências, a exemplo do Office of Technology Assessment, Occupational Safety and Health Administration, Occupational Safety and Health Review Commission, National Labor Relations Board, Mine Safety and Health Administration, Mine Safety and Health Review Commission, Merit Systems Protection Board, Department of Labor, Equal Employment Opportunity Commission e Office of Personnel Management.

Atividade de policiamento e funções militares são reguladas por: Central Intelligence Agency, Department of Defense, Department of Justice, Department of Veterans Affairs, Federal Bureau of Investigation e National Security Council.

Uma das agências mais conhecidas, e que afeta diretamente a maioria dos cidadãos norte-americanos, é a Social Security Administration. Tem como função recolher as contribuições previdenciárias dos trabalhadores e pagar os benefícios quando das aposentadorias, invalidez ou morte.

Portanto, as agências norte-americanas estão em quase todas as áreas, setores e atividades governamentais. Surgindo algum interesse da sociedade a ser disciplinado ou atendido, na interpretação do Congresso, criam-se novas agências, incorporam-se atividades ou mesmo as extingue.

Um exemplo que ficou bem acentuado no mundo ocorreu em 2002, quando atos terroristas, em Nova Iorque – que provocaram a queda do World Trade Center, conhecido como *September 11* – geraram a criação da agência Homeland Security Department,[89] com a missão de prever ataques terroristas e reduzir a vulnerabilidade do país.[90]

O modelo das agências estaduais e locais, na maioria das vezes, espelha as agências federais. Assim, os estados da federação têm agências que controlam o transporte, a saúde pública, a assistência social, a educação, o meio ambiente, o trabalho, a agricultura, o comércio e os impostos.

### 1.3.1 Separação de poderes e a função administrativa

No desenho institucional federativo e tripartite norte-americano, idealizado pelos *Framers*, as atividades das agências não se confundem com os três poderes estabelecidos (Legislativo, Executivo e Judiciário), transcendendo os conceitos clássicos da teoria da separação de poderes.

Não há, no texto constitucional, previsão expressa para a criação de agências.[91] Não estão previstas, naquele documento, as regras para o desenvolvimento das funções burocráticas, diferentemente do que ocorre nas funções estatais materializadas nos poderes tradicionais. Por isso não há um padrão, como ocorre no Brasil, de divisão da administração pública direta e indireta.

A doutrina de separação de poderes não era clara sobre quem deveria administrar programas públicos, se o Legislativo ou o Executivo:

> The doctrine was not clear – and is still not clear – as to the powers and responsibilities of the executive and the legislative branches with respect to the administration of public programs. During much of the nineteenth century, and with the exceptions to the Jackson administration and in wartime, the balanced tended in direction of the legislative and away from the executive in both the nation and the states, thus inhibiting the development of integrated, coordinated, and unified administrations.[92]

Sob uma interpretação mais literal, o fundamento constitucional para a criação dessas agências seria o artigo I, seção 8 (*The necessary-and-proper clause*).[93] Esse dispositivo constitucional estabelece que o

---

[89] HOMELAND SECURITY. Disponível em: https://www.dhs.gov/. Acesso em 3 dez. 2022.

[90] DUDLEY, Susan E.; BRITO, Jerry. *Regulation*: a primer. 2. ed. Washington: The George Washington University, 2012. p. 106.

[91] BRESSMAN, Lisa Schultz *et al. The regulatory state*. New York: Aspen Publishers, 2010. p. 5.

[92] MOSHER. Frederick C. *Basic documents of American public administration*: 1776-1950. New York: Holmes & Meier Publishers, Inc. 1976. p. 44.

[93] 18: To make all Laws which shall be necessary and proper for carrying into Execution the foregoing Powers, and all other Powers vested by this Constitution in the Government of

Congresso é detentor de competência para editar todas as leis que sejam necessárias e adequadas para executar os poderes a ele assegurados pela Constituição Federal, e todos os outros poderes em qualquer departamento.

Mesmo com a linguagem ampla e vaga da Constituição, argumenta-se que os *Framers*, ao optarem por consignar a denominada *necessary-and-proper clause*, já identificavam a futura necessidade da criação de alguma entidade, como as agências.[94] Seria uma nova função estatal, denominada "administrativa" ou "regulatória", diferente das demais funções previstas no texto constitucional (legislativa, executiva e judicial).

Levantamentos históricos indicam que não teria havido uma discussão mais profunda nos debates ocorridos no Congresso para a criação da ICC, sobre a necessidade de se identificar, ou rotular, essa nova função como sendo pertencente a um dos poderes: legislativo, executivo ou jurisdicional.[95]

Se, de um lado, não seria uma tarefa fácil enquadrar essa nova função em um dos três poderes, de outro, a tentativa de classificação seria desinfluente: "From the perspective suggested here, the important fact is that an agency is neither Congress nor President nor Court, but an inferior part of government".[96]

Os debates públicos, sobre esse aspecto, indicam, apenas, que as referências sempre eram dirigidas à "agência administrativa", visando a evitar-se qualquer questionamento sobre a constitucionalidade do modelo:

> Those sponsoring the new legislation were under heavy fire over the alleged delegation of legislative and judicial powers to the commission. It was agreed on all sides that legislative and judicial powers could

---

the United States, or in any Department or Officer thereof. Nesse sentido, CUSHMAN, Robert E. *The independent regulatory commissions*. New York: Octagonn Books, 1972. p. 425. Em sentido contrário, LAWSON, Gary S. Limited government, unlimited administration: is it possible to restore constitution? First Principles Series. *The Heritage Foundation*, n. 23. Jan. 27, p. 1-16, 2009.

94 CUSHMAN, Robert E. *The independent regulatory commissions*. New York: Octagonn Books, 1972. p. 422-426. Ver posicionamento próximo em MOSHER, Frederick C. *Basic documents of American public administration*: 1776-1950. New York: Holmes & Meier Publishers, Inc. 1976. p. 5.

95 Alguns desses debates podem ser conferidos em: CUSHMAN, Robert E. *The independent regulatory commissions*. New York: Octagonn Books, 1972. p. 420.

96 STRAUSS, Peter L. The place of agencies in government: separation of powers and the fourth branch. *Columbia Law Review*, v. 84, n. 3. p. 573-66, Apr. 1984.

> not constitutionally be delegated and it was accordingly of the first importance to show that the powers given to the commission were neither legislative nor judicial but administrative.[97]

A criação e a evolução do padrão de agências ocorreram por um processo de erros e acertos, sendo redesenhados a cada fase por que passou a administração norte-americana. A então nova função administrativa ou regulatória, desde a regulação das ferrovias e sob uma visão progressista, seria um esforço para, politicamente, criar racionalidade, eficiência e estabilidade na economia:

> Progressivism in operational reality becomes a political capitalism whereby important economic interests utilize the power of the federal government to solve internal economic problems which could not otherwise be solved by voluntary or non-political means. [...] In this respect, federal railroad regulation was the first of many successful efforts to create rationalization and stability in the economy by political means.[98]

Apesar de polêmica,[99] essa visão vem prevalecendo nos tribunais, de modo que não há, nos Estados Unidos da América, obstáculos jurídicos que impeçam o Congresso de criar agências independentes, atribuindo-lhes competências denominadas quase-legislativas (*quasi-legislative*), quase-executivas (*quasi-executive*) e quase-judiciais (*quasi-judicial*).[100]

---

97 CUSHMAN, Robert E. *The independent regulatory commissions*. New York: Octagonn Books, 1972. p. 82.

98 KOLKO, Gabriel. *Railroads and regulations*: 1877-1916. New York: The Norton Library, 1965. p. 239.

99 Nesse sentido, ver LAWSON, Gary. *Federal administrative law*. 6. ed. ST. Paul: West, 2013. p. 5-6. Lawson aponta os fatores que levam ao debate quanto à inconstitucionalidade do modelo de agências. "Given the care with which the Constitution divides and subdivides power among its various institutions, the most absurd abomination under our Constitution would be a putatively executive institution that exercises sweeping authority over subjects that are far beyond the enumerations of legislative power in the Constitution; does so under a statutory mandate so vague that the executive institution is effectively making rather than enforcing or interpreting law when it acts; is not subject to the plenary control of the President in its executive functions; conducts adjudications that usurp some of the business of the federal courts without having the tenure during good behavior and protections against diminishments in salary while in office that are constitutionally required for those who exercise the federal judicial power; circumvents the Seventh Amendment right to a civil jury in the bargain; and, to add the final insult, combines legislative, executive, and judicial functions in the same people at the same time". LAWSON, Gary S. Limited government, unlimited administration: is it possible to restore constitution? First Principles Series. *The Heritage Foundation*, n. 23, Jan. 27, 2009. p. 1-16.

100 LAWSON, Gary. The rise and rise of the administrative state, *Harvard Law Review*, v. 107, n. 6, 1994, p. 1231-1254: "The post-New Deal Supreme Court has never seriously questioned the constitutionality of this combination of functions in agencies".

A função administrativa, não prevista na Constituição Federal e caracterizada como sendo diretamente decorrente de mutação constitucional (*working in progress*),[101] acolhedora dessa nova atribuição do Estado (*the Administrative Constitution*),[102] ainda que provoque certa "confusão",[103] é admitida por atores políticos, magistrados e instituições da advocacia pública e privada.

Nesse sentido, o principal argumento interpretativo é de que a função administrativa não se confunde com aquelas três estruturadas pelos Federalistas e devidamente positivadas (função legislativa, função executiva e função jurisdicional):[104]

> The Supreme Court, the bar, Congress, and the executive branch have contributed to public confusion by using slogans to describe and analyze the work of the independent regulatory commission. The labeling of independent commission as quasi-judicial and/or quasi-legislative to distinghish then from executive or administrative agency produced unworkable and undefinable concepts. These labels have proved meaningless for purposes of analysis but not for purposes of political persuasion.[105]

## 1.3.2 Críticas contrárias à função administrativa (headless fourth branch)

O acolhimento da função administrativa, sob o argumento de que sua adaptação ao sistema constitucional decorre de mutação (*working in progress*), não é pacífico nos Estados Unidos da América. Houve, e ainda há, críticas em sentido contrário ao modelo adotado no final do século XIX e incrementado no início do século XX. Adrian Vermeule[106]

---

101 MASHAW, Jerry L. *Creating the administrative constitution*: the lost of hundred years of American administrative law. New Haven: Yale University Press, 2012. p. 314.

102 *Ibidem*, p. 285 ss. Segundo o autor, a Constituição Administrativa continua sendo um contínuo experimento em termos de desenho institucional, que evolui por meio de várias técnicas para acomodar a eficácia administrativa nos mais variados conceitos de democracia e Estado de Direito. *Ibidem*, p. 312.

103 Cf.: STRAUSS, Peter L. The place of agencies in government: separation of powers and the fourth branch. *Columbia Law Review*, v. 84, n. 3, p. 573-66, Apr. 1984.

104 Um detalhamento sobre os argumentos, contra e a favor da constitucionalidade do modelo de Estado Administrativo, pode ser encontrado em VERMEULE, Adrian. The administrative state: law, democracy and knowledge. *Oxford Handbook of the United States Constitution*, 2013. Harvard Public Law Working Paper No. 13-28, 2013.

105 BERNSTEIN, Marver H. *Regulating business by independent commission*. 2. tir. New Jersey: Princeton University Press, 1955. p. 14.

106 VERMEULE, Adrian. The administrative state: law, democracy and knowledge. *Oxford Handbook of the United States Constitution*, 2013. Harvard Public Law Working Paper

resume esse e outros conflitos constitucionais surgidos com a criação de agências, notadamente, as independentes:

> On this view, the administrative state has at least five features that cannot be squared with the original constitution: (1) the vastly increased scope of federal governmental powers under Article I, particularly the Commerce Clause; (2) massive delegation from Congress to the President and bureaucracy, amounting to a de facto transfer of legislative power to nonlegislative officials; (3) the creation of independent agencies, which is said to be inconsistent with the "unitary executive" created by Article II; (4) the vesting of adjudicative power in executive agencies, subject only to deferential review by Article III judges; (5) and the combination of legislative (rulemaking), executive and adjudicative functions in administrative agencies. Jointly and severally, the consequence of these violations is that the original scheme of separated legislative, executive and judicial powers has fallen by the wayside.

Por essa linha crítica, a Carta Magna determina que as leis só podem ser elaboradas pelos agentes eleitos pelo povo (*legislative branch*) e que as agências, ao criarem regras, usurpam competência legiferante. Argumenta-se, ainda, que as agências independentes ferem o princípio da unidade do Poder Executivo (*unitary executive*), haja vista que o Presidente não poderia demitir os dirigentes das agências sem motivos (*ad nutum*).

Ademais, as agências estariam julgando casos, exercendo função típica do Poder Judiciário, assegurada pelo texto constitucional. Por esse viés argumentativo, a alegada rapidez e facilidade na decisão de casos concretos (*adjudication*), em detrimento da lentidão do Poder Judiciário, não seriam virtudes; seriam riscos à proteção da sociedade.

De acordo com a crítica desfavorável ao modelo, as agências acabaram por constituir um quarto poder (*headless fourth branch*),[107] congregando, em uma única entidade, as três funções estatais que, concentradas, superam aquelas constitucionalmente atribuídas isoladamente aos três poderes tradicionais.

---

No. 13-28, 2013. As críticas também podem ser conferidas em BERNSTEIN, Marver H. *Regulating business by independent commission*. 2. tir. New Jersey: Princeton University Press, 1955. p. 3-5; e em BRESSMAN, Lisa Schultz *et al. The regulatory state*. New York: Aspen Publishers, 2010. p. 8-10.

[107] SHAPIRO, Sidney A.; LEVY, Richard E. Heightened Scrutiny of the Fourth Branch: Separation of Powers and the Requirement of Adequate Reasons for Agency Decisions. *Duke Law Journal*, v. 1987, n. 3, p. 387-455, 1987.

### 1.3.3 Argumentos a favor da função administrativa

A favor das agências, argumenta-se que elas são criadas e supervisionadas por autoridades eleitas, isto é, o Congresso e o Presidente da República. Argumenta-se, ainda, que as agências são criadas por lei, que atribui competências e descreve os procedimentos necessários para a tomada de decisão. Além disso, as agências editam normas com a participação da sociedade (*rule-making process*), dando legitimidade a suas decisões.

Partidários do modelo de agências sustentam, ainda, que elas são capazes de solucionar disputas, simples ou complexas, de forma mais célere do que o Presidente e seus assessores (preocupados com questões políticas da federação) ou os tribunais (preocupados com as garantias decorrentes do devido processo legal). Quanto a este aspecto, sustenta-se que as agências contribuem, inclusive, na liberação de mais tempo e estrutura aos tribunais para analisar e julgar os casos que requeiram a sua atuação na proteção dos direitos fundamentais.

O fato é que a Suprema Corte dos Estados Unidos da América não invalidou as leis que criaram as agências independentes, leis estas que concentram, em uma única entidade, funções executivas, normativas e judicantes.[108] Para os *justices*, as agências são necessárias (*essential to the successful handling of the dificult tasks involved in the government regulation of business*) e não são inconstitucionais, haja vista que suas funções não são idênticas àquelas previstas na Constituição e exercidas pelo Poder Legislativo, Poder Executivo e Poder Judiciário:

> If the commissions do not posses the legislative and judicial power separated by the distributing clauses of the Constitution, then clearly those powers have not been unconstitutionally merged in creating the commissions. The powers exercised by the commissions may be mixed, but they are not the powers which it is constitutionally improper to mix.[109]

O que, de fato, a Constituição proíbe, nessa linha argumentativa, é que sejam acumuladas funções nas mãos dos poderes Executivo, Legislativo e Judiciário. Na visão da Suprema Corte, isso não ocorre na criação das agências, cujas decisões são potencialmente submetidas ao

---

108 Ver, nesse sentido, a decisão proferida em United States v. Rock Royal Co-op, Inc., 307 U.S. 533, 574 (1939), cf. BRESSMAN, Lisa Schultz *et al*. *The regulatory state*. New York: Aspen Publishers, 2010. p. 7.

109 CUSHMAN, Robert E. *The independent regulatory commissions*. New York: Octagonn Books, 1972. p. 425.

controle judicial (*judicial review*). Por essa linha argumentativa, perderam importância, no sistema estadunidense, tentativas de perpetuar o debate sobre a inconstitucionalidade da concentração de funções nas mãos de apenas uma entidade de natureza híbrida.[110]

## 1.4 Modelo de agencificação: agências executivas e reguladoras, subordinadas ou independentes

Sob a premissa, validada pela Suprema Corte, de que o modelo burocrático por agências não ofende o princípio da separação tripartite de poderes, esses organismos estão atuando há cerca de um século e meio. Mesmo não sendo uma classificação uniforme na doutrina,[111] mas para efeitos de facilitar a compreensão, as agências podem ser divididas em três categorias: agências executivas (independentes ou não), corporações e agências reguladoras (independentes ou não):

> 1. The federal agencies are placed in the structure of federal government – as cabinet agencies, independent executive agencies, or independent regulatory commissions – without apparent regard for the functions they are to perform. Their internal and public procedures do not vary with their placement. The functions they perform belie simple classification as "legislative", "executive", or "judicial", but partake of all three characteristics. 2. All agencies, whether denominated executive or independent, have relationships with the President in which he is neither dominant nor powerless. They are all subject to presidential direction in significant aspects of their functioning, and able to resist presidential direction in others (generally concerning substantive decisions). 3. All agencies have oversight relationships with Congress and the federal judiciary, and these relationships generally do not vary with the type of agency used. 4. The characteristics of the oversight relations of President and Congress with "executive" and "independent" agencies owe as much (or more) to politics as to law.[112]

---

[110] Defendendo a inconstitucionalidade do Estado Administrativo decorrente das medidas progressistas do New Deal, LAWSON, Gary. The rise and rise of the administrative state. *Harvard Law Review*, v. 107, n. 6, p. 1231-1254, 1994.

[111] Por exemplo, o número de *commissioners* varia de agência para agência. Nem todos têm mandato (*tenure*), de modo que não são independentes (*removal power discretionary*), conforme BERNSTEIN, Marver H. *Regulating business by independent commission*. 2. tir. New Jersey: Princeton University Press, 1955. p. 11.

[112] STRAUSS, Peter L. The place of agencies in government: separation of powers and the fourth branch. *Columbia Law Review*, v. 84, n. 3, p. 573-66, Apr. 1984.

Salvo as entidades expressamente excluídas da APA, as unidades governamentais são consideradas agências sob diversas formas e nomenclaturas: "There was no prototype in the industrial world after which such agencies could be modeled".[113] Mesmo os Departamentos Executivos, que se reportam ao Presidente,[114] e os seus próprios departamentos, são agências administrativas, com procedimentos e regras próprias.

Uma agência administrativa, sob a supervisão do Poder Executivo, é identificada na categoria de agência executiva (*serves at the pleasure of the President*) e seus dirigentes podem ser demitidos sem justa causa. A lei também pode criar uma agência executiva que seja independente, ainda que denominada de comissão ou conselho, e, nesse caso, não atuará sob a supervisão do Presidente da República.

Com efeito, quando uma lei determina que uma agência, ainda que com outra denominação, é independente, ela prevê que o Presidente da República não poderá demitir o dirigente (*Commissioner*) sem motivo (*without cause*). Frequentemente, o Congresso cria agências independentes para que possam operar sem o peso dos regulamentos burocráticos ou a influência de determinados departamentos executivos. Ser independente, portanto, significa que a agência não está sujeita ao controle do presidente dos Estados Unidos da América.[115]

Por exemplo, a NASA (The National Aeronautics and Space Administration) foi criada sob a forma de agência executiva independente para funcionar com maior autonomia e evitar a influência do Departamento de Defesa. Portanto, ela tem independência; contudo, não é uma agência reguladora.[116]

---

113 LANDIS, James. *The administrative process*. New Haven: Yale University Press, 1938. p. 16-17. No mesmo sentido, STRAUSS, Peter L. The place of agencies in government: separation of powers and the fourth branch. *Columbia Law Review*, v. 84, n. 3, p. 573-66, Apr. 1984.

114 Já houve dúvidas se os atos do Presidente da República se enquadrariam nas disposições da APA. O caso foi decidido pela Suprema Corte em 1992, em Franklin v. Massachusetts, 505 U.S. 788: "The President's actions are not reviewable under the APA. He is not specifically included in the APA's purview, and respect for the separation of powers and the President's unique constitutional position makes textual silence insufficient to subject him to its provisions".

115 "What lawmakers meant concretely when they talked about an independent commission? In the first place, it seems clear that Congress intend the new commission to be free from the pressure and control of the President". CUSHMAN, Robert. *The independent regulatory commissions*. New York: Octagon Books, 1972. p. 193. Originalmente, a obra foi escrita em 1941 e publicada pela Oxford University Press.

116 Sobre a autonomia da NASA, ver VAUGHAN, Diane. Autonomy, Interdependence, and Social Control: NASA and the Space Shuttle Challenger. *Administrative Science Quarterly*, v. 35, n. 2, p. 225-257, 1990.

Ainda para efeito de classificação, só é considerada agência reguladora quando exercer o poder de polícia.[117] Sua independência, portanto, não está relacionada ao fato de ser reguladora de um setor. O que identifica a sua independência é a garantia de mandato (*tenure*) para os seus *Commissioners* que só poderão ser destituídos em determinados casos previstos em lei (*any Commissioner may be removed by the President for inefficiency, neglect of duty, or malfeasance in office*).

A Suprema Corte, em algumas ocasiões, considerou que as agências independentes (cujos dirigentes são detentores de *tenure*) são constitucionais, sendo que o caso mais emblemático (*remarkable case*) foi julgado em 1935 (*Humphrey v. Unites States*).[118] O Tribunal considerou que o Presidente Franklin D. Roosevelt não poderia demitir o Comissário da Federal Trade Commission (FTC), haja vista que a lei que criou a FTC somente permitia a demissão do Comissário por justa causa (*for cause*) nos casos de ineficiência, negligência ou má-fé.[119]

Roosevelt pretendia remover o Comissário William E. Humphrey, que havia sido nomeado pelo Presidente Herbert Hoover para um mandato de sete anos. O Tribunal decidiu que, como Humphrey era um servidor com *tenure*, o presidente não poderia removê-lo do cargo, exceto nos casos expressos previstos na lei (*for cause*).

Dentre a numerosa lista de agências independentes, cumpre destacar algumas responsáveis pelas mais variadas atividades: Commodity Futures Trading Commission; Consumer Financial Protection Bureau; Consumer Product Safety Commission; Equal Employment Opportunity Commission; Farm Credit Administration; Federal Communications Commission; Federal Deposit Insurance Commission; Federal Election Commission; Federal Energy Regulatory Commission; Federal Housing Finance Agency; Federal Maritime Commission; Federal Mine Safety and Health Review Commission; Federal Reserve System; Federal Trade Commission; Merit Systems Protection Board; National Credit Union Administration; National Indian Gaming Commission; National Labor Relations Board; Nuclear Regulatory Commission; Occupational Safety and Health Review Commission; Postal Regulatory Commission; Recovery Accountability

---

117 CUSHMAN, Robert. *The independent regulatory commissions*. New York: Octagon Books, 1972. p. 1.

118 Humphrey's Executor v. United States 295 U.S. 602 (1935).

119 Sobre essa importante decisão da Suprema Corte, ver STRAUSS, Peter L. The place of agencies in government: separation of powers and the fourth branch. *Columbia Law Review*, v. 84, n. 3, p. 573-66, Apr. 1984.

and Transparency Board; Securities and Exchange Commission; Surface Transportation Board; International Trade Commission.

Enquanto a maioria das agências tem um único dirigente, nomeado pelo Presidente dos Estados Unidos, as agências qualificadas como "independentes" têm, na maioria das vezes,[120] um órgão colegiado com cinco a sete membros (*commission/board type*).

Os dirigentes (*Commissioners*) são escolhidos pelo Presidente e seus nomes são submetidos ao Senado. Os mandatos (*tenure*) são, em muitos casos, não coincidentes, de modo que alguns dirigentes ultrapassam o prazo do mandato presidencial. Desse modo, o Presidente eleito não tem a indesejada possibilidade de nomear todos os dirigentes, salvo se ele for reeleito. Regra geral, o Presidente da República escolhe o dirigente que presidirá a agência (*Chairperson*).

Além dessas características, a maioria das agências independentes tem previsão legal no sentido de que os seus dirigentes pertençam, necessariamente, aos dois principais partidos políticos (bipartidária). Desse modo o Presidente não pode, simplesmente, preencher as vagas com os membros de seu próprio partido político.

## 1.5 Agências corporativas

As *government corporations* são agências que, na verdade, funcionam como empresas. Produzem bens ou prestam serviços de interesse público, nos casos em que demandem muitos investimentos ou não sejam atrativos para as empresas privadas. Trata-se de uma agência semelhante a uma "empresa estatal", criada pelo Congresso para prestar um serviço de interesse público, orientado para o mercado e para a produção de receitas que atendem ou se aproximem de seus custos.

Nessa categoria de agência incluem-se o serviço postal dos Estados Unidos da América (The U.S. Postal Service); a Autoridade do Vale do Tennessee (The Tennessee Valley Authority), que foi criada para desenvolver a energia elétrica na região do Vale do Tennessee, e a empresa ferroviária AMTRAK (The National Railroad Passenger Corporation).[121]

---

120 Veja-se que não há um padrão predefinido. A partir da década de 1960 foram criadas agências com apenas um diretor. É o caso da Environmental Protection Agengy (EPA), reguladora na área ambiental. Cf. DELEO. John D. *Administrative law*. New York: Delmar Gengage Learning, 2008. p. 31.

121 A AMTRAK foi criada pelo Congresso (*Rail Passenger Service Act*) em 1970 e incorporada ao Distrito de Columbia em 1971. A AMTRAK é uma corporação com fins lucrativos que

Essas agências têm mais independência do que as outras espécies de agências. Elas podem, por exemplo, comprar e vender imóveis, processar e ser processadas em juízo. Também, como regra, essas agências não são dependentes de dotações orçamentárias do Congresso, sendo geridas com base em suas próprias receitas.

O modelo de corporação estadunidense tem sido utilizado pelo governo federal há mais de um século. Existem grandes agências, como, por exemplo, a COMSAT (Communication Sattelite Corporation), com base nos Estados Unidos da América e filiais no Brasil, Argentina, Colômbia, México, Peru, Venezuela e outros países do continente americano. A empresa opera por meio de várias modalidades de comunicação de dados, tendo como atividade preponderante a comunicação via satélite.

Existem agências responsáveis por atividades menos complexas, como, por exemplo, o Banco Federal de Financiamento e a Federal Prison Industries, que administra o trabalho dos prisioneiros para produzir bens e prestar serviços.

O governo federal não possui uma lei geral sobre agências corporativas. Cada corporação tem a sua própria estrutura, nos termos da lei de criação. Isso representa uma grande variedade de modelos, tanto a estrutura legal quanto a organizacional. O que se encontra disciplinado de forma geral, aplicável às agências corporativas, está contido em uma lei de controle das corporações, de 1945, que dispõe sobre orçamento, auditoria etc.

Na estrutura do Poder Executivo nenhuma agência é responsável pela supervisão e fiscalização das agências consideradas "empresas estatais". A Câmara e o Senado também não têm comitês individuais com a responsabilidade de supervisionar essas agências. Cada entidade é supervisionada por um comitê específico.

Curiosamente, algumas das agências corporativas, a exemplo da Autoridade do Vale do Tennesee, são criadas sem tempo de duração; outras, como, por exemplo, a US Enrichment Corporation, que é contratada pelo Departamento de Energia dos Estados Unidos para produzir urânio enriquecido para usinas nucleares, são criadas para

---

opera serviços de transporte ferroviário de passageiros intermunicipais em 46 estados americanos e no Distrito de Columbia, além de ser contratada (*Contractor*) para atuar em várias outras agências de trens urbanos. O Conselho de Administração da AMTRAK define a política corporativa e supervisiona a gestão da empresa. É composto por sete membros votantes, nomeados pelo Presidente da República para exercer mandatos de cinco anos com o aconselhamento e consentimento (*advice and consent*) do Senado.

servir como veículo de transição, passando ao setor privado logo que determinadas fases tenham sido alcançadas. E, regra geral, as agências corporativas não precisam de dotações orçamentárias do governo, auferindo suas receitas diretamente dos bens produzidos e serviços prestados.

## 1.6 Evolução das agências norte-americanas

As agências norte-americanas atuam em diversos setores, sob diversas formas e funções, abrangendo a regulação do comportamento dos indivíduos, regulando o comércio, distribuindo subsídios e benefícios, provendo serviços, cobrando impostos, gerenciando recursos, promovendo pesquisas, prestando informações e esclarecimentos à sociedade, produzindo guias e manuais etc.[122]

A evolução do sistema de agencificação norte-americano pode ser dividida em algumas fases:[123] entre 1837 e 1887, marcada pelos experimentos da regulação do comércio pelos governos estaduais; entre 1887 e 1906, compreende o período entre a reforma agrária e a criação da Interstate Commerce Commission; de 1906 a 1917 identifica-se como sendo a era progressista, com destaque para a criação da Federal Trade Commission; 1920 a 1929, período após a Primeira Guerra Mundial, em que foram criadas outras agências, com destaque para a Federal Power Commission e a Federal Radio Commission; década de 1930, com a grande depressão e a recuperação econômica, destacando-se a criação da Security and Exchange Commission, a Federal Comunication Commission, o National Labor Relations Board, a National Maritime Commission, e o Civil Aeronautics Board; década de 1940, marcada pela mobilização para a guerra e defesa nacional com destaque para a forte procedimentalização da regulação, por meio da aprovação do Administrative Procedure Act, em 1946; a partir da década de 1960, até os dias atuais, é considerada a era moderna, onde se destacou o tema da desregulação.[124] Vale ressaltar o evento ocorrido no dia 11 de Setembro

---

122 BRESSMAN, Lisa Schultz *et al. The regulatory state*. New York: Aspen Publishers, 2010. p. 2.

123 Cf.: BERNSTEIN, Marver H. *Regulating business by independent commission*. 2. tir. New Jersey: Princeton University Press, 1955. p. 18-19. Essa classificação varia de autor para autor. Outra forma de divisão dos fatos na linha do tempo pode ser encontrada em DELEO, John D. *Administrative law*. New York: Delmar Gengage Learning, 2008. p. 25.

124 Nesse sentido, ver todo o desenvolvimento do movimento de desregulação em MCCRAW, Thomas K. *et al. Prophets of regulation*: Charles Francis, Adams Louis D. Brandeis, James M. Landis, Alfred E. Kahn. Massachusetts: Harvard, 1984. As críticas surgidas na década de 1960 sobre a regulação, e que, em parte, levaram ao movimento

de 2001 (especialmente os ataques ao World Trade Center), que trouxe um novo debate sobre o movimento de desregulação.[125]

No período de criação dos Estados Unidos da América (século XVIII), adotava-se a premissa de que a sociedade não deveria ser regulada, cabendo ao Estado garantir a propriedade privada e a liberdade contratual (*laissez-faire*):

> The laissez-faire approach in popular economics is supported by the political view that the scope of governmental power should be limited to the protection of life and property and the maintenance of certain essential services.[126]

Com essa premissa, não foi delineada, no texto constitucional, qualquer função estatal que objetivasse a intervenção estatal sobre as atividades da vida privada. A regulação foi paulatinamente sendo construída com a industrialização e consequente complexidade das relações comerciais.[127] O fundamento estava associado à eficiência econômica por meio de decisões racionais proferidas por *experts*.[128]

Há dúvidas se o modelo estadunidense sofreu alguma influência de agências criadas na Inglaterra durante o século XIX,[129] haja vista que antes mesmo da criação da primeira agência federal (Interstate

---

de desregulação, podem ser conferidas em BREYER, Stephen. *Regulation and its reform*. Cambridge: Massachusetts, 1982. p. 4. Críticas mais recentes sobre a crise de confiança no sistema regulatório estadunidense estão resumidas em CARRIGAN, Christopher; CAGLIANESE, Cary. Oversight in hindsight: assessing the U.S. Regulatory System in the wake of calamity. In: *Regulatory breakdown*: the crisis of confidence in U.S. regulation. Philadelphia: University of Pennsylvania Press, 2012. p. 1-20.

125 Quanto ao debate sobre desregulação após o evento de 11 de setembro, ver SYRIOS, Andrew. The Financial Crisis – Part 1: Is Deregulation to Blame? Well, Kinda…, May 25, 2009.

126 BERNSTEIN, Marver H. *Regulating business by independent commission*. 2. tir. New Jersey: Princeton University Press, 1955. p. 13.

127 O fundamento institucional para a criação de agências, basicamente, divide-se em teoria do interesse público (*public interest*) e teoria da escolha pública (*public choice*). Essas teorias podem ser conferidas, de forma objetiva, em CASS, Ronald A. *et al*. *Administrative law*. 6. ed. New York: Wolters Klumer Law & Business, 2011. p. 6. Uma nova linha teórica, denominada de *choice architecture*, pode ser conferida em THALER, Richard H.; SUNSTEIN, Cass R.; BALZ, John P. *Choice Architecture*, April 2, 2010.

128 Cf.: SKOWRONEK, Stephen. *Bulding a new American state*: the expansion of national administrative capacities 1877-1920. New York: Cambridge University Press, 1982. p. 177.

129 Em 1840 e 1842, o British Board of Trade tinha limitado poderes sobre as ferrovias inglesas e em 1846 o Parlamento inglês criou uma agência composta de 5 membros para regular o setor, sendo extinta em 1851. Com a nova lei, aprovada em 1873, foi criada uma agência para regular os serviços ferroviários, com poderes limitados. Cf. CUSHMAN, Robert E. *The independent regulatory commissions*. New York: Octagonn Books, 1972. p. 34-35.

Commerce Commission – ICC), alguns Estados possuíam agências no formato próximo à ICC.[130] Ademais, há quem sustente que o governo federal estadunidense já havia criado entidades reguladoras, a exemplo do modelo implantado no sistema de controle das embarcações a vapor (the Board of Supervising Inspectors of Steamships) em 1852.[131]

As agências estaduais, no primeiro momento, foram criadas para auxiliar o Poder Legislativo, seja disponibilizando informações técnicas, seja para colaborar em algum assunto específico. Em 1832, o Estado de Connecticut criou uma comissão especial, tornando-a permanente em 1849 e Rhode Island criou uma modesta agência, que visava encorajar empresas rivais a trabalhar de forma conjunta.[132] Outros estados também criaram agências, a exemplo dos Estados de New Hampshire e Rhode Island, em 1844; Estado de New York, em 1850; e Estado de Vermont, em 1855:[133]

> Viewed generally, therefor, these earliest commissions were occasional, and created for the randling of special or ad hoc situations. They had a variety of functions, but mainly they were to serve as fact-finding agencies for the legislature and to handle tasks which that body had undertaken and in which it had failed. They were looked upon as agents of the legislature and not in any sense as part of the executive branch.[134]

Depois dessa fase, entre 1869 e 1887, surgiram as agências estaduais para regular o serviço ferroviário, a mais importante atividade econômica naquele momento da história estadunidense. As primeiras agências, nesse formato, foram criadas nos estados da Nova Inglaterra, com a chegada da primeira agência no Estado de Massachusetts em 1869 e, depois, Colorado, Connecticut, Iowa, Kentucky, Maine, Michigan, Nebraska, New York, Ohio, Rhode Island, Vermont, Virginia e Wisconsin.[135]

---

130 Sobre a discussão sobre a possível inspiração do modelo de agências no sistema britânico, indica-se: CUSHMAN, Robert E. *The independent regulatory commissions*. New York: Octagonn Books, 1972. Essa obra foi originalmente publicada em 1941.

131 MASHAW, Jerry L. *Creating the administrative constitution*: the lost one hundred years of American administrative law. New Haven: Yale University Press, 2012. p. 187 ss.

132 Cf.: MCCRAW, Thomas K. *et al*. *Prophets of regulation*: Charles Francis, Adams Louis, D. Brandeis, James M. Landis, Alfred E. Kahn. Massachusetts: Harvard, 1984. p. 17.

133 Cf. CUSHMAN, Robert E. *The independent regulatory commissions*. New York: Octagonn Books, 1972. p. 23.

134 *Idem*.

135 Os detalhes sobre essas agências estaduais podem ser conferidos em CUSHMAN, Robert E. *The independent regulatory commissions*. New York: Octagonn Books, 1972. p. 25.

Em 1871, o Estado de Illinois criou uma agência dotada de vastos poderes, de modo que a agência poderia exercer intenso controle sobre as atividades ferroviárias. Esse modelo, seguido por outros Estados (Alabama, Califórnia, Geórgia, Kansas, Minnesota, Mississippi, New Hampshire e South Caroline), é considerado pela doutrina como sendo um importante avanço na técnica de regulação do sistema ferroviário estadual, formando a base da futura regulação no âmbito nacional.

A modalidade de regulação estatal forte, adotada por Illinois (*strong commission*), foi muito questionada, sendo a sua constitucionalidade submetida em vários casos à Suprema Corte norte-americana. Merece destaque o caso julgado pela Suprema Corte em 1877, denominado *Munn v. Illinois*,[136] que apreciou o questionamento sobre as tarifas que impactavam as atividades agrícolas:

> (1) Under the powers inherent in every sovereignty, a government may regulate the conduct of its citizens toward each other, and, when necessary for the public good, the manner in which each shall use his own property.
>
> (2) It has, in the exercise of these powers, been customary in England from time immemorial, and in this country from its first colonization, to regulate ferries, common carriers, hackmen, bakers, millers, wharfingers, innkeepers, &c., and, in so doing, to fix a maximum of charge to be made for services rendered, accommodations furnished, and articles sold.
>
> (3) Down to the time of the adoption of the fourteenth amendment of the Constitution of the United States, it was not supposed that statutes regulating the use, or even the price of the use, of private property necessarily deprived an owner of his property without due process of law. Under some circumstances, they may, but not under all. The amendment does not change the law in this particular; it simply prevents the States from doing that which will operate as such deprivation.
>
> (4) When the owner of property devotes it to a use in which the public has an interest, he in effect grants to the public an interest in such use, and must, to the extent of that interest, submit to be controlled by the

---

Em nossas pesquisas, não encontramos certa precisão na ordem cronológica de criação das agências estaduais.

136 94 US 113. KITCH, Edmund W.; BOWLER, Clara Ann. The Facts of Munn v. Illinois. *The Supreme Court Review*, v. 1978, p. 313-343, 1978: "In Munn, the Supreme Court held constitutional a statute of the State of Illinois setting the maximum price that elevators located in Chicago2 could charge for transfer and thirty days store of grain".

public, for the common good, as long as he maintains the use. He may withdraw his grant by discontinuing the use.

(5) Rights of property, and to a reasonable compensation for its use, created by the common law cannot be taken away without due process; but the law itself, as a rule of conduct, may, unless constitutional limitations forbid, be changed at the will of the legislature. The great office of statutes is to remedy defects in the common law as they are developed, and to adapt it to the changes of time and circumstances.

(6) The limitation by legislative enactment of the rate of charge for services rendered in a public employment, or for the use of property in which the public has an interest, establishes no new principle in the law, but only gives a new effect to an old one.

(7) Where warehouses are situated and their business is carried on exclusively within a State, she may, as a matter of domestic concern, prescribe regulations for them notwithstanding they are used as instruments by those engaged in interstate, as well as in-State, commerce, and, until Congress acts in reference to their interstate relations, such regulations can be enforced even though they may indirectly operate upon commerce beyond her immediate jurisdiction.

(8) The court does not hold that a case may not arise in which it may be found that a State has, under the form of regulating her own affairs, encroached upon the exclusive domain of Congress in respect to interstate commerce.

(9) The ninth section of the first article of the Constitution of the United States operates only as a limitation of the powers of Congress, and in no respect affects the States in the regulation of their domestic affairs.

(10) The act of the general assembly of Illinois, entitled "An Act to regulate public warehouses and the warehousing and inspection of grain, and to give effect to art. 13 of the Constitution of this State" approved April 25, 1871, is not repugnant to the Constitution of the United States.[137]

Esse caso é citado como o *remarkable case* que permitiu, aos estados da federação, regular certos negócios dentro de suas fronteiras, incluindo as ferrovias. Por isso, é considerado um importante precedente

[137] *Munn v. Illinois*, 94 U.S. 113 (1876).

após a guerra civil americana a favor da corrente progressista defensora da função estatal de regulação das atividades privadas.

Nesse julgamento o *Chef Justice* Waite decidiu que os estados eram detentores de competência para regular o uso da propriedade privada quando tal regulamentação tornava-se necessária para o bem público. Waite buscou fundamento na doutrina do direito romano ao sustentar que "quando a propriedade é afetada com um interesse público, deixa de ser apenas *privati juris*". É assinalável que Munn foi um dos seis casos, os chamados casos *Granger*,[138] decididos pela Suprema Corte dos Estados Unidos a favor dos Estados, todos ao mesmo tempo e no mesmo sentido.

Releva destacar, ainda, o *Peik case*,[139] julgado pela Suprema Corte em 1877, em que se decidiu que os Estados só poderiam regular o sistema ferroviário interestadual dentro das suas fronteiras, prejudicando a efetividade da regulação estadual. Assim decidiu a Suprema Corte:

> (1) This Court follows the Supreme Court of Illinois in holding that the statute of Illinois must be construed to include a transportation of goods under one contract and by one voyage from the interior of the State of Illinois to New York.
>
> (2) This Court holds further that such a transportation is "commerce among the states" even as to that part of the voyage which lies within the State of Illinois, while it is not denied that there may be a transportation of goods which is begun and ended within its limits, and disconnected with any carriage outside of the state, which is not commerce among the states.
>
> (3) The latter is subject to regulation by the state, and the statute of Illinois is valid as applied to it. But the former is national in its character, and its regulation is confided to Congress exclusively, by that clause of the Constitution which empowers it to regulate commerce among the states.

---

138 Conhecido como *Granger Movement*, e que levou a Suprema Corte a proferir importantes decisões sobre a intervenção estatal, tratava-se de uma associação de pecuaristas fundada em 1867 para promover métodos de agricultura, bem como para promover o desenvolvimento das necessidades sociais e econômicas dos agricultores nos Estados Unidos. Começou em 1886 com Oliver Hudson Kelley, funcionário do Departamento de Agricultura. A princípio, apenas o estado natal de Kelley, Minnesota, parecia sensível aos movimentos *Granger*, mas em 1870 nove estados aderiram. Em meados da década de 1870 quase todos os estados tinham pelo menos um *Grange*, e a associação nacional chegou perto de 800.000 membros. O que atraiu a maioria dos agricultores ao movimento *Granger* foi a necessidade de uma ação unificada contra as ferrovias monopolistas e elevadores de grãos (muitas vezes de propriedade das ferrovias) que cobravam taxas exorbitantes para manusear e transportar as colheitas dos agricultores e outros produtos agrícolas. Sobre o tema, ver SKOWRONEK, Stephen. *Bulding a new American state*: the expansion of national administrative capacities 1877-1920. New York: Cambridge University Press, 1982. p. 125.

139 *Peik v. Chicago & Northwestern Railway Company*, 94 U.S. 164 (1876).

> (4) The cases of Munn v. Illinois, 94 U.S. 113; Chicago v. Burlington & Quincy Railroad Co. v. Iowa, 94 U.S. 155, and Peik v. Chicago & Northwestern Railway, 94 U.S. 164, examined in regard to this question, and held, in view of other cases decided near the same time, not to establish a contrary doctrine.
> (5) Notwithstanding what is there said, this Court holds now, and has never consciously held otherwise, that a statute of a state, intended to regulate or to tax or to impose any other restriction upon the transmission of persons or property or telegraphic messages from one state to another, is not within that class of legislation which the states may enact in the absence of legislation by Congress, and that such statutes are void even as to that part of such transmission which may be within the state.
> (6) It follows that the statute of Illinois, as construed by the supreme court of the state and as applied to the transaction under consideration, is forbidden by the Constitution of the United States, and the judgment of that court is reversed.

Outro caso de aguda relevância sobre a evolução tema, decidido pela Suprema Corte em 1886, ficou conhecido como *Wabash case*[140]

> A statute of Illinois enacts that if any railroad company shall, within that state, charge or receive for transporting passengers or freight of the same class, the same or a greater sum for any distance than it does for a longer distance, it shall be liable to a penalty for unjust discrimination. The defendant in this case made such discrimination in regard to goods transported over the same road or roads from Peoria in Illinois and from Gilman in Illinois to New York, charging more for the same class of goods carried from Gilman than from Peoria, the former being eighty-six miles nearer to New York than the latter, this difference being in the length of the line within the State of Illinois.
>
> Held:
>
> (1) This Court follows the Supreme Court of Illinois in holding that the statute of Illinois must be construed to include a transportation of goods under one contract and by one voyage from the interior of the State of Illinois to New York.
>
> (2) This Court holds further that such a transportation is "commerce among the states" even as to that part of the voyage which lies within the

140 Cf.: MCCRAW, Thomas K. *et al. Prophets of regulation*: Charles Francis, Adams Louis D. Brandeis, James M. Landis, Alfred E. Kahn. Massachussets: Harvard, 1984. p. 61.

> State of Illinois, while it is not denied that there may be a transportation of goods which is begun and ended within its limits, and disconnected with any carriage outside of the state, which is not commerce among the states.
>
> (3) The latter is subject to regulation by the state, and the statute of Illinois is valid as applied to it. But the former is national in its character, and its regulation is confided to Congress exclusively, by that clause of the Constitution which empowers it to regulate commerce among the states.
>
> (4) The cases of Munn v. Illinois, 94 U.S. 113; Chicago v. Burlington & Quincy Railroad Co. v. Iowa, 94 U.S. 155, and Peik v. Chicago & Northwestern Railway, 94 U.S. 164, examined in regard to this question, and held, in view of other cases decided near the same time, not to establish a contrary doctrine.
>
> (5) Notwithstanding what is there said, this Court holds now, and has never consciously held otherwise, that a statute of a state, intended to regulate or to tax or to impose any other restriction upon the transmission of persons or property or telegraphic messages from one state to another, is not within that class of legislation which the states may enact in the absence of legislation by Congress, and that such statutes are void even as to that part of such transmission which may be within the state.
>
> (6) It follows that the statute of Illinois, as construed by the supreme court of the state and as applied to the transaction under consideration, is forbidden by the Constitution of the United States, and the judgment of that court is reversed.

Com efeito, referindo-se aos limites da intervenção no nível estadual, no Wabash *case* foi decidido que os estados passariam a ser impedidos de regular o comércio interestadual, de modo que somente o governo federal poderia fazê-lo:[141]

> The Wabash decision injected into the picture what someone has called the categorial imperative. Its precise and immediate effect upon Congressional leaders remains in doubt; but it made federal regulation clearly imperative, and the Interstate Commerce Act of 1887 was passed within a few months.

---

[141] Cf.: MCCRAW, Thomas K. *et al. Prophets of regulation*: Charles Francis, Adams Louis D. Brandeis, James M. Landis, Alfred E. Kahn. Massachussets: Harvard, 1984. p. 61.

Nesse contexto, e com a decisão no caso *Wabash* dando suporte ao projeto de lei em tramitação (*Cullom's bill*),[142] em 1887, por meio do Interstate Commerce Act, o Congresso criou, no âmbito federal, a primeira agência reguladora "moderna",[143] inaugurando uma nova era. Essa lei foi promulgada pelo Congresso para regular o transporte ferroviário interestadual, de pessoas ou bens. A estrutura da ICC estava ancorada no órgão colegiado, composto de cinco membros, escolhidos pelo Presidente da República e confirmados pelo Senado, para um mandato de seis anos. Não mais do que três comissários poderiam pertencer a um dos partidos políticos.

A doutrina sustenta que, nos conceitos norteadores da criação da ICC, estaria a proteção do setor ferroviário e dos proprietários das empresas.[144] O Congresso teria agradado os empresários das estradas de ferro, que estavam submetidos a regulações mais restritivas nos Estados. Posteriormente, a ICC teria adotado um papel mais ativo, de modo a garantir que as empresas ferroviárias prestassem um serviço com tarifas justas e razoáveis.

Durante a administração do Presidente William H. Taft, o governo federal reforçou o seu controle regulatório sobre o setor ferroviário, por meio da aprovação da lei conhecida como *Mann-Elkins Act*, de 1910.[145]

Com efeito, com essa lei federal promoveu-se uma das reformas da era progressista, estendendo a autoridade da ICC para regular o setor de telecomunicações (telefone e telégrafo), ampliando os poderes concedidos à ICC advindos do *Hepburn Act* de 1906. Releva destacar que essa mesma lei criou um tribunal denominado *United States Commerce Court*, para o julgamento de disputas ocorridas no transporte ferroviário, extinto pelo Congresso em 1913.

Com a experiência da ICC, o Congresso criou inúmeras agências para administrar e/ou regular: os alimentos e drogas (1906); o Federal Bureau of Investigation – FBI (1908) para investigar as violações de leis

---

142 Cf.: MCCRAW, Thomas K. *et al. Prophets of regulation*: Charles Francis, Adams Louis D. Brandeis, James M. Landis, Alfred E. Kahn. Massachusetts: Harvard, 1984. p. 61.

143 CASS, Ronald A. *et al. Administrative law*. 6. ed. New York: Wolters Klumer Law & Business, 2011. p. 3.

144 Essa é a conclusão contida em um dos mais respeitados trabalhos sobre essa fase: KOLKO, Gabriel. *Railroads and regulations*: 1877-1916. New York: The Norton Library, 1965.

145 A atuação da ICC foi sendo paulatinamente ajustada de acordo com novas leis: Elkins Act (1903), Hepburn Act (1906), Mann-Elkins (1910), Esch-Cummins (1920), Motor Carrier Act (1935), Transportation Act (1940). Cf. MCCRAW, Thomas K. *et al. Prophets of regulation*: Charles Francis, Adams Louis D. Brandeis, James M. Landis, Alfred E. Kahn. Massachusetts: Harvard, 1984. p. 62-63.

federais; o sistema financeiro, com o Federal Reserve Board (1914); a livre concorrência (1914); a navegação (1916); as hidrelétricas (1920); o comércio (1922) e o rádio (1927).

Após a queda da Bolsa de Valores, ocorrida em outubro de 1929, e a *Great Depression*, da década de 1930, o Congresso aprovou inúmeras leis aumentando o número de agências, em um esforço para regular a produção e comercialização de bens: em 1933, the Securities Act e the Glass-Steagall Banking Act; em 1934, the Securities Exchange Act; em 1935, the Public Utility Holding Act;[146] e, em 1938, the Maloney Act.[147]

Nessa fase, conhecida como *The New Deal Era*, foram criadas várias agências federais, para regular, por exemplo, valores mobiliários (1934), energia (1935), relações de trabalho (1935), transporte de cargas (1935), carvão (1937), aviação (1938) e gás natural (1938):

> The explosion of regulatory legislation during the 1930s reflected something besides the economic crisis of that decade. It also represented a widespread popular conviction that the free market was hopeless flawed. The same premises that underlay the Keynesian revolution in macroeconomics during the 1930s – that government should take a hand, that expert public servants were more likely than business executives to choose the wise course – also applied to microeconomic regulation.[148]

Com a proliferação das agências durante o *New Deal*, surgiu o primeiro estudo sistematizado visando propor regras para uniformizar o exercício de suas funções (*President's Committee on Administrative Management*). O *Brownlow Committee*,[149] criado pelo Presidente Roosevelt em 1937, chegou a afirmar que as agências reguladoras constituíam um quarto poder e que deveriam ser extintas com a transferência de suas funções para as agências executivas.

Ainda em suas recomendações, o *Brownlow Committee* sugeriu que as funções judicantes fossem transferidas para um novo tribunal administrativo, nos moldes do Conselho de Estado francês (*Counseil d'État*) ou do Conselho de Estado italiano (*Consiglo di Stato*).

---

[146] Essa lei dispunha que as empresas de utilidade pública deveriam reorganizar as suas estruturas corporativas e que a Security and Exchange Commission (SEC) seria competente para supervisionar e aprovar os planos de reestruturação.

[147] Cf.: MCCRAW, Thomas K. *et al. Prophets of regulation*: Charles Francis, Adams Louis D. Brandeis, James M. Landis, Alfred E. Kahn. Massachussets: Harvard, 1984. p. 169-170.

[148] MCCRAW, Thomas K. *et al. Prophets of regulation*: Charles Francis, Adams Louis D. Brandeis, James M. Landis, Alfred E. Kahn. Massachusetts: Harvard, 1984. p. 210.

[149] Sobre a formação e estrutura desse Comitê, ver MOSHER. Frederick C. *Basic documents of American public administration*: 1776-1950. New York: Holmes & Meier Publishers, Inc. 1976. p. 105 ss.

O Presidente Roosevelt não concordou com as conclusões do *Brownlow Committee*; contudo, o Congresso, com receio da concentração de poderes nas mãos das agências, aprovou um projeto de lei (*the Walter-Logan bill*) implementando uma série de recomendações do *Brownlow Committee*. O Presidente Roosevelt vetou o projeto de lei, alegando que poderia haver uma hiperjudicialização das questões administrativas.

Outro comitê foi organizado por Roosevelt em 1939, tendo apresentado seu *final report* em 1941.[150] As conclusões foram posteriormente transformadas na lei de processos administrativos das agências, denominado Administrative Procedure Act, aprovado em 1946. Naquele mesmo ano os Estados também aprovaram legislação similar, durante a National Conference of Commissioners on Uniform State Laws, baseando-se numa proposta da American Bar Association, denominada de Model Act.[151]

Depois da aprovação da APA, em 1946,[152] o Congresso promoveu alterações nesse *act* por meio de novas leis, criando procedimentos específicos para a atuação das agências.[153]

Quando os Estados Unidos ingressaram na Segunda Guerra Mundial, mais agências foram criadas ou ampliadas para controlar a produção de bens, inclusive preços e racionamento. Em 1955 foi

---

150 Attorney General's Committee on Administrative Procedure, Final Report: Administrative Procedure in Government Agencies, S. Doc., No. 8, 77th Cong., 1st Sess.++- (1941).

151 Cf.: CASS, Ronald A. *et al. Administrative law*. 6. ed. New York: Wolters Klumer Law & Business, 2011. p. 5-6.

152 Sobre os procedimentos de aprovação da APA, ver STRAUSS, Peter L. Changing Times: The APA at fifty. 63 *University of Chicago Law Review*, 1996, p. 1389-1432; e GELLHORN, Walter. The Administrative Procedure Act: the beginnings. *Virginia Law Review*, v. 72, n. 2. The Administrative Procedure Act: A Fortieth Anniversary Symposium, Mar. 1986. p. 219-233.

153 Merece destacar a promulgação do Freedom of Information Act (1967), determinando a ampla divulgação das informações das agências colhidas em processos de normatização (*rulemaking*), o National Environmental Policy Act (1969), determinando que as agências levassem em consideração os impactos de suas ações no meio ambiente; o Federal Advisory Committe Act (1972), para que os comitês criados para aconselhar as agências realizassem suas reuniões em público; o Government in the Sunshine Act (1976), para que as reuniões realizadas entre as agências fossem públicas; o Regulatory Flexibility Act (1980), para que as agências procurassem reduzir os impactos das suas regulações sobre pequenos negócios; o Administrative Dispute Resolution Act (1990), criando mecanismos de solução alternativa de disputas; o Regulatory Negotiation Act (1990), estabelecendo um processo de produção de normas regulatórias quando estas afetassem negócios realizados por partes privadas; o Unfanded Mandate Reform Act (1995), determinando que as agências levassem em conta os custos que as suas regulações causariam para Estados e governos locais; e o Congressional Review Act (1996), que permitia um célere procedimento para que o Congresso pudesse anular uma norma regulatória mediante a expedição de uma resolução conjunta das duas casas (Senado e Casa dos Representantes).

lançado mais um relatório (Hoover Commission) recomendando a reestruturação de muitas agências regulatórias, que, em 1956, mereceu propostas de ajuste pela American Bar Association.[154]

Nas décadas de 1960 e 1970, o Congresso norte-americano enveredou por uma nova fase denominada *social regulation*,[155] visando combater a discriminação, fraudes ao consumidor, saúde, segurança e proteção ao meio ambiente.[156] A ideia era oferecer oportunidades para as pessoas que, historicamente, foram desfavorecidas e marginalizadas,[157] sob a justificativa de "externalidades ou informações assimétricas".[158] Essa fase é explicada por Stephen Breyer:[159]

> Beginning in the mid-1960s the number of federal regulatory agencies and the scope of regulatory activities vastly expanded. The federal government began to regulate oil prices and other aspects of energy production; to impose significant controls upon environmental pollution; and to regulate the safety of the workplace, of the highway, and of consumer products. It increased regulatory protection of investors, including pension holders and commodities traders.

Uma outra importante fase é identificada na história das agências dos Estados Unidos da América como *rulemaking era*.[160] A partir dos anos 1970, e diante da crise econômica mundial, esse período se destaca pelo excessivo número de regras regulatórias, altamente complexas e detalhadas (*microregulation*) provocando um grande movimento contra os custos decorrentes da regulação.

---

154 *Ibidem*, p. 219.

155 Sobre um grande questionamento sobre essa fase, e que acabou por criar muita complexidade e microrregulações que engessam a administração estatal, ver a obra HOWARD, Philip K. *The rule of nobody*: saving america from dead laws and broken government. New York: W.W. Norton & Company, 2014.

156 Cf.: SKOWRONEK, Stephen. *Bulding a new American state*: the expansion of national administrative capacities 1877-1920. New York: Cambridge University Press, 1982. p. 17.

157 Várias críticas contra a atuação das agências foram apresentadas nessa fase por um dos "pais" da regulação estadunidense. Ver LANDIS, James M. *Report on regulatory agencies to the president-elect*: a report submitted to Sen. John F. Kennedy – December 21, 1960. New Orleans: Quid Pro Books, 2014.

158 DUDLEY, Susan E.; BRITO, Jerry. Regulation: a primer. 2. ed. Washington: The George Washington University, 2012. p. 78.

159 BREYER, Stephen. *Regulation and its reform*. Cambridge: Massachusetts, 1982. p. 1.

160 SCALIA, Antonin. Back to basics: making law without making rules. *Regulation*, July/August, 1981. p. 25-28. Uma ampla pesquisa sobre o *rulemaking era* pode ser conferida em MCGARITY, Thomas O. Some Thoughts on "Deossifying" the Rulemaking Process. *Duke Law Journal*, v. 41, n. 6, Twenty-Third Annual Administrative Law Issue, p. 1385-1462, Jun. 1992.

Merecem destaque os estudos desenvolvidos pela Escola de Chicago, notadamente o artigo escrito por George Stigler, publicado em 1971, sustentando, com evidências empíricas, que a regulação é "capturada" pela empresa, visando ao seu próprio benefício (controle do ingresso de rivais no setor, subsídios, fixação de preços etc.). Segundo Stigler, essa forma de atuação representa uma captura da agência pelos regulados, além de incrementar demasiadamente os custos para a sociedade.[161]

Releva destacar, ainda, quanto à década de 1970, que houve uma forte crise, com grande impacto na economia norte-americana. Em 1973, o preço do petróleo disparou, houve uma queda no desenvolvimento tecnológico, constatou-se incremento das taxas de juros e a inflação acelerou. As empresas, que dependiam de autorização regulatória para aumentar seus preços, começaram a sentir as perdas pela demora decorrente do complexo processo regulatório (*regulatory lag*).[162] Também nesse momento houve grande popularidade das questões ambientais, sendo criada a Environmental Protection Agency (EPA), afetando as plantas industriais com o aumento de custos para a instalação de novos equipamentos de controle da poluição.

A partir de então, e diante de muitas pressões, a regulação perdeu importância fazendo com que o Congresso iniciasse um processo de redução do nível de atividade das agências. Esse movimento ficou conhecido como desregulação (*deregulation*), período em que foi desmobilizado parte do aparato calcado no modelo de agencificação setorial.

Houve, nessa fase, grande influência dos trabalhos publicados por Alfred Kahn, que se baseavam na teoria dos custos marginais (*marginal-cost pricing*).[163] Os setores mais atingidos com o movimento de desregulação foram a aviação, o transporte de cargas e as rodovias. Ironicamente, a ICC – primeira agência da nova era de regulação estatal federal – foi desativada em 1996.

---

161 STIGLER, George J. The theory of economic regulation. v. 2. *The Bell Journal of Economics and Management Science*. v. 3, 1971. As críticas a essa abordagem podem ser conferidas em POSNER, Richard A. Theories of economic regulation. *The Bell Journal of Economics and Management Science*, v. 5, n. 2 (Autumn, 1974). p. 335-358.

162 Cf.: MCCRAW, Thomas K. *et al. Prophets of regulation*: Charles Francis, Adams Louis D. Brandeis, James M. Landis, Alfred E. Kahn. Massachusetts: Harvard, 1984. p. 239.

163 Cf.: MCCRAW, Thomas K. *et al. Prophets of regulation*: Charles Francis, Adams Louis D. Brandeis, James M. Landis, Alfred E. Kahn. Massachusetts: Harvard, 1984. p. 228.

## 1.7 Análise dos debates sobre a constitucionalidade do modelo das agências nos Estados Unidos da América

Com os dados antes coligidos sobre o surgimento e a evolução do Estado Administrativo norte-americano, e passados mais de cento e cinquenta anos, ricos em experiências do modelo regulatório, é possível chegar a algumas constatações que se espera sejam úteis à análise comparativa entre o sistema estadunidense e o brasileiro.

Uma primeira verificação digna de nota é que o debate judicial ocorrido nos Estados Unidos da América não foi tão intenso e profundo como se esperava encontrar, haja vista a implantação do modelo de Estado Administrativo há mais de um século e meio. Com efeito, a Suprema Corte não julgou e normatizou (*ruled*) a questão de forma direta, clara e absoluta.

Quanto à análise sobre a criação das agências independentes, consiste em extrair os principais aspectos colacionados na doutrina e nas regras da Suprema Corte norte-americana (*judicial rules*), começando sobre a constitucionalidade do modelo à luz do princípio da separação de poderes.

### 1.7.1 Separação de poderes

De início, quando dos primeiros questionamentos sobre a constitucionalidade do modelo adotado, especialmente no âmbito do Poder Legislativo, parecia ser um paradoxo a Constituição determinar, expressamente, a separação de poderes em três *branches* (Legislativo, Executivo e Judiciário), justamente para evitar a tirania e, passo seguinte, o Poder Legislativo supostamente criar uma entidade dotada dessas mesmas três funções.[164] A tríplice função faria daquele que a exercesse um "superpoder"; o quarto e mais forte entre todos (*headless forth branch*).

A conclusão que pode ser extraída, tanto da literatura jurídica norte-americana quanto dos principais julgamentos ocorridos na Suprema Corte acerca do modelo regulatório por agências independentes, é que o debate sobre a possível violação da cláusula de separação de poderes ocorreu apenas em questões envolvendo os três poderes (*branches*) em si, de modo a não haver qualquer usurpação ou delegação entre eles:

---

[164] Sobre as justificativas para a criação das agências, ver BREYER, Stephen. *Regulation and its reform*. Cambridge: Harvard University Press, 1982. p. 15 ss.

> Three differing approaches have been used in the effort to understand issues such as these. The first, "separation of powers", supposes that what government does can be characterized in terms of the kind of act performed – legislating, enforcing, and determining the particular application of law – and that for the safety of the citizenry from tyrannous government these three functions must be kept in distinct places. Congress legislates, and it only legislates; the President sees to the faithful execution of those laws and, in the domestic context at least, that is all he does; the courts decide specific cases of law-application, and that is their sole function. These three powers of government are kept radically separate, because if the same body exercised all three of them, or even two, it might no longer be possible to keep it within the constraints of law.[165]

Com efeito, as funções outorgadas às agências não foram consideradas pela Suprema Corte como sendo idênticas àquelas detidas pelos três poderes estruturados pelos *Framers* na Constituição. Sob essa premissa, a nova função administrativa – não prevista no texto constitucional –, e que abrange certa dose de função normativa, função executiva e função judicante, pode ser concentrada em apenas uma entidade (*agency*) a critério do Congresso, titular das escolhas políticas garantidas pela Constituição (*the necessary and proper clause).*

As conclusões que foram se consolidando nos Estados Unidos da América, ao longo das décadas, desde o final do século XIX, tanto doutrinariamente quanto no âmbito do controle judicial de constitucionalidade das leis, indicam que apenas aparentemente as funções detidas pelas agências se confundem com aquelas três alcançadas pela cláusula da separação de poderes.

Destarte, ao invés de o debate centrar a discussão – como ocorre no Brasil – quanto à possível afronta ao princípio da separação de poderes, argumenta-se ser mais importante para a sociedade estadunidense o debate sobre a garantia do devido processo legal (*due process of law*).

Por essa linha argumentativa, e de forma pragmática,[166] o que a Constituição visa garantir, acima de tudo, é a proteção dos direitos

---

165 STRAUSS, Peter L. The place of agencies in government: separation of powers and the fourth branch. *Columbia Law Review*, v. 84, n. 3, p. 573-669, Apr. 1984.

166 Cf.: BERNSTEIN, Marver H. *Regulating business by independent commission*. 2. tir. New Jersey: Princeton University Press, 1955, p. 14. Sobre o debate quanto à constitucionalidade das agências, Adrian Vermeule, Professor de Harvard, é objetivo: "Is the administrative state constitutional? Remarkably enough, people discuss the question and opinion differ. What makes the very question remarkable is that the administrative state is here to stay, as surely as death and taxes". VERMEULE, Adrian. The administrative state: law, democracy and knowledge. *Oxford Handbook of the United States Constitution*, 2013. Harvard Public Law Working Paper No. 13-28, 2013.

fundamentais, de modo que qualquer eventual risco de tirania pode ser aniquilado pelo controle judicial (*judicial review*).

## 1.7.2 Delegação de poderes normativos

No que se refere, diretamente, ao risco de inconstitucional transferência (*delegation*) das funções do Poder Legislativo para as agências, constata-se ter prevalecido o entendimento de que a outorga de competência, para expedir regras regulatórias, não tem o condão de configurar agressão ao texto constitucional. Essa questão foi apreciada ao longo de décadas pela Suprema Corte.[167]

O fundamento argumentativo para essa interpretação consiste no fato de que as regras emanadas do Congresso (*statutes*) são genéricas e abstratas (*intelligible principles*),[168] e, por isso, são expedidas em seu sentido estrito. Por outro lado, as regras expedidas pelas agências são "subleis", que interpretam e dão concretude às leis aprovadas pelo Congresso.

Por esse entendimento, as normas regulatórias não têm a mesma dimensão que as leis, de competência exclusiva do Congresso, não ferindo o texto constitucional. É outra categoria normativa, que não foi desenvolvida pelos *Framers*.[169] Na prática, entende-se que o Congresso deve outorgar certas funções normativas para a agência, de modo que ela possa densificar os conceitos propositadamente vagos e imprecisos previstos em lei. A norma regulatória parte de uma ótica técnica (*expertise*) e com visão "prospectiva" (*advance advise looked to the future and sought to be preventive*).[170]

Assim, conclui-se sobre o debate norte-americano que, realisticamente, essas funções não são puramente legislativas. Se fossem estritamente legislativas, inovando no mundo jurídico, seriam de competência do Congresso.

---

167 Destaque-se o caso *Field v. Clark*, em 1982, e, posteriormente ao *New Deal*, o caso *N.L.R.B v. Jones Laughlin Steel Corp.*, em 1937.

168 *Intelligible principles* são os princípios presentes na lei, em que o Congresso delega poderes à agência para editar normas, contendo *standards* para que a agência exerça as suas funções de acordo com as premissas constitucionais previstas em alguns casos submetidos à Suprema Corte. Um esclarecido objetivo sobre essa doutrina e a lista dos casos podem ser encontrados em: DELEO. John D. *Administrative law*. New York: Delmar Gengage Learning, 2008. p. 17.

169 CUSHMAN, Robert E. *The independent regulatory commissions*. New York: Octagonn Books, 1972. p. 430 ss.

170 Expressão contida em MCCRAW, Thomas K. *et al. Prophets of regulation*: Charles Francis, Adams Louis D. Brandeis, James M. Landis, Alfred E. Kahn. Massachusetts: Harvard, 1984. p. 129.

Essa categoria do *administrative state*, inovadora em relação à Constituição, não foi pensada e, logicamente, detalhada pelos *Framers* no estágio de desenvolvimento do século XVIII, um estado agrário e com baixo nível de complexidade nas relações sociais. Como argumenta Bruce Ackerman, "at the time they were writing the Constitution in 1787, the Founders did not have the slightest idea that the American government would one day employ millions of officials exercising a bewildering variety of functions".[171]

Portanto, chegou-se ao entendimento de que, na ausência de definição constitucional, o Congresso é o palco político onde ocorre o amplo debate sobre questões substantivas que regem a vida em sociedade. A sociedade é pluralista, e o Congresso tem legitimidade ampliada com representação distribuída por duas casas (*Senate, House of Representatives*) e complexo processo para aprovação das leis.

Argumenta-se que as agências são fundamentais para a solução dos problemas de uma sociedade complexa e pluralista, haja vista que o Legislativo (poder político) não tem condições, nos tempos modernos, de legislar a todo instante e em detalhes. Se quiser fazê-lo, em determinado assunto, deve exercer seu poder. Nada pode impedi-lo, cabendo a ele decidir o momento.

Gary Lawson[172] comenta o abandono da teoria da *nondelegation*, perante os tribunais, afirmando que até a chefia do Poder Executivo, que, eventualmente, poderia questionar essa delegação, não apresenta qualquer objeção:

> The rationale for this virtually complete abandonment of the nondelegation principle is simple: the Court believes – possibly correctly – that the modern administrative state could not function if Congress were actually required to make a significant percentage of the

---

171 Ackerman apresenta ainda suas críticas sobre aqueles que sustentam que o silêncio dos *Framers*, quanto ao Estado administrativo, seria, por si só, uma negativa do quarto poder: a burocracia. Por suas palavras: "Granted, the Framers put a high value on the separation of powers conceived as a doctrine of democratic responsibility. But it hardly follows that they would have ignored the virtues of the separation of powers conceived as a doctrine of functional specialization if they had thought that they were writing a constitution for a bureaucratic state. Their failure explicitly to address this matter (except as it concerned the courts) is merely a consequence of their failure to take the bureaucratic state seriously. But this silence should not be used as an excuse for modern constitutional lawyers to ignore the problem or, worse yet, to imagine that the Founders resolved a problem that they did not know they had. Constitutionalists should, therefore, extend their thinking to embrace the distinctive structural problems involved in controlling the fourth branch of government: the bureaucracy". ACKERMAN, Bruce. The new separation of powers. *Harvard Law Review*, v. 113, n. 3, p. 634-725, Jan. 2000.

172 LAWSON, Gary. The Rise and Rise of the Administrative State. *Harvard Law Review*, v. 107, n. 6, p. 1231-1254, Apr. 1994.

fundamental policy decisions. Judicial opinions candidly acknowledge this rationale for permitting delegations. For example, the majority in *Mistretta v. United States* declared that "our jurisprudence has been driven by a practical understanding that in our increasingly complex society, replete with ever changing and more technical problems, Congress simply cannot do its job absent an ability to delegate power under broad general directives". When faced with a choice between the Constitution and the structure of modern governance, the Court has had no difficulty making the choice. Contrary to conventional wisdom, neither did the Reagan and Bush administrations. Neither President Reagan nor President Bush ever vetoed or opposed legislation on the express ground that it violated the nondelegation doctrine. Nor, to my knowledge, did the Reagan-Bush Justice Departments ever formally make such an objection to proposed or actual legislation.

Nesse contexto, argumenta-se que o Congresso, muito provavelmente, possuía condições de editar normas sobre praticamente todas as demandas da sociedade agrária e monista pós-independência (século XVIII); contudo, a partir do momento que passou a não ter condições materiais de atender as demandas de uma sociedade industrializada e complexa, outra solução teve que ser encontrada para a proteção da sociedade: as agências.[173] Segundo Landis: "the dominant theme in the administrative structure is thus determined not primarily by political conceptualism but rather by concern for an industry whose economic health has become a responsibility of government".[174]

A Suprema Corte vem deixando bem vincado, ao longo dos tempos, que as leis ao conferirem função normativa às agências não podem, simplesmente, representar um cheque em branco (*too vague*); devem conter *standards* e princípios claros (*intelligible principle*) que guiem as ações das agências. A inobservância dessa *judicial rule* representaria que o Congresso teria abdicado de suas funções constitucionais.[175]

Para evitar qualquer questionamento sobre a constitucionalidade dessa outorga de função à agência, a competência para edição de normas regulatórias recebeu o nome de função *quasi-legislative, sub-legislative* ou *administrative*.[176]

---

173 Sobre um amplo debate sobre a delegação de poderes para as agências pelo Congresso norte-americano, ver SCHOENBROD, David. *Power without responsibility*: how congress abuses the people through delegation. New Haven: Yale University Press, 1993. Parte IV.

174 LANDIS, James. *The administrative process*. New Haven: Yale University Press, 1938. p. 12.

175 Sobre críticas e propostas sobre as leis vagas, ver DIVER, Colin. The Optimal precision of administrative rules. *The Yale Law Journal*, v. 93, n. 1, p. 65-109, nov. 1983.

176 CUSHMAN, Robert E. *The independent regulatory commissions*. New York: Octagonn Books, 1972. p. 8.

### 1.7.2.1 Princípio da deferência: Chevron doctrine

A doutrina norte-americana se consolidou ao longo dos anos, de modo que os tribunais têm adotado, na maioria dos casos, o denominado princípio da deferência.[177] Por meio dessa visão, os tribunais seguem o entendimento de que não devem substituir as escolhas regulatórias substantivas, por não terem a necessária *expertise*. Ou seja, a agência reguladora estaria em melhores condições para tomar decisões acerca de aspectos da regulação do setor, que não foram determinados pela lei, em razão do maior grau de conhecimento técnico.

A doutrina consagrada em *Chevron U.S.A., Inc. v. Natural Resources Defense Council, Inc. (1984)* estabeleceu que as cortes judiciais têm um dever de deferência às decisões das entidades reguladoras, as quais, por sua vez, têm a obrigação de apresentar justificativas razoáveis e atuar em conformidade com os limites do mandato legal que rege suas competências. A doutrina Chevron parte do pressuposto de que, quando o Congresso transfere (*delegation*) as funções do Poder Legislativo para as agências, deveria haver deferência por parte de outros órgãos e poderes estatais, uma vez que as regras emanadas do Congresso (*statutes*) seriam genéricas e abstratas, enquanto as regras expedidas pelas agências teriam o condão de interpretar e dar concretude aos conceitos propositadamente vagos e imprecisos previstos em lei.

Para definir se a agência tem autoridade, isto é, se possui mandato para as regras emanadas do Congresso (*statutes*), estabeleceu-se, na decisão de 1984, um modelo de teste legal, estruturado em duas etapas, que deve ser seguido pelas cortes federais em caso de revisão judicial de atos de agências reguladoras baseados em competências estabelecidas pela respectiva lei-quadro.

No primeiro passo (*step I)*, deve-se avaliar se a lei é clara ou se há lacunas ou ambiguidades relevantes no texto legislativo, de modo que *"the standard must be clear enough to be visible to the naked eye of the Court"*.[178] Caso a intenção expressa na lei seja clara, a agência deve seguir o disposto, não podendo sua interpretação ou seus atos divergirem do que foi expressamente estabelecido pelo Congresso. Se há, por outro lado, ambiguidades ou lacunas no texto da lei, o julgador deverá

---

177 CUSHMAN, Robert E. *The independent regulatory commissions*. New York: Octagonn Books, 1972. p. 448 ss.

178 Chevron U.S.A., Inc. v. Natural Resources Defense Council, Inc., 467 U.S. 837 (1984). O *Chevron case* e suas consequências podem ser conferidas em: MASHAW, Jerry L. *Creating the administrative constitution*: the lost one hundred years of American administrative law. New Haven: Yale University Press, 2012. p. 303.

avaliar se a interpretação da agência se baseia em uma construção admissível das disposições legais ou se constitui interpretação arbitrária, extravagante ou claramente contrária ao intuito geral da lei.

O segundo passo da Doutrina Chevron (*step II*) *se* destina precisamente a pautar a avaliação do que seria uma "interpretação arbitrária, extravagante ou claramente contrária ao intuito geral da lei". Ou seja, o segundo passo é realizado apenas quando há ambiguidades ou lacunas no texto legal. Nesses casos, o julgador deverá avaliar se essas ambiguidades ou lacunas se originaram de uma decisão explícita do Congresso ou não. Se houve uma intenção deliberada por parte do Congresso de deixar o texto em aberto, a interpretação dada pela agência incumbida de atuar com base na lei deve ser considerada vinculante, pois entende-se que teria havido uma delegação intencional do Congresso para a agência. Por outro lado, se a decisão do Congresso não é explícita, caberia a avaliação judicial, mas apenas para verificar se a interpretação da agência é razoável. Mesmo nesse caso, o tribunal não estaria autorizado a substituir um entendimento razoável da agência acerca da lei pela interpretação que lhe parece mais conveniente ou adequada.

### 1.7.2.2 Críticas à deferência judicial: major questions doctrine

Cumpre ressaltar que algumas decisões recentes da Suprema Corte têm indicado uma possível mudança de entendimento sobre a teoria da *nondelegation* e da Chevron *doctrine*. Em *Gundy v. United States*,[179] a Suprema Corte analisou se a outorga legal de competência para edição de normas (no caso em discussão, '*Sex Offender Registration and Notification Act – SORNA*') para uma agência federal ou órgão membro do executivo (no caso, a Procuradoria Geral) violaria a doutrina da *nondelegation*.

Ainda que o voto da maioria tenha decidido pela constitucionalidade da outorga de competência legal, o voto dissidente de quatro *justices* reacendeu um debate na comunidade acadêmica sobre possíveis mudanças de interpretação da teoria da *nondelegation*. Os votos dissidentes se pautavam no argumento de que a delegação de competência prevista no *case* SORNA não passaria no teste do *intelligible principle*.

179 ADLER, Jonathan H.; WALKER, Christopher J. Delegation and Time. *Iowa L. Rev.*, v. 105, p. 1931, 2019.

Outra questão que também tem provocado debates na comunidade acadêmica diz respeito aos limites para atuação do Poder Judiciário na revisão de atos normativos editados pelas agências reguladoras e à aplicabilidade da doutrina Chevron (*Chevron Doctrine*). Com efeito, a doutrina Chevron tornou-se objeto de críticas crescentes, sobretudo entre políticos e juristas conservadores, em razão da discricionariedade que é conferida às agências reguladoras.

Em junho de 2022, a Suprema Corte julgou o caso West Virgina *v.* EPA, no qual decidiu limitar a autoridade da Agência de Proteção Ambiental (*Environmental Protection Agency's* – EPA) para regular as emissões de dióxido de carbono por usinas termelétricas já instaladas, movidas a carvão ou a gás natural. Segundo o entendimento majoritário, o *Clean Air Act* – principal lei federal de qualidade do ar dos Estados Unidos –, não autorizaria a EPA a "reestruturar o mercado de energia".

A relevância da decisão decorre do fato de ter sido afastada, no caso, a aplicação da doutrina Chevron (*Chevron Doctrine*), um importante pilar da jurisprudência norte-americana sobre deferência judicial na interpretação das regras emanadas do Congresso (*statutes*) que estabelecem as competências das agências reguladoras federais nos EUA.

Com base na Doutrina das Questões de Impacto (*Major Questions Doctrine*), a Corte decidiu restringir o escopo de atuação da EPA, sob o fundamento de que o Congresso deveria fornecer diretrizes claras e objetivas, ao invés de delegar funções normativas à agência de maneira ampla.

Possíveis mudanças no entendimento da Suprema Corte norte-americana com relação às doutrinas de delegação de poderes normativos e deferência às decisões das agências reguladoras independentes evidenciam que o modelo de agências reguladoras independentes não é estanque. Muito pelo contrário, trata-se de um projeto de governança pública em constante evolução que envolve interesses sensíveis e visões divergentes a respeito do papel das instituições e dos freios e contrapesos que regem o funcionamento dos Poderes estatais. Consequentemente, o modelo de agências independentes continuará sendo objeto de disputas políticas nos países que o adotam, e continuará também a sofrer transformações de seus contornos institucionais ao longo dos tempos.[180]

[180] GUERRA, Sérgio; THEVENARD, Lucas; BORGES, Gabriela. *Major questions doctrine*: decisão da Suprema Corte coloca o tema da deferência novamente em pauta nos EUA. 11 ago. 2022. Disponível em: https://portal.fgv.br/artigos/major-questions-doctrine-decisao-suprema-corte-coloca-tema-deferencia-novamente-pauta-eua. Acesso em 21 set. 2022.

### 1.7.3 Função judicante

No que se refere ao exercício de funções judicantes pelas agências, a Suprema Corte vem adotando o argumento de que, nos Estados Unidos da América, existem duas categorias de funções voltadas à interpretação e aplicação das leis.

A primeira dessas funções, o poder jurisdicional (*the judicial power of the United States*), somente pode ser exercida, nos termos da Constituição, pelos Tribunais ali previstos. O poder jurisdicional não pode ser transferido, ainda que parcialmente, por lei.

A outra categoria, denominada de judicante (*quasi-judicial*), pode ser outorgada pelo Poder Legislativo às agências. Essa função seria diversa do poder detido pelo Poder Judiciário; este julga um litígio entre partes, voltado para os fatos passados e com soluções puramente punitivas (*litigation looked to past acts and toward punitive resolutions*).[181] Portanto, argumenta-se que, somente sob um olhar superficial, a função judicante outorgada às agências poderia ser confundida por aquela exercida pelo Judiciário. As duas funções (jurisdicional e judicante) funcionam em campos diferentes.

De modo mais prático, e se são funções diferentes, argumenta-se que a outorga de função *quasi-judicial* às agências não fere a doutrina da separação de poderes porque não está disciplinada na Constituição Federal.[182] A exemplo da discussão sobre a delegação de função legiferante, a real preocupação no exercício da função quase-judicial pelas agências – não disciplinada pelo texto constitucional – atém-se à garantia do devido processo legal.[183]

Se os instrumentos constitucionais, visando proteger o cidadão contra possíveis arbitrariedades, estão preservados nos termos constitucionais, não haveria motivo para questionar as funções das agências *vis-à-vis* a oitocentista teoria da separação tripartite de poderes.[184]

É importante destacar que há dois regimes de decisões judicantes pelas agências (*adjudication*): o formal e o informal.[185] Também,

---

181 *Idem*.

182 Por exemplo, nos casos NLBR v. Jones & Laughlin Steel Corp., 301 US 1 (1937) e Atlas Roofing Co. v. Occupational Safety & Health Review Commn., 430 U.S. 442 (1977).

183 CUSHMAN, Robert E. *The independent regulatory commissions*. New York: Octagonn Books, 1972. p. 448 ss.

184 LAWSON, Gary. The rise and rise of the administrative state. *Harvard Law Review*, v. 107, n. 6, p. 1231-1254, 1994: "Some scholars believe that administrative adjudication is constitutionally permissible as long as the administrative decisions are subject to Article III appellate court review that is 'adequately searching' and 'meaningful'".

185 Sobre as características dessas duas modalidades, ver RAKOFF, Todd D. The choice between formal and informal modes of administrative regulation. *Administrative Law Review*, v. 52, n. 1, 2000, p. 159-174.

identificam-se duas categorias: na primeira, a agência decide sobre um interesse do cidadão (*claim for benefit*) e, no segundo, a agência julga se a parte interessada ou afetada (indivíduo ou empresa) violou uma norma regulatória (*has violated an agency regulation*).

A função judicante das agências norte-americanas envolve desde questões simples, do dia a dia, até as mais complexas. No primeiro caso, pode representar desde a aplicação de uma multa de trânsito por um agente, no estacionamento de veículo em local proibido, até a determinação, por um bombeiro (*fire marshal*), para que se apague um cigarro em determinado local.

Nas decisões complexas são realizadas audiências (*hearings*), testemunhas são inquiridas e acareadas, colhem-se evidências (*evidence*), além de outras formalidades (*on the record*), perante um juiz administrativo (*Administrative Law Judge – ALJ*)[186] que seja neutro (*neutral decisionmaker*).[187]

## 1.7.3.1 Administrative Law Judge

A lei de procedimento administrativo dos Estados Unidos (*Administrative Procedure Act*), de 1946, dispõe que os ALJs federais são nomeados com base nos resultados obtidos em processo seletivo formal (*qualified candidates*), incluindo um exame escrito e um exame oral perante uma banca realizada numa sessão federal. Nesse procedimento inclui-se a participação de um representante do Gabinete de Gestão de Pessoas (Office of Personnel Management representative) e de um representante da Ordem dos Advogados (American Bar Association).

Os juízes ALJs são independentes dos quadros da agência e compõem o único corpo judicial dos Estados Unidos baseado no sistema de meritocracia. Os ALJs, geralmente, fazem parte da estrutura do Poder Executivo, sem relação formal com o Poder Judiciário. Esses juízes têm garantias de independência decisória e só podem ser demitidos por justa causa (*tenure*).

O procedimento de revisão da decisão de um juiz administrativo varia de acordo com a lei de criação de cada agência. Geralmente, a agência tem na sua estrutura um órgão recursal interno, cabendo

---

186 DELEO, John D. *Administrative law*. New York: Delmar Gengage Learning, 2008. p. 111-113.

187 Sobre os procedimentos de adjudication, recomenda-se: DAVIS, Frederick. *Judicialization of administrative law*: the trial-type hearing and changing status of the hearing officer. *Duke Law Jornal*, 1977, p. 389-408; e FREEDMAN, James O. Boards in the administrative process. *University of Pennsylvania Law Review*, v. 117, p. 546-577, 1969.

apelação (*appeal*), contra suas deliberações finais, a um tribunal jurisdicional.[188] Algumas leis dispõem que devem ser esgotados os recursos administrativos antes de submeter o caso aos tribunais jurisdicionais.

Os ALJs atuam em milhares de casos, realizando audiências em assistência social, comércio internacional, tributação, direito ambiental, segurança ocupacional e direito das comunicações. Existem quase 2.000 ALJs em cerca de 28 agências reguladoras. Em 2018, a Suprema Corte decidiu no caso *Lucia v. SEC* que os ALJ lotados na Security and Exchange Commission são "oficiais dos Estados Unidos" que devem ser nomeados de acordo com a "Appointments Clause" da Constituição.[189] Partindo-se da premissa de que os ALJs são "inferior officials", esta cláusula permite ao Congresso delegar a nomeação de ALJs apenas para o Presidente, para chefes de departamento (ministérios) ou para tribunais.

Cumpre ressaltar que com o julgamento do caso Lucia, o presidente Trump emitiu um decreto[190] que fez mudanças significativas no processo de contratação do ALJ. O decreto colocou os ALJs no que é conhecido como "serviço de exceção" e instruiu cada agência a planejar e administrar um processo interno para contratar seus próprios ALJs. O decreto também exigiu que as agências dessem preferência aos veteranos.

As reformas efetuadas pelo decreto foram bem-vindas por muitas agências, que durante décadas foram prejudicadas pelo processo de contratação do Office of Personnel Management (OPM). Muitas agências, diante do decreto, passaram a adotar novos procedimentos para a contratação de ALJs. De fato, a maioria das agências evitou o processo conduzido pelo OPM por anos, contratando ALJs afastados de outras agências, principalmente do U.S. Social Security.

O novo processo de seleção dos ALJs permitirá que as agências contratem seus próprios juízes, diretamente, sem que os candidatos precisem passar pelo processo do OPM, ser contratados por outra agência e depois ser recontratados.[191]

---

[188] Cf.: MERRILL, Thomas W. Article III, agency adjudication, and the origins of the appellate review model of administrative law. *Columbia Law Review*, v. 111, n. 5, p. 939-1003, Jun. 2011.

[189] 585 U.S. – (2018).

[190] Disponível em: https://www.whitehouse.gov/presidential-actions/executive-order-excepting-administrative-law-judges-competitive-service/.

[191] Cf.: artigo de Jack M. Beermann, professor da Boston University School of Law: The Future of Administrative Law Judge Selection. *The Regulatory Review*. Disponível em: https://www.theregreview.org/2019/10/29/beermann-administrative-law-judge-selection/.

## 1.7.4 Função executiva

Ainda sobre a outorga de poderes para as agências, outra questão aparece como sendo relevante no debate travado nos Estados Unidos da América. Trata-se do exercício de funções de "execução das leis", de forma independente da chefia do Poder Executivo. A indagação consiste em saber se essas funções, que poderiam em tese ser exercidas por órgãos subordinados diretamente ao Presidente da República, não usurpam a competência constitucional daquele que está no vértice da pirâmide da burocracia.

Landis[192] ponderou que a função executiva, detida pelas agências, não é uma simples extensão das atividades do Poder Executivo. Difere tanto da natureza das funções quanto da responsabilidade detida para o seu exercício. Assim, um primeiro argumento favorável ao modelo regulatório por agências independentes foi apresentado no sentido de que essas entidades congregam diferentes funções (executiva, normativa e judicante), que, somente agregadas (*powers are merged*), conseguirão atingir os efeitos pretendidos.

Essas entidades precisariam ter, simultânea e cumulativamente, funções quase-legislativas, quase-executivas e quase-jurisdicionais para promover o equilíbrio do sistema, diferenciando-se do comando constitucional de simples "execução da lei". Por essa linha de pensamento, o Poder Executivo, por definição constitucional, já é detentor da função executiva plena. Desse modo, se o Chefe do Poder Executivo – ou seus subordinados diretos – acumulassem funções quase-legislativas e quase-judiciais, configuraria frontal violação do princípio constitucional da separação de poderes.

Com efeito, haveria a concentração de parte do poder legislativo e jurisdicional nas mãos de um agente politicamente eleito e dotado de legitimidade oriunda do sufrágio. Esse fato poderia levá-lo a tomar posições predominantemente legislativas ou jurisdicionais e, assim, chegar à tirania tão repudiada pelos *Framers*.

Assim, o debate quanto ao Poder Executivo vem sendo conduzido não sob a ótica da possível afronta da função regulatória executiva ao princípio da separação de poderes, mas sim sob a ótica do risco de a concentração de poderes ficar nas mãos do Presidente da República. Havendo essa concentração, fere-se a Constituição que, expressamente, foi estruturada para combater o arbítrio e o comprometimento com o

---

192 LANDIS, James. *The administrative process*. New Haven: Yale University Press, 1938. p. 15.

devido processo legal. Argumenta-se, assim, que as agências seriam facilmente controláveis pelos três Poderes (*accountability*), não havendo risco de tirania.

No que se refere, ainda, às funções das agências, os argumentos a favor da outorga de função executiva não são unânimes na doutrina e a atribuição dessa competência também não foi objeto de normatização judicial (*ruled*) pela Suprema Corte. Esta se limitou a decidir a favor do mandato (*tenure*) dos comissários das agências, conforme Gary Lawson[193] adverte:

> Congress and the President have fought hard in recent years over control of the federal administrative machinery, and the courts have adjudicated such disputes in some high-profile cases. Significantly, however, neither of the two possible constitutional mechanisms of presidential control has played a role in those battles. No modern judicial decision specifically addresses the President's power either directly to make all discretionary decisions within the executive department or to nullify the actions of insubordinate subordinates. Instead, debate has focused almost exclusively on whether and when the President must have unlimited power to remove subordinate executive officials.

### 1.7.5 Enquadramento (vinculação) das agências em um dos três poderes

Outro aspecto que pautou os debates acerca do modelo de agencificação estadunidense refere-se ao enquadramento da agência em um dos três órgãos estatais de cúpula que representam a separação de poderes. As agências reguladoras devem estar vinculadas ao Poder Legislativo, ao Poder Executivo ou ao Poder Judiciário? Não estando vinculadas a um poder, as agências reguladoras poderiam ser caracterizadas como um "quarto poder" e, assim, ferir o texto constitucional?

A conclusão que vem prevalecendo nos tribunais é no sentido de que a Constituição norte-americana não exige esse enquadramento. A agência não precisa, necessariamente, estar em "uma das caixinhas" da clássica e tricotômica divisão das funções estatais.

A decisão, quanto a essa vinculação, até estaria na competência discricionária do Poder Legislativo (*legislative branch*), que poderia

---

193 LAWSON, Gary. The rise and rise of the administrative state. *Harvard Law Review*, v. 107, n. 6, p. 1231-1254, 1994.

alocar, funcionalmente, as agências em duas ou até mesmo três "caixinhas" do organograma republicano.[194]

Contudo, o Legislativo assim não procedeu; até então, não enquadrou as agências em um dos três poderes clássicos nem, tampouco, em dois ou três. O argumento que vem prevalecendo é no sentido de que essa providência não é necessária sob a ótica constitucional estadunidense.

Para alguns, essa questão parece não ter relevância. Ainda que sob uma análise residual a lei de criação disponha que determinada agência é uma entidade vinculada ao Poder Executivo, o que importa é o grau de autonomia dos seus dirigentes (*tenure*) e o nível de controle que os demais poderes têm sobre essa entidade.

Objetivamente, as agências vêm sendo consideradas entidades híbridas (*hybrid governamental agencies*) e não ferem o texto constitucional.

### 1.7.6 Mandato fixo dos dirigentes (*tenure*)

Quanto à estrutura propriamente dita das agências, o Congresso pode especificar as qualificações mínimas necessárias aos Conselheiros escolhidos pelo Presidente da República. Verifica-se que os *Commissioners* devem ser pessoas absolutamente experientes no setor regulado e, assim, exercer funções visando auxiliar tanto o Poder Legislativo, quando este for editar novas leis sobre o setor afeto à agência, quanto o Poder Judiciário, diante dos casos difíceis (*hard cases*) que a cada dia são a ele submetidos.

A independência de algumas agências foi detectada como sendo uma questão complexa, que, principalmente, se materializa no mandato fixo (*tenure*), e no balanceamento nas indicações dos membros entre os dois maiores partidos políticos (Republicano e Democrata). Isso se deve à necessidade de evitar as pressões políticas,[195] notadamente do

---

194 "The task allocating governmental agencies to a single department is completely futile. The important thing about an agency is the character of its job, not its geographical location in the governmental system. That location has no necessary bearing upon the powers, relations, or constitutional status of the agency". CUSHMAN, Robert E. *The independent regulatory commissions*. New York: Octagonn Books, 1972. p. 444.

195 Segundo Landis, "in order to provide some safeguard against political pressures, the so-called independent commission form has frequently been adopted as the basis for their organization". LANDIS, James. *The administrative process*. New Haven: Yale Univesity Press, 1938. p. 21. Esse livro é considerado o mais importante estudo sobre a regulação por agências, desde a publicação do livro de autoria de Charles Francis Adams, em 1878. Um outro trabalho de Landis também foi publicado e marcou a sua época: LANDIS, James M. *Report on regulatory agencies to the president-elect*: a report submitted to Sen. John

Chefe do Poder Executivo que, na maioria das vezes, pertence a um desses dois partidos.[196]

Os dirigentes das agências reguladoras são indicados (*appointments*) pelo Presidente da República e confirmados ou não pelo Senado Federal, conforme artigo II da Constituição americana. Cabe ao Senado a função de consentimento e aprovação (*advice and consent*), salvo nas nomeações dos *inferior officers* diretamente pelo Chefe do Executivo.

O caso julgado pela Suprema Corte que garantiu a constitucionalidade do mandato e a impossibilidade de demissão *ad nutum* pelo Presidente da República ocorreu em *Humphrey's Executor v. United States.*[197] No episódio, o Presidente Roosevelt demitiu um *Commissioner* da Federal Trade Commission, uma agência reguladora independente.

### 1.7.6.1 *Humphrey's Executor v. United States*

Em que pesem críticas à *Humphrey rule*, conforme se apurou nessa *stare decisis*, o Legislativo tem o direito de proteger os dirigentes de agências reguladoras independentes contra as pressões políticas. É lícito ao Presidente da República promover o processo de demissão apenas em havendo justa causa (*for cause*), tais como ineficiência, negligência no cumprimento de normas, desonestidade ou prevaricação.

Os argumentos para garantir o mandato dos dirigentes das agências reguladoras independentes, diferentemente do que ocorreu no caso *Myers v. United States*,[198] que também tratou da demissão de um *Officer*, chefe dos correios pelo Presidente da República, podem ser assim resumidos: a agência não é um órgão subordinado ao Poder Executivo; além da função quase-executiva, suas competências englobam funções quase-legislativa e quase-judicial, sendo que a associação dessas competências representa uma das principais justificativas para a outorga de mandato (*tenure*).

Com efeito, se a agência fosse estruturada com funções exclusivamente executivas (*purely executive*) o Presidente da República teria competência para demitir (*full power or removal*), como ocorreu no *Myers case*.

---

F. Kennedy – December 21, 1960. New Orleans: Quid Pro Books, 2014, que apresentou críticas sobre o sistema regulatório na década de 1960.

[196] Cf.: MCCRAW, Thomas K. *et al*. *Prophets of regulation*: Charles Francis, Adams Louis D. Brandeis, James M. Landis, Alfred E. Kahn. Massachusetts: Harvard, 1984. p. 153 e 206.

[197] Humphrey's Executor v. United States, 295 U.S. 602 (1935).

[198] Myers v. United States, 272 U.S. 52 (1926).

Na prática, argumenta-se que, mesmo com a *Humphrey rule*, o Presidente da República continua com poder de demitir o conselheiro de agências independentes (*removal power*), por exemplo, se houver desrespeito aos decretos presidenciais (*Executive Orders*) que traçam determinadas linhas de execução das políticas públicas. Caso a agência não cumpra essas determinações, em tese, o Chefe do Poder Executivo poderia instaurar procedimento (*notice and hearing*) sob o argumento de negligência no cumprimento de normas por ele expedidas por força constitucional.[199]

Releva notar que o tema voltou a ser objeto de apreciação perante a Suprema Corte no caso *Seila Law LLC v. Consumer Financial Protection Bureau* (CFPB).[200]

### 1.7.6.2 *Seila Law LLC v. Consumer Financial Protection Bureau (CFPB)*

Após a crise financeira de 2008, o Congresso criou o CFPB com natureza jurídica de agência reguladora independente com competência para garantir que os créditos decorrentes de dívidas de consumidores sejam seguros e transparentes. Nesse contexto, o Congresso delegou ao CFPB uma série de funções relativas à contenção de práticas desleais e enganosas no setor de crédito (funções executivas, adjudicatórias, inclusive para conduzir investigações, expedir intimações e demandas de investigação civil).

O CFPB é, portanto, uma agência categorizada como agência independente; contudo, diferente das demais, geralmente compostas por um Conselho Diretor, cujos membros são nomeados pelo Presidente da República e que recebem um mandato fixo, o CFPB é dirigido por um único diretor que, até o presente caso, operava com a mesma autonomia e garantias contra a sua remoção *ad nutum*.

A Seila Law, um escritório de advocacia localizado na Califórnia, ingressou com uma ação para contestar uma investigação que o CFPB havia instaurado alegando que a sua estrutura, com apenas um dirigente, seria inconstitucional haja vista que o Diretor da agência atuava com muita independência em relação ao Chefe do Poder Executivo. Essencialmente, a Seila Law argumentou que, se uma agência foi criada com base em uma lei inconstitucional, seus atos seriam ilegítimos.

---

199 Sobre o caso, ver ROBINSON, Glen O. Independent Agencies: Form and Substance in Executive Prerogative. *Duke Law Journal*, v. 1988, n. 2/3, p. 238-251, 1988.

200 591 U.S. (2020).

Seila Law sustentou que a estrutura do CFPB violava a separação de poderes, mas o Tribunal Distrital discordou e determinou que a Seila Law cumprisse a determinação. O tribunal (9º Circuito) concluiu que a pretensão da Seila Law estava em desacordo com os casos *Humphrey* e *Morrison v. Olson*.

Em sua decisão, a Suprema Corte deu provimento ao pedido da Seila Law, sob o argumento de que as garantias outorgadas por lei para proteger o dirigente contra decisões imotivadas do Presidente violavam a Constituição. Contudo, há uma peculiaridade nesse julgado. Em vez de declarar inconstitucionais todas as garantias contra a demissão *ad nutum*, o tribunal considerou inconstitucionais apenas as garantias contra o dirigente do CFPB. No seu voto, o Chief Justice John Roberts escreveu:

> Neither Humphrey's Executor nor Morrison resolves whether the CFPB Director's insulation from removal is constitutional. The New Deal-era FTC upheld in Humphrey's Executor bears little resemblance to the CFPB. Unlike the multiple Commissioners of the FTC, who were balanced along partisan lines and served staggered terms to ensure the accumulation of institutional knowledge, the CFPB Director serves a five-year term that guarantees abrupt shifts in leadership and the loss of agency expertise. In addition, the Director cannot be dismissed as a mere legislative or judicial aid. Rather, the Director possesses significant administrative and enforcement authority, including the power to seek daunting monetary penalties against private parties in federal court – a quintessentially executive power not considered in Humphrey's Executor. [...] While we have previously upheld limits on the President's removal authority in certain contexts, we decline to do so when it comes to principal officers who, acting alone, wield significant executive power. The Constitution requires that such officials remain dependent on the President, who in turn is accountable to the people.

O caso envolvendo a Seila Law é relevante para as pesquisas no direito administrativo acerca das questões envolvendo a constitucionalidade do modelo de agências reguladoras em cotejo com o princípio da separação de poderes. Mas, como dito, a decisão da Suprema Corte alcançou apenas o CFPB, prevalecendo a regra do caso *Humphrey's Executor*.

## 1.8 Conclusões sobre as agências norte-americanas

No modelo norte-americano, o surgimento do direito administrativo (*administrative law*) está relacionado às agências, sejam elas executivas, regulatórias ou empresariais, independentes ou não. Levando-se em conta o ambiente em que surgiu, o desenvolvimento dos modelos adotados que formataram o sistema de agencificação, os conflitos, questionamentos e teses, nos Estados Unidos da América e no Brasil, verifica-se que os desenhos burocráticos são diferentes.

As agências surgiram, nos Estados Unidos da América, no século XIX e apenas em alguns estados da federação. O objetivo era regular o transporte ferroviário por meio de *experts*, então a mais importante e complexa atividade econômica na fase agrária. Com a proibição da regulação do setor ferroviário por agências estaduais surgiu a primeira agência reguladora federal, em 1887.

O movimento progressista ergueu a bandeira da agencificação contra o cenário caótico por que passava o governo no final do século XIX e início do XX. O movimento se propagou pela classe média localizada em áreas urbanas chocados com a corrupção e fraudes no campo político. A solução para esses problemas seria a criação de agências, de modo que as decisões sobre o controle de determinadas atividades industriais fossem decididas por *experts*, de forma racional e livres das pressões partidárias no formato conhecido como *spoil system*.

Considerando o impacto das decisões das agências sobre a vida dos cidadãos e empresas, foi editada, em 1946, uma lei que procedimentalizou as suas ações visando trazer transparência e mais garantias aos direitos fundamentais (devido processo legal).

Com a crise econômica da década de 1970, os custos regulatórios foram contestados, surgindo um movimento denominado de "desregulação" (*deregulation*), que provocou a extinção ou fusão de algumas agências reguladoras. Esse movimento foi amortecido pela crise do mercado financeiro, ocorrido em 2008, envolvendo o sistema de hipotecas. O argumento, que de certa forma, desencoraja o Congresso e o Presidente da República de propor a desregulação está no fato de que a ausência, ou diminuição, do nível de regulação estatal financeira teria sido o responsável pelo colapso sistêmico.

Com esses antecedentes, opositores e defensores, o modelo de regulação estatal norte-americano vem sendo mantido desde o século XIX até os dias atuais com o respaldo da Suprema Corte.

No modelo estadunidense, as agências representam o que denominamos, no Brasil, administração pública descentralizada, dotadas de efetiva autonomia gerencial. Pode-se enquadrar uma parte das agências como sendo "subordinada" ao Presidente da República, apenas diante do fato de ser possível que o agente seja demitido sem justa causa, a qualquer tempo. Na outra parte, considerada "independente", os dirigentes são detentores de mandato (*tenure*), ressaltando-se que essa segunda categoria não está vinculada a qualquer dos três poderes (Legislativo, Executivo ou Judiciário).

As atribuições das agências estadunidenses variam, alcançando diversos setores e áreas, sob diversas formas e funções, abrangendo detalhada regulação (*microregulation*, *overregulation*) do comportamento dos indivíduos, do comércio, na distribuição de subsídios e benefícios, no fornecimento de serviços, na cobrança de impostos, no gerenciamento de recursos etc., sendo, como dito, dotadas de autonomia na gestão.

Passado mais de um século desde a criação da primeira agência reguladora federal, com as características que identificam esse modelo (ICC, de 1887), constataram-se fases favoráveis e períodos contrários a esse modelo. A Suprema Corte norte-americana, em termos gerais, validou a previsão do mandato (*tenure*), chancelou a delegação de poderes (*delegation doctrine*) e reconheceu a juridicidade na cumulação de funções quase-legislativas, quase-executivas e quase-judiciais.

O modelo estadunidense de agências, no estágio atual, privilegia a ocupação de cargos por *experts*, a participação popular (*public participation*), a transparência nos procedimentos e nas decisões (*transparency of government action*) e com sistema de garantias processuais, próximo ao modelo jurisdicional (*judicialized procedures for individual determinations*).[201]

As ações de uma agência devem estar de acordo com o detalhamento contido na lei de criação.[202] Quando há um questionamento sobre os seus atos, os tribunais examinam os dados em recurso de apelação (*appeal*) de acordo com *standards* previstos na lei que outorgou competência à agência, geralmente, mantendo a escolha regulatória (princípio da deferência).

A maioria das leis de criação das agências possui termos vagos e abertos (*intelligible principles*), permitindo à agência certa flexibilidade e, até mesmo, discricionariedade[203] para criar as suas próprias regras e procedimentos.

Para balizar a atuação das agências foi editada uma lei de Procedimento Administrativo (*Administrative Procedure Act*),[204] em

---

201 MASHAW, Jerry L. *Creating the administrative constitution*: the lost one hundred years of American administrative law. New Haven: Yale University Press, 2012. p. 288.

202 Cf.: CROLEY. Steven P. *Regulation and public interest*: the possibility of good regulatory government. New Jersey: Princeton University Press, 2008. p. 81.

203 Para conferir críticas à "discretion" das agências, ver EPSTEIN, Richard A. *Simple rules for a complex world*. Cambridge: Harvard University Press, 1995. p. 37 ss.

204 Para um detalhamento sobre a APA, ver LAWSON, Gary. *Federal administrative law*. 6. ed. ST. Paul: West, 2013. p. 256 ss.

1946, detalhando os mecanismos de atuação. Com efeito, a APA fornece diretrizes para a edição de normas regulatórias, realização de audiências e participação da sociedade, julgamento de casos concretos e, além disso, parâmetros para o controle judicial dos atos das agências pelos Tribunais (*judicial review*). Pode-se dizer que a APA representa verdadeira "constituição" do direito administrativo no âmbito federal.[205]

Desse modo, como será demonstrado nos próximos capítulos, a burocracia brasileira, mesmo com o advento das agências reguladoras (autarquias especiais), é diferente do sistema burocrático estadunidense. Os dois modelos partem de estruturas de governabilidade e de governança completamente diferentes. Apenas uma pequena parte do desenho institucional, que atribui mandato aos dirigentes e autonomia decisória à agência reguladora, foi copiada pelo Brasil do modelo americano.

Sendo uma reprodução, ainda que parcial, somado ao fato de que (i) o modelo nacional – federativo e presidencialista – também se espelhou no sistema estadunidense, e (ii) o Brasil vem adotando o sistema de regulação de algumas atividades privadas de interesse público, também próximo ao modelo das *public utilities*, confirma-se a hipótese investigada neste capítulo.

Com efeito, por esses fatores, devem ser produzidas análises sobre o que ocorreu e vem ocorrendo no modelo norte-americano, nas diversas fases ao longo dos mais de cento e cinquenta anos de história. Na busca pelo aperfeiçoamento do modelo brasileiro, deve-se identificar o que foi positivo e, também, o que provou ser ineficiente.

Conclusivamente, e além dos temas aqui examinados, alguns assuntos afetos ao sistema norte-americano de agências reguladoras podem contribuir para o desenvolvimento das agências nacionais:

1. Será conveniente examinar a pauta do debate norte-americano quanto à ausência de legitimidade dos dirigentes das agências independentes (não eleitos por sufrágio), detentores de mandato fixo (*tenure*).
2. Deve-se verificar os motivos que levaram à criação e ao amplo sistema de garantias do procedimento administrativo especial criado para disciplinar as ações das agências (*Administrative Procedure Act*, 1946) e quais são os resultados alcançados com essa procedimentalização.

---

[205] Nesse sentido, CASS, Ronald A. *et al*. *Administrative law*. 6. ed. New York: Wolters Klumer Law & Business, 2011. p. 6.

3. Será produtivo avaliar como os norte-americanos enfrentam a escolha regulatória (*discretion*) e, notadamente, os limites da atribuição de função normativa, seja ela implícita ou explícita. Releva, ainda, perscrutar os mecanismos de revisão das normas regulatórias, além da análise de custo e benefício das decisões delas decorrentes (*cost-benefit analysis – CBA*), comandada por órgão integrante da Presidência da República (Office of Information and Regulatory Affairs – OIRA), vinculado ao Office of Management and Budget (OMB).[206]
4. É recomendável examinar como se desenvolve a análise de impacto regulatório (*regulatory impact analysis – RIA*), produzida pelas agências. Deve-se examinar o formato estruturado para o apoio, produzido pelas agências, às instituições da sociedade civil, visando ampliar a participação popular e privilegiar a transparência nos processos, análises, manuais (*guidelines*) e decisões (*formal, informal, negotiated rulemaking and adjudication*). Será produtivo compreender as bases que justificam os mecanismos de controle judicial (*judicial review*) que, de um lado, é profundo (*hard look*),[207] e, de outro, aplica um duplo teste que preserva decisões substantivas (*deference*) desde que respeitado o devido processo legal (*due process of law*).
5. Outro instituto em prática na América do Norte é o *Lead agency*,[208] sistema pelo qual uma das agências é identificada para ser a líder de um grupo de agências que atuam em conjunto em projetos complexos (exemplo, a construção de uma hidrelétrica). A agência líder coordena a ação interagência, conduzindo os trabalhos diários com a função de organizar a agenda e promover a coesão das decisões provenientes das diversas áreas. Sabemos que, no Brasil, esse é um dos maiores gargalos da administração pública, disciplinado, em parte, pela categorização da denominada "decisão coordenada" incluída na Lei nº 9.784/99 pela Lei nº 14.210/2021. É comum que projetos sejam desenvolvidos por uma agência e, quando

---

206 Ver detalhamento em DUDLEY, Susan E.; BRITO, Jerry. *Regulation*: a primer. 2. ed. Washington: The George Washington University, 2012. p. 40-42.

207 Sobre o tema, ver GARRY, Patrick M. Judicial review and the "hard look" doctrine. *Nevada Law Journal*, v. 7, p. 151-170, 2006-2007.

208 Sobre o tema, ver VOLOTÃO, Romilson de Almeida. *Direito regulatório, governança e licenciamento ambiental*: soluções para o aperfeiçoamento do licenciamento ambiental brasileiro. Curitiba: Juruá, 2016.

da sua implantação pela iniciativa privada, são paralisados e, em muitos casos, rejeitados.

6. Por fim, deve-se analisar o debate ocorrido sobre o excesso de microrregulação, contestada com grande ênfase nos Estados Unidos da América, assim como as características dos movimentos de desregulação (*deregulation*), rerregulação (*rerregulation*) e falha regulatória (*misregulation*), notadamente após a crise ocorrida em 2008 no mercado financeiro estadunidense.

Sabe-se que os Estados Unidos da América têm uma cultura diferente da brasileira. Com a adoção de apenas uma Constituição Federal durante toda a sua história, os valores de liberdade, propriedade privada, garantias (*Bill of rights*) e alta litigiosidade pautam os debates estadunidenses sobre o papel do Estado, especialmente quando se referem às agências e à regulação. Alcançando aspectos políticos, jurídicos e culturais, naquele sistema há um *trade-off* entre esses valores e a regulação econômica, social e ambiental.

O Brasil, ao contrário, após diversas Constituições Federais e recente ingresso na democracia, tem uma cultura de forte intervencionismo e centralização na figura do Chefe do Poder Executivo. Não obstante essas características, pode-se inferir ser de aguda relevância o aprofundamento das pesquisas sobre os dois modelos burocráticos, sob a ótica comparada.

Como ocorre no direito constitucional brasileiro, é conveniente que sejam examinados, no âmbito do direito constitucional e administrativo, debates acadêmicos, artigos, livros, decisões dos tribunais, leis, decretos, instrumentos e procedimentos produzidos nos Estados Unidos da América ao longo de mais de um século de agencificação.

Todo esse acervo contribuirá para a efetiva construção de uma nova função regulatória tipicamente brasileira, que, de um lado, leve em conta a sua própria história, se acople aos seus costumes, observe as suas peculiaridades jurídico-constitucionais, e que, sobretudo, seja um instrumento que contribua para o ajuste do curso da governança estatal nos campos econômico e social, de forma mais republicana e democrática.

# CAPÍTULO 2

# ORGANIZAÇÃO ADMINISTRATIVA BRASILEIRA NO ESTADO MODERNO DE DIREITO

Pesquisas e obras doutrinárias sobre a administração pública são iniciadas, regra geral, procurando abordar a estruturação, algumas características e atribuições da governança administrativa vinculadas ao modelo do Estado mínimo, liberal, que teria introduzido a concepção de Estado Moderno.[209]

Surge a ideia, sobre esse modelo, de que a organização da administração estatal voltava-se, apenas, à garantia de liberdade, salubridade, arrecadação de impostos, relações exteriores e segurança no interesse de poucos.[210] Também é comum se afirmar que o liberalismo não teria, na grande maioria das situações em que foi implantado, atingido o pleno bem-estar da sociedade. Daí, uma nova forma de estruturação do Estado de Direito se apresentou, de modo que o governo da ocasião (Poder Executivo) deveria passar a atuar ativamente em determinadas áreas, inclusive – ou especialmente – na econômica e social.[211]

---

209 Sobre essas características, recomenda-se a leitura de BENTO, Leonardo Valles. *Governança e governabilidade na reforma do Estado*: entre eficiência e democratização. Barueri: Manole, 2003. p. 1-3.

210 BONAVIDES, Paulo. *Do Estado liberal ao Estado social*. 7. ed. São Paulo: Malheiros, 2001. p. 30.

211 "A função primordial atribuída ao Estado do século XX – pondo-se de lado as experiências totalitárias de direita e esquerda, aqui consideradas como regimes de exceção – é a proteção a uma determinada gama de direitos 'fundamentais'. Noutros termos, o Estado está a serviço da sociedade e perante ela deve legitimar o poder de que foi investido, utilizando-o para cumprir as promessas inscritas no estatuto da modernidade. [...] Humanismo, pluralismo e reformismo são, pois, valores básicos desse Estado nascido da Ilustração e que pretende levar a efeito as promessas inscritas no estatuto da modernidade, e o *Welfare State* é produto da articulação, da dinâmica, desses princípios num momento

A essa fase inúmeras características foram destacadas,[212] contudo, atribui-se a essa etapa histórica maior relevo ao forte intervencionismo estatal no modelo europeu à luz da teoria *keynesiana*.[213]

Sabe-se que vários Estados que adotaram uma postura de forte intervencionismo direto – inclusive o Brasil – perderam as condições econômicas para atuar satisfatoriamente em diversos setores econômicos e sociais. Não conseguiram, diante de patente ambivalência,[214] manter amplas políticas públicas de fins assistenciais e estrutura de atendimento pleno, compatível com os diversos interesses em confronto.

Cumpre, assim, examinar o desenvolvimento do Estado Brasileiro no século XX, num ambiente de forte pluralismo,[215] para a perfeita compreensão do cenário que levou o país à atual estrutura pública organizacional, com a criação de agências reguladoras.

---

histórico específico". BENTO, Leonardo Valles. Governança e governabilidade na reforma do Estado: entre eficiência e democratização. Barueri: Manole, 2003. p. 8-10.

212 "A nossa Constituição [1988] não deixa dúvidas ao nível dos princípios, pelo menos, quanto a filiar-se ao modelo de organização econômica de mercado. É dizer, consagra-se a propriedade (arts. 5º, XXII, e 170, II) e a liberdade de iniciativa (*caput* do art. 170). As nossas Constituições precedentes também nunca reservaram ao Estado um papel de protagonista pleno da atividade econômica. Sua atuação dependeu de preenchimento de requisitos constitucionais. Em outras palavras, só quando devidamente justificada ela se tornava legítima. Tal circunstância não impediu, no entanto, que um volumoso setor público viesse a desenvolver-se. Um pouco por toda parte, no correr deste século, acreditou-se nas virtudes miraculosas de um Estado interventor na economia. A ela passou-se a atribuir um suposto papel de distribuidor da renda nacional, que ele cumpriria por meio das suas empresas, mas voltadas supostamente ao interesse comum do que as privadas, entregues nas mãos de empresários egoístas, cujos únicos móveis consistiriam na voracidade e cupidez por lucros cada vez maiores". BASTOS, Celso Ribeiro. *Curso de direito administrativo*. 4. ed. São Paulo: Saraiva, 2000. p. 252.

213 A economia capitalista seria um jogo de soma positiva, e todas as classes deveriam tomar em consideração os interesses da outra. J. M. Keynes publicou em 1926 o texto de uma conferência intitulada *The end of laissez faire*. Na opinião do autor, a Primeira Guerra Mundial marcara definitivamente o fim do abstencionismo econômico do Estado que a representação liberal oitocentista postulava.

214 A *ambivalência* aparece diante da impossibilidade de que da execução de políticas públicas surja sempre o consenso por parte dos cidadãos. Há uma distribuição não só de benefícios, como se pretendia ao tempo do Estado de Bem-Estar Social, mas também de malefícios, como se dá, por exemplo, na construção de vias expressas ou de instalações nucleares (TORRES, Ricardo Lobo. *Tratado de direito constitucional financeiro e tributário*. Rio de Janeiro: Renovar, 2005. v. 2, p. 177). Beck chega a afirmar que, diante das questões de riscos, a sociedade necessita ou apela para o reconhecimento da ambivalência (BECK, Ulrich. A reinvenção da política: rumo a uma teoria da modernização reflexiva. *In*: BECK, Ulrich; GIDDENS, Anthony; LASH, Scott. *Modernização reflexiva*: política, tradição e estética na ordem social moderna. Tradução de Magda Lopes. São Paulo: Unesp, 1997. 264 p.).

215 O pluralismo aqui aludido se refere às sociedades contemporâneas, que devem perseguir uma convivência de culturas e grupos diversificados, em um consenso democrático que respeite as diferenças. Nesse sentido, ver a obra do filósofo da Universidade de Harvard, RAWLS, John. *Justiça e democracia*. Tradução de Irene A. Paternot. São Paulo: Martins Fontes, 2002. (Publicada originalmente em francês sob o título: *Justice e démocratie*, em 1978).

## 2.1 Estruturação da organização administrativa racional-legal

O país teve as seguintes Constituições Federais: 1891, 1934, 1937, 1946, 1967, 1969[216] e 1988, que está vigorando com mais de 120 emendas. A Constituição Federal de 1988 manteve o princípio da separação entre os poderes legislativo, executivo e jurisdicional, criando três outras entidades independentes: o Tribunal de Contas da União, o Ministério Público e a Ordem dos Advogados do Brasil.[217] O regime de governo é presidencialista, e as competências do Presidente da República estão expressas, em sua maior parte, no art. 84 da Constituição Federal de 1988.

No Brasil, pode-se dizer que de acordo com as suas diversas Constituições Federais sempre houve grande intervencionismo estatal. Por aqui, o liberalismo teria passado ao largo, e, como não poderia deixar de ser, a organização administrativa foi sendo estruturada para esse tipo de atuação:[218]

> O Estado gendarme, o Estado do laissez faire foi uma ficção defendida em incendiados discursos pelos que apoiavam o respaldo do poder político e, às vezes, dele se beneficiavam. Mas a ação dos particulares foi tradicionalmente fraca e dependente. Mesmo na época dos grandes investimentos estrangeiros na área dos serviços de infraestrutura, o poder 'concedente' estava sempre presente para diminuir ou eliminar os riscos do empreendimento. A intervenção do Estado na economia constitui um fato consubstanciado com a tradição ibérica. Em todas as épocas, o governo – ou a Coroa metropolitana – interferiu profundamente nos afazeres econômicos da comunidade sob o seu domínio. Seus instrumentos principais foram a regulamentação e a tributação.[219]

---

216 Na verdade, foi uma emenda constitucional (nº 1) à Constituição Federal de 1967.

217 A Ordem dos Advogados do Brasil, por construção pretoriana (STF) em julgamento na ADI nº 3.026/DF, em que foi Relator o Ministro Eros Grau, ocorrido em 08.06.2006, passou a ser considerada uma entidade prestadora de serviço público independente, com natureza jurídica *sui generis*.

218 Conforme já tivemos oportunidade de, em parte, examinar em nosso: GUERRA, Sérgio. *Controle judicial dos atos regulatórios*. Rio de Janeiro: Lumen Juris, 2005.

219 SARAVIA, Enrique J. *O sistema empresarial público no Brasil*: gênese e tendências atuais. Brasília: Instituto de Planejamento Econômico e Ampliada – IPEA; Comissão Econômica para a América Latina e Caribe – CEPAL, 1988. Versão ampliada e atualizada, 2002: "A implantação de monopólios em favor da cabeça visível do poder e as proibições de produção e de comércio foram políticas corriqueiras. Pelo tratado de Methuen, de 1703, Portugal aceitou fechar sua indústria têxtil em troca da proteção inglesa às suas colônias e à compra, pelos ingleses, de vinhos portugueses. Portugal ficou dependente dos produtos da indústria inglesa os quais eram pagos com o ouro das Minas Gerais. Estavam também proibidas a produção de sal e de aguardente, e o cultivo de oliveiras, vinhas e especiarias, em particular pimenta e canela. Em 1780, uma Carta Régia tornou ilegal a existência de fundições e mandou destruir

Para confirmar essa assertiva, vale destacar alguns eventos ocorridos sob a égide das constituições republicanas.

### 2.1.1 Constituição Federal de 1891

A República Federativa brasileira surgiu com a promulgação da Constituição Federal de 1891. Sua elaboração começou em 1889, um ano após a libertação dos escravos, destacando-se, como principais autores, Prudente de Morais e Rui Barbosa.

Cumpre destacar que a Constituição Federal de 1891 foi fortemente influenciada pelo modelo estadunidense, federalista, e que também teve estruturados os seus poderes de Estado em um sistema tripartite: o Legislativo (com duas casas), o Executivo e o Judiciário, adotando-se, também, o presidencialismo. A influência norte-americana foi materializada mesmo antes da edição da Carta de 1891, durante o governo provisório, no Decreto nº 848/1890, ao preconizar que "os estatutos dos povos cultos e especialmente os que regem as relações juridicas na República dos Estados Unidos da America do Norte, os casos de common law e equity, serão tambem subsidiarios da jurisprudencia e processo federal".

Sob a égide da Carta de 1891 e com a denominada economia de guerra, entre 1914 e 1918, houve uma relevante alteração do papel do Estado em todo o mundo. Várias nações tiveram que se preparar para o esforço bélico, fazendo com que esse movimento atípico e inesperado, em grande parte, tenha provocado o alargamento das atividades estatais.

Com efeito, nesse período o Brasil foi governado por Venceslau Brás. Seu governo sofreu influxos negativos naturalmente advindos da Primeira Guerra Mundial, malgrado o prolongamento do conflito

as existentes. Em 1785, um alvará da Rainha Maria I mandou extinguir todas as manufaturas têxteis da colônia, com exceção apenas das de panos grossos de algodão, que serviam para vestimenta dos escravos ou se empregavam em sacaria. Registraram-se, na época, em menor escala relativa, incursões diretas do Estado na produção de bens e na prestação de serviços de natureza econômica. Criou-se, por exemplo, o serviço postal, em 1662, e a Casa da Moeda da Bahia, em 1694, destinada a cunhar moedas. A vinda da Corte portuguesa para o Brasil mudou a atitude do governo. D. João VI fundou o Banco do Brasil (1808), a Imprensa Regia – serviços de Imprensa da Coroa —, as empresas de fundição Real Fábrica de Ferro São João de Ipanema e Usina do Morro do Pilar e a Real Manufatura de Espingardas criada em São Paulo, sob orientação de mestres e operários alemães. Depois da Independência e durante o Segundo Império foram criadas a Estrada de Ferro D. Pedro II (1858) e a Caixa Econômica e Monte de Socorro (montepio, em 1861). O Banco do Brasil, no final do século XIX, já captava metade dos depósitos bancários e efetuava mais da metade do total de empréstimos do setor produtivo. A ação intervencionista manteve-se, apesar da adoção de instituições e discursos oriundos da filosofia política liberal".

ter aberto ao Brasil algumas oportunidades comerciais. Exemplo dessa reação foi a comercialização de gêneros alimentícios, com altos preços. Destaque-se, ainda, que a impossibilidade de importar produtos fabris gerou um surto industrial acidental, e que contribuiu para uma mudança importante em nossa estrutura tradicionalmente agrícola.

O período governamental do final da década de 1920, quando tomou posse o Presidente Washington Luís Pereira de Souza, foi marcado pela construção de estradas e por uma reforma financeira. Nessa ocasião, a situação financeira do país não era satisfatória, tendo o principal produto nacional, o café, desde 1925, ultrapassado suas possibilidades de exportação em virtude do crescimento contínuo dos cafezais. Ademais disso, praticamente não mais se exportava borracha e a produção do cacau sofria uma séria crise, provocando o declínio das oligarquias.[220]

Entre 1929 e 1933 ocorreu a chamada *grande depressão* nos Estados Unidos da América,[221] que se irradiou por todo o mundo. No Brasil essa crise foi devastadora para a economia, que se sustentava por meio das atividades primárias. O café, principal produto da pauta de exportações, vinha tendo parte significativa da safra estocada por quase uma década para garantir os preços internacionais. Justamente no ano em que ocorreu a grande depressão se esperava uma safra recorde de café; contudo, com a queda dos preços em mais de 60%, em três meses, o governo queimou os estoques para tentar sustar o movimento de queda.[222]

A intervenção estatal foi extrema no período, sob um discurso corporativista.[223] No campo econômico, decretou-se moratória externa e emitiu-se papel-moeda, assegurando a compra da safra pela socialização das perdas potenciais da aristocracia cafeeira. O país perdeu sua capacidade de importar e o mercado interno acabou sendo crescentemente abastecido pela indústria nascente.

---

220 ROCHA, Maria Elizabeth Guimarães Teixeira. A intervenção do Estado brasileiro e a política oligárquica na República Velha. *Revista de Informação Legislativa*, v. 32, n. 126, p. 207-219, abr./jun. 1995.

221 A *grande depressão* (*great depression*), na verdade, é um termo popular para a crise econômica mundial que começou em outubro de 1929, quando a Bolsa de Valores de Nova Iorque sofreu um colapso, o chamado *crack* da bolsa. Como resultado desse episódio os bancos americanos começaram a resgatar empréstimos internacionais, especialmente aqueles concedidos à Alemanha.

222 ROCHA, Maria Elizabeth Guimarães Teixeira. A intervenção do Estado brasileiro e a política oligárquica na República Velha. *Revista de informação legislativa*, v. 32, n. 126, p. 207-219, abr./jun. 1995.

223 LOPES, José Reinaldo de Lima. *O direito na história*: lições introdutórias. 4. ed. São Paulo: Atlas, 2012. p. 371.

Com o modelo revolucionário que depôs o Presidente Washington Luiz e a transmissão do governo pela junta governativa provisória,[224] Getulio Vargas chegou ao poder no Governo Provisório em 1930, quando assumiu a Presidência da República e, desde então, sobreveio a política de "Estado Desenvolvimentista", caracterizado pela forte centralização e intervenção estatal, tanto no plano social quanto no econômico.[225]

A organização administrativa federal foi bastante impactada, pois na década de 1930 foram criados institutos, conselhos econômicos e entidades autárquicas que regulavam a produção e o comércio de alguns produtos, bem como estruturavam programas, visando direcionar atividades econômicas. Visando ao fortalecimento burocrático-estatal,[226] em 1º de junho de 1933, Getulio Vargas criou o Instituto do Açúcar e do Álcool (IAA), para regular a agricultura canavieira, controlando a produção, o comércio, a exportação e os preços do açúcar e do álcool de cana. Ainda em 1933 foi criado o Departamento Nacional do Café (posteriormente, transformado no IBC).[227]

Acrescente-se que, em 1934, Getulio Vargas foi eleito Presidente da República e, em julho daquele ano, foi promulgada nova Constituição Federal, sendo a primeira Constituição brasileira a determinar que a economia se organizasse de acordo com os princípios da justiça social e que possibilitassem vida digna, garantindo a liberdade econômica.

### 2.1.2 Constituição Federal de 1934

A Constituição de 1934 manteve o desenho institucional até então estabelecido, com o federalismo, a separação de poderes e o regime presidencialista. No entanto, trouxe algumas mudanças nesses temas. Inspirada no federalismo da Constituição de Weimar, de 1919, a Constituição brasileira de 1934 consagrou o federalismo cooperativo,[228] ao

---

224 GOMES, Ângela Maria de Castro *et al.* *O Brasil republicano*: sociedade e política (1930-1964). 6. ed. Rio de Janeiro: Bertrand Brasil, 1996. p. 14.

225 Sobre a ficção do liberalismo nesse período, ver GOMES, Angela Maria de Castro. Autoritarismo e corporativismo no Brasil: o legado de Vargas. *Revista USP*, São Paulo, n. 65, p. 105-119, mar./maio 2005.

226 GOMES, Ângela Maria de Castro *et al.* *O Brasil republicano*: sociedade e política (1930-1964). 6. ed. Rio de Janeiro: Bertrand Brasil, 1996. p. 111.

227 GOMES, Ângela Maria de Castro *et al.* *O Brasil republicano*: sociedade e política (1930-1964). 6. ed. Rio de Janeiro: Bertrand Brasil, 1996. p. 102.

228 SOARES FILHO, Sidney; PONTE, Marcelo Dias. Cultura e federalismo na trajetória constitucional brasileira. *Revista Eletrônica do Curso de Direito da UFSM*, Santa Maria, RS, v. 12, n. 2, p. 517-544, ago. 2017.

prever as competências concorrentes entre a União e Estados, além das competências privativas desses entes. Outra mudança foi a supressão da figura do Vice-Presidente da República.[229]

Além de consagrar o constitucionalismo social no Brasil, a Carta Constitucional de 1934 inovou ao disciplinar a economia. Fruto do regime então estabelecido, a disciplina constitucional da economia gozava de uma fundamentação nacionalista. Seu art. 119 estabeleceu a nacionalização das minas, águas, fontes de energia elétrica e riquezas de subsolo, submetendo a sua exploração a concessão federal. A Constituição trouxe ainda limitações a atividades econômicas e profissionais exercidas por pessoas e empresas estrangeiras.

A Constituição de 1934 criou um Tribunal Administrativo, com a competência para julgar os litígios entre a União e seus credores, além de temas decorrentes de contratos administrativos, serviços públicos ou regidos no todo ou em parte pelo Direito Administrativo. Esse tribunal, que instituiria a jurisdição administrativa no país,[230] não foi organizado.[231]

Com a aproximação das eleições presidenciais de 1938, e sob o argumento de que havia necessidade de se deter um novo golpe por parte dos comunistas, que supostamente queriam lançar o país a uma guerra civil, Getulio Vargas deu o "golpe". Fechou o Congresso Nacional e anunciou a promulgação de uma nova Constituição.

---

229 LIMA, Alcides de Mendonça. O vice-presidente da república na constituição federal de 1946. *Revista de Direito Administrativo*, Rio de Janeiro, v. 16, p. 360-373, abr. 1949.

230 "Certos pontos de vista doutrinários constituem subsídio importante na formação do direito público, cujo valor somente pela experiência pode-se realmente aquilatar. Estamos certos de que em matéria de jurisdicção administrativa temos de nos orientar por um rumo novo que permitta satisfazer melhor os interesses da administração pela boa aplicação das normas de direito público e pelo julgamento com melhor conhecimento do direito administrativo". CAVALCANTI, Themistocles Brandão. *Instituições de direito administrativo brasileiro*. 2. ed. Rio de Janeiro: Freitas Bastos, 1938. v. II, p. XXVII.

231 Constituição de 1934: Art 79 – É criado um Tribunal, cuja denominação e organização a lei estabelecerá, composto de Juízes, nomeados pelo Presidente da República, na forma e com os requisitos determinados no art. 74. Parágrafo único – Competirá a esse Tribunal, nos termos que a lei estabelecer julgar privativa e definitivamente, salvo recurso voluntário para a Corte Suprema nas espécies que envolverem matéria constitucional: 1º) os recursos de atos e decisões definitivas do Poder Executivo, e das sentenças dos Juízes federais nos litígios em que a União for parte, contanto que uns e outros digam respeito ao funcionamento de serviços públicos, ou se rejam, no todo ou em parte, pelo Direito Administrativo; 2º) os litígios entre a União e os seus credores, derivados de contratos públicos.

### 2.1.3 Constituição Federal de 1937

Inspirada na Constituição polonesa de 1935 e na Constituição portuguesa de 1933 em vigor durante o governo Salazar, a Constituição brasileira de 1937 tinha como principais características o corporativismo e o autoritarismo, ao definir o Presidente da República como a "autoridade suprema do Estado". A Carta Constitucional de 1937 dividia-se em duas partes: uma inicial com corpo permanente, composta de 174 artigos, e "disposições transitórias e finais", com 13 artigos. Sendo esses últimos os de maior incidência àquela realidade institucional.

Em que pese a manutenção da tradicional tripartição de poderes entre Legislativo, Executivo e Judiciário, não havia real relação de harmonia entres esses. Com efeito, o texto constitucional garantia a competência de coordenação dos órgãos representativos, a direção das políticas interna e externa, a promoção e orientação da política legislativa de interesse nacional e da superintendência da administração do país ao Presidente da República. No que tange à ordem econômica, a Constituição Polaca[232] manteve o intervencionismo e nacionalismo nos moldes da Constituição de 1934, intensificando um viés corporativista.

Sob a égide da Constituição Federal de 1937 avançou-se no controle estatal das atividades ligadas ao petróleo e a combustíveis, por meio da criação do Conselho Nacional do Petróleo. Estimulou-se a indústria de base com a criação, em 1941, da Companhia Siderúrgica Nacional (CSN) de Volta Redonda, no Rio de Janeiro, e, por meio de financiamento norte-americano, instalou a Fábrica Nacional de Motores (FNM), também no Rio de Janeiro. No ano de 1942, surgiu o Banco de Crédito da Borracha, posteriormente transformado no Banco de Crédito da Amazônia e, depois, em Banco da Amazônia S.A.

Em 1943, Getulio criou a Companhia Vale do Rio Doce, empresa estatal com o objetivo de explorar minérios e, ainda, a Caixa de Crédito Cooperativo, posteriormente transformada em Banco Nacional, confirmando, assim, a forte intervenção estatal em diversas áreas e setores econômicos.

---

[232] A Constituição de 1937, elaborada por Francisco Campos, se inspirou na Constituição autoritária da Polônia, ficando conhecida como a "Constituição Polaca". Cf.: BONAVIDES, Paulo; PAES DE ANDRADE. *História constitucional do Brasil*. 3. ed. Rio de Janeiro: Paz e Terra, 1991. p. 329.

### 2.1.3.1 Criação do Departamento de Administração e Serviço Público (DASP) e da Fundação Getulio Vargas (FGV)

Segundo o princípio da hierarquia de cargos e da sequência de instâncias, contrapondo-se à ideia de patrimonialismo,[233] o modelo *weberiano* desenhou um sistema fixamente regulamentado de mando e subordinação das autoridades, com fiscalização das inferiores pelas superiores.[234] Durante a vigência da Constituição Federal de 1937, visando burocratizar a administração pública Vargas criou o Departamento de Administração e Serviço Público (DASP), que comandou mudanças significativas no funcionalismo estatal.[235]

Foi com Maurício Nabuco e Luiz Simões Lopes que a racionalização foi instituída na máquina pública, estruturada por meio de carreiras burocráticas na tentativa de serem preenchidas por concurso público. A ideia era a de modernizar a burocracia no âmbito da política e do aparato administrativo do Estado Novo.[236] Diante das novas atividades

---

233 "No patrimonialismo, o governante trata toda a administração política como seu assunto pessoal, ao mesmo modo como explora a posse do poder político como um predicado útil de sua propriedade privada. Ele confere poderes a seus funcionários, caso a caso, selecionando-os e atribuindo-lhes tarefas específicas com base na confiança pessoal que neles deposita e sem estabelecer nenhuma divisão de trabalho entre eles. [...] Os funcionários, por sua vez tratam o trabalho administrativo, que executam para o governante como um serviço pessoal, baseado em seu dever de obediência e respeito. [...] Em suas relações com a população, eles podem agir de maneira tão arbitrária quanto aquela adotada pelo governante em relação a eles, contanto que não violem a tradição e o interesse do mesmo na manutenção da obediência e da capacidade produtiva de seus súditos". BENDIX, Reinhard. *Max Weber*: um perfil intelectual. Tradução de Elisabeth Hanna e Jose Viegas Filho. Brasília: UnB, 1986. p. 270-271. Sobre o tema, entre nós, ver a obra: COSTA, Frederico Lustosa da. Reforma do Estado e contexto brasileiro: crítica do paradigma gerencialista. Rio de Janeiro: FGV, 2010. p. 30.

234 WEBER, Max. *Economia e sociedade*. Tradução de Regis Barbosa e Karen Elsabe Barbosa. São Paulo: Imprensa Oficial, 2004. v. 2, p. 199. Título original: *Wirtschaft und Gesellschaft*: Grundriss der verstehenden Soziologie.

235 "O DASP representou a concretização desses princípios, já que se tornou a grande agência de modernização administrativa, encarregada de implementar mudanças, elaborar orçamentos, recrutar e selecionar servidores, treinar o pessoal, racionalizar e normatizar as aquisições e contratos e a gestão do estoque de material. O DASP foi relativamente bem-sucedido até o início da redemocratização em 1945, quando houve uma série de nomeações sem concurso público para vários organismos públicos. A liberdade concedida às empresas públicas, cujas normas de admissão regulamentadas pelos seus próprios estatutos tornavam facultativa a realização de concursos foi em parte responsável por tais acontecimentos". COSTA, Frederico Lustosa da. Brasil: 200 anos de Estado; 200 anos de Administração Pública; 200 anos de reformas. *Revista de Administração Pública*, Rio de Janeiro, v. 42, n. 5, p. 846, set./out. 2008.

236 Nome do regime político, centralizado e autoritário, surgido com a promulgação da Constituição Federal de 1937, que apresentou o seguinte texto inicial: "ATENDENDO às

assumidas pelo governo, a missão do DASP era formar quadros técnicos que deveriam ser capazes de dinamizar a máquina pública.

Segundo Frederico Lustosa da Costa,[237] o DASP foi efetivamente organizado em 1938, com a missão de definir e executar a política para o pessoal civil, inclusive a admissão mediante concurso público e a capacitação técnica do funcionalismo, promover a racionalização de métodos no serviço público e elaborar o orçamento da União. Essa primeira experiência de reforma de largo alcance inspirava-se no modelo *weberiano* de burocracia e tomava como principal referência a organização do serviço americano. A reforma administrativa do Estado Novo foi, portanto, o primeiro esforço sistemático de superação do patrimonialismo.

Nesse contexto do governo Vargas, destaque-se a criação da Fundação que levou seu próprio nome, Fundação Getulio Vargas, também sob a inspiração de Luís Simões Lopes, então presidente do DASP. Sua criação data de 20 de dezembro de 1944, com recursos financeiros de órgãos públicos e de empresas privadas, sob a ideia de estruturar uma entidade dedicada ao estudo e ao ensino dos problemas de administração pública.[238]

---

legitimas aspirações do povo brasileiro à paz política e social, profundamente perturbada por conhecidos fatores de desordem, resultantes da crescente a gravação dos dissídios partidários, que, uma, notória propaganda demagógica procura desnaturar em luta de classes, e da extremação, de conflitos ideológicos, tendentes, pelo seu desenvolvimento natural, resolver-se em termos de violência, colocando a Nação sob a funesta iminência da guerra civil; ATENDENDO ao estado de apreensão criado no País pela infiltração comunista, que se torna dia a dia mais extensa e mais profunda, exigindo remédios, de caráter radical e permanente; ATENDENDO a que, sob as instituições anteriores, não dispunha, o Estado de meios normais de preservação e de defesa da paz, da segurança e do bem-estar do povo; Com o apoio das forças armadas e cedendo às inspirações da opinião nacional, umas e outras justificadamente apreensivas diante dos perigos que ameaçam a nossa unidade e da rapidez com que se vem processando a decomposição das nossas instituições civis e políticas; Resolve assegurar à Nação a sua unidade, o respeito à sua honra e à sua independência, e ao povo brasileiro, sob um regime de paz política e social, as condições necessárias à sua segurança, ao seu bem-estar e à sua prosperidade, decretando a seguinte Constituição, que se cumprirá desde hoje em todo o País: [...]".

[237] COSTA, Frederico Lustosa da. *Reforma do Estado e contexto brasileiro*: crítica do paradigma gerencialista. Rio de Janeiro: FGV, 2010. p. 97.

[238] A FGV começou atuando na área de economia em 1946, sob a liderança de Eugênio Gudin. O Instituto Brasileiro de Economia (IBRE) foi criado em 1951, a Escola Brasileira de Administração Pública (EBAP), hoje Escola Brasileira de Administração Pública e Empresas (EBAPE), em 1952, no Rio de Janeiro. A Escola de Administração de Empresas (EAESP) foi criada em 1954, em São Paulo. Depois, vieram a Escola de Pós-Graduação em Economia (EPGE), em 1966, e o Centro de Pesquisa e Documentação de História Contemporânea do Brasil (CPDOC), em 1973. A partir de 2002 foram criadas a Escola de Economia de São Paulo (EESP), Escolas de Direito de São Paulo (FGV DIREITO SP) e do Rio de Janeiro (FGV DIREITO RIO). Depois, vieram a Escola de Matemática do Rio

Tanto o DASP quanto a FGV são considerados importantes atores na estruturação do princípio do mérito profissional no âmbito das carreiras de Estado,[239] sempre devendo-se destacar a forma de organização pública hierarquizada.[240]

## 2.1.3.2 Criação de comissões reguladoras

Acompanhando os movimentos de reforma da máquina estatal, e das críticas ao formalismo judicial de Oliveira Vianna,[241] a doutrina do direito administrativo apontou a necessidade de alguns ajustes na administração pública. Odilon Andrade editou o livro *Serviço de Utilidade Pública* em 1937[242] e, em 1941, Bilac Pinto lançou o seu livro intitulado *Regulamentação efetiva dos serviços de utilidade pública*.[243] Em ambos já se pugnava demonstrar a importância da regulação por meio de Comissões autônomas, similar ao modelo norte-americano.[244]

Nesse contexto, em 1938 Vargas adotou políticas setoriais e, assim, criou entidades para regular determinados setores econômicos, com alguma inspiração no modelo de agência estadunidense. Criou, nesse ano, o Instituto Nacional do Mate (INM), o Instituto Nacional do Sal (INS) e o Instituto de Resseguros do Brasil (IRB). Em 1941, foi criado o Instituto Nacional do Pinho (INP) e, no ano seguinte, foram

---

de Janeiro, a Escola de Governo em Brasília, a Escola de Relações Internacionais em São Paulo e a Escola de Comunicação, Mídia e Informação no Rio de Janeiro.

239 Conforme BRASIL. Presidência da República Câmara da Reforma do Estado. *Plano Diretor da Reforma do Estado*. Brasília, 1995. Disponível em: http://www.biblioteca.presidencia.gov.br/publicacoes-oficiais/catalogo/fhc/plano-diretor-da-reforma-do-aparelho-do-estado-1995.pdf. Acesso em 22 mar. 2022.

240 O DASP, segundo Bianor Cavalcanti, foi um instrumento de exercício do poder central autoritário, embora comprometido com o projeto desenvolvimentista, não tendo, portanto, escapado das influências culturais condicionantes. CAVALCANTI, Bianor Scelza. *O gerente equalizador*: estratégias de gestão no setor público. Rio de Janeiro: FGV, 2008. p. 46.

241 Sobre a referência de Oliveira Vianna ao contexto regulatório norte-americano como modelo para o Brasil, ver CÂMARA, Jacintho Arruda; GASPARI, Felipe Natal de. Raízes da regulação no Brasil. *In*: WALD, Arnoldo *et al*. *O direito administrativo na atualidade*: estudos em homenagem ao centenário de Hely Lopes Meirelles (1917-2017). São Paulo: Malheiros, 2017. p. 560.

242 ANDRADE, Odilon. *Serviços públicos e de utilidade pública*. São Paulo: Livraria Acadêmica, 1937.

243 PINTO, Bilac. *Regulamentação efetiva dos serviços públicos*. 2. ed. atualizada por Alexandre Santos de Aragão. Rio de Janeiro: Forense, 2002.

244 "A Comissão Federal de Serviços de Utilidade Pública deverá ser um órgão autárquico, com plena autonomia administrativa e financeira, e superiormente orientado pelo Chefe da Nação". PINTO, Bilac. *Regulamentação efetiva dos serviços públicos*. 2. ed. atualizada por Alexandre Santos de Aragão. Rio de Janeiro: Forense, 2002. p. 96.

instituídas as Comissões Executivas de Frutas, do Leite, de Produtos da Mandioca e da Pesca.

Vargas também criou o Conselho Técnico de Economia e Finanças do Ministério da Fazenda, em 1937; o Conselho Nacional de Petróleo, em 1938; o Conselho de Águas e Energia, em 1939; a Comissão Executiva do Plano Siderúrgico Nacional, em 1940; a Comissão de Combustíveis e Lubrificantes, em 1941; o Conselho Nacional de Ferrovias, em 1941; e a Comissão do Vale do Rio Doce, em 1942.[245]

É assinalável que Getulio Vargas esteve fora do governo no período entre 1945 e 1950, sendo que em 1946 foi promulgada nova Constituição Federal, trazendo o anseio da instauração da democracia, alicerçada em bases voltadas às políticas econômicas e sociais equitativas e justas.

### 2.1.4 Constituição Federal de 1946

Na esteira do constitucionalismo pós-Segunda Grande Guerra, a Constituição brasileira de 1946 é contemporânea de constituições de referência ocidental, como a da Itália, de 1947, e a alemã, de 1948. Sem significativo caráter inovador, a Constituição de 1946 buscou equalizar o liberalismo político, o Estado social e a democracia em um único documento, afastando-se, dessa forma, do autoritarismo da Constituição de 1937.

Quanto à ordem econômica, a Constituição de 1946 manteve o viés intervencionista e nacionalista.[246] Entre 1946 e 1950, o governo do General Eurico Gaspar Dutra adotou uma política de redução da intervenção do Estado na economia, com vistas à adoção de uma política econômica de viés liberal, de modo a permitir o acúmulo de capital ainda que com o rebaixamento salarial, além de fomentar a expansão de empresas estrangeiras.

Adveio o denominado Plano SALTE, que significava a ideia de forte intervenção nas áreas de saúde, alimentação, transporte e energia. Sua aprovação junto ao Poder Legislativo levou dois anos (Lei nº 1.102,

---

[245] GOMES, Ângela Maria de Castro *et al.* *O Brasil republicano*: sociedade e política (1930-1964). 6. ed. Rio de Janeiro: Bertrand Brasil, 1996. p. 111.

[246] Art. 146 – A União poderá, mediante lei especial, intervir no domínio econômico e monopolizar determinada indústria ou atividade. A intervenção terá por base o interesse público e por limite os direitos fundamentais assegurados nesta Constituição.
Art. 147 – O uso da propriedade será condicionado ao bem-estar social. A lei poderá, com observância do disposto no art. 141, §16, promover a justa distribuição da propriedade, com igual oportunidade para todos.

de 18 de maio de 1950), prevendo grandes investimentos oriundos do capital estrangeiro.

Vale ressaltar, nessa fase, que a Comissão Técnica Mista Brasil-EUA (missão John Abbink) estabeleceu diretrizes para os investimentos internacionais no Brasil, destacando-se o Plano Nacional de Reaparelhamento Econômico. A liberação desses recursos condicionava o Brasil a adotar providências de ordem econômica e financeira, nos mesmos termos preconizados pelo Fundo Monetário Internacional (FMI) para os países subdesenvolvidos (estabilização monetária, liquidez internacional, congelamento salarial, fortalecimento da livre-empresa e garantias de estímulo ao capital estrangeiro).[247]

Com o seu retorno à Presidência da República, em janeiro de 1951, Vargas não deu sequência ao Plano SALTE e retomou a sua política desenvolvimentista, mais voltada para o setor industrial.[248] Ele criou uma série de entes autárquicos. Em 1952, por exemplo, criou o Instituto Brasileiro do Café (IBC), entidade autárquica com personalidade jurídica e patrimônio próprio, a quem conferiu as funções de regulação da política econômica do café brasileiro, no país e no estrangeiro. Os membros da Junta Administrativa possuíam mandato de 4 (quatro) anos.

Vargas também avançou na estruturação de empresas estatais. O processo de criação dessas empresas cresceu no Brasil durante a Segunda Grande Guerra Mundial, período em que houve redução na oferta de artigos industrializados e que obrigou a substituição das importações, fomentando o desenvolvimento das indústrias locais.

Na época, havia discussões entre os partidos políticos acerca da origem do capital financiador desse desenvolvimento industrial. De um lado a UDN, favorável à entrada do capital estrangeiro, e de outro o PSD e o PTB, favoráveis ao capital interno (público e privado). Esse período também foi marcado pela implementação de uma política de exploração das riquezas nacionais, com o Estado participando das atividades econômicas, principalmente aquelas de vital importância e que não tinham condições de se desenvolver, como no caso da siderurgia.

---

247 MACHADO, Luiz Toledo. *Formação do Brasil e unidade nacional*. São Paulo: IBRASA, 1980. p. 223.

248 "Em maio de 1948 o presidente Dutra enviou ao Congresso Nacional uma mensagem (nº 196) indicando os objetivos gerais de um plano para o desenvolvimento nacional. O plano, elaborado sob a coordenação do DASP, tinha como objetivo coordenar os planos federais e regionais existentes, melhorando a situação no que diz a Saúde, Alimentação, Transporte e Energia (SALTE). Essa proposta foi analisada por uma Comissão interpartidária do Congresso e aprovada definitivamente em maio de 1950, último ano do governo Dutra. Em 1951 o presidente Vargas criticou o Plano SALTE, que foi totalmente esvaziado a partir de 1953". TEIXEIRA, Alberto. *Planejamento público*: de Getulio a JK (1930-1960). Fortaleza: IPLANCE, 1997. p. 73.

Do ponto de vista institucional, Frederico Lustosa adverte que a década que vai de 1952 a 1962 foi marcada pela realização de estudos e projetos que jamais seriam implementados. A criação da Comissão de Simplificação Burocrática (COSB) tinha como objetivo principal promover estudos visando à descentralização dos serviços, por meio da avaliação das atribuições de cada órgão ou instituição e da delegação de competências, com a fixação de sua esfera de responsabilidade e da prestação de contas das autoridades. A Comissão de Estudos e Projetos Administrativos (CEPA), em 1956, tinha a incumbência de assessorar a presidência da República em tudo o que se referisse aos projetos de reforma administrativa. Essas duas comissões representam as primeiras tentativas de realizar as chamadas reformas globais.[249]

Esse período, segundo Lustosa, se caracteriza por uma crescente cisão entre a administração direta, entregue ao clientelismo e submetida, cada vez mais, aos ditames de normas rígidas e controles, e a administração descentralizada (autarquias, empresas, institutos e grupos especiais *ad hoc*), dotados de maior autonomia gerencial e que podiam recrutar seus quadros sem concursos, preferencialmente entre os formados em *think thanks* especializados, remunerando-os em termos compatíveis com o mercado. Constituíram-se, assim, ilhas de excelência no setor público voltadas para a administração do desenvolvimento, enquanto se deteriorava o núcleo central da administração.[250]

## 2.2 Estado Empresário

Em decorrência de todo esse histórico republicano, com a forte intervenção estatal sobre atividades econômicas e sociais, criação de entidades reguladoras, comissões, órgãos, departamentos etc., aos poucos o Estado brasileiro foi tornando-se acionista de empresas, materializando-se sua atuação de Estado Empresário por meio das sociedades de economia mista e, depois, nas empresas públicas.

As sociedades de economia mista não tinham nas suas origens essa denominação genérica e nem representaram um deliberado avanço na técnica da execução do setor industrial dos serviços públicos. Razões

---

[249] COSTA, Frederico Lustosa da. Brasil: 200 anos de Estado; 200 anos de Administração Pública; 200 anos de reformas. *Revista de Administração Pública*, Rio de Janeiro, v. 42, n. 5, p. 848, set./out. 2008.

[250] COSTA, Frederico Lustosa da. Brasil: 200 anos de Estado; 200 anos de Administração Pública; 200 anos de reformas. *Revista de Administração Pública*, Rio de Janeiro, v. 42, n. 5, p. 848, set./out. 2008.

diversas, todas de ordem prática, foram propiciando ao Poder Público o ensejo de associar-se a empresas particulares para o desempenho de certos serviços de natureza comercial ou industrial.

A inovação substancial do sistema consistiu em que o Estado passou a associar-se a "empresas privadas" para a realização de seus objetivos. A sociedade comercial, que já se havia revelado um importante instrumento na expansão da economia particular, quer pelas possibilidades de aglutinação de pequenas parcelas de capital, quer pelas novas técnicas de organização e de racionalização do trabalho, que começavam a ser utilizadas, passou, então, a ser adotada pelo Poder Público, mediante variados processos de coparticipação público-privada.[251]

Como se vê, nas sociedades de economia mista o que atraiu o poder público foi, de um lado, a possibilidade de, em uma única empresa voltada para a execução do serviço público de natureza comercial e industrial, acumular grande volume de recursos financeiros que o Estado, sozinho, não conseguiria levantar; e, de outro, a possibilidade de atuar sob o mesmo regime das empresas privadas.[252]

Foi no contexto de que o Estado deveria participar ativamente nos incentivos e desenvolvimento do mercado que o Estado passou a criar empresas estatais. Foi criado, ainda, o Banco Nacional de Desenvolvimento Econômico (BNDE),[253] com a finalidade de financiar o programa de crescimento e modernização da infraestrutura nacional.[254]

Merece registro que em 1953 foi criada a Petróleo Brasileiro S.A. (Petrobras), com o *slogan O petróleo é nosso*, recebendo o monopólio da exploração e refino do petróleo, visando à garantia do fornecimento interno.

Após o fim do segundo governo Vargas (que se suicidou em 1954), e com a eleição do ex-governador de Minas Gerais, Juscelino

---

251 Segundo Bilac Pinto em palestra proferida em 1954, na Fundação Getulio Vargas: PINTO, Bilac. O declínio das sociedades de economia mista e o advento das modernas empresas públicas. *Revista de Direito Administrativo*, Rio de Janeiro, v. 32, p. 1-15, abr./jun. 1953.

252 DI PIETRO, Maria Sylvia Zanella. *Parcerias na Administração Pública*: concessão, permissão, franquia, terceirização e outras formas. 7. ed. São Paulo: Atlas, 2009. p. 52.

253 Posteriormente teve seu nome alterado para Banco Nacional de Desenvolvimento Econômico e Social (BNDES).

254 É assinalável que o BNDE foi criado quando era Ministro da Fazenda o diplomata Horácio Lafer e decorreu das discussões ocorridas na Comissão Mista Brasil/Estados Unidos (1950), composta para identificar e definir projetos de investimento em infraestrutura. Foi a partir dos trabalhos dessa Comissão que se definiu que o Brasil estruturaria um fundo, e que se comprometia a depositar igual valor àquele que os norte-americanos depositariam por meio de empréstimo do Banco Mundial e do Eximbank. Com isso, foi criado o BNDE por Vargas em 20 de junho de 1952.

Kubitschek para a Presidência da República (1955), o país viveu uma nova postura frente ao capital estrangeiro. Na verdade, houve a partir dessa data um grande crescimento econômico, com a instalação de vários grupos multinacionais. Foi elaborado um Plano de Metas para os anos 1956 e 1961, período em que o capital estrangeiro foi atraído com a indústria de construção naval, material elétrico pesado e, especialmente, automobilística, a exemplo da Willis-Overland (americana), Volkswagen (Alemã) e Simca-Chambor (francesa).

Foram criadas diversas companhias neste contexto de Estado Empresário, tais como: Companhia Urbanizadora da Nova Capital do Brasil (NOVACAP/1956), Centrais Elétricas Furnas (1957), Rede Ferroviária Federal S.A. (1957), Serviço de Transporte da Bahia de Guanabara (STBG/1959), Companhia Hidroelétrica do Vale do Paraíba (1960), Usinas Siderúrgicas de Minas Gerais (USIMINAS/1956), Companhia Siderúrgica Vatú (1960), e foram transferidas para a União Federal a Companhia Ferro e Aço Vitória (COFAVI/1959) – fundada em 1942 –, a Companhia Siderúrgica Paulista (COSIPA/1960) e a Centrais Elétricas Brasileiras (Eletrobras/1961).

Em 1962, foram criadas a Companhia Brasileira de Alimentos (COBAL) e a Companhia Brasileira de Armazéns (CIBRAZEM) e, no ano seguinte, a Companhia de Navegação (DOCENAVE), empresa subsidiária da Companhia Vale do Rio Doce.[255] Em 1964, o Brasil passa a ter um Estado sob o controle militar.

## 2.3 Modelo intervencionista sob o regime militar

O regime militar foi instituído com o golpe de 1964,[256] durando longos vinte e um anos e, durante esse período, foram criadas várias entidades visando promover a reforma institucional econômica.

---

255 Para ver a relação de todos os órgãos criados no período compreendido entre as décadas de 1930 e 1960, recomenda-se a leitura de: VENÂNCIO FILHO, Alberto. *A intervenção do Estado no domínio econômico*: o direito público econômico no Brasil. Rio de Janeiro: Renovar, 2008.

256 O *golpe* de 64 foi o episódio ocorrido no Brasil no dia 1º de abril de 1964, em que os militares destituíram o Presidente João Goulart e instalaram uma ditadura. Os chefes militares assumiram o comando do país e atribuíram a si próprios poderes excepcionais por meio dos chamados Atos Institucionais. Cassaram mandatos e direitos políticos, prenderam pessoas sem autorização judicial, suspenderam as eleições diretas para presidente da República, governadores dos Estados, prefeitos das capitais e de Municípios considerados áreas de segurança nacional; estabeleceram a censura sobre a imprensa e um forte controle sobre a sociedade, enviando para o cárcere quem se manifestasse contra o regime.

Sob a influência do sistema norte-americano (pós-1933), adotando-se o desenho de um sistema especializado, dotado de uma variedade de instituições com funções específicas em oposição ao modelo europeu de banco misto, *i.e.*, que acumula diversas funções financeiras,[257] em 1964 foi criado o Banco Central do Brasil (BACEN) por meio da Lei nº 4.595 substituindo a Superintendência da Moeda e do Crédito (SUMOC), criada em 1944.

Sob esse formato, próximo ao modelo de "agência reguladora", o presidente e os diretores do BACEN eram detentores de mandato, justamente para garantir independência decisória e, até mesmo, ultrapassar o mandato do Presidente da República que os indicou.[258] E em 1965 foi criado o Banco Nacional de Habitação (BNH), com o objetivo de estimular a aquisição da casa própria e a construção de habitações de interesse social por intermédio da iniciativa privada.

### 2.3.1 Constituição Federal de 1967 e Emenda Constitucional de 1969

Durante o governo militar, no dia primeiro de março de 1967 entrou em vigor a nova Constituição Federal, traduzindo a ordem estabelecida pelo regime e institucionalizando a ditadura. A Constituição de 1967 caracterizou-se pela concentração de poder da União, tendo o fortalecimento do Poder Executivo estruturado por meio da atribuição de competência para a edição de decretos com força de lei. Foram mantidos, no texto constitucional, os direitos e as garantias individuais, os direitos sociais e o viés intervencionista e nacionalista da economia, nos moldes da Constituição Federal de 1946.

Nessa década, atuando sob a forma de Estado Empresário, surgiram os grandes grupos estatais, conhecidas as *holdings* como "família Bras": Centrais Elétricas Brasileiras (Eletrobras), Siderúrgica Brasileira S.A. (Siderbras), Empresas Nucleares Brasileiras S.A. (Nuclebras), Portos Brasileiros S.A. (Portobras) e Telecomunicações Brasileiras (Telebras), além da Empresa Brasileira de Infraestrutura Aeroportuária (Infraero) e a Indústria de Material Bélico do Brasil (IMBEL). Também foram criadas: a Empresa Brasileira de Turismo S.A. (Embratur), a

[257] MACARINI, José Pedro. A política bancária do regime militar: o projeto de conglomerado (1967-1973). *Economia e Sociedade*, Campinas, v. 16, n. 3 (31), p. 343-369, dez. 2007.

[258] Sobre a criação e estrutura organizacional do Banco Central do Brasil – BACEM, ver Capítulo 5.

Empresa Brasileira de Aeronáutica (Embraer) e a Empresa Brasileira de Filmes S.A. (Embrafilme).

O Marechal Costa e Silva, que ocupou a Presidência da República entre 1967 e 1969, e o General Emílio Garrastazu Médici, que veio a ser Presidente da República entre 1969 e 1974, lideravam a ala mais progressista dos militares, favorável ao progresso e às novas ideias. Esse grupo defendia uma abertura da economia ao capital estrangeiro, fazendo com que entre os anos de 1967 e 1973 o país vivesse um importante período de crescimento na esfera econômica. A denominação utilizada no período foi de verdadeiro "milagre econômico", com o crescimento do Produto Interno Bruto (PIB), diversificação das atividades produtivas, concentração de renda e surgimento de uma nova classe média com alto poder aquisitivo.

Em 1974, o General Ernesto Geisel assumiu a presidência provocando fortes mudanças na intervenção econômica do país. Geisel resgatou o modelo de intensa atuação estatal direta sustentado por meio de grandes empréstimos estrangeiros às empresas estatais. Esse crescimento desmesurado do Estado acabou por afetar a própria separação dos poderes e conduzir à ineficácia do serviço público. E isso ocorreu porque, com a transformação do Estado em um prestador de serviços, empresário e, até mesmo, investidor, consequentemente houve um fortalecimento dos espaços de atuação do Poder Executivo. Este, diante do complexo e demorado processo legislativo, passou a deter competência normativa, exercida pelos decretos-leis, leis delegadas e regulamentos autônomos.[259]

Durante o governo Geisel foi criada a Comissão de Valores Mobiliários (CVM) sob a forma autárquica pela Lei nº 6.385, de 7 de dezembro de 1976, quando Mario Henrique Simonsen era ministro da economia. Também inspirada no modelo de regulação norte-americano, a CVM era administrada por um presidente e quatro diretores, nomeados pelo Presidente da República, dentre pessoas de ilibada reputação e reconhecida competência em matéria de mercado de capitais. De acordo com a norma, e de forma inversa ao modelo estadunidense de garantia de mandatos (*tenure*), o presidente e os diretores eram substituídos, em suas faltas, na forma do regimento interno, e demissíveis *ad nutum*.

---

[259] DI PIETRO, Maria Sylvia Zanella. *Parcerias na administração pública*: concessão, permissão, franquia, terceirização e outras formas. 7. ed. São Paulo: Atlas, 2009. p. 21.

## 2.3.2 Programa Nacional de Desburocratização

O último Governo brasileiro comandado por um militar foi o do General João Baptista de Oliveira Figueiredo (1979-1984). Foi nesse momento que se iniciou um processo de ajustes no Estado Empresário mediante a edição do Programa Nacional de Desburocratização, com privatizações.

Por meio desse Programa, foram preconizadas as seguintes ações, visando "dinamizar e simplificar o funcionamento da Administração Pública Federal": a) construir para a melhoria do atendimento dos usuários do serviço público; b) reduzir a interferência do Governo na atividade do cidadão e do empresário e abreviar a solução dos casos em que essa interferência é necessária, mediante a descentralização das decisões, a simplificação do trabalho administrativo e a eliminação de formalidades e exigências cujo custo econômico ou social seja superior ao risco; c) agilizar a execução dos programas federais para assegurar o cumprimento dos objetivos prioritários do Governo; d) substituir, sempre que praticável, o controle prévio pelo eficiente acompanhamento da execução e pelo reforço da fiscalização dirigida, para a identificação e correção dos eventuais desvios, fraudes e abusos; e) intensificar a execução dos trabalhos da Reforma Administrativa de que trata o Decreto-Lei nº 200, de 25 de fevereiro de 1967, especialmente os referidos no Título XIII; f) fortalecer o sistema de livre empresa, favorecendo a empresa pequena e a média, que constituem a matriz do sistema, e consolidando a grande empresa privada nacional, para que ela se capacite, quando for o caso, a receber encargos e atribuições que se encontram hoje sob a responsabilidade de empresas do Estado; g) impedir o crescimento desnecessário da máquina administrativa federal, mediante o estímulo à execução indireta, utilizando-se, sempre que praticável, o contrato com empresas privadas capacitadas e o convênio com órgãos estaduais e municipais; h) velar pelo cumprimento da política de contenção da criação indiscriminada de empresas públicas, promovendo o equacionamento dos casos em que for possível e recomendável a transferência do controle para o setor privado, respeitada a orientação do Governo na matéria.[260]

Durante o governo do Presidente Figueiredo, em 1980, a taxa de inflação disparou, alcançando 110% nesse ano e 200% em 1983, fazendo com que o país entrasse em uma recessão que teve como principal

[260] Cf.: Texto do Decreto nº 83.740, de 18 de julho de 1979.

consequência a elevação do desemprego. O sucessor do General Figueiredo, José Sarney, vice de Tancredo Neves, falecido logo após sua eleição, enfrentou grave crise econômica no país. No primeiro ano de governo, a inflação chegou a 239,05%. Diversos planos econômicos foram lançados, sem, contudo, chegar-se ao equilíbrio econômico. Em 1987, a inflação passou dos 394% e, em 1988, atingiu 993,28%.[261]

No ano seguinte, foi promulgada a Constituição Federal de 1988, trazendo novidades sobre os espaços de atuação do setor público e do setor privado.

## 2.4 Modelo burocrático hierarquizado

Pelo histórico até aqui pesquisado, constata-se que o Brasil adotou o modelo de Estado intervencionista, empresário, provedor, que, por sua vez, moldou a forma de gestão da administração pública nacional, próxima ao desenho racional-legal *weberiano* instituído com Vargas. Esse modelo burocrático hierarquizado tem como principal característica a concentração das funções administrativas no Chefe do Poder Executivo.

### 2.4.1 Modelo de administração racional-legal

O modelo racional-legal, no qual a dominação se exerce por meio de um quadro administrativo burocrático (em vez da burocracia patrimonial),[262] foi estruturado por Weber[263] de modo que os funcionários são pessoalmente livres; isto é, devem obedecer apenas às obrigações objetivas de seu cargo. Estes mesmos funcionários são nomeados – e não eleitos – sob uma rigorosa hierarquia dos cargos; têm competências funcionais fixas; livre seleção por meio da qualificação profissional (contratação) mediante concurso (provas etc.); são remunerados em dinheiro – compatível com a posição na hierarquia –, com direito a aposentadoria.

---

261 Dados colhidos no *site* do Instituto Brasileiro de Geografia e Estatística (IBGE). Disponível em: www.ibge.gov.br. Acesso em: 25 ago. 2010.

262 Sobre os problemas ocorridos no Brasil, no processo de burocratização ou de racionalização burocrática como fenômeno histórico que decorre da superioridade da administração pública sobre as formas patrimonialistas, ver: BRESSER-PEREIRA, Luiz Carlos. *A reforma do Estado para a cidadania*: a reforma gerencial brasileira na perspectiva internacional. São Paulo: Ed. 34, 1998. p. 48.

263 WEBER, Max. *Economia e sociedade*. Tradução de Regis Barbosa e Karen Elsabe Barbosa. São Paulo: Imprensa Oficial, 2004. v. 2, p. 144.

Ainda pelo modelo racional-legal, os funcionários públicos devem exercer o cargo como profissão única, sob um plano de carreira que garanta progressão por tempo de serviço ou por merecimento, ou as duas, e devem separar trabalho das questões pessoais (não haver apropriação do cargo) sob rigoroso sistema de controle administrativo disciplinar.

Por essa estrutura, Weber sustentou que se atingiria, de forma mais racional, o exercício de dominação; alcançando-se, tecnicamente, o máximo rendimento (eficiência) em virtude da precisão, continuidade, disciplina, rigor e confiabilidade, intensidade e extensibilidade dos serviços, além de aplicabilidade formalmente universal a todas as tarefas públicas.[264]

A partir desse modelo, compreendem-se, em parte, as razões que levaram à atual estruturação da organização administrativa brasileira fortemente estruturada pela hierarquia, com decisões de cima para baixo.[265]

Somente na década de 1990 foram reestruturadas duas entidades autárquicas e criadas outras com função regulatória descentralizada no bojo do processo de desestatização. Essas entidades possuem natureza autárquica especial, não subordinadas ao poder público central, com órgãos colegiados, autonomia administrativa e financeira e independência decisória, compondo, em parte, a chamada administração descentralizada ou indireta.

Essa alteração do sistema administrativo nacional representa o ingresso de novas formas de organização da máquina estatal.

## 2.4.2 Configurações jurídicas da organização estatal no Brasil e o ingresso de novas formas organizativas da administração pública

Sabe-se que a adoção do modelo de organização estatal está diretamente atrelada ao seu arcabouço jurídico-constitucional. A organização administrativa brasileira vivenciou, desde sua estruturação formal, e, talvez, ainda conviva com três sistemas administrativos:

---

264 *Ibidem*, p. 145.

265 Expressão utilizada por Sérgio Buarque de Holanda para se referir aos movimentos "aparentemente reformadores" ocorridos no Brasil, conduzidos pelos grupos dominantes. HOLANDA, Sérgio Buarque de. *Raízes do Brasil*. 26. ed. 26. reimpr. São Paulo: Companhia das Letras, 2006. p. 160.

(i) o modelo de gestão patrimonialista, (ii) o sistema racional-legal burocrático e, de modo parcial, (iii) a administração gerencial.[266]

Malgrado algumas leis especiais e disposições constitucionais que disciplinam a matéria, o marco legal da organização administrativa brasileira ainda é disposto e estruturado, em grande parte, pelo Decreto-Lei nº 200/67 que, de um lado, segue pelo caminho da descentralização funcional e eficiência administrativa e, de outro, garante medidas de centralização do poder nas mãos do Chefe do Poder Executivo.

## 2.4.2.1 Decreto-Lei nº 200/67: primeira reforma gerencial

A crise do modelo burocrático de administração pública, introduzido com o governo Vargas, começou ainda durante o governo militar, em razão de práticas patrimonialistas ou clientelistas na administração pública que a tornavam ineficiente. Nesse contexto, foi editado o Decreto-Lei nº 200/67, ainda em vigor,[267] que disciplina, em parte, a organização da Administração Federal, a partir do estabelecimento de diretrizes para uma Reforma Administrativa.

Essa normativa introduziu mudanças significativas, como a descentralização funcional da administração indireta, por meio da qual realizou-se a transferência de atividades para autarquias, fundações, empresas públicas e sociedades de economia mista.

Instituíram-se, como princípios de racionalidade administrativa, o planejamento e o orçamento, a descentralização e o controle de resultados. Nas unidades descentralizadas foi adotado o sistema de empregados celetistas, submetidos ao regime privado de contratação de trabalho. Com a flexibilização de sua administração, buscava-se uma maior eficiência nas atividades econômicas do Estado.[268]

Segundo Bresser-Pereira, a reforma iniciada pelo Decreto-Lei nº 200/67 foi uma tentativa de superação da rigidez burocrática, podendo

---

[266] Sobre a não superação da lógica burocrática pelo gerencialismo puro na administração pública, ver: BENTO, Leonardo Valles. *Governança e governabilidade na reforma do Estado*: entre eficiência e democratização. Barueri: Manole, 2003. p. 90.

[267] Nesse sentido, MENDONÇA, José Vicente Santos de. *Direito constitucional econômico*: a intervenção do Estado na economia à luz da razão pública e do pragmatismo. 2. ed. Belo Horizonte: Fórum, 2018. p. 160.

[268] BRASIL. Presidência da República Câmara da Reforma do Estado. *Plano Diretor da Reforma do Estado*. Brasília, 1995. Disponível em: http://www.biblioteca.presidencia.gov.br/publicacoes-oficiais/catalogo/fhc/plano-diretor-da-reforma-do-aparelho-do-estado-1995.pdf. Acesso em 21 jun. 2022.

ser considerada como um primeiro momento da Administração Gerencial no Brasil. Toda a ênfase foi dada à descentralização mediante a autonomia da administração indireta, com base no pressuposto da rigidez da administração direta e da maior eficiência da administração descentralizada.[269]

Muito embora o Decreto-Lei nº 200/67 tenha promovido valores de eficiência e introduzido a cultura gerencial no âmbito da administração indireta, não se pode dizer o mesmo da administração pública central:

> O paradigma gerencial da época, compatível com o monopólio estatal na área produtiva de bens e serviços, orientou a expansão da administração indireta, numa tentativa de "flexibilizar a administração" com o objetivo de atribuir maior operacionalidade às atividades econômicas do Estado. Entretanto, as reformas operadas pelo Decreto-Lei nº 200/67 não desencadearam mudanças no âmbito da administração burocrática central, permitindo a coexistência de núcleos de eficiência e competência na administração indireta e formas arcaicas e ineficientes no plano da administração direta ou central. O núcleo burocrático foi, na verdade, enfraquecido indevidamente através de uma estratégia oportunista do regime militar, que não desenvolveu carreiras de administradores públicos de alto nível, preferindo, ao invés, contratar os escalões superiores da Administração através das empresas estatais.
>
> Em meados dos anos 70, uma nova iniciativa modernizadora da administração pública teve início, com a criação da SEMOR – Secretaria da Modernização. Reuniu-se em torno dela um grupo de jovens administradores públicos, muitos deles com formação em nível de pós-graduação no exterior, que buscou implantar as novas técnicas de gestão e, particularmente de administração de recursos humanos, na administração pública federal.
>
> No início dos anos 80 registrou-se uma nova tentativa de reformar a burocracia e orientá-la na direção da administração pública gerencial, com a criação do Ministério da Desburocratização e do Programa Nacional de Desburocratização – PrND, cujos objetivos eram a revitalização e agilização das organizações do Estado, a descentralização da autoridade, a melhoria e simplificação dos processos administrativos e a promoção da eficiência. As ações do PrND voltaram-se inicialmente para o combate à burocratização dos procedimentos. Posteriormente,

---

[269] BRASIL. Presidência da República Câmara da Reforma do Estado. *Plano Diretor da Reforma do Estado*. Brasília, 1995. Disponível em: http://www.biblioteca.presidencia.gov.br/publicacoes-oficiais/catalogo/fhc/plano-diretor-da-reforma-do-aparelho-do-estado-1995.pdf. Acesso em 21 jun. 2022.

foram dirigidas para o desenvolvimento do Programa Nacional de Desestatização, num esforço para conter os excessos da administração descentralizada, estimulada pelo Decreto-Lei nº 200/67.[270]

Ainda que a tentativa de implementação de uma modelo de administração gerencial não tenha sido bem-sucedida, o Decreto-Lei nº 200/67 trouxe mudanças relevantes para a organização da administração pública.

### 2.4.2.2 Administração pública direta e indireta

Diferentemente do sistema norte-americano, que inspirou a criação de entidades regulatórias sem categorizações e vinculações, o sistema administrativo brasileiro é altamente categorizado. Seguindo esse sistema, o Decreto-Lei nº 200/67 disciplina a administração pública em duas estruturas.

A administração centralizada ou direta, isto é, aquela exercida diretamente pela União, Estados e Municípios que, para tal fim, utilizam-se de ministérios, departamentos etc. Essa mesma normativa disciplina que a administração pública descentralizada ou indireta é aquela exercida por outras pessoas jurídicas que não os entes federados, criadas por estes com personalidade jurídica de direito público ou privado, a saber: autarquias, fundações, empresas públicas e sociedades de economia mista.[271]

#### 2.4.2.2.1 Autarquia

No Direito Positivo brasileiro, as autarquias surgiram com a edição do Decreto-Lei nº 6.016, de 22 de novembro de 1943, como sendo um serviço estatal descentralizado com personalidade de Direito Público, explícita ou implicitamente reconhecida por lei.

Em 1949, a Lei nº 830, de 23 de setembro, que reorganizou o Tribunal de Contas da União, ao fixar normas acerca do disposto no art. 97

---

270 BRASIL. Presidência da República Câmara da Reforma do Estado. *Plano Diretor da Reforma do Estado*. Brasília, 1995. Disponível em: http://www.biblioteca.presidencia.gov.br/publicacoes-oficiais/catalogo/fhc/plano-diretor-da-reforma-do-aparelho-do-estado-1995.pdf. Acesso em 21 jun. 2022.

271 BRESSER-PEREIRA, Luiz Carlos. Da Administração Pública burocrática à gerencial. *In*: BRESSER-PEREIRA, Luiz Carlos; SPINK, Peter Kevin (Org.). *Reforma do Estado e Administração Pública gerencial*. Rio de Janeiro: FGV, 1998. p. 273.

da Constituição Federal então vigente, definiu, em seu art. 139, as entidades autárquicas como sendo: (i) o serviço estatal, descentralizado, com personalidade jurídica, custeado mediante orçamento próprio, independente do orçamento geral; e (ii) as demais pessoas jurídicas especialmente instituídas por lei para execução de serviço de interesse público ou social, custeadas por tributos de qualquer natureza ou por outros recursos oriundos do Tesouro.

Por sua vez, o Decreto-Lei nº 200, de 25 de fevereiro de 1967, que dispõe sobre a organização da Administração Federal e estabelece diretrizes para a Reforma Administrativa, definiu autarquia como sendo o serviço autônomo criado por lei, com personalidade jurídica, patrimônio e receita próprios, para executar atividades típicas da administração pública que requeiram, para seu melhor funcionamento, gestão administrativa e financeira descentralizada.

Exatamente por serem pessoas de Direito Público, as autarquias podem ser titulares de competências e prerrogativas sob as bases do regime de direito público, ao contrário de empresas públicas e sociedades de economia mista. Estas, em sendo pessoas de Direito Privado, podem apenas receber qualificação para o exercício de atividades públicas; não, porém, para titularizar as atividades públicas.[272]

Cumpre ressaltar que houve certa polêmica acerca da natureza jurídica das autarquias. A Constituição de 1967, por disposição da redação inicial do art. 163, §2º, determinava que as empresas públicas, autarquias e sociedades de economia mista "reger-se-ão pelas normas aplicáveis às empresas privadas". Contudo, a falta foi corrigida pela Emenda Constitucional nº 1, de 1969, pois o art. 170, §2º, repetiu aquela norma, excluindo a referência às autarquias.[273]

Com efeito, o art. 173, §1º, da Constituição Federal, antes de sua alteração pela Emenda Constitucional nº 19/98, apontava a natureza jurídica de Direito Privado a outras entidades que exploram atividades econômicas. O fato é que a alteração trazida pela Emenda Constitucional nº 19/98 resolveu a questão acerca da natureza jurídica das autarquias, ao referir-se apenas como tendo natureza privada as empresas públicas e sociedades de economia mista e suas subsidiárias que explorem atividades econômicas.[274]

---

272 BANDEIRA DE MELLO, Celso Antônio. *Curso de direito administrativo*. 14. ed. São Paulo: Malheiros, 2002. p. 139.

273 DI PIETRO, Maria Sylvia Zanella. *Direito administrativo*. 14. ed. São Paulo: Atlas, 2002. p. 366.

274 BRASIL. Constituição (1988). "Art. 173. Ressalvados os casos previstos nesta Constituição, a exploração direta de atividade econômica pelo Estado só será permitida quando

As autarquias têm natureza jurídica de Direito Público, criadas com o objetivo de executar atividades típicas da administração pública (exercício de funções exclusivas de Estado). A criação dessas entidades deve partir do Chefe do Poder Executivo e ser aprovada mediante lei pelo Congresso Nacional. Nos termos do art. 61 da Constituição Federal de 1988, são de iniciativa privativa do Presidente da República as leis que disponham sobre a criação de órgãos da administração pública, cargos, funções ou empregos públicos na administração direta e autárquica.

O modelo autárquico foi utilizado na criação das agências reguladoras, que receberam um regime "especial", e na criação do modelo de agências executivas.[275]

### 2.4.2.2.2 Empresa pública

As empresas públicas foram "introduzidas" no Brasil na década de 1950[276] confirmando-se como nova modalidade do chamado Estado Empresário, sendo a utilização do termo "pública" apenas para indicar a existência de uma relação de controle entre o Estado e tais empresas.

---

necessária aos imperativos da segurança nacional ou relevante interesse coletivo, conforme definidos em lei. Em sua redação original o §1º dispunha: A empresa pública, a sociedade de economia mista e outras entidades que explorem atividade econômica se sujeitam ao regime jurídico próprio das empresas privadas, inclusive quanto às obrigações trabalhistas e tributárias. Com a nova Redação dada pela Emenda Constitucional nº 19, de 04/06/98, o §1º passou a dispor: A lei estabelecerá o estatuto jurídico da empresa pública, da sociedade de economia mista e de suas subsidiárias que explorem atividade econômica de produção ou comercialização de bens ou de prestação de serviços, dispondo sobre: I – sua função social e formas de fiscalização pelo Estado e pela sociedade; II – a sujeição ao regime jurídico próprio das empresas privadas, inclusive quanto aos direitos e obrigações civis, comerciais, trabalhistas e tributários; III – licitação e contratação de obras, serviços, compras e alienações, observados os princípios da administração pública; IV – a constituição e o funcionamento dos conselhos de administração e fiscal, com a participação de acionistas minoritários; V – os mandatos, a avaliação de desempenho e a responsabilidade dos administradores".

275 O regime especial das agências reguladoras e as características das agências executivas serão examinados no próximo capítulo.

276 A bem da verdade, no Brasil, destaca-se a criação do Instituto de Resseguros do Brasil, em 1939, quando se passou a ter em nosso país a primeira empresa pública com os contornos atuais. O processo de criação dessas empresas cresceu no Brasil durante a 2ª Grande Guerra Mundial, período esse em que houve redução na oferta de artigos industrializados, o que obrigou tanto à substituição das importações quanto ao fomento do desenvolvimento das indústrias locais. Uma ampla pesquisa pode ser conferida em MENDONÇA, José Vicente Santos de. *Direito constitucional econômico*: a intervenção do Estado na economia à luz da razão pública e do pragmatismo. 2. ed. Belo Horizonte: Fórum, 2018. Segunda parte, capítulo I.

Verificando-se a necessidade imperiosa de procedimentos mais céleres e adequados a atingir os fins pretendidos, o Estado passou a se utilizar das empresas públicas para viabilizar a execução de atividades de seu interesse com maior flexibilidade e versatilidade, não verificada nos órgãos estatais engessados por uma série de regras legais afetas ao regime de direito público.

A CF/88 trata do tema em seu art. 173,[277] dispositivo no qual determina que a administração pública só poderá desempenhar atividades econômicas (mercantis-industriais) através, essencialmente, das empresas públicas e das sociedades de economia mista, respeitados os termos e condições estabelecidos em lei.

Cumpre destacar que o texto constitucional indica a finalidade das empresas públicas ao afirmar que tais entidades devem ser destinadas à organização e exploração de atividades econômicas que a administração pública seja levada a desempenhar em face de imperativo de segurança nacional ou de relevante interesse coletivo.[278]

Além da exploração direta de atividade econômica, as empresas públicas também poderão ser constituídas com o fim de execução e

---

277 CF/88: "Art. 173. Ressalvados os casos previstos nesta Constituição, a exploração direta de atividade econômica pelo Estado só será permitida quando necessária aos imperativos da segurança nacional ou a relevante interesse coletivo, conforme definidos em lei. §1º A lei estabelecerá o estatuto jurídico da empresa pública, da sociedade de economia mista e de suas subsidiárias que explorem atividade econômica de produção ou comercialização de bens ou de prestação de serviços, dispondo sobre: (Redação dada pela Emenda Constitucional nº 19, de 1998) I – sua função social e formas de fiscalização pelo Estado e pela sociedade; (Incluído pela Emenda Constitucional nº 19, de 1998) II – a sujeição ao regime jurídico próprio das empresas privadas, inclusive quanto aos direitos e obrigações civis, comerciais, trabalhistas e tributários; (Incluído pela Emenda Constitucional nº 19, de 1998) III – licitação e contratação de obras, serviços, compras e alienações, observados os princípios da administração pública; (Incluído pela Emenda Constitucional nº 19, de 1998) IV – a constituição e o funcionamento dos conselhos de administração e fiscal, com a participação de acionistas minoritários; (Incluído pela Emenda Constitucional nº 19, de 1998) V – os mandatos, a avaliação de desempenho e a responsabilidade dos administradores. (Incluído pela Emenda Constitucional nº 19, de 1998) §2º – As empresas públicas e as sociedades de economia mista não poderão gozar de privilégios fiscais não extensivos às do setor privado. §3º – A lei regulamentará as relações da empresa pública com o Estado e a sociedade. §4º – A lei reprimirá o abuso do poder econômico que vise à dominação dos mercados, à eliminação da concorrência e ao aumento arbitrário dos lucros. §5º – A lei, sem prejuízo da responsabilidade individual dos dirigentes da pessoa jurídica, estabelecerá a responsabilidade desta, sujeitando-a às punições compatíveis com sua natureza, nos atos praticados contra a ordem econômica e financeira e contra a economia popular".

278 Ressalte-se que imperativos de segurança nacional e relevante interesse coletivo são atualmente considerados não apenas pressupostos para constituição das empresas públicas, mas também para a sua conservação.

exploração de serviços públicos.[279] Quando incumbidas dessa função, o serviço público prestado e os bens a ele vinculados gozam de especial proteção e de algumas prerrogativas, principalmente em razão do princípio da continuidade do serviço público.[280]

Atualmente, as empresas públicas são regidas pelo Estatuto das Estatais, Lei nº 13.303, de 30 de junho de 2016. O Estatuto das Estatais tem como marca o hibridismo, por conjugar temas de direito púbico e de direito privado, mas reforçou a premissa de que as empresas estatais se submetem ao regime aplicável às empresas privadas. Em que pesem as críticas por não tratar de matérias trabalhistas e tributárias,[281] a Lei nº 13.303/2016 traz inovações significativas quanto aos contratos, licitações, dever de transparência e normas de governança coorporativa.[282]

### 2.4.2.2.3 Sociedade de economia mista

A sociedade de economia mista foi definida pelo art. 5º, inc. III, do Decreto-Lei nº 200, de 25 de fevereiro de 1967, na redação dada pelo Decreto-Lei nº 900, de 29 de setembro de 1969, como "a entidade dotada de personalidade jurídica de direito privado, criada por lei para a exploração de atividade econômica, sob a forma de sociedade

279 Para um detalhamento dessa questão, ver CARVALHO FILHO, José dos Santos. *Manual de direito administrativo*. 30. ed. São Paulo: Atlas, 2016. p. 524 ss.; e Maria Sylvia Zanella Di Pietro, que encontra no art. 175, *caput*, da CF/88, a autorização constitucional para a prestação de serviços públicos por empresas estatais. DI PIETRO, Maria Sylvia Zanella. *Direito administrativo*. 14. ed. São Paulo: Atlas, 2002. p. 375.

280 No voto que proferiu em Questão de Ordem suscitada na Ação Cível Originária nº 765 – no qual se baseou a decisão do Supremo Tribunal Federal (STF) em tal questão de ordem —, o Ministro Eros Grau expôs seu entendimento no sentido de que empresas públicas, sociedades de economia mista e outras entidades estatais que prestem serviço público podem gozar de privilégios fiscais que não extensivos a empresas privadas. O aludido voto do Ministro Eros Grau encontra-se reproduzido, sob o título "Competência Originária do STF: Empresa Pública e Conflito Federativo", na seção destinada a transcrições do *Informativo de Jurisprudência do STF* nº 390, referente ao período de 30 de maio a 03 de junho de 2005. Sobre o tema, note-se ainda que, em 05.10.2006, no âmbito da mesma ação cível originária, o Plenário do Supremo Tribunal Federal concedeu, em sede de agravo regimental, a tutela antecipada pleiteada pela Empresa Brasileira de Correios e Telégrafos (ECT), suspendendo a exigibilidade da cobrança de IPVA sobre os seus veículos por parte do Estado do Rio de Janeiro, sob o fundamento principal de gozar a ECT da imunidade recíproca contida no art. 150, VI, "a", da CF/88. Tal decisão encontra-se noticiada no *Informativo de Jurisprudência do STF* nº 443, referente ao período de 02 a 06 de outubro de 2006.

281 ARAGÃO, Alexandre. *Empresas estatais*: o regime jurídico das empresas públicas e sociedades de economia mista. São Paulo: Forense, 2017. p. 175.

282 O Estatuto das Estatais é regulamentado no âmbito da União pelo Decreto nº 8.945, de 27 de dezembro de 2016.

anônima, cujas ações com direito a voto pertençam em sua maioria à União ou a entidade da Administração Indireta".

Por sua vez, a Lei nº 13.303, de 30 de junho de 2016, trata do conceito de Sociedade de Economia Mista como "a entidade dotada de personalidade jurídica de direito privado, com criação autorizada por lei, sob a forma de sociedade anônima, cujas ações com direito a voto pertençam em sua maioria à União, aos Estados, ao Distrito Federal, aos Municípios ou a entidade da administração indireta".

No Direito brasileiro a sociedade de economia mista tem inúmeros traços comuns com a empresa pública, motivo pelo qual não serão abordados os aspectos tratados quando da análise do modelo de empresa pública.

Sobre os pontos históricos relevantes dessas sociedades no Brasil, afirma-se que não tinham nas suas origens essa denominação genérica e nem representaram um deliberado avanço na técnica da execução do setor industrial dos serviços públicos. Razões diversas, todas de ordem prática, foram propiciando ao Poder Público o ensejo de associar-se a empresas particulares para o desempenho de certos serviços de natureza comercial ou industrial. A inovação substancial do sistema consistiu em que o Estado passou a associar-se a "empresas privadas" para a realização de seus objetivos. A sociedade comercial, que já se havia revelado um importante instrumento na expansão da economia particular, quer pelas possibilidades de aglutinação de pequenas parcelas de capital, quer pelas novas técnicas de organização e de racionalização do trabalho, que começavam a ser utilizadas, passou, então, a ser adotada pelo Poder Público, mediante variados processos de coparticipação público-privada.[283]

Podem-se apresentar como características peculiares à sociedade de economia mista, que a distinguem da empresa pública, a obrigatoriedade de forma específica de organização e a composição do capital social. Com efeito, a sociedade de economia mista somente poderá ser criada sob a forma de sociedade anônima, *ex vi* do preceituado no art. 5º do Estatuto das Estatais e pelos arts. 235 *et seq*. da Lei nº 6.404, de 15 de dezembro de 1976 (Lei das Sociedades Anônimas), ao passo que as empresas públicas podem adotar quaisquer das formas admitidas no ordenamento jurídico brasileiro.

---

283 PINTO, Bilac. O declínio das sociedades de economia mista e o advento das modernas empresas públicas. *Revista de Direito Administrativo*, Rio de Janeiro, v. 32, p. 1-15, abr./jun. 1953.

No que concerne ao capital social da sociedade de economia mista, este será sempre composto pela união de recursos públicos com ingresso de capital de particulares, pessoas físicas ou jurídicas, e o controle societário será sempre público. Note-se que o modelo de sociedade de economia mista apresenta como vantagem a possibilidade de captação de recursos no mercado de valores mobiliários uma vez que seu tipo societário deverá, necessariamente, ser o de sociedade anônima.

#### 2.4.2.2.4 Fundação pública

As fundações públicas são entidades dotadas de personalidade jurídica de direito público, sem fins lucrativos, criadas em virtude de autorização legislativa para o desenvolvimento de atividades de interesse público, como atividades assistenciais, de educação, cultura e pesquisa, sempre merecedoras de amparo legal.

Essas entidades são criadas por lei específica e regulamentadas por decreto, independentemente de qualquer registro. A possibilidade de criação das fundações públicas está prevista na Constituição Federal de 1988 (art. 37, XIX), e o Decreto-Lei nº 200/67 disciplinou a criação de fundações públicas no art. 4º, II, "d". As fundações possuem, regra geral, os mesmos benefícios e prerrogativas das autarquias, como, por exemplo, a impenhorabilidade de seus bens e a sujeição ao processo especial de execução (art. 100, CF). Também têm direito ao juízo privativo (art. 109, I, CF).

Em resumo, usufruem dos privilégios e prerrogativas e sujeitam-se às mesmas restrições que, em conjunto, compõem o regime administrativo aplicável às pessoas jurídicas públicas e, diversamente das fundações privadas, não sofrem fiscalização e são veladas pelo Ministério Público e sim pelo Tribunal de Contas.

### 2.4.3 Alargamento das formas organizativas na administração pública

Em que pese haver uma categorização normativa relativamente fechada de entidades que compõem o sistema administrativo brasileiro, de fato a atuação estatal alargou-se, e muito, desde a edição do Decreto-Lei nº 200/67 com uma proliferação de entidades.

Surgiram, no Brasil, inúmeras formas e categorias organizativas da administração pública, seja por meio de normas legais, seja por meio de decisões proferidas pelo Supremo Tribunal Federal em sede de ações diretas sobre a constitucionalidade de leis federais e estaduais.

A situação acaba por criar certa complexidade na compreensão dos modelos estatais atualmente em vigor,[284] trazendo, em muitas situações, uma desorientação sobre as formas organizativas da Administração e, assim, insegurança jurídica nas relações do Estado com o mercado e a sociedade.[285]

Além das formas jurídicas tradicionais, antes expostas (autarquias, fundações, empresas públicas e sociedades de economia mista), surgiram inúmeros debates envolvendo algumas "novas" categorias jurídicas de entes, modelos de governança, regimes de funcionamento de entes estatais e de cargos na administração pública.[286]

As autarquias, por exemplo, passaram a ser examinadas sob diversas formas: as autarquias comuns, as autarquias executivas e as autarquias especiais. As universidades, inseridas no modelo autárquico, possuem autonomia didático-científica, administrativa e de gestão financeira e patrimonial (art. 207, CF),[287] gozam, ainda, de sistema de governança diferenciado.[288]

---

[284] "Temos um Poder Executivo bastante fragmentado internamente, pela existência de ministérios e secretarias no âmbito da Administração direta em razoável quantidade e, quando comparamos com outros países, vemos uma quantidade significativa de órgãos nessa estrutura: fundações, autarquias e empresas, beirando mais de duas centenas de entidades diferentes; um setor 'quase estatal', parte dele oriundo da estrutura corporativa do Estado Novo – como os serviços sociais autônomos que giram em torno do sistema sindical, as organizações sociais, um tipo institucional novo que alguns estados implantaram em maior número do que a União; e instituições de controle no âmbito dos Poderes Legislativo e Judiciário e do Ministério Público, que atuam, frequentemente, tensionando a forma como o Executivo se comporta". SANTOS, Luiz Alberto dos. Desafios da governança regulatória no Brasil. *In*: RAMALHO, Pedro Ivo Sebba (Org.). *Regulação e agências reguladoras*: governança e análise de impacto regulatório. Brasília: ANVISA, 2009. p. 179.

[285] PAULA, Ana Paula Paes de. Administração Pública brasileira entre o gerencialismo e a gestão social. *Revista de Administração de Empresas – RAE*, v. 45, n. 1, p. 73, jan./mar. 2005: "A nosso ver, apesar de ter um projeto bem definido para a mudança institucional, a reforma acabou causando uma fragmentação do aparelho do Estado, pois novos formatos organizacionais sugeridos pela reforma não substituíram os antigos: há uma convivência de ambos. Nem todas as autarquias e fundações públicas se transformaram em agências executivas e várias entidades da sociedade civil iniciaram o processo de conversão em organizações sociais, mas acabaram optando pelo antigo status institucional".

[286] "A administração pública copia um modelo do direito estrangeiro e começa a aplicá-lo, muitas vezes, com afronta direta e flagrante à Constituição; depois é que vem a lei e, finalmente, a alteração da Constituição (quando vem)". DI PIETRO, Maria Sylvia Zanella. *Parcerias na administração pública*: concessão, permissão, franquia, terceirização e outras formas. 7. ed. São Paulo: Atlas, 2009. p. 29.

[287] BRASIL. Constituição Federal (1988). Art. 207. As universidades gozam de autonomia didático-científica, administrativa e de gestão financeira e patrimonial, e obedecerão ao princípio de indissociabilidade entre ensino, pesquisa e extensão. §1º É facultado às universidades admitir professores, técnicos e cientistas estrangeiros, na forma da lei. (Incluído pela Emenda Constitucional nº 11, de 1996) §2º O disposto neste artigo aplica-se às instituições de pesquisa científica e tecnológica (Incluído pela Emenda Constitucional nº 11, de 1996).

[288] Por força da Súmula nº 47, do Supremo Tribunal Federal: "Reitor de universidade não é livremente demissível pelo presidente da República durante o prazo de sua investidura".

As Fundações Públicas, com as decisões do Supremo Tribunal Federal, passaram a ser equiparadas às autarquias.[289] Com isso, as Fundações de direito privado não se confundem, como no passado se pensava, com as fundações públicas (estas, verdadeiras autarquias).

A Ordem dos Advogados do Brasil, também por construção pretoriana (STF) em julgamento na ADI nº 3.026/DF, em que foi Relator o Ministro Eros Grau, ocorrido em 08.06.2006, passou a ser considerada uma entidade prestadora de serviço público independente.[290]

Vale destacar, ainda, no contexto de grande complexidade em que se transformou o sistema administrativo brasileiro, que as empresas estatais se dividem em empresas dependentes e independentes. A Lei Complementar nº 101/00, denominada de Lei de Responsabilidade Fiscal, dispõe que sujeita-se aos seus dispositivos a administração direta, nos diversos níveis federativos (União, Estados e Distrito Federal e os Municípios). Ademais, alcança, ainda, as respectivas administrações diretas, fundos, autarquias, fundações e empresas estatais dependentes. Empresa dependente é, nos termos daquela normativa, a empresa controlada que recebe, do ente controlador, recursos financeiros para pagamento de despesas de pessoal ou de custeio em geral ou de capital, excluídos, no último caso, aqueles provenientes de aumento de participação acionária.

Ademais disso, existe a figura do consórcio público, previsto no art. 241 da Constituição Federal, disciplinado na Lei nº 11.107/05 e regulamentado com a edição do Decreto nº 6.017/07. Trata-se de pessoa jurídica formada exclusivamente por entes da Federação e tem, por finalidade, estabelecer relações de cooperação federativa, inclusive a realização de objetivos de interesse comum. Os consórcios públicos podem ser constituídos como associação pública, com personalidade jurídica de direito público e natureza autárquica (e, assim, integram a administração pública indireta), ou como pessoa jurídica de direito privado, sem fins econômicos.

---

289 Veja-se acórdão proferido nos autos da ADI nº 191-RS, de 07 de março de 2008, em que foi relatora a Ministra Carmen Lúcia.

290 "Ação Direta de Inconstitucionalidade. §1º do artigo 79 da Lei nº 8.906, 2ª Parte. 'Servidores' da Ordem dos Advogados do Brasil. Preceito que possibilita a opção pelo regime celetista. Compensação pela escolha do regime jurídico no momento da aposentadoria. Indenização. Imposição dos ditames inerentes à Administração Pública direta e indireta. Concurso público (art. 37, II da Constituição do Brasil), inexigência de concurso público para a admissão dos contratados pela OAB. Autarquias especiais e agências. Caráter jurídico da OAB. Entidade prestadora de serviço público independente. Categoria ímpar no elenco das personalidades jurídicas existentes no Direito brasileiro. Autonomia e independência da entidade. Princípio da moralidade. Violação do artigo 37, caput, da Constituição do Brasil. Não ocorrência".

Registre-se, nessa ordem de considerações, haver especificidades nas entidades de colaboração, tais como os Serviços Sociais Autônomos, as Corporações Profissionais, os Ofícios Públicos, a Organização Social (OS), a Organização da Sociedade Civil de Interesse Público (OSCIP) e as Fundações de Apoio.[291] Somem-se a tudo isso polêmicas sobre os limites nas relações de colaboração entre órgãos e entidades públicas e entidades colaboradoras (*v.g.* cessão de servidores públicos, fiscalização por órgãos de controle etc.).

Apenas para ilustrar, cite-se a Ação Direta de Inconstitucionalidade nº 1.923, proposta pelo Partido dos Trabalhadores (PT) e pelo Partido Democrático Trabalhista (PDT), em que se questiona a constitucionalidade da Lei nº 9.637/98, que "dispõe sobre a qualificação de entidades como organizações sociais, a criação do Programa Nacional de Publicização, a extinção dos órgãos e entidades que menciona e a absorção de suas atividades por organizações sociais, e dá outras providências", e contra a alteração do inc. XXIV, do art. 24, da Lei nº 8.666/93, com redação dada pelo art. 1º da Lei nº 9.648/98, que permite a dispensa de licitação para a celebração de contratos de prestação de serviços com as Organizações Sociais (OS).[292]

Veja-se que o tema é altamente complexo, tendo o STF, em 16 de abril de 2015, julgado a Ação Direta de Inconstitucionalidade parcialmente procedente para conferir interpretação conforme à Constituição às normas que dispensam licitação em celebração de contratos de gestão firmados entre o Poder Público e as organizações sociais para a prestação de serviços públicos de ensino, pesquisa científica, desenvolvimento tecnológico, proteção e preservação do meio ambiente, cultura e saúde do diploma legal impugnado.

Entendeu o STF pela validade da prestação de serviços públicos não exclusivos por organizações sociais em parceria com o poder público. Contudo, a celebração de convênio deve ser conduzida de forma pública, objetiva e impessoal, com observância dos princípios constitucionais que regem a administração pública do *caput* do artigo 37 da CFRB. O Ministro Luiz Fux, em voto condutor do julgamento, destacou que tanto a contratação de terceiros quanto a seleção de pessoal pelas

---

[291] Sobre a natureza jurídica dessas organizações, ver: MARTINS, Ricardo Marcondes. Natureza jurídica das organizações sociais e das Organizações da Sociedade Civil de Interesse Público. *In*: SPARAPANI, Priscilia; ADRI, Renata Porto (Coord.). *Intervenção do Estado no domínio econômico e domínio social*: homenagem ao Professor Celso Antônio Bandeira de Mello. Belo Horizonte: Fórum, 2010. p. 287 *et seq*.

[292] Acerca da contextualização político-institucional e dogmática da matéria, ver: OLIVEIRA, Gustavo Justino. *Direito administrativo democrático*. Belo Horizonte: Fórum, 2010. p. 189.

organizações sociais devem ser conduzidas de forma pública, objetiva e impessoal, e nos termos do regulamento próprio a ser editado por cada entidade. Afirmou ainda que a atuação das entidades não afronta a Constituição Federal, por entender que a contratação direta, com dispensa de licitação, deve observar critérios objetivos e impessoais de forma a permitir o acesso a todos os interessados. O contrato de gestão, segundo seu voto, configura hipótese de convênio por conjugar esforços visando a um objetivo comum aos interessados, e, por isso, se encontra fora do âmbito de incidência do artigo 37, inciso XXI, da Constituição Federal, que prevê a realização de licitação. Acompanharam o voto condutor os Ministros Teori Zavascki, Gilmar Mendes, Carmen Lúcia, Celso de Mello e Ricardo Lewandowski. O Ministro Ayres Britto foi parcialmente vencido e os Ministros Marco Aurélio e Rosa Weber julgaram procedente o pedido em maior extensão.

Desse modo, parece ser indisputável haver, no Brasil, grande complexidade no debate acerca do sistema administrativo, sendo imperativa a sua reestruturação para trazer maior simplicidade e segurança jurídica nas relações entre o setor público e o setor privado.

# IMPLANTAÇÃO DE ESTRUTURAS REGULATÓRIAS: PROGRAMAS E REFORMAS QUE LEVARAM À MITIGAÇÃO DO MODELO BRASILEIRO DE ORGANIZAÇÃO ADMINISTRATIVA HIERARQUIZADA

Em que pese o Estado ter suas atribuições estabelecidas de acordo com a realidade política, cultural, social e econômica dos povos, alguns Estados, paulatinamente, passaram a implantar, na prática, a tese do Estado mínimo sob o rótulo do neoliberalismo.[293]

O movimento neoliberal inspirou-se na obra *O caminho da servidão*, de Friedrich Hayek, escrita em 1944. Na visão de Perry Anderson, ocorreu um ataque apaixonado contra qualquer limitação dos mecanismos de mercado por parte do Estado, denunciados como uma ameaça letal à liberdade, não somente econômica, mas também política. O alvo imediato de Hayek naquele momento era o Partido Trabalhista inglês, às vésperas da eleição geral de 1945 na Inglaterra, que este partido efetivamente venceria. A hegemonia deste programa não se realizou do dia para a noite. Levou mais ou menos uma década, aplicando-se

---

293 Bresser-Pereira sustenta que a Administração Pública Gerencial é frequentemente identificada com as ideias neoliberais. O fato é que as medidas decorrentes do modelo gerencial são quase sempre introduzidas ao mesmo tempo que se implantam programas de ajuste estrutural que visam enfrentar a crise fiscal do Estado. BRESSER-PEREIRA, Luiz Carlos. Gestão do setor público: estratégia e estrutura para um novo Estado. *In*: BRESSER-PEREIRA, Luiz Carlos; SPINK, Peter Kevin (Org.). *Reforma do Estado e Administração Pública gerencial*. 7. ed. Rio de Janeiro: FGV, 2009. p. 31. Sobre o tema, ver o nosso: GUERRA, Sérgio. *Controle judicial dos atos regulatórios*. Rio de Janeiro: Lumen Juris, 2005. p. 21-22.

nos anos 1970, quando a maioria dos governos da organização europeia para o comércio e desenvolvimento (Organização para Cooperação e Desenvolvimento Econômico – OCDE) tratava de aplicar remédios *keynesianos* às crises econômicas.[294]

Na proposta neoliberal deve prevalecer a globalização[295] e o Estado mínimo, alcançado por meio das privatizações[296] de empresas estatais, desregulando-se[297] a economia, reduzindo-se os direitos sociais, diminuindo-se os gastos estatais e a prestação direta de serviços públicos.[298]

Se no âmbito do Estado neoliberal "é a economia que, efetivamente, calibra, baliza e pauta tanto a agenda quanto às decisões políticas e jurídicas",[299] a ordem econômica deve ter como eixo a liberdade para a atuação do poder econômico privado.

O retorno parcial ao *laissez faire* de Adam Smith[300] foi comandado pelos economistas da Escola de Chicago, nos Estados Unidos, liderados

---

294 ANDERSON, Perry. Balanço do neoliberalismo. *In*: SADER, Emir; GENTILI, Pablo (Org.). *Pós-neoliberalismo*: as políticas sociais e o Estado democrático. Rio de Janeiro: Paz e Terra, 1995. p. 9-23.

295 Sobre a complexidade do tema, ver: BECK, Ulrich. *O que é globalização?* Equívocos do globalismo, respostas à globalização. Tradução de André Carone. São Paulo: Paz e Terra, 1999.

296 Acerca da polissemia do termo, ver o estudo de: OTERO, Paulo. *Privatizações, reprivatizações e transferências de participações sociais no interior do sector público*. Coimbra: Coimbra Ed., 1999. p. 11.

297 Giandomenico Majone adverte que o termo "desregulação" é enganador. Segundo o autor, não se trata de um desmantelamento da regulação governamental, uma volta ao *laissez-faire*, mas, ao invés disso, uma combinação de desregulação com nova regulação. MAJONE, Giandomenico. Do Estado positivo ao Estado regulador: causas e consequências da mudança no modo de governança. *In*: MATTOS, Paulo Todescan L. (Coord.). *Regulação econômica e democracia*: o debate europeu. São Paulo: Singular, 2006. p. 57. Carlos Ari Sundfeld adverte que "desregulação" significa, em relação aos serviços públicos, a crescente opção de substituir a "regulação autoritária das tarifas" pela chamada "regulação pela concorrência". E conclui: "Sua adoção não significa a renúncia, pelo Estado, de suas competências relativamente a esses serviços, mas um possível modo para seu exercício". SUNDFELD, Carlos Ari. Preços e tarifas dos serviços de telecomunicações. *In*: SUNDFELD, Carlos Ari (Coord.). *Direito administrativo econômico*. São Paulo: Malheiros, 2000. p. 321.

298 Sobre os fracassos e efeitos positivos do neoliberalismo, ver as advertências de: BENTO, Leonardo Valles. *Governança e governabilidade na reforma do Estado*: entre eficiência e democratização. Barueri: Manole, 2003. p. 46-51.

299 FARIA, José Eduardo. *O direito na economia globalizada*. 4. tir. São Paulo: Malheiros, 2004. p. 178.

300 O lema do liberalismo clássico era o *laissez faire, laissez passer* (deixar fazer, deixar passar). O mundo andaria por si mesmo em que a fonte das riquezas seria o trabalho (e não simplesmente a terra, como defendiam os fisiocratas). Sobre o pensamento de Adam Smith, remete-se o leitor para: DOMINGO, Rafael (Ed.). *Juristas universales*. Madrid: Marcial Pons, 2004. v. 2, p. 641-646.

por Milton Friedman, e, sob essa modelagem neoliberal, o Estado deveria retornar às suas missões clássicas: emitir moeda, garantir a segurança pública, manter a justiça e não mais ser o protagonista do direcionamento das atividades econômicas.[301]

Na concepção dos *founding fathers*[302] do neoliberalismo, com o fim do modelo de Estado Socialista (*v.g.*, a queda do muro de Berlim, em 1989, e o fim da União Soviética, em 1991), não havia mais opção para os Estados Democráticos de Direito. Foi nesse contexto que se sustentou a prevalência do mundo globalizado e o papel mínimo de cada Estado na atuação econômica direta. O fundamento para as privatizações veio nesse contexto, na busca da reorganização das finanças e redução de gastos públicos; seja com a redução ou flexibilização dos monopólios estatais, seja com a delegação de serviços públicos.

Diante desse quadro e mesmo perante certa desconfiança,[303] vários Estados, inclusive o Brasil, adotaram uma nova forma de atuar no exercício das atividades econômicas, ancorando-se, ainda que parcialmente, em bases funcionais e burocráticas diferenciadas previstas na cartilha neoliberal.

Nesse ambiente do "novo Estado regulador",[304] e enfrentando uma grave crise econômica, o Brasil, sob os influxos do movimento neoliberal,[305] promulgou, em 1988, uma Constituição Federal

---

301 Nesse sentido, ver: COSTA, Frederico Lustosa da. *Reforma do Estado e contexto brasileiro*: crítica do paradigma gerencialista. Rio de Janeiro: FGV, 2010. p. 149.

302 Em uma analogia aos "pais criadores" do constitucionalismo estadunidense.

303 "Con mayor razón, en los países en desarollo el auge del neoliberalismo es visto con desconfianza en la medida en que propugna por la privatización y el libre juego del mercado, dentro del contexto de globalización de las diferentes actividades, en el cual las naciones económicamente más débiles sienten el justificado temor de sólo poder participar en condiciones de desequilibrio, como simples suministradoras de mano de obra y de materias primas y como consumidoras; mientras que los países desarrollados, es un escenario de esas características, podrán obtener inmensas ventajas gracias a la explotación de los grandes capitales y de los avances tecnológicos". RODRÍGUEZ RODRÍGUEZ, Libardo. Las vicisitudes del derecho administrativo y sus desafíos en el siglo XXI. *In*: FERNÁNDEZ RUIZ, Jorge (Coord.). *Perspectivas del derecho administrativo en el siglo XXI*. Ciudad Universitaria: Universidad Nacional Autónoma de México, 2002. p. 98.

304 Sobre os diversos aspectos do Estado Regulador: MATTOS, Paulo Todescan Lessa. *O novo Estado regulador no Brasil*: eficiência e legitimidade. 2. ed. São Paulo: Revista dos Tribunais, 2017. p. 109.

305 Há um debate travado sobre as vantagens e desvantagens do neoliberalismo, em que se cogita a busca de uma "terceira via". Um dos autores que se vem destacando nesse tema é o sociólogo Anthony Giddens, que apresenta os seguintes valores desse novo enfoque: (i) igualdade, (ii) proteção aos vulneráveis, (iii) liberdade como autonomia, (iv) não há direitos sem responsabilidades, (v) não há autoridade sem democracia, (vi) pluralismo cosmopolita e (vii) conservadorismo filosófico. GIDDENS, Anthony. *A terceira via*: reflexões sobre o impasse político atual e o futuro da social-democracia. Tradução de Maria Luiza X. de A. Borges. 5. ed. Rio de Janeiro: Record, 2005. p. 76.

extremamente detalhada e "invasora"[306] com relação aos direitos fundamentais, mas ainda com forte viés intervencionista.[307]

Interessam à presente obra as mudanças ocorridas no Brasil no campo da governança estatal em relação à regulação das atividades econômicas exploradas pela iniciativa privada.

## 3.1 Constituição Federal de 1988: organização econômica brasileira impositiva de uma nova forma de atuação estatal e governamental

As formas e o grau de participação do Estado na dinâmica econômica de um país dependem fundamentalmente do tipo de organização expresso na Constituição Econômica, na qual se encontra a determinação do regime básico de ordenação dos fatores de produção, bem como seus princípios regedores e objetivos almejados.[308]

Quatro são os requisitos que caracterizam uma ordem econômica como[309] sendo "descentralizada" ou "de mercado". Segundo Manoel

---

306 A expressão é adotada por Riccardo Guastini, ao advertir que a constitucionalização do direito faz com que a constituição seja capaz de condicionar tanto a legislação quanto a jurisprudência e a doutrina, além dos atores políticos e as relações sociais. GUASTINI, Riccardo. La "constitucionalización" del ordenamiento jurídico: el caso italiano. *In*: CARBONELL, Miguel (Org.). *Neoconstitucionalismo(s)*. 2. ed. Madrid: Trotta, 2005. p. 49.

307 Sobre a necessidade de reforma constitucional para atingir essa política não intervencionista, de fato ocorrida em 1995, é digno de menção o posicionamento de Diogo de Figueiredo Moreira Neto: "Dois são os temas de reforma: o da ordem econômica e o da ordem financeira. Com relação à necessidade de rever-se o capítulo da ordem econômica basta lembrar da Constituição de 1967-1969, dita estatizante e autocrática, era menos regulatória da economia e menos monopolista que a Constituição de 1988. Passamos de sete para mais de vinte modalidades de intervenção regulatória e de uma para seis previsões de intervenções monopolistas. Houve, portanto, um retrocesso. [...] O Estado, ao imiscuir-se na ordem econômica para competir com a sociedade ou para se substituir a ela com exclusividade, ou seja, nas modalidades de intervenção concorrencial e monopolista, se afasta do exercício regular de seu poder coercitivo, do qual detém o monopólio, para ser mais apenas uma empresa ou mais um concorrente. Com isso, ele perde suas características públicas. O Estado se privatiza, perdendo de vista os interesses gerais, que lhes são próprios, para ter interesses privados. Além de não existirem mais recursos para recapitalizar as empresas do Estado, escasseiam também os recursos para o desempenho de suas atividades públicas: o Estado privatizado acaba se despublicizando". MOREIRA NETO, Diogo de Figueiredo. Reforma da ordem econômica e financeira. *Cadernos de Direito Constitucional e Ciência Política*, São Paulo, v. 3, n. 9, p. 22-25, out./dez. 1994.

308 Como já tivemos oportunidade de expor em: GUERRA, Sérgio; SAMPAIO, Patrícia. *Serviços públicos e controle da Administração Pública*. 6. ed. Disponível em: http://academico.direito-rio.fgv.br. Acesso em: 18 dez. 2010.

309 Como adverte Paulo Otero sobre o modelo normativo aberto: "Um primeiro efeito da imperfeição do Direito decorrente da sua progressiva 'textura aberta' (Hart) ou de suas 'indeterminações significativas' (Castanheira Neves), enquanto resposta à satisfação das

Gonçalvez Ferreira Filho, trata-se de uma economia multipolar, constituída por redes de troca entre centros de produção, de oferta de fatores e de consumo, ligados por uma solidariedade funcional. Some-se a isso uma economia de empresa, que constitui uma unidade econômica de produção que assegura a ligação entre os mercados de bens e serviços e os mercados de fatores de produção. Também está presente uma economia de cálculos em moeda, sendo que os preços exprimem as tensões de escassez da vida econômica, traduzem as necessidades e as pretensões entre as quais se instaura um equilíbrio econômico. E, por fim, uma economia em que o Estado exerce somente uma interferência indireta e global, podendo orientar, influenciar a economia através de políticas, mas sem cunho determinante.[310]

A Constituição de 1988 adota o modelo de organização econômica capitalista, sendo a livre iniciativa princípio fundamental da República e da Ordem Econômica, garantindo-se o direito de propriedade, inclusive dos bens de produção e respeitando-se a liberdade de atividade econômica independentemente de prévia autorização, salvo nos casos previstos em lei.

Quanto às diversas espécies de intervenção estatal nas atividades econômicas, a forma matriz está disposta no art. 173, *caput*, da Constituição Federal, que consagra a subsidiariedade.[311] A subsidiariedade, entendida como princípio[312]ou como diretriz[313] na seara do Direito Econômico, impõe ao Estado que se abstenha de intervir e o dever de regular as atividades que possam ser satisfatoriamente exercidas ou autorreguladas pelos particulares em regime de liberdade. Ou seja,

---

necessidades colectivas impostas por uma 'Estado-providência' [...], será, obviamente, a transfiguração material da legalidade: um modelo de disciplina legislativa exaustiva, clara e precisa da realidade é substituído por um modelo normativo 'aberto', ponderativo de interesses, bens e valores concorrenciais e, neste sentido, imprevisível na sua concretização aplicativa". OTERO, Paulo. *Legalidade e administração pública*: o sentido da vinculação administrativa à juridicidade. Coimbra: Almedina, 2003. p. 162.

310 FERREIRA FILHO, Manoel Gonçalves. *Direito constitucional econômico*. São Paulo: Saraiva, 1990. p. 9; GRAU, Eros Roberto. *A ordem econômica na Constituição de 1988*. 6. ed. São Paulo: Malheiros, 2001. Cap. 2.

311 BRASIL. Constituição Federal (1988). "Art. 173. Ressalvados os casos previstos nesta Constituição, a exploração direta de atividade econômica pelo Estado só será permitida quando necessária aos imperativos da segurança nacional ou a relevante interesse coletivo, conforme definidos em lei". Sobre a subsidiariedade, recomenda-se: ARAGÃO, Alexandre. *Empresas estatais*: o regime jurídico das empresas públicas e sociedades de economia mista. São Paulo: Forense, 2017, p. 91-105.

312 TORRES, Silvia Faber. *Princípio da subsidiariedade no direito público contemporâneo*. Rio de Janeiro: Renovar, 2001 (Capítulo VII).

313 MENDONÇA, José Vicente. *Direito constitucional econômico*. 2. ed. Belo Horizonte: Fórum, 2018. 2ª Parte, Capítulo I.

à medida que os valores constitucionalmente assegurados não sejam prejudicados, o Estado não deve restringir a liberdade dos agentes econômicos e, caso seja necessário, deve fazê-lo da maneira menos restritiva possível.[314]

Destarte, a Constituição determina que, como regra geral, o Estado se abstenha de exercer diretamente atividade econômica. Para que possa desempenhá-la, faz-se necessário que exista previsão constitucional ou lei que determine haver relevante interesse coletivo ou necessidade relacionada aos imperativos da segurança nacional. A participação direta do Estado na atividade econômica, quando admitida, concretiza-se geralmente pela constituição de empresas públicas e sociedades de economia mista, para as quais a Constituição previu um regime jurídico próprio e aproximado daquele aplicável aos agentes privados, cujos princípios se encontram estatuídos no art. 173, §1º,[315] disciplinados pela Estatuto das Estatais (Lei nº 13.303/2016).

Para uma melhor compreensão do papel do Estado em relação à atividade econômica, não se pode desconsiderar que a Constituição de 1988 possui uma plêiade de objetivos da República de conteúdo marcadamente distributivo (art. 3º da Constituição de 1988), os quais vão reclamar uma atuação positiva do Estado na seara econômica para a sua efetivação.

Os arts. 5º, XXIII, e 170, III, da Constituição Federal determinam que a propriedade cumprirá função social. Ademais, a livre concorrência como princípio fundador da Ordem Econômica exige uma intervenção do Estado na prevenção e repressão do abuso do poder econômico, na proteção do meio ambiente e dos consumidores.

Em adição aos princípios supracitados, uma das chaves para guiar o esforço de hermenêutica da Ordem Econômica é o art. 174 da Constituição, que dispõe: como agente normativo e regulador da atividade econômica, o Estado exercerá, na forma da lei, as funções de

---

[314] ARAGÃO, Alexandre Santos de. *Agências reguladoras e a evolução do direito administrativo econômico*. 2. ed. Rio de Janeiro: Forense, 2003. p. 132.

[315] BRASIL. Constituição Federal (1988). Art. 173. [...] §1º. A lei estabelecerá o estatuto jurídico da empresa pública, da sociedade de economia mista e de suas subsidiárias que explorem atividade econômica de produção ou comercialização de bens ou de prestação de serviços, dispondo sobre: I – sua função social e formas de fiscalização pelo Estado e pela sociedade; II – a sujeição ao regime jurídico próprio das empresas privadas, inclusive quanto aos direitos e obrigações civis, comerciais, trabalhistas e tributários; III – licitação e contratação de obras, serviços, compras e alienações, observados os princípios da administração pública; IV – a constituição e o funcionamento dos conselhos de administração e fiscal, com a participação de acionistas minoritários; V – os mandatos, a avaliação de desempenho e a responsabilidade dos administradores.

fiscalização, incentivo e planejamento, sendo este determinante para o setor público e indicativo para o setor privado.

Como se vê, esse dispositivo constitucional se mostra bastante elucidativo no que tange ao papel regulador, nas suas "múltiplas dimensões",[316] conferido ao Estado na atividade econômica após a inauguração do novo regime constitucional. Por um lado, o Poder Constituinte não previu a prestação direta da atividade econômica como função primordial do Estado (art. 173, *caput*, CF/88); por outro, conferiu-lhe amplos instrumentos de intervenção indireta, mediante, por exemplo, as funções de planejamento e regulação de atividades privadas.

Para Jacques Chevallier, a regulação se distingue dos modos clássicos de intervenção do Estado na economia, pois consiste em supervisionar o jogo econômico, estabelecendo certas regras e intervindo de maneira permanente para amortecer as tensões, compor os conflitos e assegurar a manutenção de um equilíbrio do conjunto. Ou seja, por meio da regulação o Estado não se põe mais como ator, mas como árbitro do processo econômico, limitando-se a enquadrar a atuação dos operadores e esforçando-se para harmonizar suas ações.[317]

Portanto, encontra-se no art. 174 da Constituição Federal uma previsão genérica de ordenação da economia pelo Estado,[318] baseada no exercício do poder-dever ordenador, fiscalizatório, normativo e sancionador, estruturado nas competências outorgadas para a conformação dos ordenamentos setoriais regulatórios, hoje personificados, em parte, na figura das agências reguladoras.

Com isto, ao transferir a prestação de algumas atividades identificadas como serviço público à execução por particulares, por meio do processo de desestatização, e ao autorizar o exercício de determinadas atividades econômicas de titularidade privada, o Estado brasileiro não deixou de possuir profunda influência sobre essas atividades econômicas. Sua tradicional participação direta (como Estado-empresário) foi substituída por uma intervenção primordialmente de regulação, que pode ocorrer de diversas formas, a seguir examinadas.

---

[316] CAVALCANTI, Bianor Scelza; PECI, Alketa. Reflexões sobre a autonomia do órgão regulador: análise das agências reguladoras estaduais. *Revista de Administração Pública*, Rio de Janeiro, v. 34, n. 5, p. 101, set./out. 2000.

[317] CHEVALLIER, Jacques. O *Estado pós-moderno*. Tradução de Marçal Justen Filho. Belo Horizonte: Fórum, 2009. p. 73.

[318] SUNDFELD, Carlos Ari. *Direito administrativo ordenador*. 1. ed. 3. tir. São Paulo: Malheiros, 2003.

## 3.2 Formas de intervenção estatal no modelo de Estado regulador

À luz do texto constitucional de 1988 podem-se identificar inúmeras formas de atuação do Estado em face da ordem econômica, e que orientam as escolhas políticas em diversas atuações.

Eros Grau classificou a atuação estatal no domínio econômico em intervenção por absorção ou participação, intervenção por direção e intervenção por indução. A absorção refere-se à atuação estatal como agente econômico, assumindo integralmente o controle dos meios de produção ou troca atuando em regime monopolista e a participação materializa a atuação em regime de competição com empresas privadas que atuam no setor. Na intervenção por direção ou por indução, o Estado desenvolve ação reguladora da atividade com fundamento no art. 174 da Constituição Federal:

> No caso das normas de intervenção por direção estamos diante de comandos imperativos, dotados de cogência, impositivos de certos comportamentos a serem necessariamente cumpridos pelos agentes que atuam no campo da atividade econômica sem sentido estrito – inclusive pelas próprias empresas estatais que a exploram. Norma típica de intervenção por direção é a que instrumenta controle de preços, para tabelá-los ou congelá-los. No caso das normas de intervenção por indução defrontamo-nos com preceitos que, embora prescritivos (deônticos), não são dotados da mesma carga de cogência que afeta as normas de intervenção por direção. Trata-se de normas dispositivas. Não, contudo, no sentido de suprir a vontade dos seus destinatários, porém na dicção de Modesto Carvalhosa, no de 'levá-lo a uma opção econômica de interesse coletivo e social que transcende os limites do querer individual'. Nelas, a sanção, tradicionalmente manifestada como comando, é substituída pelo expediente do convite – ou como averba Washington Peluso Albino de Souza, – de 'incitações, dos estímulos, dos incentivos, de toda a ordem, oferecidos, pela lei, a quem participe de determinada atividade de interesse geral e patrocinada, ou não, pelo Estado'. Ao destinatário da norma resta aberta a alternativa de não se deixar por ela seduzir, deixando de aderir à prescrição nela veiculada. Se adesão a ela manifestar, no entanto, resultará juridicamente vinculado por prescrições que correspondem aos benefícios usufruídos em decorrência dessa adesão. Penetramos, aí, o universo do direito premial. A sedução à adesão ao comportamento sugerido é, todavia, extremamente vigorosa, dado que os agentes econômicos por ela não tangidos passam a ocupar posição desprivilegiada nos mercados. Seus concorrentes gozam, porque aderiram esse comportamento, de uma situação de donatário de determinado bem (redução ou isenção

de tributo, preferência à obtenção de crédito, subsídio, v.g.), o que lhes confere melhores condições de participação naqueles mesmos mercados.[319]

Marcos Juruena Villela Souto destaca que com vistas ao desenvolvimento do atual papel pelo Estado (regulador) estão previstas as seguintes formas de intervenção: normativa, repressiva, tributária, regulatória e exploração direta da atividade econômica.[320] Outros autores apresentam classificações distintas acerca das formas de intervenção, costumeiramente divididas em intervenção direta, poder de polícia, fomento, serviço público e, mais recentemente, regulação.[321]

No desenvolvimento de uma política pública, o Estado pode atuar administrativamente desde a decisão de não intervenção sobre uma atividade econômica, passando pelas fases de indução de comportamentos (*nudge*),[322] fomento de atividades, intervenção indireta sobre atividades econômicas e sociais (regulação, sob várias modalidades: comando e controle, regulação contratual, regulação regulada, corregulação, regulação experimental), intervenção direta no domínio econômico por meio de estatais, chegando à possibilidade de proibir o desenvolvimento de determinada atividade.

Malgrado haver dificuldade prática em apontar todos os mecanismos de atuação estatal sobre atividades econômicas e sociais, cumpre

---

319 GRAU, Eros Roberto. *A ordem econômica na Constituição Federal de 1988*. 7. ed. São Paulo: Malheiros, 2002. p. 176-177.

320 SOUTO, Marcos Juruena Villela. *Desestatização*: privatização, concessões, terceirizações e regulação. 4. ed. Rio de Janeiro: Lumen Juris, 2001. p. 22.

321 É a nossa visão, detalhada em GUERRA, Sérgio. *Discricionariedade, regulação e reflexividade*: uma nova teoria sobre as escolhas administrativas. 6 ed. Belo Horizonte: Fórum, 2021. Celso Antônio Bandeira de Mello denota que existem três formas de interferência do Estado na ordem econômica: poder de polícia, incentivos e atuação direta empresarial. BANDEIRA DE MELLO, Celso Antônio. *Curso de direito administrativo*. 14. ed. São Paulo: Malheiros, 2002. p. 619. Diogo de Figueiredo Moreira Neto, sem considerar o fomento público por não ter natureza impositiva, as classifica em quatro tipos: regulatória, concorrencial, monopolista e sancionatória. MOREIRA NETO, Diogo de Figueiredo. *Direito regulatório*: a alternativa participativa e flexível para a Administração Pública de relações setoriais complexas no Estado democrático. Rio de Janeiro: Renovar, 2003. p. 129. Por sua vez, Diogenes Gasparini apresenta as seguintes formas de intervenção no domínio econômico: controle de preços, controle de abastecimento, repressão ao abuso do poder econômico, monopólio, fiscalização, incentivo e planejamento. GASPARINI, Diogenes. *Direito administrativo*. 7. ed. São Paulo: Saraiva, 2002. p. 605.

322 *Nudge*, no idioma inglês, significa empurrar, expressão que pode ser compreendida como persuadir ou encorajar alguém de forma sutil a adotar determinada prática. Cass Sustein utilizou esse termo para teorizar uma forma de intervenção que preserva a liberdade de escolha, ainda que sob determinada influência estatal. SUSTEIN, Cass R. *Why Nudge?*: The politics of libertarian paternalism. Yale University Press, 2014.

indicar algumas formas de fazê-lo, de modo a melhor compreender qual aparato de governança estatal demanda a estruturação da organização administrativa brasileira.

O Estado intervém quando proíbe, por meio de lei, a exploração de atividade econômica, como, por exemplo, a produção de materiais com o uso do amianto (Lei, do Estado de São Paulo, nº 12.684/07, e Lei nº 3.579/2001, do Estado do Rio de Janeiro, que fixou prazos para a substituição progressiva da produção e da comercialização de produtos com absteto/amianto).

Também é uma forma de intervenção quando o Estado cria um monopólio para a exploração de atividade econômica, a exemplo do que ocorria com as atividades inerentes à indústria do petróleo, notadamente antes da edição da Emenda Constitucional nº 9/95 e o monopólio das atividades afetas aos correios (Lei nº 6.538/78, conforme julgado pelo Supremo Tribunal Federal, em sede da ADPF nº 46).

Constitui mecanismo de intervenção do Estado ao reservar algumas atividades econômicas como sendo serviços públicos e, portanto, executados pelos particulares por meio de concessão, permissão ou autorização.[323] Exemplos marcantes alcançam os serviços de telecomunicações, distribuição de energia elétrica e transporte público, atualmente regulados, em sua maioria, por agências reguladoras.

A presença do Estado é marcante quando atua na qualidade de agente econômico de forma direta, como nos casos de empresas estatais prestadoras de serviços públicos (serviços postais – Lei nº 6.538/78, com a observação supra). A regulação do exercício de atividades determinadas, como, por exemplo, a regulação do sistema financeiro – Lei nº 4.595/64, que dispõe sobre a política e as instituições monetárias, bancárias e creditícias –, é forma de intervenção estatal.

Mesmo atuando em sentido mais amplo, quando regula o exercício de atividades gerais – ex.: no caso da disciplina ambiental (Lei nº 6.938/81) e da concorrência (Lei nº 12.529/2011) –, o Estado atua de

[323] Para uma parcela da doutrina, as atividades previstas no art. 21, XI e XII, da Constituição Federal de 1988, quando prestadas no regime de autorização, não caracterizam serviços públicos, mas sim atividades privadas de interesse público. Para essa corrente, os serviços públicos efetivamente titularizados pelo Estado somente podem ser delegados à exploração privada pelos institutos da concessão e da permissão, conforme a previsão do art. 175 da Constituição, o que não impede, por outro lado, que haja serviços de interesse público autorizados relativamente àquelas atividades elencadas no art. 21. Sobre o tema, ver ARAGÃO, Alexandre Santos de. *Direito dos serviços públicos*. Rio de Janeiro: Forense, 2007 (Capítulo V) e FARIA, Sara Jane Leite de. *Regulação jurídica dos serviços autorizados*. Rio de Janeiro: Lumen Juris, 2005.

maneira intervencionista. Também, o Estado disciplina normativamente o exercício de atividades econômicas – ex.: legislando acerca da atividade da indústria do tabaco (Lei nº 6.437, de 20 de agosto de 1977; Lei nº 9.294, de 15 de julho de 1996; e Lei nº 9.782, de 26 de janeiro de 1999). Outra forma de intervenção está na delegação de funções de autorregulação, como, por exemplo, os casos das profissões regulamentadas (CRA, CRECI etc.).

Ao atuar na figura de "contratante" de bens e serviços, o Estado atua na intervenção da economia – ex.: contratação de infraestrutura por meio de Parcerias Público-Privadas (Lei nº 11.079/04). Incentivando ou induzindo a atuação dos agentes econômicos privados (ex.: política aduaneira, disciplinada pelo vetusto Decreto-Lei nº 37, de 18 de novembro de 1966), ou quando o Estado exerce o poder de polícia sobre atividades econômicas, como no caso da vigilância sanitária (Lei nº 9.782, de 26 de janeiro de 1999), está ele intervindo.

A intervenção também poderá ser por meio do experimentalismo regulatório, com técnicas de *sandbox* regulatória. Um exemplo de *sandbox* regulatória foi adotado pela Agência Nacional de Petróleo, Gás e Biocombustíveis – ANP na aprovação experimental de atividade de abastecimento de veículo (*delivery*) por meio de aplicativo.

Vale destacar que a forma de intervenção estatal pode ocorrer isolada ou, até mesmo, de forma cumulativa em determinados setores, de modo que o Estado reserva uma atividade econômica como serviço público, regulando-a, atuando como agente econômico e criando políticas indutivas (ex. setor elétrico) ou de *nudge*.

Como se vê, são inúmeras formas de intervenção estatal na ordem econômica, de modo que o Estado deve estar preparado para atuação mediante uma organização administrativa compatível.

## 3.3 Ajustes nos instrumentos administrativos diante da complexidade, pluralismo e evolução tecnológica

Não só a ordem econômica prevista na Constituição Federal deve ser comentada em termos de impacto na forma de estruturação da governança pública. Com efeito, a complexidade e a tecnicidade do mundo pós-moderno impõem o deslocamento de competências sobre questões complexas do Poder Legislativo para entidades especializadas vinculadas ao Poder Executivo.

Ademais, registre-se a necessidade de periódicas reformas regulatórias, notadamente em atividades econômicas que abrangem oscilações de mercado e muitos componentes tecnológicos, ou seja, a "progressiva tecnização no tratamento dos assuntos a cargo da Administração".[324] Nas palavras de Sánchez Morón:[325]

> Superado el viejo modelo burocrático weberiano, en el que el funcionario es un simple aplicador automático de reglamentaciones detallistas, la imagen de la función administrativa como simple función ejecutiva (de la ley) ya no tiene vigencia general, salvo en los supuestos en que la ley dispone potestades regladas.

Nesse sentido, o desafio da tecnicidade é apontado com clareza por Vital Moreira e Fernanda Maças,[326] que advertem não ser indiferente o acentuado progresso científico e tecnológico que se tem verificado com a consequente manifesta insuficiência ou incapacidade das estruturas da Administração tradicional para responderem aos problemas das sociedades complexas e evolutivas atuais.

A inadequação dos instrumentos do agir administrativo tradicional é especialmente notória em determinados setores em que a evolução tecnológica redefine e altera diariamente os mercados, transfere capital e destrói artificialmente as fronteiras territoriais, como acontece com o setor financeiro.[327]

---

[324] MEDAUAR, Odete. *O direito administrativo em evolução*. 2. ed. São Paulo: Revista dos Tribunais, 2003. p. 186. Sobre a inserção de inúmeros termos técnicos nas normas reguladoras, Alexandre Santos de Aragão denota que através das normas abertas, e mesmo de regras fixas, mas consideradas sob o prisma dos objetivos públicos aos quais se destinam, o Direito insere em seu âmbito aspectos do subsistema regulado, aspectos estes de elevado conteúdo técnico-especializado. ARAGÃO, Alexandre Santos de. Regulação da economia: conceito e características contemporâneas. *Revista de Direito da Associação dos Procuradores do Novo Estado do Rio de Janeiro*, Rio de Janeiro, v. XI, p. 27, 2002.

[325] SÁNCHEZ MORÓN, Miguel. *Discrecionalidad administrativa y control judicial*. Madri: Tecnos, 1994. p. 110-111.

[326] MOREIRA, Vital; MAÇAS, Fernanda. *Autoridades reguladoras independentes*. Coimbra: Coimbra Ed., 2003. p. 52.

[327] Como exemplo, citem-se as empresas de serviço de valor adicionado, conhecidas como *Over The Top* (WhatsApp, Facebook, Google etc.). Outra situação que merece destaque é o serviço de transporte por aplicativo. Aplicativos, como o Uber, Cabify ou 99 prestam um serviço estruturado sob uma plataforma tecnológica, utilizado via *smartphones* (APP). Todas as transações financeiras são *on-line*. São motoristas privados que prestam um serviço diferenciado àqueles que optam por deslocar-se na cidade de forma alternativa. Sua qualidade é controlada apenas pelos usuários, sob a ótica colaborativa. Os preços das corridas variam, dependendo do veículo utilizado ou da disponibilidade da frota no momento do chamado. Registre-se, ainda, a evolução tecnológica na radiodifusão sonora e de imagem. Os serviços de radiodifusão, compreendendo a transmissão de sons (radiodifusão sonora) e a transmissão de sons e imagens (televisão), a serem direta e livremente recebidas pelo público em geral, constituem serviço de interesse público. Posteriormente, surgiram televisões a cabo e, mais recentemente, os sistemas de *streaming* (ex.: Netflix).

É certo inferir que, dada a tecnicidade que se apresenta diante da sociedade, impõe-se, para além das diretrizes constantes na ordem econômica constitucional, a busca pela permanente reestruturação da governança brasileira. A organização administrativa deve ser compatível e ter metodologia própria para atuar na garantia e efetividade dos direitos fundamentais, especialmente diante dos avanços tecnológicos. Para isso, devem-se implementar modelos administrativos decorrentes de ambos os conceitos que envolvem, na visão de Enrique Saravia,[328] inúmeras ações e projetos, a seguir: (i) a necessidade de técnicas e instrumentos que permitam agir face à frequência, rapidez e imprevisibilidade das transformações do contexto social, político, econômico, internacional e tecnológico; (ii) a exigência cada vez maior de qualidade dos serviços e atividades públicas; (iii) a conveniência de assimilar todas as tecnologias de informação e comunicação que propiciam formas mais ágeis e eficientes de interação entre o Estado e a sociedade; (iv) as urgências de uma descentralização política e econômica que dote de poder decisório os diversos níveis de governo e que leve a um fortalecimento das instâncias municipais; (v) a melhora dos sistemas regulatórios, de modo a permitir a cooperação do setor privado na prestação dos serviços e atividades públicas, assegurando, ao mesmo tempo, a defesa dos direitos do cidadão e seu acesso universal a esses serviços; (vi) a possibilidade de abrir espaços de mútua cooperação entre o Estado e as empresas através de parcerias permanentes entre ambos os setores; (vii) a conveniência de estabelecer formas de acesso dos cidadãos à decisão, à implementação e ao controle da atividade pública, assegurando a participação[329] e a transparência; (viii) a incorporação de novas formas de organização do setor público e do terceiro setor para permitir uma fértil cooperação entre o Estado e as organizações da sociedade civil.[330]

---

328 SARAVIA, Enrique J. Governança social no Brasil contemporâneo. *Revista Governança Social – IGS*, Belo Horizonte, ano 3, edição 7, p. 21-23, dez. 2009/mar. 2010. p. 23.

329 Sobre o tema da participação dos cidadãos na elaboração de normas pelas agências reguladoras, ver: BACELLAR FILHO, Romeu Felipe. O poder normativo dos entes reguladores e a participação dos cidadãos nesta atividade. Serviços públicos e direitos fundamentais: os desafios da regulação na experiência brasileira. *Revista de Direito Administrativo*, Rio de Janeiro, v. 230, p. 153-162, out./dez. 2002.

330 É assinalável que o Brasil editou atos normativos sobre a aplicação da tecnologia no governo federal. Em 2000, sob a denominação de e-Gov (Governo Eletrônico), foram disciplinadas algumas atividades relacionadas ao governo digital no país. Neste contexto, destacando-se o Decreto nº 8.638, de 15 de janeiro de 2016, conhecido como o decreto da governança digital, que insere a política da governança digital no âmbito dos órgãos e entidades da administração pública direta, indireta e fundacional.

## 3.4 Evolução no processo das privatizações, parcerias entre o setor público e privado e a consequente reforma da administração pública na década de 1990: a criação de agências autônomas

Diante das considerações antes expostas na presente obra, envolvendo a nova ordem constitucional econômica, bem como a grande complexidade e tecnicidade do mundo pós-moderno, é relevante examinar, inicialmente, a evolução do sistema administrativo a partir do programa de reforma do Estado levado a cabo pelo Executivo Federal brasileiro na década de 1990, inspirado no *New Public Management* britânico.

### 3.4.1 Influências da reforma administrativa inglesa: *next steps*

Inspirados nas ações do governo conservador na Grã-Bretanha vieram para o Brasil os instrumentos do modelo de administração gerencial direcionados à redução de custos e ao aumento da eficiência e produtividade da organização. Com efeito, buscava-se, naquele momento, implementar alterações no setor administrativo, vinculadas ao projeto de reforma do Estado, de modo a levar o aparato governamental a um menor número de atividades diretas e a adotar técnicas de gestão eficientes e próximas ao setor privado.[331]

No caso inglês, que estruturou a *New Public Management*, a palavra de ordem da primeira-ministra era *"rolling back the state"*, o que, na prática, significou a privatização de empresas nacionalizadas no pós-guerra, desregulação, devolução de atividades governamentais à iniciativa privada ou à comunidade e as constantes tentativas de reduzir os gastos públicos.[332]

---

[331] "Nas décadas de 1980 e 1990, vários movimentos, abrigados sob o guarda-chuva da New Public Management (NPM), especialmente nos países anglo-saxões, propunham soluções para a administração pública. Pontos centrais se referiam à adaptação e à transferência dos conhecimentos gerenciais desenvolvidos no setor privado para o público, pressupondo a redução do tamanho da máquina administrativa, uma ênfase crescente na competição e no aumento de sua eficiência". PECI, Alketa; PIERANTI, Octavio Penna; RODRIGUES, Silvia. Governança e *New Public Management*: convergências e contradições no contexto brasileiro. *O&S*, v. 15, n. 46, jul./set. 2008.

[332] ABRUCIO, Fernando L. O impacto do modelo gerencial na administração pública: um breve estudo sobre a experiência internacional recente. *Revista do Serviço Público*, v. 47, abr. 1996.

Enrique Saravia[333] leciona que nas décadas de 1980 e 1990, vários países – entre eles o Brasil – tentaram reformas que permitissem maior agilidade e flexibilidade à atividade estatal. Os diversos planos de melhora receberam a denominação comum de Nova Gerência Pública (*New Public Management*) e seus principais enunciados foram sintetizados num relatório da OCDE (1996). Tratava-se de medidas destinadas a dotar a administração pública de um comportamento gerencial que aliviasse a máquina ou o aparelho do Estado. Muitos países avançaram por esse caminho e se registraram melhoras efetivas em muitos deles. No entanto, o modelo funcionou melhor nos países de democracias e economias evoluídas e estáveis. Não aconteceu idêntico fenômeno nos países com fortes desigualdades sociais e regionais, com pesados endividamentos e déficits fiscais, ou com sistemas políticos em transição.

O programa do NPM pode ser resumido, de forma objetiva, nas seguintes medidas: (i) diminuir o tamanho do Estado, inclusive do efetivo do pessoal; (ii) privatização de empresas e atividades; (iii) descentralização de atividades para os governos subnacionais; (iv) terceirização de serviços públicos (*outsorcing*); (v) regulação de atividades conduzidas pelo setor privado; (vi) transferência de atividades sociais para o terceiro setor; (vii) desconcentração de atividades do governo central; (viii) separação de atividades de formulação e implementação de políticas públicas; (ix) estabelecimento de mecanismos de aferição de custos e avaliação de resultados; (x) autonomização de serviços e responsabilização de dirigentes; (xi) flexibilização da gestão orçamentária e financeira das agências públicas; (xii) adoção de formas de contratualização de resultados; (xiii) abolição da estabilidade dos funcionários e flexibilização da relação de trabalho no serviço público.[334]

No bojo das reformas administrativas, trazidas nos governos Margareth Thatcher e John Major, foram criadas diversas entidades regulatórias. Destaque-se a Office of Telecomunication (OFTEL), na área de telecomunicações, criada no ano de 1984; a Office of Gas (OFGAS), para regular o setor de gás, e a Office of Eletricity Regulation (OFFER), regulando o setor de eletricidade. Estas entidades, após fusão no ano de 1999, transformaram-se na Office of Gas and Eletricity Markets (OFGEM), abrangendo os setores de gás e eletricidade.[335]

---

333 SARAVIA, Enrique J. Governança social no Brasil contemporâneo. *Revista Governança Social – IGS*, Belo Horizonte, ano 3, edição 7, p. 21-23, dez. 2009/mar. 2010. p. 22.

334 COSTA, Frederico Lustosa da. Reforma do Estado e contexto brasileiro: crítica do paradigma gerencialista. Rio de Janeiro: FGV, 2010. p. 154.

335 Disponível em: www.ofgem.gov.uk. Acesso em 13 dez. 2010.

Foram criadas a Water Services Regulation Authority (OFWAT)[336] para o setor voltado aos recursos hídricos; a Office of Rail Regulation (ORR),[337] do sistema ferroviário; a Civil Aviation Authority (CAA),[338] para o setor aéreo; a Office of Fair Trading (OFT),[339] atuando na defesa da concorrência; e uma agência responsável por loterias, a Office of the National Lottery (OFLOT), sucedida pela National Lottery Commission.[340]

E quanto aos serviços públicos, o projeto *next steps* inglês mudou a forma de atuação da máquina pública, não só nas agências que criou, mas em todos os departamentos, com foco na necessidade de se concentrar no trabalho a ser realizado (*"need to focus on the job to be done"*). O projeto sugeriu o cancelamento de funções e a criação de agências autônomas, o que envolveria a transferência de 75 a 95% dos servidores da administração central para essas entidades, que deveriam ter experiência e habilidades relevantes e adotar ações na busca por melhorias.[341]

### 3.4.2 Programa de desestatizações e reforma administrativa no Brasil

No Brasil houve um amplo processo de privatizações, que se estruturou, inicialmente, com a edição da Lei nº 8.031/90, promulgada na gestão do Presidente Fernando Collor de Mello, embrião das reformas administrativas ocorridas em 1995 durante o Governo do Presidente Fernando Henrique Cardoso.

O Programa Nacional de Desestatização (PND) caracterizou-se no cenário internacional como um dos maiores já concebidos, tanto pelo volume de recursos como pela diversidade dos setores envolvidos; contudo, mesmo antes do PND a privatização já fazia parte da agenda nacional, tendo passado por fases distintas iniciadas na década de 1980.[342]

---

[336] Disponível em: www.ofwat.gov.uk. Acesso em 13 dez. 2010.

[337] Disponível em: www.rail-reg.gov.uk. Acesso em 13 dez. 2010.

[338] Disponível em: www.caa.co.uk. Acesso em 13 dez. 2010.

[339] Disponível em: www.oft.gov.uk. Acesso em 13 dez. 2010.

[340] Disponível em: www.natlotcomm.gov.uk. Acesso em 13 dez. 2010.

[341] PANCHAMIA, Nehal; THOMAS, Peter. *Next steps initiative*. Disponível em https://www.instituteforgovernment.org.uk/sites/default/files/case%20study%20next%20steps.pdf. Acesso em 20 abr. 2020.

[342] Conforme já tivemos oportunidade de examinar em: GUERRA, Sérgio. Neoempreendedorismo estatal e os consórcios com empresas do setor privado. *In*: MARSHALL, Carla (Org.). *Direito empresarial público II*. Rio de Janeiro: Lumen Juris, 2004.

### 3.4.2.1 Programa Nacional de Desburocratização na década de 1980

O primeiro passo, segundo Caio Tácito, ainda modesto, de inversão da tendência expansionista da administração pública brasileira se manifestou, em julho de 1979, quando o Decreto nº 83.740 adotou o Programa Nacional de Desburocratização. Este programa definiu, a partir de 1981, as primeiras diretrizes de transferência de empresas públicas para o setor privado. Essa primeira fase, caracterizada pela denominada "reprivatização" de empresas que haviam sido absorvidas por estarem em situação falimentar, foi compreendida entre 1981 e 1989, se iniciando no Governo do Presidente Figueiredo e avançando pelo Governo do Presidente Sarney; portanto, antes mesmo do PND lançado durante o Governo Collor.

Em 1985, o Decreto nº 91.991 aperfeiçoou o programa com a criação do Conselho Interministerial de Privatização, ao qual sucede, em 1988, o Conselho Federal de Desestatização (Decreto nº 95.886). Foram, até 1989, incluídas no programa vinte e quatro empresas, das quais quinze foram alienadas, três foram liquidadas, duas incorporadas e catorze transferidas ao plano estadual. Segundo dados oficiais, no período de 1979-1985, no plano federal, vinte empresas foram privatizadas, três transferidas a governos estaduais, outras três foram objeto de fusão, catorze incorporadas e duas outras convertidas em órgãos da administração direta, no total de quarenta e duas transformações.[343]

Nesse período foram privatizadas empresas de pequeno porte com modestos resultados econômicos, com arrecadação de cerca de setecentos milhões de dólares norte-americanos. Com efeito, nessa fase não havia, ainda, por parte do Governo Federal, intenção de implementar um programa de larga escala, mas, apenas, de desfazer-se de empresas que vieram parar em suas mãos por insucessos empresariais.

### 3.4.2.2 Desestatização no Governo Fernando Collor de Mello

O processo de privatizações brasileiro ganhou força durante a presidência de Fernando Collor de Mello. O programa foi estruturado por meio da edição da Lei nº 8.031/90. Entre 1990 e 1992 foram incluídas sessenta e oito empresas no Programa Nacional de Desestatização

---

343 TÁCITO, Caio. O retorno do pêndulo: serviço público e empresa privada; o exemplo brasileiro. *Revista de Direito Administrativo*, n. 202, p. 1-10, out./dez. 1995.

(PND), das quais dezoito foram desestatizadas, com a arrecadação de cerca de quatro bilhões de dólares norte-americanos, em grande parte através de títulos representativos da dívida pública federal.[344]

Com efeito, uma das críticas ao programa foi no sentido de que admitiram as chamadas "moedas de privatização" (vulgarmente chamadas de moedas podres), para a aquisição das participações acionárias das sociedades desestatizadas, que consistem em títulos que representam dívidas contraídas no passado pelo Governo Federal. Em cada desestatização competiu ao Presidente da República decidir sobre o percentual mínimo de moeda corrente a ser utilizada, sendo que o percentual restante pode ser complementado com as moedas de privatização.

As moedas de privatização utilizadas no PND foram as seguintes: Debêntures da Siderbras (SIBR); Certificados de Privatização (CP); Obrigações do Fundo Nacional de Desenvolvimento (OFND); Créditos Vencidos Renegociados – securitizados (Disec); Títulos da Dívida Agrária (TDA); Títulos da Dívida Externa (Divex); Letras Hipotecárias da Caixa Econômica Federal (CEF); e Notas do Tesouro Nacional, série M-NTN-M.[345]

---

344 Disponível em: http://www.bndes.gov.br. Acesso em: 15 dez. 2003.

345 Com relação à possibilidade de utilização das chamadas "moedas podres" no Programa Nacional de Desestatização (PND), permite-se transcrever ementa do acórdão proferido pelo Tribunal Pleno, do Supremo Tribunal Federal, no MS nº 22.493-RJ: "Mandado de Segurança. Licitação para venda de empresa estatal. Utilização de títulos da dívida pública. Incidência da medida provisória nº 1.197, de 24.11.1995. Programa nacional de desestatização: possibilidade de o Presidente da República estabelecer limites para a aceitação de moedas convertidas em títulos da dívida pública como meio de pagamento: seu recebimento em transação realizada entre a união federal e particulares valendo-se de títulos públicos. Ato jurídico perfeito: inexistência. Aplicação do princípio da isonomia entre os licitantes: artigo 37, inciso XXI, da constituição federal. Mandado de Segurança indeferido. 1. Dispõe o Presidente da República do poder discricionário, por recomendação do Conselho Nacional de Desestatização, para estabelecer os quantitativos em moeda corrente nacional e em títulos da dívida pública que poderão ser utilizados nos procedimentos licitatórios de venda de empresas estatais em processo de privatização. Incidência, na espécie, do artigo 16 da Lei nº 8.031, de 12 de abril de 1990, com a nova redação que lhe deu o artigo 1º da Medida Provisória nº 1.197, de 24 de novembro de 1995. 2. A outorga delegada ao Chefe do Poder Executivo para estimar os volumes, entre títulos e moeda corrente nacional na composição na alienação de bens estatais, tem o sentido de lhe conferir, para cada espécie em venda, o exame da dimensão do interesse da clientela e as características de valorização mercadológica do negócio. 3. Não ocorre ato jurídico perfeito e acabado resultante de transação, se ao tempo de sua homologação, ainda que perante o Supremo Tribunal Federal, já vigia lei que não o assegurava. 4. Se do ato transacional constou cláusula condicionante submetendo uma das partes ao cumprimento da legislação vigente, deve essa ser prevalente, não se revestindo os títulos recebidos *in solutum* como moedas de valor absoluto para comporem oferta em leilão de venda

Nos três primeiros anos do PND a estratégia governamental constituiu-se em concentrar esforços na venda de empresas estatais produtivas, pertencentes a setores anteriormente estratégicos para o desenvolvimento do país, tais como companhias siderúrgicas, petroquímicas e de fertilizantes.

### 3.4.2.3 Privatizações no Governo Itamar Franco

Em 1992, houve o *impeachment* do Presidente Fernando Collor de Mello, assumindo o seu vice, Itamar Franco. Intensificou-se, nos anos seguintes (1993/1994), o processo de transferência de empresas produtivas ao setor privado, concluindo-se a privatização das empresas siderúrgicas. Nesse período foram desestatizadas quinze empresas, com a arrecadação de cerca de quatro e meio bilhões de dólares norte-americanos, em sua maior parte em moeda corrente.

Cabe acrescentar que em março de 1994, pelo Decreto nº 1.068, a administração pública federal incluiu no PND as participações societárias minoritárias detidas por fundações, autarquias, empresas públicas, sociedades de economia mista e quaisquer outras sociedades controladas, direta ou indiretamente, pela União Federal.

Registre-se a criação da primeira entidade denominada "agência" pela Lei nº 8.854, de 10 de fevereiro de 1994, antes, portanto, do Plano Diretor da Reforma do Aparelho do Estado em 1995. Naquela lei constou que a Agência Espacial Brasileira (AEB), autarquia federal vinculada à Presidência da República, foi criada com a finalidade de promover o desenvolvimento das atividades espaciais de interesse nacional, respondendo, de modo direto, ao Presidente da República.

---

de estatais. 5. Não podem a lei, o decreto, os atos regimentais ou instruções normativas, e muito menos acordo firmado entre partes, superpor-se a preceito constitucional, instituindo privilégios para uns em detrimento de outros, posto que além de odiosos e iníquos, atentam contra os princípios éticos e morais que precipuamente devem reger os atos relacionados com a Administração Pública. 6. O artigo 37, inciso XXI, da Constituição Federal, de conteúdo conceptual extensível primacialmente aos procedimentos licitatórios, insculpiu o princípio da isonomia assecuratória da igualdade de tratamento entre todos os concorrentes, em sintonia com o seu caput – obediência aos critérios da legalidade, impessoalidade e moralidade – e ao de que todos são iguais perante a lei, sem distinção de qualquer natureza. (CF, artigo 5, *caput*). Mandado de segurança indeferido e cassada a liminar concedida".

#### 3.4.2.4 Privatizações e reforma da administração pública no Governo Fernando Henrique Cardoso

Com a eleição do Presidente Fernando Henrique Cardoso, em 1995, houve uma intensificação nas privatizações. O PND foi alterado pela Lei nº 9.491, de 9 de setembro de 1997, que revogou a Lei nº 8.031/1990, apontado como sendo um dos principais instrumentos do Programa Diretor da Reforma do Aparelho do Estado.

Em 1995, notadamente com a promulgação de Emendas Constitucionais, o Estado pode avançar com a desestatização. Essas significativas alterações da matriz constitucional flexibilizaram inúmeros segmentos importantes para mudar o foco de atuação da administração pública. Ademais disso, com a edição de lei específica acerca da concessão e permissão dos serviços públicos (Lei nº 8.987/95), iniciou-se uma nova fase do PND, em que os serviços públicos, em grande parte até então prestados por empresas estatais, foram sendo concedidos à iniciativa privada, com destaque para o setor elétrico, de transportes e telecomunicações.

Leis, editadas pelo Congresso Nacional, e Medidas Provisórias, editadas pelo Presidente Fernando Henrique Cardoso, criaram autarquias denominadas "agências", mas com características de autarquias comuns.

A Lei nº 9.883, de 7 de dezembro de 1999, criou a Agência Brasileira de Inteligência (ABIN), com funções de planejar, executar, coordenar, supervisionar e controlar as atividades de inteligência do país. A Lei dispõe que a ABIN é dirigida por um Diretor-Geral e por um Diretor-Adjunto, "de natureza especial", sendo a escolha e a nomeação do Diretor-Geral pelo Presidente da República após aprovação de seu nome pelo Senado Federal. À ABIN compete planejar e executar ações, inclusive sigilosas, relativas à obtenção e à análise de dados para a produção de conhecimentos destinados a assessorar o Presidente da República; planejar e executar a proteção de conhecimentos sensíveis, relativos aos interesses e à segurança do Estado e da sociedade; avaliar as ameaças, internas e externas, à ordem constitucional; promover o desenvolvimento de recursos humanos e da doutrina de inteligência e realizar estudos e pesquisas para o exercício e aprimoramento da atividade de inteligência.

Outra Agência, criada pela Medida Provisória nº 2.157-5, em 24 de agosto de 2001, foi a Agência de Desenvolvimento da Amazônia (ADA). De natureza autárquica, vinculada ao Ministério da Integração Nacional, tinha o objetivo de implementar políticas e viabilizar instrumentos de desenvolvimento da Amazônia. Essa Agência foi extinta pela Lei Complementar nº 124, de 2007.

O desenho institucional da ADA previa a direção em regime de colegiado por uma diretoria composta de um Diretor-Geral e três Diretores. A nomeação do Diretor-Geral e dos demais Diretores estava inserida na competência do Presidente da República, sendo pelo menos um deles escolhido dentre servidores públicos federais. Os Diretores só seriam nomeados após aprovação pelo Senado Federal. Havia previsão de que a ADA seria regida por contrato de gestão, firmado pelo Ministro de Estado da Integração Nacional e pelo Diretor-Geral, previamente aprovado pelo Conselho Deliberativo para o Desenvolvimento da Amazônia. Nesse contrato seriam estabelecidos os parâmetros para a administração interna da ADA, bem assim os indicadores que permitiriam avaliar, objetivamente, a sua atuação administrativa e o seu desempenho.

Outra agência criada no governo FHC pela Medida Provisória nº 2.156-5, de 24 de agosto de 2001 foi a Agência de Desenvolvimento do Nordeste (Adene). Essa agência teve programada a mesma estrutura da ADA, com natureza autárquica vinculada ao Ministério da Integração Nacional, com o objetivo de implementar políticas e viabilizar instrumentos de desenvolvimento do Nordeste. A Lei Complementar nº 125, de 2007, revogou a norma de criação.

### 3.4.2.4.1 Emendas constitucionais

Para que o Programa Nacional de Desestatização avançasse, foi necessário flexibilizar algumas regras constitucionais, visando retirar restrições à atuação de empresas privadas em determinadas atividades e serviços públicos.

As Emendas Constitucionais cujas matérias estão voltadas à nova política de redução do papel do Estado na execução direta das atividades econômicas e serviços públicos são as de nº 5, de 15 de agosto de 1995, que transferiu aos Estados a competência para a exploração diretamente, ou mediante concessão, dos serviços públicos de distribuição de gás canalizado; nº 6, de 15 de agosto de 1995, que pôs fim à distinção entre o capital nacional e o estrangeiro; nº 7, de 15 de agosto de 1995, que tratou da abertura para navegação de cabotagem; nº 8, de 15 de agosto de 1995, que flexibilizou o monopólio dos serviços de telecomunicações e de radiodifusão sonora e de sons e imagens; e a de nº 9, de 09 de novembro de 1995, que flexibilizou o monopólio da exploração do petróleo e do gás natural.

#### 3.4.2.4.2 Plano Diretor da Reforma do Aparelho do Estado

Após a promulgação das Emendas Constitucionais de nºs 5 a 8, foi aprovado, em 21 de setembro de 1995, no Governo do Presidente Fernando Henrique Cardoso, o Plano Diretor da Reforma do Aparelho do Estado, sob a motivação de reconstruir o Estado de forma a resgatar sua autonomia financeira e sua capacidade de implementar políticas públicas:[346]

> Este "Plano Diretor" procura criar condições para a reconstrução da Administração Pública em bases modernas e racionais. No passado, constituiu grande avanço a implementação de uma Administração Pública formal, baseada em princípios racional-burocráticos, os quais se contrapunham ao patrimonialismo, ao clientelismo, ao nepotismo, vícios estes que ainda persistem e que precisam ser extirpados. Mas o sistema introduzido, ao limitar-se a padrões hierárquicos rígidos e ao concentrar-se no controle dos processos e não dos resultados, revelou-se lento e ineficiente para a magnitude e a complexidade dos desafios que o País passou a enfrentar diante da globalização econômica. A situação agravou-se a partir do início desta década, como resultado de reformas administrativas apressadas, as quais desorganizaram centros decisórios importantes, afetaram a "memória administrativa", a par de desmantelarem sistemas de produção de informações vitais para o processo decisório governamental. É preciso, agora, dar um salto adiante, no sentido de uma Administração Pública que chamaria de "gerencial", baseada em conceitos atuais de administração e eficiência, voltada para o controle dos resultados e descentralizada para o poder chegar ao cidadão, que, numa sociedade democrática, é quem dá legitimidade às instituições e que, portanto, se torna "cliente privilegiado" dos serviços prestados pelo Estado.

Nesse Plano Diretor, o programa de privatizações apresentou-se como sendo a conscientização da gravidade da crise fiscal e da correlata limitação da capacidade do Estado de promover poupança forçada por meio das empresas estatais. Convém registrar alguns trechos da apresentação do Plano Diretor da Reforma do Aparelho do Estado,[347] que bem reflete seus objetivos:

---

346 BRASIL. Presidência da República Câmara da Reforma do Estado. *Plano Diretor da Reforma do Estado*. Brasília, 1995. Disponível em: http://www.biblioteca.presidencia.gov.br/publicacoes-oficiais/catalogo/fhc/plano-diretor-da-reforma-do-aparelho-do-estado-1995.pdf. Acesso em 22 mar. 2022.

347 BRASIL. Presidência da República Câmara da Reforma do Estado. *Plano Diretor da Reforma do Estado*. Brasília, 1995. Disponível em: http://www.biblioteca.presidencia.gov.br/publicacoes-oficiais/catalogo/fhc/plano-diretor-da-reforma-do-aparelho-do-estado-1995.pdf. Acesso em 22 mar. 2022.

> A crise brasileira da última década foi também uma crise do Estado. Em razão do modelo de desenvolvimento que Governos anteriores adotaram, o Estado desviou-se de suas funções básicas para ampliar sua presença no setor produtivo, o que acarretou, além da gradual deterioração dos serviços públicos, a que recorre, em particular, a parcela menos favorecida da população, o agravamento da crise fiscal e, por consequência, da inflação. Nesse sentido, a reforma do Estado passou a ser instrumento indispensável para consolidar a estabilização e assegurar o crescimento sustentado da economia. Somente assim será possível promover a correção das desigualdades sociais e regionais. Com a finalidade de colaborar com esse amplo trabalho que a sociedade e o Governo estão fazendo para mudar o Brasil, determinei a elaboração do "Plano Diretor da Reforma do Aparelho do Estado", que define objetivos e estabelece diretrizes para a reforma da Administração Pública brasileira. O grande desafio histórico que o País se dispõe a enfrentar é o de articular um novo modelo de desenvolvimento que possa trazer para o conjunto da sociedade brasileira a perspectiva de um futuro melhor. Um dos aspectos centrais desse esforço é o fortalecimento do Estado para que sejam eficazes sua ação reguladora, no quadro de uma economia de mercado, bem como os serviços básicos que presta e as políticas de cunho social que precisa implementar.

Nesse preciso sentido, o Plano Diretor buscou modernizar o sistema administrativo, prevendo a criação de agências autônomas, vinculadas às atividades de Estado. Essas entidades surgiriam da análise das missões dos órgãos e entidades governamentais, identificando superposições, inadequação de funções e possibilidades de descentralização, visando dotar o Estado de uma estrutura organizacional moderna, ágil e permeável à participação popular.

Segundo Bresser Pereira, o Plano Diretor da Reforma do Aparelho de Estado não foi uma reforma de organogramas, nem tampouco um processo de descentralização política, de desconcentração de autoridade e proposta de novas formas de gestão baseada na estratégia da gestão pela qualidade. A reforma gerencial propôs a criação de novas instituições no setor público visando dar maior "capacidade de transformar em realidade, de forma eficiente, as decisões sobre políticas públicas tomadas nos quadros do regime democrático".[348]

Ao se referir às agências autônomas, o Plano Diretor da Reforma do Aparelho do Estado estabeleceu que a responsabilização por resultados e a consequente autonomia de gestão inspiraram a formulação desse

[348] BRESSER-PEREIRA, Luiz Carlos; SPINK, Peter Kevin (Orgs.). *Reforma do Estado e Administração Pública Gerencial*. Rio de Janeiro: Editora FGV, 1998. p. 28.

projeto. O objetivo era a transformação de autarquias e de fundações que exerciam atividades exclusivas do Estado em agências autônomas, com foco na modernização da gestão.

O Plano previa que o projeto das agências autônomas desenvolver-se-ia em duas dimensões. Em primeiro lugar, seriam elaborados os instrumentos legais necessários à viabilização das transformações pretendidas, e um levantamento visando superar os obstáculos na legislação, normas e regulações existentes. Em paralelo, seriam aplicadas as novas abordagens em algumas autarquias selecionadas, que se transformariam em laboratórios de experimentação.[349]

Essa transformação de entidades estatais em agências, no formato apresentado pelo Plano Diretor, de fato não ocorreu. Ao que parece, o modelo de "administração gerencial" que o Plano Diretor apresentou, previsto para ser aplicado em praticamente todas as áreas da administração pública federal, assemelhava-se ao sistema norte-americano de Estado Administrativo:

> Na administração pública gerencial a estratégia volta-se (1) para a definição precisa dos objetivos que o administrador público deverá atingir em sua unidade, (2) para a garantia de autonomia do administrador na gestão dos recursos humanos, materiais e financeiros que lhe forem colocados à disposição para que possa atingir os objetivos contratados, e (3) para o controle ou cobrança a posteriori dos resultados. [...] Em suma, afirma- se que a administração pública deve ser permeável à maior participação dos agentes privados e/ou das organizações da sociedade civil e deslocar a ênfase dos procedimentos (meios) para os resultados (fins).

Quando o Plano Diretor da Reforma do Aparelho do Estado trata dos objetivos para as denominadas "atividades exclusivas" do Estado, propõe, inclusive, a transformação das autarquias e fundações em agências, e que os seus dirigentes sejam indicados por critérios rigorosamente profissionais:

> Transformar as autarquias e fundações que possuem poder de Estado em agências autônomas, administradas segundo um contrato de gestão; o dirigente escolhido pelo Ministro segundo critérios rigorosamente

---

349 BRASIL. Presidência da República Câmara da Reforma do Estado. *Plano Diretor da Reforma do Estado*. Brasília, 1995. Disponível em: http://www.biblioteca.presidencia.gov.br/publicacoes-oficiais/catalogo/fhc/plano-diretor-da-reforma-do-aparelho-do-estado-1995.pdf. Acesso em 22 mar. 2022.

profissionais, mas não necessariamente de dentro do Estado, terá ampla liberdade para administrar os recursos humanos, materiais e financeiros colocados à sua disposição, desde que atinja os objetivos qualitativos e quantitativos (indicadores de desempenho) previamente acordados.

Quanto à criação das agências autônomas, o Plano Diretor da Reforma do Aparelho do Estado previu que haveria obstáculos na legislação para a criação desse novo modelo burocrático, haja vista toda a tradição patrimonialista e napoleônica desenvolvida ao longo da monarquia e república brasileira:

> A responsabilização por resultados e a consequente autonomia de gestão inspiraram a formulação deste projeto, que tem como objetivo a transformação de autarquias e de fundações que exerçam atividades exclusivas do Estado, em agências autônomas, com foco na modernização da gestão. O Projeto das Agências Autônomas desenvolver-se-á em duas dimensões. Em primeiro lugar, serão elaborados os instrumentos legais necessários à viabilização das transformações pretendidas, e um levantamento visando superar os obstáculos na legislação, normas e regulações existentes. Em paralelo, serão aplicadas as novas abordagens em algumas autarquias selecionadas, que se transformarão em laboratórios de experimentação.

### 3.4.2.4.3 Agências reguladoras

Paralelamente ao que constou do Plano Diretor da Reforma do Aparelho do Estado (que não apontava exatamente esse caminho), surgiram as agências reguladoras brasileiras nos moldes atualmente conhecidos. O foco era criar um ambiente que privilegiasse certeza e estabilidade, de modo a atrair investimentos, sobretudo estrangeiros, e gerar salvaguardas institucionais que significassem um compromisso com a manutenção de regras e contratos a longo prazo.[350]

---

350 "A grande movimentação em direção a liberalização, privatização e consolidação de uma competição com base na concorrência que ocorreu nos anos 90 demandou uma nova organização institucional. Passos significativos foram dados em termos de política de concorrência. Outras ações incluíram o rápido estabelecimento de diversas agências reguladoras para os setores recentemente privatizados e/ou liberados. Essas estruturas regulatórias foram implementadas antes da privatização do setor. Isso ocorreu com o setor de energia e telecomunicações, por exemplo, mas não no setor de transportes. No entanto, o principal foco político foi a privatização, que criou diversas oportunidades econômicas, contribuindo para o equilíbrio do orçamento público e facilitou a modernização da infraestrutura básica, como, por exemplo, na área de telecomunicações e ferrovias. A esperança era que essa determinação fosse suficiente para atrair investimentos, desencadear

A busca por materializar competência preponderantemente técnica, de forma destacada do poder central, nas mãos de entidades descentralizadas, representou tentativa de evidenciar que a regulação de sistemas complexos e sensíveis para o bem-estar da sociedade deixava de ser assunto de Governo para ser assunto de Estado.

Pelo que se pode depreender da pesquisa sobre as características do Estado Administrativo norte-americano, no primeiro capítulo, em cotejo com o Plano Diretor da Reforma do Aparelho do Estado brasileiro, de 1995, o objetivo da administração do Presidente Fernando Henrique Cardoso, sob o comando do Ministro Bresser-Pereira, era transformar as autarquias e fundações, isto é, a administração pública indireta em agências que se aproximam do sistema estadunidense, "esvaziando" de certa forma a forte centralização de poder nas mãos do Chefe do Poder Executivo e, consequentemente, da administração pública direta, hierarquicamente a ele subordinada.

Cumpre destacar que o projeto aprovado consistia em que fosse firmado um contrato de gestão pelo qual o dirigente escolhido pelo Ministro, segundo critérios rigorosamente profissionais, teria ampla liberdade para administrar os recursos humanos, materiais e financeiros da agência. As agências teriam objetivos qualitativos e quantitativos que seriam medidos por indicadores de desempenho.

Se esse projeto fosse realmente implementado haveria, de fato, uma grande transformação da máquina estatal brasileira, aproximando-se do modelo de Estado Administrativo norte-americano. O sistema atual, ainda muito centralizado na figura do chefe do Poder Executivo, ressalvadas algumas situações, ainda segue e está vinculado ao velho modelo clientelista, que tenta prevalecer o interesse político ou partidário em detrimento de decisões que devem ser planejadas, tomadas com base técnica, suporte empírico e transparência na demonstração dos custos e benefícios das medidas administrativas.

O sistema presidencialista brasileiro propicia uma forte concentração de poderes nas mãos do Chefe do Poder Executivo, com atuação voltada, em grande parte, para as alianças políticas, para os resultados das urnas, o que contribuiu fortemente para os inúmeros casos comprovados de ineficiência e corrupção no país.

---

mais incentivos para o crescimento e resolver algumas das antigas deficiências de provisão de serviços públicos. O desenho regulatório das agências recebeu menor atenção". ORGANIZAÇÃO PARA COOPERAÇÃO E DESENVOLVIMENTO ECONÔMICO – OCDE. *Relatório sobre a reforma regulatória no Brasil*: fortalecendo a governança para o crescimento. Paris e Brasília, 2008.

Constata-se que apenas uma pequena – e modesta – fração do modelo de agencificação norte-americano chegou à administração pública brasileira. Foram criadas, durante o período de implantação do Plano Diretor da Reforma do Aparelho do Estado, nove autarquias especiais que, diferenciando-se das demais autarquias "comuns", têm órgão colegiado, recursos orçamentários decorrentes de taxas de regulação,[351] função executiva, função normativa, função judicante e independência decisória. Os dirigentes receberam um mandato fixo que, formalmente, os protege quanto à demissão imotivada pelo Presidente da República.

Resumidamente, durante o governo FHC foram criadas nove agências reguladoras, a saber: a Agência Nacional de Águas e Saneamento Básico (ANA), a Agência Nacional de Telecomunicações (ANATEL), a Agência Nacional de Cinema (ANCINE), a Agência Nacional de Energia Elétrica (ANEEL), a Agência Nacional de Petróleo, Gás e Biocombustíveis (ANP), a Agência Nacional de Saúde Suplementar (ANS), a Agência Nacional de Transportes Aquaviários (ANTAQ), a Agência Nacional de Transportes Terrestres (ANTT) e a Agência Nacional de Vigilância Sanitária (ANVISA). Esse modelo foi mantido no primeiro Governo Luiz Inácio Lula da Silva, quando foi criada a Agência Nacional de Aviação Civil (ANAC), e, também, no governo Michel Temer, quando foi criada a Agência Nacional de Mineração (ANM).

## 3.4.2.4.4 Agência Executiva

As autarquias especiais com funções reguladoras não se confundem com as Agências Executivas. O modelo das Agências Executivas prevê que se constituem de autarquias ou fundações já existentes, que podem passar a ter, nos termos da Lei nº 9.649, de 27 de maio de 1998, um plano estratégico de reestruturação e desenvolvimento institucional, bem como ter celebrado contrato de gestão com o respectivo Ministério supervisor.[352]

As Agências Executivas devem ser criadas pelo Poder Executivo, por Decreto, e devem ter como fim realizar políticas estabelecidas pelo próprio Executivo, devendo, como dito, atuar segundo as bases

---

351 Em que pese o contingenciamento de recursos (retardamento ou inexecução de parte da programação de despesa prevista na Lei Orçamentária) que essas autarquias vêm experimentando.

352 Sobre contrato de gestão no INMETRO, ver: OLIVEIRA, Gustavo Justino. *Direito administrativo democrático*. Belo Horizonte: Fórum, 2010. p. 67-68.

ajustadas no contrato de gestão. Nos termos da Lei nº 9.649, de 27 de maio de 1998, o Poder Executivo poderá editar medidas de organização administrativa específicas para as Agências Executivas, visando assegurar a sua autonomia de gestão, bem como a disponibilidade de recursos orçamentários e financeiros para o cumprimento dos objetivos e metas predefinidos.

Os contratos de gestão deverão ser celebrados com periodicidade mínima de um ano e devem estabelecer os objetivos, metas e respectivos indicadores de desempenho da entidade, bem como os recursos necessários e os critérios e instrumentos para a avaliação do seu cumprimento. Ademais disso, planos estratégicos de reestruturação e de desenvolvimento institucional devem definir as diretrizes, políticas e medidas voltadas para a racionalização de estruturas e do quadro de servidores, a revisão dos processos de trabalho, o desenvolvimento dos recursos humanos e o fortalecimento da identidade institucional da Agência Executiva.

Esse modelo foi implantado na reestruturação do Instituto Nacional de Metrologia, Qualidade e Tecnologia (INMETRO). Em 31 de outubro de 1973, a exposição de motivos que encaminhou o Projeto de Lei ao Presidente da República para criação de um sistema de metrologia sustentou que a expansão da produção industrial, ao mesmo tempo que ampliou o mercado interno, diversificado e crescentemente exigente, abriu para nosso país novas perspectivas de exportação de bens manufaturados.

O texto afirmava que as previsões indicavam que por volta de 1980 a nossa economia e, especialmente, a nossa produção e comércio de bens manufaturados, atingiria escala comparável à de países industrializados da Europa Ocidental, sendo necessário adotar medidas para que a evolução prevista tivesse lugar não somente do ponto de vista quantitativo como, também, do ponto de vista qualitativo. Em primeiro lugar, dar a ideia de disciplinar, do ponto de vista qualitativo, a produção e comercialização de bens manufaturados entregues ao consumidor brasileiro, inclusive aqueles importados, os quais nem sempre atendem a requisitos mínimos e razoáveis de qualidade e segurança.

Em segundo lugar, tornava-se necessário estabelecer normas e procedimentos, técnicos e administrativos, que promovessem a melhoria e regulamentassem a verificação da qualidade dos produtos industriais destinados à exportação, visto que a sua reputação e competitividade no mercado internacional dependem, cada vez mais, da sua qualidade dimensional, material e funcional. Ao mesmo tempo, era necessário estudar, de forma sistemática, as dificuldades e as potencialidades do mercado externo no que diz respeito às normas e especificações de qualidade, internacionais, peculiares a cada mercado nacional, propondo as medidas adequadas para assegurar a defesa dos interesses do nosso comércio exterior.

Ademais dessas considerações, a exposição de motivos destacou que seria necessário desenvolver de forma racional, integrada e extensiva a todo o território nacional, a normalização, a inspeção, a certificação e a fiscalização das características metrológicas, materiais e funcionais dos bens manufaturados, tanto os produzidos no país quanto os importados.

Assim, o projeto de lei então encaminhado, convertido na Lei nº 5.966, de 11 de dezembro de 1973, propôs a criação de um Sistema Nacional de Metrologia, Normalização e Certificação da Qualidade, constituído pelo conjunto dos órgãos, instituições e empresas nacionais interessados nessas atividades. Como órgão normativo e supervisor do sistema, o projeto previu a criação de um Conselho (CONMETRO), ao qual cabe formular a política de metrologia, normalização e qualidade industrial, coordenando, regulamentando e supervisionando a sua execução e, como órgão executivo central da política estabelecida pelo CONMETRO, o projeto de lei propôs a ampliação das atribuições do Instituto Nacional de Pesos e Medidas (INPM) e sua reformulação institucional, transformando-o em Instituto Nacional de Metrologia, Normalização e Qualidade Industrial (INMETRO), com caráter de autarquia federal.

O INMETRO é uma autarquia federal que atua como Secretaria Executiva do Conselho Nacional de Metrologia, Normalização e Qualidade Industrial (CONMETRO), colegiado interministerial, que é o órgão normativo do Sistema Nacional de Metrologia, Normalização e Qualidade Industrial (SINMETRO). A teor do que dispõe a Lei nº 5.966, de 11 de dezembro de 1973, o INMETRO é dirigido por um Presidente, nomeado em comissão pelo Presidente da República, isto é, não tem mandato nem garantia de permanência no cargo.

Em 1998, durante o governo do Presidente Fernando Henrique Cardoso, o INMETRO passou a ser a primeira e única instituição estatal a ser qualificada como Agência Executiva. Com efeito, a qualificação do INMETRO como Agência Executiva decorre do Decreto s/nº, de 29 de julho de 1998, que, em seu art. 1º, dispõe: "Fica qualificado como Agência Executiva o Instituto Nacional de Metrologia, Normalização e Qualidade Industrial, Autarquia Federal criada pela Lei nº 5.966, de 11 de dezembro de 1973".

Com a edição da Lei nº 9.933, de 20 de dezembro de 1999, o CONMETRO, órgão colegiado da estrutura do Ministério do Desenvolvimento, Indústria e Comércio Exterior, recebeu competência para expedir atos normativos e regulamentos técnicos, nos campos da Metrologia e da Avaliação da Conformidade de produtos, de processos e de serviços.

Por sua vez, o INMETRO teve sua competência indicada normativamente para: elaborar e expedir regulamentos técnicos nas áreas que lhe forem determinadas pelo CONMETRO; elaborar e expedir, com exclusividade, regulamentos técnicos na área de Metrologia, abrangendo o controle das quantidades com que os produtos, previamente medidos sem a presença do consumidor, são comercializados, cabendo-lhe determinar a forma de indicação das referidas quantidades, bem assim os desvios tolerados; exercer, com exclusividade, o poder de polícia administrativa na área de Metrologia Legal; exercer o poder de polícia administrativa na área de Avaliação da Conformidade, em relação aos produtos por ele regulamentados ou por competência que lhe seja delegada; executar, coordenar e supervisionar as atividades de Metrologia Legal em todo o território brasileiro, podendo celebrar convênios com órgãos e entidades congêneres dos Estados, do Distrito Federal e dos Municípios para esse fim.

### 3.4.2.5 Desestatizações e programa de parcerias público-privadas no Governo do Presidente Luiz Inácio Lula da Silva (2003-2010)

Durante o Governo do Presidente Lula (2003-2010) foram desestatizados diversos empreendimentos e entidades públicas. Houve a concessão à iniciativa privada de trechos de transmissão e geração de energia, concessões no setor de transporte (rodoviário e ferroviário), além da alienação de participação societária minoritária de que eram titulares variadas entidades da administração pública federal.[353]

No que se refere a normas que disciplinaram as relações do Estado com o setor privado, um dos principais textos legais editados nesse período foi a Lei das Parcerias Público-Privadas (Lei das PPPs

353 Banco Nacional de Desenvolvimento (BNDES). *Programa Nacional de Desestatização*: Relatório de Atividades 2003. Disponível em: https://web.bndes.gov.br/bib/jspui/bitstream/1408/4207/1/PND_2003_P_BD.pdf. Acesso em: 16 mar. 2020.

– Lei nº 11.709/2004).[354] As PPPs constituem contratos administrativos de concessão de serviços públicos que possuem duas modalidades – patrocinada e administrativa.[355]

Na modalidade patrocinada, há a prestação de serviços públicos e a remuneração por meio de tarifas, além da contraprestação pecuniária por parte da Administração.[356] Na modalidade administrativa, a Administração é a "usuária indireta" e a coletividade é a "usuária direta", sendo a remuneração realizada integralmente pelo Poder Público.[357]

Cumpre registrar outra legislação editada nesse período, o Decreto nº 7.380, de 1º de dezembro de 2010 (que deu nova redação ao art. 33 do Decreto nº 2.594, de 15 de maio de 1998, regulamentador da Lei nº 9.491, de 9 de setembro de 1997), que instaurou o Programa Nacional de Desestatização.[358] O referido decreto incluiu, entre as hipóteses de procedimento simplificado previsto no art. 33 do Decreto nº 2.594 de 1997, a desestatização sob a modalidade operacional de aumento de capital com renúncia ou cessão, total ou parcial, de direitos de subscrição.[359]

Dentre os empreendimentos públicos objeto de desestatização no Governo Lula, pode-se citar, em 2004, a desvinculação de até um bilhão de ações ordinárias nominativas de propriedade da União do Fundo Nacional de Desestatização (FND), emitidas pelas Centrais Geradoras do Sul do Brasil S.A. (Gerasul), atual Engie Brasil, por meio do Decreto s/nº de 12. Esse mesmo decreto autorizou o aumento de capital social da Companhia Docas do Rio de Janeiro (CDRJ), no montante de até R$7 milhões, mediante a capitalização com as ações da Gerasul acima referidas.[360]

---

[354] BRASIL. Lei nº 11.079, de 30 de dezembro de 2004 (Lei das PPPs). Disponível em: http://www.planalto.gov.br/ccivil_03/_ato2004-2006/2004/lei/l11079.htm. Acesso em: 16 mar. 2020.

[355] A Lei nº 11.079, de 30 de dezembro de 2004, em seu art. 2º, traz o conceito: "Art. 2º – Parceria Público Privada é o contrato administrativo de concessão, na modalidade patrocinada ou administrativa".

[356] A Lei nº 11.079, de 30 de dezembro de 2004, em seu art. 2º, §1º, traz o conceito: "§1º Concessão patrocinada é a concessão de serviços públicos ou de obras públicas de que trata a Lei nº 8.987, de 13 de fevereiro de 1995, quando envolver, adicionalmente à tarifa cobrada dos usuários contraprestação pecuniária do parceiro público ao parceiro privado".

[357] Para um detalhamento, ver BINENBOJM, Gustavo. As parcerias público-privadas (PPPs) e a Constituição. *Revista Direito Administrativo*, Rio de Janeiro, v. 241, p. 159-175, jul./set. 2005, p. 162.

[358] BRASIL. Decreto nº 7.380, de 1º de dezembro de 2010. Disponível em: http://www.planalto.gov.br/ccivil_03/_Ato2007-2010/2010/Decreto/D7380.htm. Acesso em: 16 mar. 2020.

[359] BRASIL. Decreto nº 2.594, de 15 de maio de 1998. Disponível em: http://www.planalto.gov.br/ccivil_03/decreto/D2594.htm. Acesso em: 16 mar. 2020.

[360] Cf.: *Programa Nacional de Desestatização: relatório de atividades 2004*. Disponível em: https://web.bndes.gov.br/bib/jspui/bitstream/1408/2990/2/PND_2004_P.pdf. Acesso em: 16 mar. 2020.

Também ocorreu a desestatização do Banco do Estado do Maranhão S.A. (BEM), incluído no PND pelo Decreto nº 3.660, de 14 de novembro de 2000, sendo o Banco Central do Brasil o responsável pela execução e acompanhamento do processo de desestatização. Por meio do Decreto s/nº de 12 de dezembro de 2003, publicado no *DOU* em 15 de dezembro de 2003, foi autorizado o aumento do capital social do BEM tendo o Conselho Monetário Nacional (CMN), pela Resolução nº 3.154, de 17 de dezembro de 2003, estabelecido as condições gerais de alienação das ações de propriedade da União Federal, por meio do Edital de Venda PND nº 1/2003. Foram ofertadas 360.202.009 ações ordinárias nominativas de emissão do BEM, de titularidade da União, representando 99,953% do capital social do Banco. Em 10 de fevereiro de 2004, o BEM foi vendido, em leilão realizado na Bovespa. O lance vencedor foi do Bradesco S.A., que adquiriu o BEM por R$78 milhões, correspondendo a um ágio de 1,1%, em relação ao preço mínimo de R$77,2 milhões.[361]

Houve desestatizações no setor de energia e de transportes. Em termos de concessões de empreendimentos de energia, o Conselho Nacional de Desestatização (CND), pela Resolução CND nº 1, de 12 de junho de 2003, aprovou as condições gerais para a licitação, na modalidade leilão, de determinadas instalações de transmissão de energia agrupadas em sete lotes. Esses empreendimentos foram incluídos no PND pelos Decretos nº 4.426, de 16 de outubro de 2002, e nº 4.023, de 19 de novembro de 2001. A Agência Nacional de Energia Elétrica (ANEEL) realizou, em 23 de setembro de 2003, a licitação dessas linhas de transmissão.[362]

Em 2004 foi dada continuidade ao programa de licitações promovidas pela ANEEL. O CND, por meio da Resolução CND nº 6, de 22 de abril de 2004, das Resoluções CND nºs 7 e 8, de 29 de junho de 2004, da Resolução CND nº 9, de 1º de setembro de 2004, e da Resolução CND nº 11, de 25 de outubro de 2004, aprovou a inclusão de diversos empreendimentos de transmissão de energia elétrica integrantes da Rede Básica do Sistema Elétrico Interligado Nacional.[363]

---

[361] Cf.: *Programa Nacional de Desestatização*: Relatório de Atividades 2003. Disponível em: https://web.bndes.gov.br/bib/jspui/bitstream/1408/4207/1/PND_2003_P_BD.pdf; *Programa Nacional de Desestatização*: relatório de atividades 2004. Disponível em: https://web.bndes.gov.br/bib/jspui/bitstream/1408/2990/2/PND_2004_P.pdf. Acesso em: 16 mar. 2020.

[362] Informações retiradas de: Banco Nacional de Desenvolvimento (BNDES). *Programa Nacional de Desestatização*: Relatório de Atividades 2003. Disponível em: https://web.bndes.gov.br/bib/jspui/bitstream/1408/4207/1/PND_2003_P_BD.pdf. Acesso em: 16 mar. 2020.

[363] Cf.: *Programa Nacional de Desestatização*: relatório de atividades 2004. Disponível em: https://web.bndes.gov.br/bib/jspui/bitstream/1408/2990/2/PND_2004_P.pdf. Acesso em: 16 mar. 2020.

Em 2005, similarmente, manteve-se a política de desestatização de empreendimentos do setor de energia. Foram editadas a Resolução CND nº 5, de 7 de junho de 2005, por meio do Decreto nº 5.477, de 24 de junho de 2005, e a Resolução CND nº 7, de 5 de agosto de 2005, que aprovaram a desestatização de determinadas linhas de transmissão. Nesse ano, foram também licitados trechos rodoviários. Estes foram aprovados por meio da Resolução CND nº 1, de 28 de março de 2005 (Decreto nº 5.432, de 22 de abril de 2005); da Resolução CND nº 2, de 28 de março de 2005 (Decreto nº 5.427, de 19 de abril de 2005), da Resolução CND nº 4, de 7 de junho de 2005 (que alterou a Resolução nº 2) e da Resolução CND nº 6, de 7 de junho de 2005.[364]

Em 2005, houve a desestatização do Banco do Estado do Ceará S.A. (BEC). O processo de privatização do BEC teve início com a publicação do Decreto nº 3.286, de 14 de dezembro de 1999, que determinou a inclusão do BEC no PND e o depósito das ações no FND. No dia 21 de dezembro de 2005, o Banco Central do Brasil realizou o leilão de venda de controle acionário do BEC na Bovespa, após ter sido adiado três vezes. O Bradesco arrematou o controle com um lance final de R$700 milhões, o que representou um ágio de 28,98% em relação ao preço mínimo inicial de R$542.721.167,59.[365]

Foi realizada em 2007 a licitação para concessão do uso público para exploração de aproveitamento hidrelétrico da Usina Hidrelétrica (UHE) de Santo Antonio, no Rio Madeira, em Rondônia. O Aeroporto de São Gonçalo do Amarante (RN) e a Companhia Energética do Amazonas S.A. (Ceam) também foram incluídos no PND, por meio da Resolução CND nº 16, de 13 de novembro de 2007, e do Decreto nº 6.026, de 22 de janeiro de 2007, respectivamente.[366]

Destaque-se, naquele período, o término do processo de liquidação e extinção de determinados empreendimentos públicos, como a extinção da Rede Ferroviária Federal S.A. (RFFSA) por meio do Decreto nº 6.018, de 22 de janeiro de 2007, que regulamentou a Medida Provisória nº 353, de 22 de janeiro de 2007; a dissolução e liquidação

---

[364] Cf.: *Programa Nacional de Desestatização*: relatório de atividades 2005. Disponível em: https://web.bndes.gov.br/bib/jspui/bitstream/1408/2970/2/PND_2005_P.pdf. Acesso em: 16 mar. 2020.

[365] Cf.: *Programa Nacional de Desestatização*: relatório de atividades 2005. Disponível em: https://web.bndes.gov.br/bib/jspui/bitstream/1408/2970/2/PND_2005_P.pdf. Acesso em: 16 mar. 2020.

[366] Cf.: *Programa Nacional de Desestatização*: relatório de atividades 2007. Disponível em: https://web.bndes.gov.br/bib/jspui/bitstream/1408/2992/3/PND_2007_P.pdf. Acesso em: 16 mar. 2020.

da Companhia de Navegação do São Francisco (Franave) por meio do Decreto nº 6.020, de 22 de janeiro de 2007; e a dissolução e liquidação da Companhia de Desenvolvimento de Barcarena (Codebar) por meio do Decreto nº 6.182, de 3 de agosto de 2007.[367]

Alguns aeroportos também foram adicionados ao PND durante o Governo Lula, como o Aeroporto Internacional Antonio Carlos Jobim, no Rio de Janeiro, e o Aeroporto Internacional de Viracopos, em Campinas (Resolução CND nº 18, de 8 de outubro de 2008), além do Aeroporto Público na região metropolitana da cidade de São Paulo (Resolução CND nº 20, de 9 de outubro de 2008). O projeto de irrigação Pontal, localizado no Município de Petrolina, no Estado de Pernambuco, também foi incluído no PND por meio da Resolução CND nº 05, de 13 de maio de 2008 (Decreto nº 6.354, de 17 de janeiro de 2008).[368]

Em 2006, houve a inclusão no PND de empreendimentos de transmissão de energia elétrica e de trechos rodoviários. Foram expedidas as Resoluções CND nº 1 (Decreto nº 5.702, de 15 de fevereiro de 2006), CND nº 2, CND nº 4 (Decreto nº 5.823, de 29 de junho de 2006), CND nº 8 (Decreto nº 5.909, de 27 de setembro de 2006), e CND nº 10. Em 28 de junho de 2006, o CND expediu a Resolução CND nº 5, que aprovou o primeiro projeto de PPP para a duplicação da BR-116, a concessão conjunta dos trechos da BR-116, trecho entre a cidade de Feira de Santana e a divisa dos estados da Bahia e de Minas Gerais, e BR-324, trecho entre Feira de Santana e Salvador, na Bahia. O CND também autorizou, por meio da Resolução CND nº 3, de 15 de maio de 2006, a celebração de contrato de concessão entre a União e a VALEC – Engenharia, Construções e Ferrovias S.A, por meio da ANTT, para a construção, exploração e desenvolvimento do serviço público de transporte ferroviário de cargas e de passageiros da Ferrovia Norte Sul.[369]

Em 2007, quanto às concessões de linhas de transmissão de energia elétrica, foram expedidos os Decretos nº 6.161, de 20 de julho de 2007, nº 6.205, de 14 de setembro de 2007, nº 6.254, de 13 de novembro de 2007, nº 6.267, de 22 de novembro de 2007, nº 6.256, de 13 de novembro de 2007, além da Resolução CND nº 4, de 27 de março de 2007, da

---

367 *Idem.*

368 Cf.: *Programa Nacional de Desestatização*: relatório de atividades 2008. Disponível em: https://web.bndes.gov.br/bib/jspui/bitstream/1408/3003/2/PND_2008_P.pdf. Acesso em: 16 mar. 2020.

369 Cf.: *Programa Nacional de Desestatização*: relatório de atividades 2006. Disponível em: https://web.bndes.gov.br/bib/jspui/bitstream/1408/2986/2/PND_2006_P.pdf. Acesso em: 16 mar. 2020.

Resolução CND nº 17, de 20 de dezembro de 2007, e da Resolução CND nº 18, de 20 de dezembro de 2007. Em relação aos trechos rodoviários, foi expedida a Resolução CND nº 5, de 18 de maio de 2007.[370]

No ano seguinte, em 2008, foram incluídas outras instalações de transmissão de energia elétrica por meio da Resolução CND nº 2, de 27 de fevereiro de 2008 (Decreto nº 6.415, de 28 de março de 2008); da Resolução CND nº 6, de 12 de junho de 2008; da Resolução CND nº 7, de 12 de junho de 2008 (Decreto nº 6.402, de 17 de março de 2008); da Resolução CND nº 8, de 12 de junho de 2008 (Decreto nº 6.535, de 11 de agosto de 2008); da Resolução CND nº 10, de 2 de julho de 2008 (Decreto nº 6.536, de 11 de agosto de 2008); da Resolução CND nº 16, de 17 de setembro de 2008 (Decreto nº 6.608, de 22 de outubro de 2008); da Resolução CND nº 17, de setembro de 2008 (Decreto nº 6.536, de 11 de agosto de 2008); da Resolução CND nº 19, de 2 de outubro de 2008 (Decreto nº 6.535, de 11 de agosto de 2008); e da Resolução CND nº 21, de 14 de novembro de 2008 (Decreto nº 6.608, de 22 de outubro de 2008).[371]

Quanto aos trechos rodoviários, foi editada a Resolução CND nº 11, de 3 de julho de 2008, a Resolução CND nº 12, de 3 de julho de 2008, e a Resolução CND nº 13, de 19 de agosto de 2008 (Decreto s/nº, de 16 de julho de 2008), que incluiu 1.824 linhas do serviço de transporte rodoviário interestadual e internacional de passageiros no PND.[372] Em 2009, quanto ao setor de energia, foi expedida a Resolução CND nº 2, de 3 de fevereiro de 2009 (Decreto nº 6.781, de 18 de fevereiro de 2009), e a Resolução CND nº 5, de 18 de março de 2009 (Decreto nº 6.802, de 18 de março de 2009). Em relação ao setor de transporte rodoviário, foi editado o Decreto nº 6.892, de 2 de julho de 2009.

Merecem registro nessa fase, do Governo Lula, as alienações de participações minoritárias. O Decreto nº 1.068, de 2 de março de 1994, determinava a inclusão, no PND, das participações minoritárias de que são titulares as fundações, autarquias, empresas públicas, sociedades de economia mista e quaisquer outras entidades controladas, direta ou indiretamente, pela União. A título de exemplo, o Fundo Geral de Turismo (Fungetur) alienou as ações de que era titular em relação ao

---

[370] Cf. *Programa Nacional de Desestatização*: relatório de atividades 2007. Disponível em: https://web.bndes.gov.br/bib/jspui/bitstream/1408/2992/3/PND_2007_P.pdf. Acesso em: 16 mar. 2020.

[371] Cf. *Programa Nacional de Desestatização*: relatório de atividades 2008. Disponível em: https://web.bndes.gov.br/bib/jspui/bitstream/1408/3003/2/PND_2008_P.pdf. Acesso em: 16 mar. 2020.

[372] *Idem*.

Búzios Palace Hotel, e o Finame e o BNDES em relação à empresa Altus Sistemas de Informática S.A.

Durante todo o período do governo Lula é possível citar a venda das participações minoritárias em relação a várias empresas, como Liasa, Celpa, Celpe, Enersul, BEP, Brasil Telecom Participações S.A., Embratel Participações S.A., Politeno Indústria e Comércio S.A., Telefônica Data Brasil Holding, Telemig Celular Participações S.A., Tele Norte Celular Participações S.A., Tele Norte Leste Participações S.A., Cia. Vale do Rio Doce e Amazônia Celular S.A.[373]

Por fim, releva notar que o Governo Luiz Inácio Lula da Silva criou a Agência Nacional de Aviação Civil (ANAC), nos moldes do modelo regulatório instituído no Governo FHC.

### 3.4.2.5.1 Anteprojeto de Lei Orgânica da Administração Pública de 2007

Durante o Governo do Presidente Lula, houve, em 06.12.2007, proposta de revisão de algumas formas da organização administrativa do Estado (Anteprojeto de Lei Orgânica da Administração Pública).[374] Uma comissão de juristas foi constituída para elaborar um Anteprojeto de Lei Orgânica da Administração Pública Federal, conforme Portaria nº 426, de 06.12.2007, alterada pela Portaria nº 84, de 23.04.2008, do Ministro do Planejamento, Orçamento e Gestão.

O Anteprojeto de Lei estabeleceu normas gerais sobre a administração pública direta e indireta, entidades paraestatais e entidades

---

[373] Cf.: relatórios de desestatizações do BNDES de 2003 a 2010. Ver Banco Nacional de Desenvolvimento (BNDES). *Programa Nacional de Desestatização*: Relatório de Atividades 2003. Disponível em: https://web.bndes.gov.br/bib/jspui/bitstream/1408/4207/1/PND_2003_P_BD.pdf; *Programa Nacional de Desestatização*: relatório de atividades 2004. Disponível em: https://web.bndes.gov.br/bib/jspui/bitstream/1408/2990/2/PND_2004_P.pdf; *Programa Nacional de Desestatização*: relatório de atividades 2005. Disponível em: https://web.bndes.gov.br/bib/jspui/bitstream/1408/2970/2/PND_2005_P.pdf; *Programa Nacional de Desestatização*: relatório de atividades 2006. Disponível em: https://web.bndes.gov.br/bib/jspui/bitstream/1408/2986/2/PND_2006_P.pdf; *Programa Nacional de Desestatização*: relatório de atividades 2007. Disponível em: https://web.bndes.gov.br/bib/jspui/bitstream/1408/2992/3/PND_2007_P.pdf; *Programa Nacional de Desestatização*: relatório de atividades 2008. Disponível em: https://web.bndes.gov.br/bib/jspui/bitstream/1408/3003/2/PND_2008_P.pdf; *Programa Nacional de Desestatização*: relatório de atividades 2009. Disponível em: https://web.bndes.gov.br/bib/jspui/bitstream/1408/3223/2/PND_2009_P.pdf; *Programa Nacional de Desestatização*: relatório de atividades 2010. Disponível em: https://web.bndes.gov.br/bib/jspui/bitstream/1408/4462/1/Relatório PND 2010_versao definitiva_P.pdf. Acesso em: 16 mar. 2020.

[374] MODESTO, Paulo (Coord.). *Nova organização administrativa brasileira*. Belo Horizonte: Fórum, 2009.

de colaboração. Segundo consta da exposição de motivos, a Comissão abandonou, logo de início, a ideia de fazer uma simples lei orgânica para a administração pública federal, por entender que a necessidade atual – no âmbito federal, mas não restrita a ele – é de uma redefinição das várias classes de entidades que compõem a administração indireta, especialmente as que têm personalidade de Direito Privado, bem como a reconfiguração de seu regime jurídico.

A comissão também considerou altamente relevante abranger, no anteprojeto, determinadas entidades que, embora instituídas no âmbito não estatal – ainda que, em alguns casos, com impulso estatal –, desenvolvem atividades de interesse público, que as habilitam a atuar como parceiras do Estado. Elas estão a meio caminho entre o estatal e o não estatal, gerindo, muitas delas, verbas públicas. Por isso mesmo, sua atuação está sujeita, sob alguns aspectos, a normas de direito público, especialmente no que diz respeito ao controle. São as entidades paraestatais e as entidades de colaboração (estas últimas pertencentes ao chamado terceiro setor). O trabalho, segundo constou da exposição de motivos, considerou as insuficiências, contradições e imprecisões do Decreto-Lei nº 200, de 25.02.1967, a necessidade de dispor sobre aspectos relevantes das emendas constitucionais nº 19/98 e nº 32/01, o crescimento da agenda organizatória, sobretudo com a emergência das parcerias com o terceiro setor e a ampliação dos serviços sociais, a fragmentação de iniciativas em matéria de organização e perda de visão de conjunto das alternativas no modo de funcionamento do aparato administrativo do Estado.

Naquela ocasião ficou patente a capital relevância da busca de novas definições quanto à organização administrativa estatal, de maneira a estruturar o Estado com entes neutrais e novas categorias que possam, efetivamente, garantir os preceitos contidos na ordem econômica e social da Constituição Federal de 1988.

### 3.4.2.6 Desestatizações no Governo da Presidente Dilma Rousseff

No governo Dilma Rousseff (2011-2016), não houve grandes alterações legislativas no que concerne às regras de desestatização. Foi simplificado o procedimento para alienação das participações societárias minoritárias depositadas no FND a pedido do BNDES, que encaminhou proposta ao presidente do CND, tendo sido expedida a Resolução CND nº 9, de 25 de outubro de 2011.

Na lista de empreendimentos desestatizados, cite-se que em 2011 houve a retomada do processo de desestatização do IRB-Brasil Resseguros S.A. (IRB-Brasil Re) por meio da Resolução CND nº 3, de 7 de abril de 2011. Essa resolução alterou a modalidade operacional para que a desestatização fosse realizada de acordo com o disposto no inciso III do art. 4º da Lei nº 9.491, de 9 de setembro de 1997 (aumento de capital, com renúncia ou cessão, total ou parcial, de direitos de subscrição, regra modificada no governo Lula).[375]

No mesmo ano foram incluídos no âmbito do PND, por meio do Decreto nº 7.531, de 21 de julho de 2011, o Aeroporto Internacional Governador André Franco Montoro (Guarulhos), o Aeroporto Internacional de Viracopos (Campinas) e o Aeroporto Internacional Presidente Juscelino Kubitschek (Brasília). Em 2012 foi expedido apenas um decreto no âmbito do PND: o Decreto nº 7.755, de 14 de junho de 2012, que criou a Empresa de Transporte Ferroviário de Alta Velocidade S.A. (Etav), com a função de planejar e promover o desenvolvimento do transporte ferroviário de alta velocidade, de forma integrada com as demais modalidades de transporte, por meio de estudos, pesquisas, administração e gestão de patrimônio, desenvolvimento tecnológico e atividades destinadas à absorção e transferência de tecnologias. Posteriormente, foi editada a Lei nº 12.743, de 19 de dezembro de 2012, que alterou a Lei nº 12.404, de 4 de maio de 2011, para modificar a denominação da Etav para Empresa de Planejamento e Logística S.A. (EPL) e ampliar suas competências.[376]

O Presidente do CND, em 16 de janeiro de 2013, por meio da Resolução *ad referendum* do Colegiado nº 2/2013, recomendou à Presidente da República a edição de decreto autorizando a inclusão no PND do Aeroporto Internacional do Rio de Janeiro/Galeão – Antonio Carlos Jobim, no município do Rio de Janeiro, e do Aeroporto Internacional Tancredo Neves, localizado nos municípios de Confins e de Lagoa Santa, no Estado de Minas Gerais. Em 1º de fevereiro de 2013, foi editado o Decreto nº 7.896 incluindo os referidos aeroportos no PND. Também se aprovou por meio da Resolução CND nº 3, de 16 de janeiro de 2013, o aumento de capital do IRB-Brasil Re, bem como dispôs-se sobre a oferta de ações aos empregados. Em 21 de fevereiro de

---

[375] Cf.: *Programa Nacional de Desenvolvimento*: relatório de atividades 2011. Disponível em: https://web.bndes.gov.br/bib/jspui/bitstream/1408/4464/1/Relatório PND 2011_versao_definitiva_P.pdf. Acesso em: 16 mar. 2020.

[376] Cf.: *Programa Nacional de Desestatização*: Relatório de atividades 2012. Disponível em: https://web.bndes.gov.br/bib/jspui/bitstream/1408/4461/1/Relatório PND 2012_versao definitiva_P.pdf. Acesso em: 16 mar. 2020.

2013, foi editado Decreto s/nº autorizando o aumento do capital social do IRB-Brasil Re mediante subscrição particular de ações ordinárias.[377]

Em 5 de maio de 2015, o presidente do CND, em atendimento à solicitação do Ministério de Minas e Energia (MME), expediu a Resolução CND nº 5, referendada em 25 de novembro de 2015, na qual recomendou à Presidente da República a inclusão da Celg D no PND. A Presidente da República expediu em 13 de maio de 2015 o Decreto nº 8.449. Em 2015 também foram incluídos no PND, por força do Decreto nº 8.517, de 10 de setembro de 2015, os seguintes aeroportos internacionais: Aeroporto Internacional Pinto Martins, localizado em Fortaleza, Ceará; Aeroporto Internacional Salgado Filho (SBPA), em Porto Alegre, Rio Grande do Sul; Aeroporto Internacional Deputado Luís Eduardo Magalhães (SBSV), localizado no município de Salvador, Bahia; e Aeroporto Internacional Hercílio Luz (SBFL), em Florianópolis, no Estado de Santa Catarina.[378]

Com referência às desestatizações no setor de energia e de transportes, não obstante terem sido incluídas no PND diversas linhas de transmissão e aproveitamentos hidrelétricos, nos decretos de outorgas expedidos em 2011 não constaram esses empreendimentos. Naquele ano, a Aneel promoveu três leilões de linhas de transmissão (leilões 1, 4 e 6), que não foram incluídas no PND. Tais empreendimentos não eram mais incluídos no PND desde a publicação da Lei nº 11.943, de 28 de maio de 2009, que alterou o art. 17, parágrafo primeiro, da Lei nº 9.074, de 7 de julho de 1995, modificando as normas de outorga e prorrogação das concessões e permissões de serviços públicos.[379]

Em 2011, foi expedida a Resolução CND nº 8, de 15 de setembro de 2011, que aprovou a modelagem do processo de concessão para exploração da BR-101/ES/BA, no trecho entre o entroncamento com a BA-698, no acesso ao município de Mucuri (BA), e a divisa dos estados do Rio de Janeiro e do Espírito Santo (excluindo a ponte), no início do trecho explorado pela concessionária Autopista Fluminense S.A., com uma extensão de 475,9 km.[380]

---

[377] Cf.: *Programa Nacional de Desestatização*: relatório de atividades 2013. Disponível em: https://web.bndes.gov.br/bib/jspui/bitstream/1408/4463/1/Relatório PND 2013_versão definitiva_P.pdf. Acesso em: 16 mar. 2020.

[378] Cf.: *Programa Nacional de Desestatização*: relatório de atividades 2015. Disponível em: https://web.bndes.gov.br/bib/jspui/bitstream/1408/13334/1/Relatorio PND_2015.pdf. Acesso em: 16 mar. 2020.

[379] Cf.: *Programa Nacional de Desenvolvimento*: relatório de atividades 2011. Disponível em: https://web.bndes.gov.br/bib/jspui/bitstream/1408/4464/1/Relatório PND 2011_versao_ definitiva_P.pdf. Acesso em: 16 mar. 2020.

[380] *Idem.*

Em agosto de 2012 foi lançado o Programa de Investimentos em Logística (PIL), um projeto do Governo Federal que visava aumentar a malha rodoviária e ferroviária de forma a adequá-la às grandezas geográficas brasileiras. Em 2013, no âmbito desse programa, foram realizados na BM&FBovespa 5 (cinco) leilões dos trechos rodoviários, concluindo a transferência de 5 (cinco) rodovias federais à iniciativa privada, no total de 4.248 km. Editou-se a Resolução CND nº 4, de 7 de fevereiro de 2013 (Decreto nº 8.054, de 15 de julho de 2013) e a Resolução CND nº 9, de 24 de julho de 2013 (Decreto nº 8.057, de 26 de julho de 2013). Foi recomendada à Presidente da República, por meio da Resolução CND nº 8, de 16 de julho de 2013, a outorga de decreto autorizando a inclusão no PND do trecho ferroviário da EF-151 entre Açailândia (MA) e Barcarena (PA), posteriormente incluído no PND em 16 de julho de 2013 por meio do Decreto nº 8.055. Outros trechos ferroviários também foram incluídos (Decreto nº 8.094, de 4 de setembro de 2013).[381]

Em 15 de março de 2015, foi homologado por meio da Resolução nº 4.669 da Diretoria da ANTT o resultado do Leilão de Concessão para exploração da rodovia BR-101/RJ, trecho acesso à Ponte Presidente Costa e Silva (Niterói)-Entr. RJ-071 (Linha Vermelha) à proponente consagrada vencedora Ecorodovias Infraestrutura e Logística S.A., cujo ato de outorga ocorreu em 13 de maio de 2015, mediante a Resolução nº 4.702 da Diretoria da ANTT, e a assinatura do contrato, em 18 de maio de 2015. Também foram incluídos no PND mais trechos rodoviários (Resolução CND nº 9, de 25 de novembro de 2015 – Decreto nº 8.575, de 25 de novembro de 2015).[382]

Quanto à alienação de participações minoritárias, o BNDES, na qualidade de gestor do FND, solicitou autorização ao presidente do CND para aderir à oferta pública para aquisição de ações ordinárias de emissão da Vivo S.A., sendo expedida a Resolução CND nº 1, de 16 de março de 2011. A oferta pública para aquisição de ações ordinárias de emissão da Vivo S.A. ocorreu em 18 de março de 2011.[383]

---

[381] Cf.: *Programa Nacional de Desestatização*: relatório de atividades 2013. Disponível em: https://web.bndes.gov.br/bib/jspui/bitstream/1408/4463/1/Relatório PND 2013_versão definitiva_P.pdf. Acesso em: 16 mar. 2020.

[382] Cf.: *Programa Nacional de Desestatização*: relatório de atividades 2015. Disponível em: https://web.bndes.gov.br/bib/jspui/bitstream/1408/13334/1/Relatorio PND_2015.pdf. Acesso em: 16 mar. 2020.

[383] Cf.: *Programa Nacional de Desenvolvimento*: relatório de atividades 2011. Disponível em: https://web.bndes.gov.br/bib/jspui/bitstream/1408/4464/1/Relatório PND 2011_versao_definitiva_P.pdf. Acesso em: 16 mar. 2020.

Em 2013, foram alienadas 10 (dez) ações preferenciais classe A (VINE5) de emissão da Vicunha Têxtil S.A. de titularidade da Companhia Nacional de Abastecimento (Conab).[384] Em 2014, foram alienadas ações das emissoras Braskem S.A., Companhia Energética de Pernambuco, Companhia Paranaense de Energia, Elekeiroz S.A., Centrais Elétricas Brasileiras S.A., Oi S.A., Paranapanema S.A., Tractebel Energia S.A., Telecomunicações Brasileiras S.A. – Telebras, Tecblu Tecelagem Blumenau S.A., Tim Participações S.A. e Telefônica Brasil S.A.[385]

No ano de 2015, o CND, em 25 de novembro, mediante a Resolução CND nº 12, aprovou a conversão de classe de ações de emissão da Copel e da Braskem. Foram convertidas 15.289 ações PNB da Braskem em 7.645 ações PNA. No caso da Copel, as 6 ações PNA foram convertidas em PNB. O objetivo foi conferir maior liquidez na alienação dessas ações pelo BNDES, na forma da Resolução CND nº 9, de 25 de outubro de 2011.[386]

Por fim, merece registro uma importante mudança normativa durante o governo Dilma Rousseff, com a edição da Lei nº 13.129, de 26 de maio de 2015, que ampliou o âmbito de aplicação da arbitragem envolvendo a administração pública, e a Lei nº 13.140, de 26 de junho de 2015, que disciplinou a mediação entre particulares como meio de solução de controvérsias e sobre a autocomposição de conflitos no âmbito da administração pública.

### 3.4.2.7 Desestatizações e medidas jurídico-regulatórias no Governo do Presidente Michel Temer

Em 2016, com o *impeachment* da Presidente Dilma Rousseff, assumiu a presidência o Vice-Presidente Michel Temer. A partir daí houve uma alteração organizacional e a adoção de inovações jurídico-regulatórias que direcionaram a atuação estatal para um viés mais liberal e, de certa forma, mais favorável ao mercado e à regulação estatal de atividades econômicas.

---

[384] Cf.: *Programa Nacional de Desestatização*: Relatório de atividades 2012. Disponível em: https://web.bndes.gov.br/bib/jspui/bitstream/1408/4461/1/Relatório PND 2012_versao definitiva_P.pdf. Acesso em: 16 mar. 2020.

[385] Cf.: *Programa Nacional de Desestatização*: relatório de atividades 2014. Disponível em: https://web.bndes.gov.br/bib/jspui/bitstream/1408/6762/2/PND_2014_P.pdf. Acesso em: 16 mar. 2020.

[386] Cf.: *Programa Nacional de Desestatização*: relatório de atividades 2015. Disponível em: https://web.bndes.gov.br/bib/jspui/bitstream/1408/13334/1/Relatorio PND_2015.pdf. Acesso em: 16 mar. 2020.

De outro lado, as atribuições do CND foram incorporadas pelo Conselho do Programa de Parcerias de Investimentos (CPPI), nos termos da Medida Provisória nº 727, de 12 de maio de 2016, convertida na Lei nº 13.334, de 13 de setembro de 2016, e as atribuições da secretaria, que incluíam a elaboração dos relatórios do PND, passaram a ser exercidas pela Secretaria Especial do Programa de Parcerias de Investimento (PPI).[387]

O programa foi concebido para instituir nova governança pública e estimular a busca por um ambiente propício à expansão da infraestrutura, do desenvolvimento econômico e das oportunidades de investimento e de geração de emprego no país. O PPI coordena e monitora os projetos em apoio aos Ministérios setoriais, agências reguladoras e demais entidades com relação ao planejamento, modelagem e acompanhamento dos empreendimentos, visando buscar modelos mais eficientes de oferta e gestão de serviços públicos, promoção da concorrência, segurança jurídica, propostas de melhorias regulatórias, com vistas a atrair investidores nacionais e estrangeiros.[388]

Merece destaque na Lei nº 13.334/2016 a ampliação do conceito de "parceria", muito além das concessões e PPPs; o fortalecimento do papel do regulador e autonomia das agências reguladoras; a deslegalização[389] da definição de políticas públicas por Decreto (art. 6º, "independente de exigência legal") e a submissão de minutas de editais e contratos a consulta pública, permitindo maior transparência e participação popular.

Pode-se citar, ainda, a edição da Medida Provisória nº 752, de 24 de novembro de 2016, convertida na Lei nº 13.448, de 5 de junho de 2017. Por meio dessa norma, estabeleceram-se diretrizes gerais para a prorrogação e a relicitação de contratos de parceria com a administração pública federal.[390] Destaque-se o disposto no art. 3º, a menção às práticas regulatórias: "o ministério ou a agência reguladora, na condição de

---

387 BRASIL. Programa de Parcerias de Investimento do Governo. *Site* oficial: https://www.ppi.gov.br/sobre-o-programa. Acesso em: 16 mar. 2020.

388 Cf.: BRASIL. Secretaria-Geral da Presidência da República. Secretaria Especial do Programa de Parcerias de Investimentos (PPI). *Programa de Parcerias de Investimentos*: relatório de gestão do exercício de 2021. Disponível em: https://www.gov.br/economia/pt-br/orgaos/seppi/centrais-de-conteudo/documentos/relatorio-da-secretaria-especial-do-ppi-congresso-nacional-2021-1.pdf. Acesso em 29 nov. 2022.

389 Sobre o conceito de deslegalização, ver GUERRA, Sérgio. *Discricionariedade, regulação e reflexividade*: uma nova teoria sobre as escolhas administrativas. 6. ed. Belo Horizonte: Fórum, 2021. Cap. II.

390 BRASIL. Lei nº 13.448, de 5 de junho de 2017. Disponível em: http://www.planalto.gov.br/ccivil_03/_ato2015-2018/2017/lei/l13448.htm. Acesso em: 16 mar. 2020.

órgão ou de entidade competente, adotará no contrato prorrogado ou relicitado as melhores práticas regulatórias, incorporando novas tecnologias e serviços e, conforme o caso, novos investimentos".

Também no Governo Temer foi editada a Lei das Estatais (Lei nº 13.303, de 30 de junho de 2016), que trouxe uma série de limitações para o ingresso nos quadros diretivos desses entes e a desoneração da Petrobras para participar no pré-sal (Lei nº 13.365, de 29.12.2016).

No setor de energia, foi publicado o Decreto nº 9.192, de 6 de novembro de 2017, que dispõe sobre a licitação de concessões de distribuição e de transmissão associadas à transferência de controle de pessoa jurídica prestadora de serviço público de energia elétrica, nos termos da Lei nº 12.783, de 11 de janeiro de 2013.

Entre as diretrizes que esse ato regulamentar trouxe para esse processo, destacam-se: (i) o BNDES como responsável pela realização das licitações e pela contratação dos estudos de avaliação das empresas cujo controlador seja da esfera Federal, Estadual ou Municipal, respeitando os órgãos decisórios societários e as responsabilidades de cada ente; (ii) os estudos, realizados conforme estabelece a Lei nº 9.491/1997 (Lei do Programa Nacional de Desestatização – PND) fornecerão os subsídios necessários à modelagem da licitação, que será aprovada pelo Conselho do PPI, nos termos da Lei nº 13.334/2016, no caso das empresas de controle federal; e (iii) os critérios de julgamento das licitações para venda do controle acionário associado a novo contrato de concessão serão os previstos no art. 15 da Lei nº 8.987/1995, podendo ser a menor tarifa ou a maior outorga, a depender de eventuais ajustes prévios e flexibilizações tarifárias necessários para equilibrar as concessões previamente à licitação.[391]

Uma vez regulamentada a licitação das concessões de distribuição e transmissão de energia elétrica, associada à transferência de controle societário, o Conselho do PPI publicou a Resolução nº 20, de 8 de novembro de 2017, que aprovou e definiu as regras básicas do processo de desestatização de seis distribuidoras da Eletrobras das regiões Norte e Nordeste (Decreto nº 8.893/2016).

No setor aeroportuário, em 16 de março de 2017, a ANAC promoveu o leilão dos aeroportos de Porto Alegre/RS, Salvador/BA, Florianópolis/SC e Fortaleza/CE, os quais foram arrematados pelo

---

391 BRASIL. Decreto nº 9.192, de 6 de novembro de 2017. Disponível em: http://www.planalto.gov.br/ccivil_03/_Ato2015-2018/2017/Decreto/D9192.htm#:~:text=DECRETO%20N%C2%BA%209.192%2C%20DE%206,el%C3%A9trica%2C%20e%20d%C3%A1%20outras%20provid%C3%AAncias. Acesso em: 16 mar. 2020.

valor total de R$3,72 bilhões, com ágio de 93,8% em relação à oferta mínima prevista, de R$754 milhões. Em relação aos demais aeroportos incluídos no PPI para serem concedidos à iniciativa privada, quais sejam Recife/PE, Maceió/AL, Aracaju/SE, João Pessoa/PB, Campina Grande /PB, Juazeiro do Norte/CE, Vitória/ES, Macaé/RJ e dos terminais mato-grossenses de Várzea Grande, Rondonópolis, Sinop, Alta Floresta e Barra dos Garças, o Ministério dos Transportes, Portos e Aviação (MTPA) publicou o edital de chamamento público para realização dos estudos de viabilidade técnica, econômica e ambiental (EVTEA). Em 1º de novembro de 2018, oito consórcios foram autorizados a elaborar os estudos dos 13 aeroportos e a realizar os EVTEAs de qualquer um dos três blocos incluídos no PND, conforme publicado no Decreto nº 9.180, de 24 de outubro de 2017.[392]

Ao longo do exercício de 2018 foram realizadas quatro reuniões do Conselho do PPI, sendo uma reunião deliberativa que tratou da alienação de ações da Eletropaulo que estavam em poder da União. Nas outras reuniões foram propostos e aprovados mais 49 projetos, dos quais 12 referiam-se ao setor de transportes, 36 de energia elétrica e um do setor de óleo e gás. O Conselho do PPI editou 21 Resoluções no ano de 2018, que incluíram desde o plano de desestatização da Eletrobras (Resolução nº 30, de 19 de março de 2018) à dissolução e liquidação da Companhia de Armazéns e Silos do Estado de Minas (Resolução nº 50, de 16 de outubro de 2018).[393]

Outra medida de grande impacto nas relações público-privadas durante o Governo do Presidente Temer adveio com a promulgação da Lei nº 13.655, de 25 abril de 2018, que incluiu no Decreto-Lei nº 4.657, de 4 de setembro de 1942 (Lei de Introdução às Normas do Direito Brasileiro), disposições sobre segurança jurídica e eficiência na criação e na aplicação do direito público. Essa normativa apontou para as consequências práticas dos atos administrativos e positivou temas de grande relevância e impacto no sistema administrativo brasileiro, tais como a motivação pragmática, a coerência decisória, a consulta pública, as súmulas administrativas e a resposta a consultas.

---

[392] Cf.: Secretaria-Geral da Presidência da República – Secretaria Especial do Programa de Parcerias de Investimentos (PPI). Programa de Parcerias de Investimentos: relatório de gestão do exercício de 2017. Disponível em: https://www.ppi.gov.br/html/objects/_downloadblob.php?cod_blob=4976. Acesso em: 16 mar. 2020.

[393] Cf.: Secretaria-Geral da Presidência da República – Secretaria Especial do Programa de Parcerias de Investimentos (PPI). *Programa de Parcerias de Investimentos*: relatório de gestão do exercício de 2018. Disponível em: https://www.ppi.gov.br/publicacoes-institucionais?di=&df=30%2F07%2F2020&tps=-1&tp=-1&re=15&pn=relat%C3%B3rio&np=1. Acesso em: 16 mar. 2020.

Destaque-se, ainda, que durante o Governo Temer foi criada a décima primeira agência reguladora, a Agência Nacional de Mineração (ANM).

### 3.4.2.8 Movimentos de liberalização da economia no Governo do Presidente Jair Bolsonaro e a edição da nova Lei Geral das Agências Reguladoras

O movimento liberalizante iniciado no Governo do Presidente Temer teve continuidade no Governo do Presidente Jair Messias Bolsonaro, tendo à frente do Ministério da Economia o Ministro Paulo Guedes e forte atuação da Secretaria Especial do Programa de Parcerias de Investimentos.

Disciplinando os arts. 170 e 174 da Constituição Federal de 1988, foi editada no Governo Bolsonaro a Lei nº 13.874, de 20 de setembro de 2019, que institui a Declaração de Direitos de Liberdade Econômica, estabelecendo normas de proteção à livre iniciativa e ao livre exercício de atividade econômica e dispondo sobre a atuação regulatória do Estado. A normativa traz como princípios densificadores dos dispositivos constitucionais: (i) a liberdade como uma garantia no exercício de atividades econômicas; (ii) a boa-fé do particular perante o poder público; (iii) a intervenção subsidiária e excepcional do Estado sobre o exercício de atividades econômicas; e (iv) o reconhecimento da vulnerabilidade do particular perante o Estado.

Na linha de liberalização econômica e regulamentação de dispositivos visando boas práticas regulatórias, destaca-se a edição do Decreto nº 10.139, de 28 de novembro de 2019, que ficou conhecido como o "revisaço regulatório", criando uma série de obrigações de revisão dos atos regulatórios e a limitação das espécies de atos administrativos inferiores em apenas três: (i) portarias, (ii) resoluções e (iii) instruções normativas, de modo a reduzir a "burocracia" estatal e privilegiar a segurança jurídica. Essa normativa determinou, ainda, entre outras questões, a gestão do estoque regulatório, que consiste na adoção de prazos para que entidades estatais revoguem normas tacitamente revogadas ou com efeitos exauridos.

Ressalte-se o Decreto nº 10.178, de 18 de dezembro de 2019, que regulamentou a citada Lei nº 13.848/2019, e trata sobre a classificação de riscos de atividade econômica, para fixar prazo para aprovação estatal tácita e incluir elementos na Carta de Serviços dos Usuários. A relevância desse ato regulamentar, para efeitos de regulação estatal, pode ser identificada na dispensa de ato público de liberação para o exercício de atividade econômica privada, a depender da classificação de risco. Ademais, decorrido o prazo previsto em norma, sem a manifestação conclusiva de órgão ou entidade acerca do deferimento de ato público de liberação, haverá aprovação tácita.

Outra norma regulamentar, o Decreto nº 10.229, de 05 de fevereiro de 2020, também deve ser evidenciada na vertente liberalizante e versando sobre boas práticas regulatórias, ao dispor sobre o direito de desenvolver, executar, operar ou comercializar produto ou serviço em desacordo com norma técnica desatualizada.

Também se deu no governo do Presidente Jair Bolsonaro a edição da Lei nº 13.848, de 25 de junho de 2019, que dispõe sobre a gestão, a organização, o processo decisório e o controle social das agências reguladoras. Nesse contexto, merece registro a edição do Decreto nº 10.411/2020, que regulamenta ambas as normas citadas (Lei nº 13.848/2019 e Lei nº 13.874/2019), e disciplina a Análise de Impacto Regulatório (AIR) e a Avaliação de Resultado Regulatório (ARR) no âmbito do governo federal, tais como o conteúdo, os requisitos e as suas hipóteses de obrigatoriedade ou dispensa.[394]

Ainda do ponto de vista normativo, foi editada a Lei de Licitações e Contratos Administrativos (Lei nº 14.133, de 1 de abril de 2021), trazendo normas gerais de licitação e contratação para as Administrações Públicas diretas, autárquicas e fundacionais da União, dos Estados, do Distrito Federal e dos Municípios. A normativa abrangeu os órgãos dos Poderes Legislativo e Judiciário da União, dos Estados e do Distrito Federal e os órgãos do Poder Legislativo dos Municípios; os fundos especiais e as demais entidades controladas direta ou indiretamente pela Administração Pública. Os contratos e licitações no âmbito das empresas estatais e suas subsidiárias permaneceram regidos pela Lei nº 13.303, de 30 de junho de 2016.

### 3.4.2.8.1 Desestatizações

Durante o Governo Bolsonaro houve diversas desestatizações no âmbito do Programa de Parcerias de Investimento (PPI), sendo que dos 514 projetos qualificados no PPI até aqui, 254 foram concluídos.[395]

---

394 A AIR será examinada no próximo capítulo.

395 BRASIL. Secretaria-Geral da Presidência da República. Secretaria Especial do Programa de Parcerias de Investimentos (PPI). *Programa de Parcerias de Investimentos*: relatório de gestão do exercício de 2021. Disponível em: https://www.gov.br/economia/pt-br/orgaos/seppi/centrais-de-conteudo/documentos/relatorio-da-secretaria-especial-do-ppi-congresso-nacional-2021-1.pdf. Acesso em 29 nov. 2022.

No ano de 2019 foram realizados 4 (quatro) leilões do setor de óleo e gás natural, sendo um deles qualificado na 3ª reunião do Conselho do PPI em 2017 (acumulações marginais) e os outros três em 2019, na 9ª reunião. O certame alcançou áreas offshore e onshore, sendo que no leilão de acumulações marginais foram arrematadas 12 áreas nas bacias Potiguar, Sergipe-Alagoas, Recôncavo e Espírito Santo. A oferta permanente contou com outros 33 blocos exploratórios arrematados nas bacias Sergipe-Alagoas, Parnaíba, Potiguar e Recôncavo.

No mesmo ano foram realizados o leilão da 16ª rodada de licitações de blocos exploratórios no regime de concessão, o leilão do excedente da cessão onerosa e a 6ª rodada de licitações sob o regime de partilha de produção. Como resultado da 16ª rodada de licitações, foram contratados 12 blocos marítimos para exploração nos Estados de São Paulo, Rio de Janeiro, Bahia, Sergipe e Paraíba.[396]

No leilão dos excedentes da cessão onerosa da União à Petrobras foram arrematadas duas das quatro áreas ofertadas (Búzio e Itapu), por empresas de origem nacional (Petrobras) e chinesa. No último leilão do setor petrolífero, em 2019, a 6ª rodada de partilha de produção, foram ofertadas 4 (quatro) áreas dentro do polígono do pré-sal, nas bacias de Santos e Campos.[397]

No setor de energia, em 2019, além dos tradicionais leilões de concessões de instalações de transmissão, passaram a integrar a carteira do PPI os leilões de novos empreendimentos de geração (mesmo que não sujeitos ao regime de concessão), denominados A-4 e A-6, cujo início de suprimento de energia se dá, respectivamente, em 4 e 6 anos após a realização dos certames. Os leilões de compra de energia elétrica proveniente de novos empreendimentos de geração foram qualificados na 9ª reunião do Conselho do PPI, ocorrida em maio/2019, sendo que o primeiro leilão, o A-4, ocorreu em 28 de junho, e o segundo, o A-6, em 18 de outubro de 2019. Os leilões centralizados de compra de energia elétrica, especialmente os de novos empreendimentos de geração, são a base para a expansão do sistema elétrico brasileiro e se destinam a atender a demanda declarada pelas distribuidoras para fazer face ao crescimento do seu mercado consumidor, no horizonte de 4, 6 ou 7 anos à frente, conforme definido em diretrizes do MME, sendo denominados A-4, A-6 e A-7, respectivamente. Realizados por meio de plataforma

---

[396] Disponível em: https://portal.ppi.gov.br/16-rodada-de-licitacoes-sob-o-regime-de-concessao. Acesso em 29 nov. 2022.

[397] Disponível em: https://portal.ppi.gov.br/6-rodada-de-licitacoes-sob-o-regime-de-partilha-de-producao-no-pre-sal. Acesso em 3 dez. 2022.

operacional disponibilizada na Internet, os leilões de contratação regulada observam ainda critérios gerais de garantia de suprimento, estabelecidos pelo Conselho Nacional de Política Energética – CNPE, com vistas a assegurar o adequado equilíbrio entre confiabilidade de fornecimento e modicidade de tarifas e preços.[398]

Qualificado no PPI por meio do Decreto nº 9.973/2019, após recomendação constante da Resolução CPPI nº 53/2019, ocorreu o Leilão de Transmissão nº 2/2019, realizado em 19.12.2019. Foram negociados 12 lotes de empreendimentos localizados no Acre, Alagoas, Bahia, Ceará, Goiás, Mato Grosso, Mato Grosso do Sul, Minas Gerais, Pará, Rio de Janeiro, Rio Grande do Sul e São Paulo. No total, foram 2.470km de linhas de transmissão e subestações que acrescentam 7.800 mega-volt-amperes (MVA) em capacidade de transformação ao Sistema Interligado Nacional (SIN).[399]

O setor de portos concluiu, em 2019, quatorze empreendimentos. O leilão dos terminais AE10, AE11 e AI01, todos localizados no Porto de Cabedelo/PB, ocorreram no mesmo dia, 22 de março de 2019. Os três terminais são projetos brownfield, com as respectivas áreas 18.344m², 20.465m² e 18.275m².[400] No mesmo dia, 22 de março de 2019, também foi realizado o leilão do terminal VIX30, localizado dentro do Porto Organizado de Vitória/ES, em Terminal greenfield, com uma área de aproximadamente 74.000m², dedicado a movimentação de granéis líquidos combustíveis.[401]

Os terminais BEL 02A, BEL 02B, BEL 04, BEL 08, BEL 09 no Porto de Miramar/PA e VDC 12 no Porto de Vila do Conde/PA, foram leiloados no dia 05 de abril de 2019. Tratam-se de 5 terminais brownfield (BEL 02A, BEL 02B, BEL 04, BEL 08, BEL 09) com área total de aproximadamente 200.000m² e um terminal greenfield (VDC12), com aproximadamente 47.000m². Em 13 de agosto de 2019, três terminais foram leiloados, sendo dois terminais localizados no Porto de Santos/SP, STS13A e STS20, e um localizado no Porto de Paranaguá/PR, PAR01.

---

398 BRASIL. Secretaria-Geral da Presidência da República. Secretaria Especial do Programa de Parcerias de Investimentos (PPI). *Programa de Parcerias de Investimentos*: relatório de gestão do exercício de 2021. Disponível em: https://www.gov.br/economia/pt-br/orgaos/seppi/centrais-de-conteudo/documentos/relatorio-da-secretaria-especial-do-ppi-congresso-nacional-2021-1.pdf. Acesso em 29 nov. 2022.

399 *Idem.*

400 Disponível em: https://portal.ppi.gov.br/ae-10-ae-11-ai-01-arrendamento-de-graneis-liquidos-no-porto-de-cabedelo-pb e https://portal.ppi.gov.br/sts-20-arrendamento-de-graneis-solidos-no-porto-de-santos-sp-santos-sao-paulo. Acesso em 29 nov. 2022.

401 Disponível em: https://portal.ppi.gov.br/terminal-portuario-de-graneis-liquidos-no-porto-de-vitoria-es. Acesso em 29 nov. 2022.

O STS13A é um terminal brownfield, com 38.398m2, voltado para a movimentação de graneis líquidos combustíveis; o STS20 também é um terminal brownfield, com 29.278,04m$^2$, voltado para a movimentação de granéis sólidos.[402] O terminal PAR 01, voltado para movimentação de carga geral, especialmente celulose, envolve a construção de um novo armazém e linhas férreas para a movimentação.[403]

No setor rodoviário, houve em 2019 o segundo leilão de rodovias qualificadas no PPI. O sistema composto pela BR-364/365/MG/GO, que se inicia em Jataí/GO e termina em Uberlândia/MG, faz a conexão com as rodovias BR-050 e BR-153.[404] No mesmo ano houve o início dos leilões dos projetos ferroviários qualificados no PPI. A Ferrovia EF-151, mais conhecida como Ferrovia Norte-Sul, tramo central e sul, com 1.537km.[405]

No setor de infraestrutura aeroportuária, dando continuidade ao projeto de concessão de todos os aeroportos administrados pela Infraero, o setor de aeroportos concluiu em 2019 o leilão de doze empreendimentos, qualificados em 2017 no PPI (5ª Rodada de Concessões Aeroportuárias). A qualificação incluiu três blocos regionais: no Nordeste, no Centro-Oeste e no Sudeste.

Assim, durante o Governo Bolsonaro foram desestatizados 22 aeroportos, divididos em três blocos (Norte, Sul e Central). A 6ª Rodada de Concessões de Aeroportos contou com a concorrência de sete grupos habilitados – quatro deles estrangeiros, sendo arrecadados R$3,3 bilhões em outorgas. O Bloco Norte foi composto pelos aeroportos de Manaus, Tabatinga e Tefé, no Amazonas; Porto Velho, em Rondônia; Rio Branco e Cruzeiro do Sul, no Acre; e Boa Vista, em Roraima. O Bloco Sul alcançou os aeroportos de Curitiba, Foz do Iguaçu, Londrina e Bacacheri, no Paraná; Navegantes e Joinville, em Santa Catarina; Pelotas, Uruguaiana e Bagé, no Rio Grande do Sul. O Bloco Central reuniu os aeroportos de Goiânia, Goiás; Teresina, no Piauí, Palmas, no Tocantins; Petrolina, no Pernambuco; São Luís e Imperatriz, no Maranhão.[406]

---

402 Disponível em: https://portal.ppi.gov.br/sts-13-arrendamento-de-graneis-liquido-no-porto-de-santos-sp. Acesso em 29 nov. 2022.

403 Disponível em: https://portal.ppi.gov.br/terminal-portuario-no-porto-de-paranagua-pr-par-01. Acesso em 03 dez. 2022.

404 Disponível em: https://www.ppi.gov.br/rodovia-br-364-365-mg-gouberlandia-a-jatai#. Acesso em 29 nov. 2022.

405 Disponível em: https://portal.ppi.gov.br/ferrovia-ef-151-sp-mg-go-to-ferrovia-norte-sul. Acesso em 29 nov. 2022.

406 Cf.: BRASIL. Secretaria-Geral da Presidência da República. Secretaria Especial do Programa de Parcerias de Investimentos (PPI). *Programa de Parcerias de Investimentos*: relatório de gestão do exercício de 2021. Disponível em: https://www.gov.br/economia/pt-br/orgaos/seppi/centrais-de-conteudo/documentos/relatorio-da-secretaria-especial-do-ppi-congresso-nacional-2021-1.pdf. Acesso em 29 nov. 2022.

Os Terminais Portuários também foram desestatizados, sendo doze arrendamentos portuários leiloados no período. Cinco terminais foram a leilão, sendo quatro deles localizados no Porto de Itaqui/MA, e um no Porto de Pelotas/RS. Houve o leilão de 3 (três) outros terminais nas regiões Norte e Nordeste (Portos de Santana/AP, Mucuripe/CE e Salvador/BA). Posteriormente, foram leiloados 4 (quatro) terminais: Terminal de sal – TERSAB no Complexo Portuário de Areia Branca/RN, Terminal de granéis vegetais no Porto de Maceió/AL, Terminal de granéis líquidos e gasosos no Porto de Santos/SP e Terminal para movimentação e armazenagem de granel líquido – Porto de Imbituba/SC.[407]

A Agência Nacional de Energia Elétrica – ANEEL realizou dois leilões de transmissão contemplando dez lotes ofertados, que somam 1.426km de linhas de transmissão e 3.570MVa de capacidade de transformação. Também foram licitados sete projetos de geração de energia elétrica, alcançando sistemas isolados para abastecer o Norte do país; dois leilões de energia existente (prorrogação de contratos vigentes); três leilões de geração de energia nova; e um leilão para reserva de capacidade de geração de energia. Juntos, esses projetos criam 91 novas usinas de energia com base em fontes renováveis (eólica, solar, hidráulica e biocombustíveis).

Por meio da Agência Nacional do Petróleo, Gás Natural e Biocombustíveis (ANP) foi realizado o Leilão da 17ª rodada de concessões e blocos. Foram ofertados 92 Blocos exploratórios marítimos nas bacias de Campos, Pelotas, Potiguar e Santos, totalizando 54.000km$^2$ de área. O total de bônus de assinatura foi de R$37,14 milhões, com investimentos previstos da ordem de R$136,35 milhões durante a vigência dos contratos. A Agência realizou a Segunda Rodada de Licitações dos Volumes Excedentes da Cessão Onerosa, composta pelos blocos Sépia e Atapu.[408]

Também merece destaque a edição da Lei nº 13.879, de 03.11.2019, que moderniza a Lei Geral de Telecomunicações, permitindo a conversão de concessões de serviços públicos em autorização dos serviços de telecomunicações no regime privado, e o leilão 5G, promovido pelo Ministério das Comunicações em conjunto com a Agência Nacional de Telecomunicações (Anatel), abrangendo as frequências de 700MHz, 2,3GHz, 3,5GHz e 26GHz. Registre-se que 45 lotes foram disputados por 15 empresas de médio e grande porte, sendo que das faixas de radiofrequência disponibilizadas, 85% foram arrematadas com ofertas

---

[407] *Idem.*

[408] *Idem.*

que somaram R$47,2 bilhões. Desse valor, mais de R$42 bilhões serão revertidos em investimentos para ampliar a infraestrutura de conectividade no Brasil.

Ressalta-se, ainda, durante o Governo Bolsonaro, a edição da Medida Provisória nº 1.065, de 30 de agosto de 2021, posteriormente convertida na Lei nº 14.273/2021, que estabeleceu o novo marco regulatório para o setor ferroviário no Brasil. A principal inovação no setor foi a possibilidade de outorga da atividade ferroviária por meio de autorização, a exemplo dos setores portuário e aeroportuário.

Por meio do Programa de Autorizações Ferroviárias – PRO TRILHOS, o Ministério da Infraestrutura celebrou alguns contratos de autorização durante a vigência da Medida Provisória nº 1065/2021, expirada em 06.02.2022. Foram firmadas as seguintes contratações: Contrato de Adesão nº 1/2022 com a empresa Porto do Açu Operações S.A., para exploração indireta do serviço de transporte ferroviário da estrada de ferro EF-A13, em São João da Barra/RJ, acesso ferroviário ao Porto de Açu, para fins de transporte de carga e passageiros; Contrato de Adesão nº 2/2022 com a empresa VLI Multimodal S.A., para exploração indireta do serviço de transporte ferroviário da estrada de ferro EF-480, de trecho localizado entre Cubatão/SP e Santos/SP, para fins de transporte de carga e passageiros; Contrato de Adesão nº 3/2022 com a empresa Morro do Pilar Minerais S.A., para exploração indireta do serviço de transporte ferroviário da estrada de ferro EF-A16, de trecho localizado entre Colatina/ES e Linhares/ES, para fins de transporte de carga e passageiros; Contrato de Adesão nº 4/2022 com a empresa Petrocity Ferrovias Ltda., para exploração indireta do serviço de transporte ferroviário da estrada de ferro EF-355, de trecho localizado entre Unaí/MG e Campos Verdes/GO, para fins de transporte de carga e passageiros; Contrato de Adesão nº 5/2022 com a empresa 3G Empreendimentos e Consultoria Ltda., para exploração indireta do serviço de transporte ferroviário da estrada de ferro EF-152, EF-A09 e EF414, de trechos localizados entre Barcarena/PA a Santana do Araguaia/PA, para fins de transporte de carga e de passageiros; Contrato de Adesão nº 6/2022 com a empresa Rumo S.A., para exploração indireta do serviço de transporte ferroviário da estrada de ferro EF-441, de trecho localizado entre Bom Jesus do Araguaia/MT e Água Boa/MT, para fins de transporte de carga e passageiros.[409]

[409] Cf.: BRASIL. *Relatório de Gestão*. Jan./set. 2022. Disponível em: https://www.gov.br/infraestrutura/pt-br/acesso-a-informacao/transparencia-e-prestacao-de-contas/copy2_of_RelatriodeGestoMInfra2022atualizaojansetFINAL.pdf. Acesso em 23 nov. 2022.

Entre os projetos concluídos, destacam-se em 2021 os leilões de três rodovias: a BR-153/080/414/GO/TO, a BR163/2030/MT/PA e a BR-116/101/SP/RJ (Dutra). A primeira concessão apresentou o novo modelo híbrido de certame, em que se adotou critérios de menor tarifa (maior deságio até o limite de 16,25%) e maior outorga.

Foi editada a Lei nº 14.182, de 12 de julho de 2021, que disciplinou a desestatização das Centrais Elétricas Brasileiras S.A. – Eletrobras, ocorrida em junho de 2022. A desestatização foi executada na modalidade de aumento do capital social, por meio da subscrição pública de ações ordinárias com renúncia do direito de subscrição pela União. Houve autorização para concessão de novas outorgas de geração, pelo prazo de 30 anos, aplicável à UHE Tucuruí e às concessões prorrogadas nos termos da Lei nº 12.783/2013, com segregação das atividades da Eletronuclear e de Itaipu Binacional, mantidas sob controle da União.

Nos termos da Lei, previu-se veto ao exercício de votos em número superior a 10% da quantidade de ações, bem como o direito de veto (golden share) para a União em votações sobre algumas questões societárias; o investimento no desenvolvimento de projetos para a revitalização dos recursos hídricos da bacia do Rio São Francisco, a redução estrutural de custos de geração de energia na Amazônia Legal; e a revitalização dos recursos hídricos das bacias hidrográficas na área de influência dos reservatórios das usinas hidrelétricas de Furnas; a contratação de geração termelétrica a gás natural, na modalidade de leilão de reserva de capacidade em locais pré-definidos e que não possuam ponto de suprimento de gás natural (beneficiando as regiões norte, nordeste e centro-oeste); a prorrogação dos contratos do Programa de Incentivos às Fontes Alternativas de Energia Elétrica – PROINFA por 20 anos; a contratação, nos Leilões A-5 e A-6 de 2021, de, no mínimo, 50% da demanda declarada das distribuidoras, de Pequenas Centrais Hidrelétricas – PCHs.

Por fim, ressalte-se que o programa de navegação por cabotagem, intitulado BR do Mar, aprovado por meio da Lei nº 14.301, de 7 de janeiro de 2022, envolvendo o impacto do setor portuário diante de questões concorrenciais e regulatórias com os seguintes objetivos: (i) ajustes na legislação atual para possibilitar o afretamento de embarcações estrangeiras no transporte de cargas na costa brasileira; (ii) estímulo à indústria naval nacional; (iii) ampliação do acesso ao Fundo da Marinha Mercante – FMM; (iv) medidas para equiparação do preço do combustível de navegação; e (v) avaliação de mecanismo para autorizar operações especiais de cabotagem, de forma temporária, dentro da área dos portos organizados.

As diretrizes da BR do Mar impactam o ambiente de negócios, alcançando a segurança nacional, a estabilidade regulatória, a regularidade da prestação das operações de transporte, a otimização do uso de embarcações afretadas, o equilíbrio da matriz logística brasileira, o incentivo ao investimento privado, a promoção da livre concorrência, a otimização do emprego de recursos públicos, a contratação e qualificação profissional de marítimos nacionais, a inovação e o desenvolvimento científico e tecnológico, o desenvolvimento sustentável, a transparência e a integridade.

### 3.4.2.8.2 Criação de entes estatais

Quanto ao sistema administrativo, em 2020, o Governo Federal obteve autorização para criar mais uma "agência", que não seguiu o modelo de autarquia especial disciplinado pela Lei nº 13.848/2019, e que, no momento, alcança onze agências reguladoras. Trata-se da Agência Brasileira de Promoção Internacional do Turismo (EMBRATUR), pela Lei nº 14.002, de 22 de maio de 2020.

Com natureza jurídica de serviço social autônomo e na forma de pessoa jurídica de direito privado, sem fins lucrativos, tem por objetivo planejar, formular e implementar ações de promoção comercial de produtos, serviços e destinos turísticos brasileiros no exterior, em cooperação com a administração pública federal.

Compete à EMBRATUR formular, implementar e executar as ações de promoção, marketing e apoio à comercialização de destinos, produtos e serviços turísticos do país no exterior; realizar, promover, organizar, patrocinar e participar de eventos relacionados com a promoção e com o apoio à comercialização da oferta turística brasileira para o mercado externo no país e no exterior; propor às autoridades competentes normas e medidas necessárias à execução da Política Nacional de Turismo, quanto aos seus objetivos e às suas competências em relação ao turismo internacional, além de executar as decisões que lhe sejam recomendadas pelo Conselho Deliberativo; articular-se com os agentes econômicos e com o público potencialmente interessado nos destinos, produtos e serviços turísticos brasileiros a serem promovidos no exterior.

Cumpre ressaltar a criação de 3 (três) estatais criadas pelo Governo do Presidente Jair Bolsonaro: (i) Autoridade Nacional de Segurança Nuclear (ANSN); (ii) NAV Brasil Serviços de Navegação Aérea S.A.; e (iii) Empresa Brasileira de Participações em Energia Nuclear e Binacional S.A.

A Medida Provisória nº 866, de 20 de dezembro de 2018, posteriormente convertida na Lei nº 13.903/2019, autorizou a criação da NAV Brasil Serviços de Navegação Aérea S.A., primeira estatal criada pelo Presidente Jair Bolsonaro. Constituída a partir de uma cisão parcial da Empresa Brasileira de Infraestrutura Aeroportuária (Infraero) em 30 de junho de 2021, em razão da qual lhe foram transferidos elementos ativos e passivos relacionados com a prestação de serviços de navegação aérea.

Em seguida, a Autoridade Nacional de Segurança Nuclear (ANSN) foi criada por meio da Medida Provisória nº 1.049, de 14 de maio de 2021, posteriormente convertida na Lei nº 14.222, de 15 de outubro de 2021. Trata-se de autarquia federal que tem como função monitorar, regular e fiscalizar as atividades e instalações nucleares no país, a partir do desmembramento da Comissão Nacional de Energia Nuclear (CNEN). A ANSN não exercerá atividades de regulação econômica, comercial e industrial ou pesquisas e levantamentos com esses fins.

O governo publicou o Decreto nº 10.791, de 10 de setembro de 2021, que criou a Empresa Brasileira de Participações em Energia Nuclear e Binacional S.A. (ENBPar), empresa pública organizada sob a forma de sociedade anônima vinculada ao Ministério de Minas e Energia, tendo por objetivo a viabilização da privatização da Eletrobras. A ENBPar vai assumir as atividades da Eletrobras que não podem ser privatizadas, como as empresas Itaipu Binacional e Eletronuclear (Usinas Angra 1, 2 e 3) e a gestão de políticas públicas.

# NOVOS ENTES PÚBLICOS FEDERAIS COM ESTRUTURA ORGANIZACIONAL POR REDE (NÃO PIRAMIDAL)

Na estrutura do princípio tripartite da separação de poderes, se três são, conceitualmente, as funções de Estado, uno e indivisível,[410] na prática, é o Poder que deve ser exercido não apenas para aplicar a lei como também para concretizar, de um modo geral, os valores e princípios políticos compartilhados na sociedade.

Essas funções clássicas do Estado brasileiro (Legislativo, Executivo e Judiciário), inspiradas nos moldes preconizados na obra de Montesquieu,[411] se dividem em órgãos públicos (desconcentração) e em entidades (descentralização). Na desconcentração, uma das classificações acerca dos órgãos públicos alcança: a) órgãos independentes; b) órgãos autônomos; c) órgãos superiores; e d) órgãos subalternos.[412] Quanto à descentralização, dividem-se em: a) autarquia; b) sociedade de economia mista; c) empresa pública; d) fundações; e e) consórcios públicos.

Tradicionalmente, o Brasil republicano adotou o modelo tripartite, como ainda consta no art. 2º, da Constituição Federal de 1988: "São

---

410 Conforme leciona Clèmerson Merlin Clève, o poder político é indivisível, teoricamente, porque seu titular é o povo que não o divide, senão que, em face da ação do Poder Constituinte, confere o exercício a diferentes órgãos encarregados de exercer distintas tarefas ou atividades, ou ainda diferentes funções. Ademais, o poder é indivisível por natureza. Não corresponde a uma coisa que a ela se possa aceder, algo com fim e começo, um objeto capaz de ser tomado, destruído ou multiplicado. CLÈVE, Clèmerson Merlin. *Atividade legislativa do poder executivo*. 2. ed. São Paulo: Revista dos Tribunais, 2000. p. 30.

411 MONTESQUIEU. *O espírito das leis*. Tradução de Cristina Murachco. São Paulo: Martins Fontes, 1993. p. 16-17.

412 MEIRELLES, Hely Lopes. *Direito administrativo*. 18. ed. São Paulo: Malheiros, 1993. p. 66.

Poderes da União, independentes e harmônicos entre si, o Legislativo, o Executivo e o Judiciário". Contudo, a Constituição Federal de 1988 não estruturou, exatamente, o Estado Brasileiro em apenas três "poderes".

E isso não ocorreu somente no Brasil.[413] A realidade político-institucional e social da segunda metade do século XX apresentou-se muito mais complexa em relação à época de Montesquieu. Nesse contexto muitas instituições que hoje existem em grande parte dos ordenamentos ocidentais são dificilmente enquadráveis em alguns dos três clássicos poderes quanto à vinculação estrutural e hierárquica.[414]

Essa mudança, segundo Jacques Chevallier, é sensível a partir do início da década de 1980, assistindo-se a um movimento de desintegração, que se traduz pela diversificação crescente das estruturas administrativas. A ordem burocrática, fundada sobre a hierarquização, é desestabilizada pela proliferação de estruturas de um novo tipo, colocadas fora do aparelho de gestão clássico e escapando ao poder de hierarquia: "a figura pós-moderna de rede tende a partir daí a se substituir àquela da pirâmide".[415]

Com efeito, a Carta Cidadã de 1988 trouxe, de forma objetiva, órgãos públicos independentes dos três poderes (ou funções) clássicos, com funções neutrais, superando a separação clássica tripartite.

## 4.1 Funções neutrais constitucionalmente independentes

Atualmente, além daqueles que estruturam as funções clássicas inerentes à legislação, à administração e à jurisdição (*v.g.* o Supremo Tribunal Federal, o Conselho Nacional de Justiça, o Superior Tribunal de Justiça, os Tribunais, em geral, o Congresso Nacional, a Chefia

---

413 "As mudanças no Brasil também refletem tendências mais amplas que ocorrem no âmbito internacional. Essas tendências foram observadas em muitos países europeus, onde o arcabouço para os amplos setores de infraestrutura está em constante transformação. As diretrizes européias determinaram padrões claros de regulação dos setores abrangidos pelo estudo e até mesmo para o estabelecimento de processos independentes de tomada de decisões dos órgãos reguladores. Na Europa, essas diretrizes também abordavam os planos de saúde privados. É importante que o Brasil assegure que as mudanças no seu ambiente regulatório avancem, de uma maneira geral, *pari passu* às tendências gerais observadas no âmbito internacional". ORGANIZAÇÃO PARA COOPERAÇÃO E DESENVOLVIMENTO ECONÔMICO – OCDE. *Relatório sobre a reforma regulatória no Brasil*: fortalecendo a governança para o crescimento. Paris e Brasília, 2008.

414 MEDAUAR, Odete. *O direito administrativo em evolução*. 2. ed. São Paulo: Revista dos Tribunais: 2003. p. 120.

415 CHEVALLIER, Jacques. *O Estado pós-moderno*. Tradução de Marçal Justen Filho. Belo Horizonte: Fórum, 2009. p. 99.

dos Poderes Executivos, nos três níveis da federação etc.), são órgãos públicos independentes, por força do texto constitucional, o Ministério Público e o Tribunal de Contas da União.

Tanto o Ministério Público quanto o Tribunal de Contas[416] são órgãos independentes, pois, nos termos da Carta Magna, têm definidas suas competências e não estão subordinados, hierarquicamente, a qualquer outro órgão. A Ordem dos Advogados do Brasil (OAB) também é considerada uma entidade independente, conforme já se manifestou o Supremo Tribunal Federal. Essas entidades inserem-se nas denominadas funções estatais neutrais:

> No advento da Revolução Francesa acreditava-se que apenas os órgãos da soberania popular, ou seja, os mandatários eleitos, poderiam levar a vida em sociedade a bom termo. Logo, porém, foi verificada a necessidade da criação de órgãos estatais com autonomia de gestão e independência funcional para, fora do círculo político-eleitoral, controlar e equilibrar as relações entre os titulares de cargos eletivos para assegurar a observância dos valores maiores da coletividade. Surgiram, então, os poderes neutrais do Estado, que abrangem realidades díspares, desde as cortes constitucionais às agências reguladoras independentes, passando pelos tribunais de contas, conselhos com sede constitucional etc. O que há de comum a todos estes órgãos, que, sem dúvida possuem escala de autonomia variável, é o (1) caráter não eletivo do provimento dos seus titulares, (2) a natureza preponderantemente técnica de suas funções e (3) a independência, ou seja, a ausência de subordinação hierárquica aos poderes políticos eletivos do Estado como forma de propiciar (4) o exercício imparcial das suas funções em relação aos diversos interesses particulares que estiverem em jogo, aos interesses do próprio Estado do qual fazem parte e à vontade majoritária da sociedade manifestada por seus representantes.[417]

Segundo Diogo de Figueiredo Moreira Neto,[418] a resposta institucional compatível com a nova configuração funcional dos Estados Democráticos de Direito deve necessariamente resultar da adoção de renovados institutos constitucionais que passem a refletir uma cada vez mais estreita, intensa, complexa e pluralizada colaboração democrática

---

416 A independência do Tribunal de Contas da União será examinada no próximo capítulo.

417 Sob a forma de "poderes neutrais", Alexandre Santos de Aragão já apontava a existência de autoridades estatais não eleitas com elevado grau de autonomia desde remota data. ARAGÃO. *Agências reguladoras e a evolução do direito administrativo econômico...*, p. 441-442.

418 MOREIRA NETO, Diogo de Figueiredo. *Poder, direito e Estado*: o direito administrativo em tempos de globalização. Belo Horizonte: Fórum, 2011. p. 50.

da sociedade com o Estado, o que demanda uma igualmente complexa e pluralizada combinação de funções de Estado.

Essas funções podem ser divididas em funções desempenhadas pelos membros da sociedade no exercício da cidadania e no interesse direto da própria sociedade, o que caracteriza suas funções estatais político-administrativas e funções também desempenhadas pelos agentes do Estado no exercício de competências constitucionais, postas prioritariamente no interesse direto da sociedade e, sempre que legitimamente compatível, no interesse do Estado e de seus desdobramentos – o que caracteriza as funções estatais neutrais.[419]

Nas palavras de Diogo de Figueiredo, tais funções – tanto as societais como as dos dois tipos de estatais – demandam distintas categorias de agentes legitimados em duas situações: ou na qualidade de cidadãos ou de agentes públicos. Aos cidadãos, cabe exercitar todas as funções societais políticas, que lhes são reservadas por serem próprias da soberania popular e, aos agentes públicos, todas as funções estatais político-administrativas, que lhes são cometidas expressamente por investiduras específicas, classificadas em dois tipos: as governamentais e as neutrais. As funções estatais político-administrativas de governo e de administração pública, desempenhadas, conforme as respectivas competências, tanto por agentes políticos como por agentes administrativos, envolvendo o amplo espectro da governança pública, desde o debate político parlamentar à execução administrativa, de competência das respectivas entidades e órgãos. As funções neutrais conformam funções estatais de controle em geral, desempenhadas exclusivamente por agentes políticos partidariamente descomprometidos, que devem atuar em áreas constitucionalmente definidas, em que seja necessária uma aplicação, político-partidariamentemente neutra, de conhecimentos técnicos e jurídicos específicos, necessários para a satisfação de demandantes requisitos da aplicação da juridicidade.[420]

Em síntese, adota-se nesta obra a sistematização do tema preconizada por Diogo de Figueiredo Moreira Neto,[421] de forma inédita na doutrina brasileira,[422] na qual o autor identifica cinco tipos de funções neutrais constitucionalmente independentes, com atuação de zeladoria, de controle e de promoção de justiça.

---

[419] *Idem.*

[420] *Idem.*

[421] *Ibidem*, p. 90-91.

[422] Sempre creditando-se, no caso das agências reguladoras, o trabalho pioneiro de Alexandre Santos de Aragão sobre os "poderes neutrais", antes citado.

A primeira englobaria as funções neutrais constitucionalmente independentes de fiscalização contábil, financeira e orçamentária, voltadas explicitamente à tutela da legalidade, da legitimidade e da economicidade da gestão administrativa, e, implicitamente, também à tutela da impessoalidade, moralidade, publicidade e eficiência da gestão pública, categorizadas como atividades de zeladoria e de controle, cometidas ao sistema nacional de Tribunais de Contas.

A segunda atingiria as funções neutrais constitucionalmente independentes de controle da atuação administrativa e financeira do Poder Judiciário e do cumprimento dos deveres funcionais dos juízes, de custódia da autonomia do Poder Judiciário, do cumprimento do Estatuto da Magistratura e da observância dos princípios da administração pública, de promoção de justiça em casos de crime contra administração pública e abuso de autoridade e atribuições correlatas, categorizadas como de zeladoria, controle e promoção de justiça e cometidas ao Conselho Nacional de Justiça.

A terceira seriam as funções neutrais constitucionalmente independentes de controle da atuação administrativa e financeira do Ministério Público e do cumprimento dos deveres funcionais dos seus membros, de custódia da autonomia funcional e administrativa dessa Instituição e da observância dos princípios da administração pública, e atribuições correlatas, categorizadas como de zeladoria e controle e cometidas ao Conselho Nacional do Ministério Público.

A quarta alcançaria as funções neutrais constitucionalmente independentes e definidas como essenciais à justiça, categorizadas como de controle, zeladoria e promoção de interesses juridicamente qualificados de toda natureza, cometidas, respectivamente, conforme a especificidade dos interesses, a quatro complexos orgânicos distintos: ao Ministério Público, à Advocacia de Estado, à Advocacia e à Defensoria Pública.

E, por fim, a quinta abrangeria as funções neutrais constitucionalmente independentes, categorizadas como de controle, zeladoria e promoção de interesses específicos relativos à inconstitucionalidade de lei ou ato normativo federal ou estadual ou à constitucionalidade de lei ou ato normativo federal, bem como a concursos públicos de ingresso na magistratura, no Ministério Público e nas Procuradorias dos Estados e do Distrito Federal, cometidas à Ordem dos Advogados do Brasil.

## 4.2 Função neutral regulatória legalmente independente

Além de órgãos independentes, criados pela Constituição Federal de 1988 – e que não se inserem na teoria tripartite e agravam "a crise da unidade do Estado"[423] –, para melhor realizar o feixe de atribuições regulatórias da atividade econômica e social que lhe foi conferido pela Constituição de 1988 o Brasil instituiu, por lei, entidades reguladoras autônomas, conferindo-lhes competências para fiscalizar, sancionar, editar normas sobre determinados setores e solucionar conflitos entre seus agentes.

A função neutral regulatória – e seu modo de execução, por meio de órgãos com ou sem autonomia – não foi explicitada na Carta de 1988, sendo, portanto, decorrente de norma legal. Apenas no art. 20, XI, e no art. 177 da Constituição Federal está prevista a criação de órgãos reguladores para os serviços públicos de telecomunicações e para as atividades monopolizadas da indústria do petróleo. Ambas as previsões não constavam do texto original, decorrendo de emendas constitucionais.[424] Essas entidades, criadas por lei – e, repita-se, não estruturadas na Constituição Federal de 1988 –, surgiram a partir do Plano Diretor da Reforma do Aparelho do Estado, de 1995, no âmbito de um movimento de descentralização administrativa (e, não, mera desconcentração), revestidas de natureza jurídica autárquica especial, padrão que continuou sendo adotado ao longo dos últimos anos.

A descentralização autárquica, estruturadas no Decreto-Lei nº 200/67 e depois de certo declínio, ressurgiu restaurada como a melhor solução então encontrada para conciliar a atuação típica de Estado, no exercício de manifestações imperativas, de regulação.[425] Estas

---

423 CASSESE, Sabino. *A crise do estado*. Campinas, SP: Saberes Editora, 2010. p. 32.

424 BRASIL. Emenda Constitucional nº 8 (15 de agosto de 1995): Art. 21, XI – explorar, diretamente ou mediante autorização, concessão ou permissão, os serviços de telecomunicações, nos termos da lei, que disporá sobre a organização dos serviços, a criação de um órgão regulador e outros aspectos institucionais. Emenda Constitucional nº 9, de 9 de novembro de 1995: Art. 177, §2º: A lei a que se refere o §1º disporá sobre: I – a garantia do fornecimento dos derivados de petróleo em todo o território nacional; II – as condições de contratação; III – a estrutura e atribuições do órgão regulador do monopólio da União.

425 "Havia uma nova compreensão dos limites da expansão liderada pelo Estado. O setor público, limitado por uma crise fiscal e pela necessidade de estabilizar as finanças públicas, precisou reduzir as transferências de capital para empresas estatais. O governo encarava limites claros sobre seu poder de investimento. O que levou à busca de investidores privados que pudessem fornecer novos investimentos à infraestrutura. Isso, por sua vez, exigia uma nova estrutura regulatória, com mudanças de uma grandeza que provavelmente não havia sido imaginada no princípio. Os objetivos iniciais da reforma regulatória e da privatização eram facilitar as condições e atrair novos investimentos, inclusive do exterior, para aumentar a eficiência e reduzir a dívida pública. Porém, havia tensão entre o

atividades demandam personalidade jurídica de direito público, com a flexibilidade negocial, que é proporcionada por uma ampliação da autonomia administrativa e financeira, pelo afastamento das burocracias típicas da administração direta e, sobretudo, pelo relativo isolamento de suas atividades administrativas em relação à arena político-partidária.[426]

A característica estrutural de rede ou policêntrica[427] (não piramidal) não encontra detalhamento na Carta Constitucional de 1988, que apenas utilizou o termo "órgão regulador" para se referir à criação de órgãos regulatórios. Em que pesem críticas formuladas[428] à legislação infraconstitucional, parte da doutrina[429] e a jurisprudência do Supremo Tribunal Federal[430] não identificaram haver inconstitucionalidade na criação dessas entidades, *vis-à-vis* o disposto no art. 84 da Constituição Federal de 1988,[431] que atribui ao Chefe do Poder Executivo a direção superior da administração pública.

As regras legais de natureza federal e cunho geral não dispõem sobre todas as entidades autárquicas especiais, com características neutrais. Apenas disciplinam sobre as agências reguladoras: Lei nº 9.986, de 18 de julho de 2000, que dispõe sobre a gestão de recursos humanos das agências reguladoras; e a Lei nº 13.848, de 25 de junho de 2019, que dispõe sobre a gestão, a organização, o processo decisório e o controle social das agências reguladoras.

---

objetivo orçamentário de curto prazo e a necessidade de facilitar futuros investimentos e oferecer um cenário orientado ao crescimento". ORGANIZAÇÃO PARA COOPERAÇÃO E DESENVOLVIMENTO ECONÔMICO – OCDE. *Relatório sobre a reforma regulatória no Brasil*: fortalecendo a governança para o crescimento. Paris e Brasília, 2008.

426 MOREIRA NETO, Diogo de Figueiredo. *Mutações do direito administrativo*. Rio de Janeiro: Renovar, 2001. p. 147.

427 Sobre o uso desse termo, ver: BINENBOJM, Gustavo. *Uma teoria do direito administrativo*: direitos fundamentais, democracia e constitucionalização. Rio de Janeiro: Renovar, 2006. p. 22.

428 Celso Antônio Bandeira de Mello, por exemplo, afirma que a denominação "agências reguladoras" deve ter sido copiada dos Estados Unidos da América, presumivelmente pelo fato de se imaginar que uma terminologia corrente na organização administrativa estadunidense conferiria prestígio e certa grandiosidade às nossas autarquias. "Aliás, é sabido que países subdesenvolvidos muitas vezes têm uma reverência servil para com os desenvolvidos. Será, talvez, o atavismo cultural dos colonizados". BANDEIRA DE MELLO, Celso Antônio. *Curso de direito administrativo*. 14. ed. São Paulo: Malheiros, 2002. p. 150.

429 Cf.: nosso GUERRA, Sérgio. *Controle judicial dos atos regulatórios*. Rio de Janeiro: Lumen Juris, 2005. p. 99.

430 Ver ADIN nº 1.494-RS e ADIN nº 1.668-DF, examinadas nesta obra.

431 BRASIL. Constituição Federal (1988). Art. 84. Compete privativamente ao Presidente da República: II – exercer, com o auxílio dos Ministros de Estado, a direção superior da administração federal;

A principal característica dessas entidades, sem prejuízo da diversidade das áreas e setores que regulam, foi perseguir o afastamento da clássica estrutura hierárquica dos ministérios e a direta influência política do Governo, com certo grau de autonomia.[432] E essa autonomia está diretamente ligada a sua caracterização como última instância decisória na esfera administrativa.[433]

## 4.3 Surgimento e estruturação do modelo de agências reguladoras no Brasil

Tradicionalmente, as entidades da administração pública indireta (autarquias e empresas estatais) atuam de acordo com as diretrizes e os interesses políticos do Chefe do Poder Executivo, que tem competência para nomear e destituir seus dirigentes. Isto é, na melhor das hipóteses, de quatro em quatro anos – ou, de oito em oito anos com eventual reeleição do chefe do Poder Executivo –, os objetivos e a forma de atuação dessas entidades são afetados em parte, de acordo com a corrente ideológica do Presidente da República e, eventualmente, de seu partido político.

Diz-se que é "na melhor das hipóteses", pois a cada substituição de ministros, ao qual cada uma das entidades da administração indireta está vinculada, seja para atender acordos partidários ou diante de afastamentos por outros motivos (posse em cargos eletivos, suspeitas de corrupção etc.), pode-se alterar o rumo dos programas desses entes estatais criados, nos termos da lei, para serem autônomos.[434]

---

[432] MOREIRA NETO, Diogo de Figueiredo. *Poder, direito e estado*: o direito administrativo em tempos de globalização. Belo Horizonte: Fórum, 2011. p. 89: "As funções atribuídas a esta categoria de agentes que exercem funções estatais neutrais, duplamente legitimados, tanto pelo mérito em seu acesso – que é uma legitimação originária – como pelo exercício político-partidariamente isento de suas funções – que vem a ser uma legitimação corrente – por atuarem no interesse direto da sociedade, o que lhes atribui essa legitimidade, e dotados de investidura estatal, o que lhes confere autoridade, vêm suprir as deficiências crônicas na percepção e no atendimento dos legítimos interesses gerais da sociedade pós-moderna. Assim, os agentes neutrais, robustecidos por várias atuações paralelas – mas, frise-se, sempre independentes daquelas a cargo dos tradicionais estamentos e órgãos estatais político-partidários – para obter esse resultado, se vão difundindo e se capilarizando por toda a sociedade, encontrando a sua mais autêntica e poderosa validação no exercício das funções constitucionalizadas de zeladoria, de controle e de promoção de justiça".

[433] TÁCITO, Caio. Agências reguladoras da administração. *Revista de Direito Administrativo*, n. 221, p. 3, 4, jul./set. 2000.

[434] Decreto-Lei nº 200/67: Art. 5º Para os fins desta lei, considera-se: I – Autarquia – o serviço autônomo, criado por lei, com personalidade jurídica, patrimônio e receita próprios, para executar atividades típicas da Administração Pública, que requeiram, para seu melhor funcionamento, gestão administrativa e financeira descentralizada.

O Plano Diretor da Reforma do Aparelho do Estado, aprovado em 1995, anunciou o propósito, desde que superados os "obstáculos na legislação", de criar agências a partir da transformação das autarquias, aproximando-se do modelo de Estado Administrativo estadunidense. A mudança seria radical para os padrões de centralização do poder (executivo unitário), adotado no Brasil, na figura do Chefe do Poder Executivo.

Pode-se inferir, do teor do Plano de Reforma do Aparelho do Estado, de 1995, que a ideia era dar real autonomia e ter um contrato de gestão com o dirigente da agência, comandada por um profissional, escolhido pelo Ministro, segundo critérios técnicos rigorosos. Esse profissional teria ampla liberdade para administrar os recursos humanos, materiais e financeiros da agência. Nesse modo, as agências teriam objetivos medidos por indicadores de desempenho, próximos ao sistema privado.

Os influxos desse plano de reformas do sistema administrativo advieram do movimento estruturado no Reino Unido, denominado de *New Public Management* (NPM), adotado a partir da década de 1980 para descrever a onda de reformas do setor público nesse período.[435]

Quanto à estruturação dos entes regulatórios, propriamente ditos, e não quanto à ideia de adotar, na administração pública, mecanismos gerenciais, o paradigma das agências reguladoras brasileiras é a independent regulatory commission norte-americana.

Nesse formato, foram criadas nove agências reguladoras federais durante o Governo Fernando Henrique Cardoso: Agência Nacional de Águas e Saneamento Básico (ANA), Agência Nacional de Telecomunicações (ANATEL), Agência Nacional de Cinema (ANCINE), Agência Nacional de Energia Elétrica (ANEEL), Agência Nacional de Petróleo, Gás e Biocombustíveis (ANP), Agência Nacional de Saúde Suplementar (ANS), Agência Nacional de Transportes Aquaviários (ANTAQ), Agência Nacional de Transportes Terrestres (ANTT) e Agência Nacional de Vigilância Sanitária (ANVISA). A décima agência reguladora foi criada no primeiro Governo Luiz Inácio Lula da Silva: Agência Nacional de Aviação Civil (ANAC); e a décima primeira agência reguladora foi criada no governo Michel Temer: Agência Nacional de Mineração (ANM).

Além disso, a Comissão de Valores Mobiliários (CVM), o Conselho Administrativo de Defesa Econômica (CADE), o Banco Central do Brasil (BACEN) e a Autoridade Nacional de Proteção de

---

[435] Tema examinado no Capítulo III.

Dados (ANPD) sofreram ajustes visando conferir maior autonomia aos seus dirigentes para decidir questões de Estado que necessitem de análises sistêmicas e prospectivas com preponderância técnica.

### 4.3.1 Natureza jurídica das agências reguladoras

As agências reguladoras brasileiras são autarquias de regime especial, possuindo autonomia em relação ao Poder Público. Foram criadas no Brasil, sob essa forma e nomenclatura, onze agências reguladoras federais: ANEEL, ANP, ANATEL, ANVISA, ANA, ANS, ANCINE, ANTT, ANTAQ, ANAC e ANM, cada uma com as suas especificidades, adiante examinadas.

Os Estados, por sua vez, criaram diversas agências reguladoras, a exemplo: Agência Reguladora dos Serviços Públicos Delegados do Estado do Estado do Piauí (AGRESPI), Agência de Regulação de Serviços Públicos Delegados do Estado de Rondônia (AGERO), Agência Estadual de Mobilidade Urbana e Serviços Públicos do Estado do Maranhão (MOB), Agência de Regulação dos Serviços Públicos de Santa Catarina (ARESC), Agência Reguladora de Serviços Públicos do Estado de Sergipe (AGRESE), Agência Reguladora de Serviços Públicos Delegados de Infraestrutura do Estado do Paraná (AGEPAR), Agência Estadual de Regulação dos Serviços Públicos Delegados do Estado do Rio Grande do Sul (AGERGS), Agência Reguladora de Energia e Saneamento Básico do Estado do Rio de Janeiro (AGENERSA), Agência Reguladora de Saneamento Básico do Estado da Bahia (AGERSA), Agência Reguladora de Serviços Públicos Concedidos de Transportes Aquaviários, Ferroviários e Metroviários e de Rodovias do Estado do Rio de Janeiro (AGETRANSP), Agência de Regulação de Serviços Públicos do Espírito Santo (ARSP) e Agência Reguladora de Serviços de Abastecimento de Água e de Esgotamento Sanitário do Estado de Minas Gerais (ARSAE).

Foram criadas agências reguladoras intermunicipais: Agência Reguladora Intermunicipal de Saneamento Básico de Minas Gerais (ARISB-MG), Serviço de Regulação de Jacareí (SRJ), Agência Reguladora Intermunicipal de Saneamento (ARIS), Agência Intermunicipal de Regulação, Controle e Fiscalização de Serviços do Médio Vale do Itajaí (AGIR), Agência Reguladora dos Serviços de Saneamento das Bacias dos Rios Piracicaba, Capivari e Jundiaí (ARES-PCJ).

Alguns municípios também criaram agências reguladoras, exemplificativamente: Agência Municipal de Regulação dos Serviços Públicos Delegados de São Gabriel (AGESG), Agência Reguladora de Serviços Públicos Delegados do Município de Barra do Garças (AGER), Agência Reguladora de Serviços Públicos Barcarena – Pará (ARSEP), Agência de Regulação, Controle e Fiscalização de Serviços Públicos de Palmas (ARP), Agência Reguladora e Fiscalizadora DAEA, Araçatuba (AGRF), Agência Municipal de Regulação dos Serviços Públicos Delegados de São Borja (AGESB), Agência Municipal de Regulação de Serviços Delegados de Maceió (ARSER), Agência Reguladora de Serviços Públicos Delegados do Município de Timon (AGERT), Agência Municipal de Regulação de Serviços Públicos de Teresina (ARSETE), Agência Municipal de Regulação dos Serviços Públicos – Campo Grande (AGEREG), Agência Reguladora dos Serviços Públicos Municipais de Erechim (AGER) e Agência Reguladora dos Serviços Públicos Delegados do Município de Manaus (AGEMAN).

O regime especial – *i.e.* diferenciado – das agências reguladoras significa que às entidades autárquicas expressamente previstas nas leis gerais e setoriais são conferidas características específicas, visando aumentar sua autonomia comparativamente com as autarquias comuns, sem infringir os preceitos constitucionais pertinentes a essas entidades de personalidade pública.[436]

Além das atribuições de competência regulatória, com a reconfiguração das funções normativas da administração pública indireta, podem-se congregar os seguintes elementos confirmadores da governança das agências reguladoras: organização colegiada; impossibilidade de exoneração *ad nutum* dos seus dirigentes; autonomia financeira e orçamentária, independência decisória e função para a solução de litígios entre agentes regulados.[437]

---

[436] Sobre o regime especial, ver: MEIRELLES, Hely Lopes. *Direito administrativo brasileiro*. 18. ed. São Paulo: Malheiros, 1993. p. 315.

[437] Luís Roberto Barroso bem resume a questão ao denotar que "é desnecessário, com efeito, enfatizar que as agências reguladoras somente terão condições de desempenhar adequadamente seu papel se ficarem preservadas de ingerências externas inadequadas, especialmente por parte do Poder Público, tanto no que diz respeito a suas decisões político-administrativas quanto a sua capacidade financeira. Constatada a evidência, o ordenamento jurídico cuidou de estruturá-las como autarquias especiais, dotadas de autonomia político-administrativa e autonomia econômica-financeira". BARROSO, Luís Roberto. Apontamentos sobre as agências reguladoras. *In*: MORAES, Alexandre de (Org.). *Agências reguladoras*. São Paulo: Atlas, 2002. p. 121.

### 4.3.2 Organização colegiada

A organização das agências reguladoras, entidades autárquicas de natureza especial, estruturou-se de forma que as suas decisões definitivas observem, em regra, a forma colegiada. O Conselho Diretor é composto pelo Diretor-Presidente e demais Diretores, com *quórum* deliberativo por maioria absoluta ("mais que a metade" do número total). A agência reguladora pode adotar processo de delegação interna de decisão, desde que seja garantido ao Conselho Diretor ou à Diretoria colegiada o direito de reexame das decisões delegadas.

#### 4.3.2.1 Transparência das decisões colegiadas

Em termos de transparência, a Lei Geral das Agências (Lei nº 13.848, de 25.06.2019) dispõe que as decisões do órgão colegiado deverão ser públicas e gravadas em meio eletrônico, e essa gravação deve ser disponibilizada a quaisquer interessados, tanto na sede da agência quanto no sítio na internet, em até quinze dias úteis após o encerramento da reunião. Ademais, salvo quanto a matérias urgentes e relevantes, a ordem do dia deve ser divulgada no sítio da agência na internet, com pelo menos três dias úteis antes da realização, e deverá ser obrigatoriamente respeitada; isto é, o colegiado não poderá decidir sobre tema que não esteja expressamente lançado na pauta. A ata de cada reunião também deve ser disponibilizada em até cinco dias úteis após a aprovação do seu texto.

Releva destacar que essa regra não se aplica a questões de natureza puramente administrativa ou em casos de documentos classificados como sigilosos. Quanto a questões administrativas, tratadas normalmente nas agências reguladoras em "reuniões internas", sejam ordinárias ou extraordinárias, cumpre assinalar que estas só são cabíveis para matérias afetas ao ambiente doméstico da autarquia, não sendo apropriadas para assuntos regulatórios que possam afetar direitos dos usuários, das delegatárias ou do Poder Concedente.

Nesse sentido, questões de cunho regulatório só podem ser examinadas e decididas em sessão regulatória, aberta ao público, à imprensa e com espaço para o exercício pleno do direito de ampla defesa dos interessados, inclusive com direito a interposição dos recursos cabíveis nos termos do art. 5º., LV, da Constituição Federal.

Impõe ressaltar, ainda, que nas sessões regulatórias todas as decisões do órgão colegiado deverão ser motivadas, por força do que dispõe a lei de processo administrativo (Lei nº 9.784/99), explicitando, inclusive, as consequências de sua decisão de acordo com o que preceitua a alteração da Lei de Introdução às Normas do Direito Brasileiro, decorrente da Lei nº 13.655/2018 (LINDB).[438]

Nesse sentido, Marçal Justen Filho[439] leciona sobre o dever de transparência, concretude e proporcionalidade das decisões públicas, disciplinadas no art. 20 da referida norma:

> As inovações introduzidas pela Lei nº 13.655/2018 destinam-se preponderantemente a reduzir certas práticas que resultam em insegurança jurídica no desenvolvimento da atividade estatal. O art. 20 relaciona-se a um dos aspectos do problema, versando especificamente sobre as decisões proferidas pelos agentes estatais e fundadas em princípios e valores de dimensão abstrata. A finalidade buscada é reduzir o subjetivismo e a superficialidade de decisões, impondo a obrigatoriedade do efetivo exame das circunstâncias do caso concreto, tal como a avaliação das diversas alternativas sob um prisma de proporcionalidade. [...] O art. 20 não impede que a decisão seja fundada em valores abstratos, mas exige um processo de sua concretização em vista das circunstâncias verificadas no mundo dos fatos.

Merece registro que o Brasil não adotou o sistema norte-americano, em que os recursos contra decisões do colegiado das agências podem, em muitos casos, ser examinados por juízes administrativos.[440] Considerando que as decisões das agências reguladoras, em grau de recurso administrativo, são examinadas pelo próprio Conselho Diretor, não havendo, no âmbito administrativo, revisão hierárquica, há, com muito mais relevância, a necessidade de profunda motivação das suas deliberações.

---

438 Art. 20. Nas esferas administrativa, controladora e judicial, não se decidirá com base em valores jurídicos abstratos sem que sejam consideradas as consequências práticas da decisão. Parágrafo único. A motivação demonstrará a necessidade e a adequação da medida imposta ou da invalidação de ato, contrato, ajuste, processo ou norma administrativa, inclusive em face das possíveis alternativas.

439 JUSTEN FILHO, Marçal. Art. 20 da LINDB: dever de transparência, concretude e profundidade nas decisões públicas. *Revista de Direito Administrativo*. Edição Especial, p. 15-25, out. 2018.

440 No sistema estadunidense, esses juízes são conhecidos como *Administrative Law Judges*. O tema pode ser conferido no primeiro capítulo.

### 4.3.3 Critérios e procedimentos para a nomeação, mandato fixo e restrições à exoneração *ad nutum* dos dirigentes das agências reguladoras

A exemplo do que ocorreu com a edição da Lei das Estatais (Lei nº 13.303, de 30 de junho de 2016), a Lei Geral das Agências Reguladoras (Lei nº 13.848, de 25 de junho de 2019) trouxe uma série de condicionantes para a nomeação e permanência dos membros que integram o Conselho Diretor. Os dirigentes das agências reguladoras, como condição legal, devem ser brasileiros, possuir reputação ilibada, além de notório conhecimento no campo de sua especialidade. São indicados pelo Presidente da República e, para que sejam nomeados pelo Chefe do Poder Executivo, dependerão de aprovação pelo Senado Federal.

Além desses requisitos, os dirigentes das agências reguladoras devem ter, comprovadamente, formação acadêmica compatível e, no mínimo, dez anos de experiência no setor regulado ou quatro anos ocupando cargo de direção ou chefia em empresa no campo da atividade regulada, cargo em comissão ou função de confiança no setor público ou, ainda, ter sido docentes ou pesquisadores no campo de atividade da agência reguladora ou em área conexa.

Essa normativa também apresenta certos impedimentos para a ocupação dos cargos da Diretoria Colegiada.

#### 4.3.3.1 Impedimentos para ocupação de cargos

A Lei Geral das Agências Reguladoras apresenta certas situações que geram impedimentos para a indicação de membros do Conselho Diretor. Não podem ser indicados, para ocupar cargo na diretoria colegiada das agências reguladoras, Ministro de Estado, Secretário de Estado, Secretário Municipal, dirigente estatutário de partido político e titular de mandato no Poder Legislativo de qualquer ente da federação, ainda que licenciados dos cargos.

Também estão impedidos quem atuou, nos últimos trinta e seis meses anteriores à indicação, como participante de estrutura decisória de partido político ou em trabalho vinculado a organização, estruturação e realização de campanha eleitoral. A vedação alcança quem exerce cargo em organização sindical; aqueles que tenham participação, direta ou indireta, em empresa ou entidade que atue no setor sujeito à regulação exercida pela agência reguladora em que atuaria, ou que tenha matéria ou ato submetido à apreciação dessa agência reguladora; e quem se enquadre nas hipóteses de inelegibilidade previstas no inciso I do *caput* do art. 1º da Lei Complementar nº 64, de 18 de maio de 1990.[441]

A normativa que rege a estrutura gerencial das agências reguladoras também traz outras situações impeditivas para a indicação de membros para a diretoria colegiada, como os inalistáveis e os analfabetos; os membros do Congresso Nacional, das Assembleias Legislativas, da Câmara Legislativa e das Câmaras Municipais, que hajam perdido os respectivos mandatos por infringência do disposto nos incisos I e II do art. 55 da Constituição Federal,[442] dos dispositivos equivalentes sobre perda de mandato das Constituições Estaduais e Leis Orgânicas dos Municípios e do Distrito Federal, para as eleições que se realizarem durante o período remanescente do mandato para o qual foram eleitos e nos oito anos subsequentes ao término da legislatura.

Além disso, estão impedidos o Governador e o Vice-Governador de Estado e do Distrito Federal e o Prefeito e o Vice-Prefeito que perderem seus cargos eletivos por infringência a dispositivo da Constituição Estadual, da Lei Orgânica do Distrito Federal ou da Lei Orgânica do Município, para as eleições que se realizarem durante o período remanescente e nos oito anos subsequentes ao término do mandato para o qual tenham sido eleitos.

A norma também indica, com impedimento, aqueles que tenham representação julgada procedente pela Justiça Eleitoral, em decisão transitada em julgado ou proferida por órgão colegiado, em processo de apuração de abuso do poder econômico ou político, para a eleição na qual concorrem ou tenham sido diplomados, bem como para as que se realizarem nos oito anos seguintes.

Condenados, em decisão transitada em julgado ou proferida por órgão judicial colegiado, desde a condenação até o transcurso do prazo de oito anos após o cumprimento da pena, também estão impedidos de ocupar cargos dirigentes nas agências reguladoras nos casos em que tenham cometido crimes contra a economia popular, a fé pública, a administração pública e o patrimônio público; contra o patrimônio privado, o sistema financeiro, o mercado de capitais e os previstos na lei que regula a falência; contra o meio ambiente e a saúde pública; eleitorais, para os quais a lei comine pena privativa de liberdade; de abuso de autoridade, nos casos em que houver condenação à perda do

---

441 Estabelece, de acordo com o art. 14, §9º, da Constituição Federal, casos de inelegibilidade, prazos de cessação, e determina outras providências.

442 Art. 55. Perderá o mandato o Deputado ou Senador: I – que infringir qualquer das proibições estabelecidas no artigo anterior; II – cujo procedimento for declarado incompatível com o decoro parlamentar;

cargo ou à inabilitação para o exercício de função pública; de lavagem ou ocultação de bens, direitos e valores; de tráfico de entorpecentes e drogas afins, racismo, tortura, terrorismo e hediondos; de redução à condição análoga à de escravo; contra a vida e a dignidade sexual; e praticados por organização criminosa, quadrilha ou bando.

Na lista constante da norma, também há impedimentos para os que forem declarados indignos do oficialato, ou com ele incompatíveis, pelo prazo de oito anos; pessoas que tiverem suas contas relativas ao exercício de cargos ou funções públicas rejeitadas por irregularidade insanável que configure ato doloso de improbidade administrativa, e por decisão irrecorrível do órgão competente, salvo se esta houver sido suspensa ou anulada pelo Poder Judiciário, para as eleições que se realizarem nos oito anos seguintes, contados a partir da data da decisão, aplicando-se o disposto no inciso II do art. 71 da Constituição Federal[443] a todos os ordenadores de despesa, sem exclusão de mandatários que houverem agido nessa condição.

Detentores de cargo na administração pública direta, indireta ou fundacional, que beneficiarem a si ou a terceiros, pelo abuso do poder econômico ou político, que forem condenados em decisão transitada em julgado ou proferida por órgão judicial colegiado, para a eleição na qual concorrem ou tenham sido diplomados, bem como para as que se realizarem nos oito anos seguintes, também estão impedidos de ocupar cargos diretivos nas agências reguladoras.

Inserem-se na extensa lista de impedimento para a ocupação de cargos nas agências reguladoras os que, em estabelecimentos de crédito, financiamento ou seguro, tenham sido ou estejam sendo objeto de processo de liquidação judicial ou extrajudicial, tenham exercido, nos doze meses anteriores à respectiva decretação, cargo ou função de direção, administração ou representação, enquanto não forem exonerados de qualquer responsabilidade; bem como os que forem condenados, em decisão transitada em julgado ou proferida por órgão colegiado da Justiça Eleitoral, por corrupção eleitoral, por captação ilícita de sufrágio, por doação, captação ou gastos ilícitos de recursos de campanha ou por conduta vedada aos agentes públicos em campanhas eleitorais que impliquem cassação do registro ou do diploma, pelo prazo de oito anos a contar da eleição.

---

443 II – Julgar as contas dos administradores e demais responsáveis por dinheiros, bens e valores públicos da administração direta e indireta, incluídas as fundações e sociedades instituídas e mantidas pelo Poder Público federal, e as contas daqueles que derem causa a perda, extravio ou outra irregularidade de que resulte prejuízo ao erário público;

Também não poderão ser indicados o Presidente da República, o Governador de Estado e do Distrito Federal, o Prefeito, os membros do Congresso Nacional, das Assembleias Legislativas, da Câmara Legislativa, das Câmaras Municipais, que renunciarem a seus mandatos desde o oferecimento de representação ou petição capaz de autorizar a abertura de processo por infringência a dispositivo da Constituição Federal, da Constituição Estadual, da Lei Orgânica do Distrito Federal ou da Lei Orgânica do Município, para as eleições que se realizarem durante o período remanescente do mandato para o qual foram eleitos e nos oito anos subsequentes ao término da legislatura.

Condenados à suspensão dos direitos políticos, em decisão transitada em julgado ou proferida por órgão judicial colegiado, por ato doloso de improbidade administrativa que importe lesão ao patrimônio público e enriquecimento ilícito, desde a condenação ou o trânsito em julgado até o transcurso do prazo de oito anos após o cumprimento da pena, também estão impedidos de atuar como dirigentes das agências reguladoras.

A ampla lista de situações que configuram impedimento para a indicação de membros no órgão colegiado das agências reguladoras contempla, ainda, os que forem excluídos do exercício da profissão, por decisão sancionatória do órgão profissional competente, em decorrência de infração ético-profissional, pelo prazo de oito anos, salvo se o ato houver sido anulado ou suspenso pelo Poder Judiciário; os que forem condenados, em decisão transitada em julgado ou proferida por órgão judicial colegiado, em razão de terem desfeito ou simulado desfazer vínculo conjugal ou de união estável para evitar caracterização de inelegibilidade, pelo prazo de oito anos após a decisão que reconhecer a fraude; os que forem demitidos do serviço público em decorrência de processo administrativo ou judicial, pelo prazo de oito anos, contado da decisão, salvo se o ato houver sido suspenso ou anulado pelo Poder Judiciário; a pessoa física e os dirigentes de pessoas jurídicas responsáveis por doações eleitorais tidas por ilegais por decisão transitada em julgado ou proferida por órgão colegiado da Justiça Eleitoral, pelo prazo de oito anos após a decisão; os magistrados e os membros do Ministério Público que forem aposentados compulsoriamente por decisão sancionatória, que tenham perdido o cargo por sentença ou que tenham pedido exoneração ou aposentadoria voluntária na pendência de processo administrativo disciplinar, pelo prazo de oito anos.

Por fim, também não poderão ser indicados para a posição de dirigente membros de conselho ou de diretoria de associação, regional ou nacional, representativa de interesses patronais ou trabalhistas ligados às atividades reguladas por uma das onze agências reguladoras.

### 4.3.3.2 Mandato

A Lei nº 9.986, de 18 de julho de 2000, revogada parcialmente pela Lei nº 10.871, de 20 de maio de 2004, trouxe a qualificação de cargo comissionado de direção para os dirigentes das agências reguladoras, e a Lei nº 13.848, de 25 de junho de 2019, ao disciplinar a natureza especial conferida às agências reguladoras, manteve a investidura a termo de seus dirigentes e a estabilidade durante os respectivos mandatos.

Desse modo, as nomeações dos dirigentes das agências reguladoras, que ocupam cargos em comissão, são feitas por mandatos por prazos certos e não coincidentes, havendo impossibilidade de exoneração *ad nutum*. O mandato de dirigente da agência reguladora é de cinco anos, não sendo, em regra, admitida a recondução.[444] Durante todo o período do mandato, é defeso ao dirigente receber, a qualquer título e sob qualquer pretexto, honorários, percentagens ou custas; exercer qualquer outra atividade profissional, ressalvado o exercício do magistério, desde que comprovadamente haja compatibilidade de horários.

Também é vedado aos dirigentes das agências reguladoras participar de sociedade simples ou empresária ou de empresa de qualquer espécie, na forma de controlador, diretor, administrador, gerente, membro de conselho de administração ou conselho fiscal, preposto ou mandatário; emitir parecer sobre matéria de sua especialização, ainda que em tese, ou atuar como consultor de qualquer tipo de empresa; exercer atividade sindical ou atividade político-partidária. Além dessas situações, previstas em lei, o dirigente não pode estar em situação de conflito de interesse, nos termos da Lei nº 12.813, de 16 de maio de 2013.

Com relação ao período compreendido entre a vacância do cargo e a nomeação do novo dirigente, a lei dispõe que o cargo vago será exercido por um integrante de uma lista de substituição, formada por três servidores da agência, dentre eles, os ocupantes dos cargos de Superintendente, Gerente-Geral ou equivalente hierárquico, escolhidos e designados pelo Presidente da República entre os indicados pelo

---

[444] A exceção está no art. 5º, §7º, da Lei nº 13.848, de 25 de junho de 2019: Ocorrendo vacância no cargo de Presidente, Diretor-Presidente, Diretor-Geral, Diretor ou Conselheiro no curso do mandato, este será completado por sucessor investido na forma prevista no *caput* e exercido pelo prazo remanescente, admitida a recondução se tal prazo for igual ou inferior a 2 (dois) anos.

Conselho Diretor ou pela Diretoria Colegiada, sempre observada a ordem de precedência constante do ato de designação para o exercício da substituição.

Cada servidor permanecerá até dois anos na lista de substituição, que será enviada pelo Conselho Diretor ou a Diretoria Colegiada ao Presidente da República, sendo determinado pela lei que na ausência da designação até 31 de janeiro do ano subsequente à indicação, exercerá o cargo vago, interinamente, o Superintendente ou o titular de cargo equivalente, na agência reguladora, com maior tempo de exercício na função. Havendo outras vacâncias, os substitutos serão chamados na ordem de precedência na lista, observado o sistema de rodízio. Quanto ao prazo, o substituto não exercerá interinamente o cargo por mais de cento e oitenta dias contínuos, devendo ser convocado outro substituto, na ordem da lista, caso a vacância ou o impedimento do dirigente se estenda além desse prazo.

Após a exoneração ou término do mandato, os dirigentes ficam impedidos de exercer atividade ou de prestar qualquer serviço no setor regulado pela respectiva agência, por período de seis meses.

Havia certo questionamento sobre a juridicidade dessa modalidade de cargo ocupado por dirigente das agências reguladoras, considerando que a Constituição Federal de 1988, no art. 37, inc. I, com as alterações feitas pela Emenda Constitucional nº 19, de 1998, estabelece, inicialmente, a forma de vínculo com o serviço público. A Constituição traz os cargos (servidor público), empregos (empregado público) e funções públicas (servidor temporário). No inc. II, desse mesmo artigo, a Carta Magna traz, apenas, dois tipos de provimento em cargos, o de provimento efetivo e o de provimento em comissão, este para direção, chefia e assessoramento, de livre nomeação e exoneração.

Na ADI nº 1.949-0-RS, que examinou a constitucionalidade de dispositivos da legislação gaúcha que criou a Agência Reguladora de Serviços Públicos Delegados do Rio Grande do Sul (AGERGS), o STF fez interpretação sobre o termo "mandato" dos dirigentes das agências reguladoras. O STF decidiu pela constitucionalidade da modalidade de cargo em comissão com prazo definido, durante o qual o seu detentor não pode ser demitido ad nutum:

> A natureza da investidura a termo no cargo de dirigente de agência reguladora, bem como a incompatibilidade da demissão ad nutum com esse regime, haja vista que o art. 7º da legislação gaúcha prevê o mandato de quatro anos para o conselheiro da agência, exigem a fixação de balizas precisas quanto às hipóteses de demissibilidade dos dirigentes

> dessas entidades. Em razão do vácuo normativo resultante da inconstitucionalidade do art. 8º da Lei estadual nº 10.931/97 e tendo em vista que o diploma legal não prevê qualquer outro procedimento ou garantia contra a exoneração imotivada dos conselheiros da Agência Estadual de Regulação dos Serviços Públicos Delegados do Rio Grande do Sul (AGERGS), deve a Corte estabelecer, enquanto perdurar a omissão normativa, as hipóteses específicas de demissibilidade dos dirigentes dessa entidade. [...] Ação julgada parcialmente procedente para declarar a inconstitucionalidade do art. 8º da Lei estadual nº 10.931/97, em sua redação originária e naquela decorrente de alteração promovida pela Lei estadual nº 11.292/98, fixando-se ainda, em razão da lacuna normativa na legislação estadual, que os membros do Conselho Superior da Agência Estadual de Regulação dos Serviços Públicos Delegados do Rio Grande do Sul (AGERGS) somente poderão ser destituídos, no curso de seus mandatos, em virtude de renúncia, de condenação judicial transitada em julgado, ou de processo administrativo disciplinar, sem prejuízo da superveniência de outras hipóteses legais, desde que observada a necessidade de motivação e de processo formal, não havendo espaço para discricionariedade pelo chefe do Executivo.[445]

Com efeito, confirmou-se a constitucionalidade do dispositivo legal que concebeu espécie de cargo em comissão por prazo determinado, subordinando a exoneração dos dirigentes das agências reguladoras às situações previstas na lei, tais como: em caso de renúncia; condenação judicial transitada em julgado ou de condenação em processo administrativo disciplinar; ou por infringência a seus deveres funcionais ou de quaisquer das vedações constantes da norma. Isso significa que a exoneração não poderá ser imotivada, *ad nutum*, por discricionariedade administrativa do Poder Executivo.[446]

Com relação ao mandato do dirigente da agência reguladora ultrapassar o mandato do Chefe do Poder Executivo, parte da doutrina vê inconstitucionalidade[447] enquanto outra, majoritária, entende ser esse

---

[445] Decisão de 17.09.2014, na Ação Direta de Inconstitucionalidade nº 1.949, Rio Grande Do Sul. Relator: Ministro Dias Toffoli. Requerente: Governador do Estado do Rio Grande do Sul. Intimados: Assembleia Legislativa do Estado do Rio Grande do Sul e Governador do Estado do Rio Grande do Sul.

[446] No mesmo sentido, JUSTEN FILHO, Marçal. *Curso de direito administrativo*. 13. ed. São Paulo: Thomson Reuters Brasil, 2018. p. 612.

[447] Celso Antônio Bandeira de Mello é radicalmente contra a garantia dos mandatos dos dirigentes das agências reguladoras por prazo posterior ao fim do mandato do Chefe do Poder Executivo que o nomeou. "Isso seria o mesmo que engessar a liberdade administrativa do futuro Governo. Ora, é da essência da República a temporariedade dos mandatos, para que o povo, se o desejar, possa eleger novos governantes com orientações políticas e administrativas diversas do Governo precedente". BANDEIRA DE MELLO,

mandato constitucional sendo indispensável para assegurar garantias para os ocupantes dos cargos de dirigentes das agências reguladoras exercerem suas competências, outorgadas por lei.[448] Filio-me à segunda corrente, por entender que só por meio da garantia do mandato, e estabilidade do dirigente no cargo, ele poderá exercer o seu múnus público de forma independente e republicana, sem se abater diante das pressões ou tentativas de captura para que tome decisões de acordo exclusivamente com os interesses políticos do governo.

## 4.4 Autonomia das agências reguladoras

As agências reguladoras, segundo a Lei Geral, são entidades dotadas de autonomia em relação ao poder central ao qual estão vinculadas.[449] Em prol da autonomia regulatória das agências reguladoras, Vital Moreira[450] aponta diversas razões. A primeira seria a separação entre a política e a economia, de modo que a economia não permaneça nas mãos do Governo; a segunda seria a garantia de estabilidade e segurança no quadro regulatório (inamovibilidade do mandato dos reguladores), de modo a não depender do ciclo eleitoral, mantendo a confiança dos agentes regulados quanto à estabilidade do ambiente regulatório. Segue sustentando, como razão para a autonomia, o favorecimento do profissionalismo e a neutralidade política, mediante o recrutamento de especialistas profissionais, em vez de correligionários políticos dos governantes. Tem-se, ainda, a separação do Estado-empresário do Estado regulador, com o indispensável tratamento isonômico entre os operadores públicos e privados.

Sobre a relevância da autonomia, o autor destaca a "blindagem" contra a captura regulatória, mediante a criação de reguladores afastados das constrições próprias da luta partidária e do ciclo eleitoral,

---

Celso Antônio. *Curso de direito administrativo*. 14. ed. São Paulo: Malheiros, 2002. p. 153.

[448] JUSTEN FILHO, Marçal. *Curso de direito administrativo*. 13. ed. São Paulo: Thomson Reuters Brasil, 2018. p. 602.

[449] Cf.: Alexandre Santos de Aragão quando adverte que a qualificação de independente conferida a muitas das agências reguladoras deve ser entendida em termos. Em nenhum país em que foram instituídas possuem independência em sentido próprio, mas apenas uma maior ou menor autonomia, dentro dos parâmetros fixados pelo ordenamento jurídico. ARAGÃO, Alexandre Santos de. As agências reguladoras independentes e a separação dos poderes: uma contribuição da teoria dos ordenamentos setoriais. *Revista dos Tribunais*, São Paulo, v. 786, p. 11-56, abr. 2001.

[450] MOREIRA, Vital. Por uma regulação ao serviço da economia de mercado e do interesse público: a "declaração de condeixa". *Revista de Direito Público da Economia – RDPE*, Belo Horizonte, n. 01, p. 252, 253, jan./mar. 2003.

proporcionando melhores condições de resistência às pressões dos regulados e a garantia do autofinanciamento, de modo que a entidade reguladora potencialize a sua autonomia em relação ao Governo e aos regulados.

A autonomia das agências reguladoras é categorizada pela lei como sendo autonomia funcional, decisória, administrativa e financeira.

### 4.4.1 Autonomia funcional e administrativa

A autonomia funcional e administrativa está assegurada, pela Constituição Federal de 1988, ao Ministério Público[451] e à Defensoria Pública.[452] A Lei Geral das Agências Reguladoras adotou essa expressão, indicando que essas autarquias especiais seriam dotadas, dentre outras, de "autonomia funcional e administrativa".

Nesse sentido, além das competências autárquicas inerentes a essa autonomia no âmbito administrativo, a normativa traz certas características indicando, expressamente, a sua autonomia administrativa para a concessão de diárias e passagens em deslocamentos nacionais e internacionais, bem como a autorização para afastamentos de servidores da agência do país. Também se insere, segundo o texto legal, na autonomia administrativa a celebração de contratos administrativos e a prorrogação de contratos relativos a atividades de custeio, independentemente do valor.

Insere-se no âmbito da autonomia das agências reguladoras a possibilidade de celebração de convênios com entidades estatais, sejam elas agências reguladoras ou órgãos de regulação estaduais, distritais e municipais, desde que estas gozem de autonomia assegurada por regime jurídico compatível com as agências federais. Essa articulação deverá ser formalizada mediante acordo de cooperação, com a descentralização de atividades de fiscalização, sanção e arbitrais,[453] vedada a delegação normativa. Nas atividades de fiscalização o ente regulador que receber a delegação deverá seguir a normativa federal,

---

[451] Art. 127 – §2º Ao Ministério Público é assegurada autonomia funcional e administrativa, podendo, observado o disposto no art. 169, propor ao Poder Legislativo a criação e extinção de seus cargos e serviços auxiliares, provendo-os por concurso público de provas ou de provas e títulos, a política remuneratória e os planos de carreira; a lei disporá sobre sua organização e funcionamento.

[452] Art. 134 – §2º Às Defensorias Públicas Estaduais são asseguradas autonomia funcional e administrativa e a iniciativa de sua proposta orçamentária dentro dos limites estabelecidos na lei de diretrizes orçamentárias e subordinação ao disposto no art. 99, §2º.

[453] Sobre a arbitragem nas agências reguladoras, ver Capítulo 6.

sendo assegurado à delegante atuar como instância superior e recursal das decisões tomadas no exercício da competência delegada.

Devem ser solicitadas ao Ministério da Economia, ainda que sejam autarquias especiais vinculadas aos Ministérios setoriais, certas questões administrativas, tais como a realização de concursos públicos, provimento dos cargos, bem como alterações nos planos de carreira de seus servidores.

## 4.4.2 Autonomia financeira

Autonomia financeira de uma entidade estatal é a capacidade de se autofinanciar, gerar recursos de forma autônoma para custear suas atividades, não dependendo, portanto, de recursos de terceiros. A autonomia financeira de cada agência reguladora está assegurada nas leis instituidoras, em que pese a captura orçamentária por meio do contingenciamento de recursos, seja pelo retardamento ou a inexecução de parte da programação de despesa prevista na Lei Orçamentária que cada uma dessas autarquias experimenta.[454]

Os recursos de algumas agências reguladoras advêm das denominadas taxas de fiscalização ou regulação pagas por aqueles que exercem as respectivas atividades econômicas reguladas, de modo a que inexista dependência de recursos do orçamento do Tesouro.[455]

Malgrado a previsão normativa de autonomia financeira das agências reguladoras, essa autonomia reforçada, que foi pensada para evitar a sua captura política, embora legalmente garantida, foi significativamente restringida ao longo dos anos em decorrência de normas de natureza financeira e orçamentária, como o mecanismo de conta única do Tesouro Nacional (Decreto nº 4.950/2004).[456]

O TCU examinou a efetividade da autonomia financeira das agências reguladoras e concluiu que essas autarquias especiais se

---

454 Uma ampla análise sobre a inserção das agências reguladoras no âmbito das normas sobre finanças públicas, as fontes de receitas e sua destinação, a possibilidade de contingenciamento de receitas orçamentárias, são objeto da obra GUERRA, Sérgio; SAMPAIO, Patrícia (Org.). *Autonomia financeira das agências reguladoras*. Curitiba: Juruá, 2016.

455 Acerca das questões orçamentárias em cotejo com a Lei de Responsabilidade Fiscal, em que se discutiram os limites de atuação do Poder Executivo em relação aos órgãos constitucionalmente independentes, ver o debate travado na ADIN nº 2.238-MC.DF.

456 Um amplo levantamento pode ser conferido no estudo "Autonomia financeira das agências reguladoras dos setores de infraestrutura no Brasil", elaborado pelo Centro de Regulação e Infraestrutura da Fundação Getulio Vargas, disponível em: https://ceri.fgv.br/publicacoes/autonomia-financeira-das-agencias-reguladoras-dos-setores-de-infraestrutura-no-brasil.

submetem aos ditames gerais do processo orçamentário federal. Não há qualquer diferenciação de outras unidades orçamentárias, sendo comum o contingenciamento orçamentário, além de não haver mecanismos formais que garantam estabilidade dos recursos. Ademais, o TCU asseverou que não existe autossuficiência orçamentária, além de os recursos serem retidos pela administração central para alavancagem do superávit primário.[457]

A Lei Geral das Agências Reguladoras, de 2019, previu que cada uma dessas autarquias especiais, bem como eventuais fundos a ela vinculados, corresponderá a um órgão setorial dos Sistemas de Planejamento e de Orçamento Federal, de Administração Financeira Federal, de Pessoal Civil da Administração Federal, de Organização e Inovação Institucional, de Administração dos Recursos de Tecnologia da Informação e de Serviços Gerais.[458]

Estudos empíricos comprovarão se a alteração normativa, trazida pela Lei Geral das Agências Reguladoras, impactou ou não positivamente na sua autonomia financeira, sabendo-se que esse é um ponto nevrálgico para o êxito do modelo regulatório autônomo pois reflete, diretamente, na blindagem desses entes autárquicos contra interferências e capturas políticas.[459]

### 4.4.3 Autonomia decisória

A descentralização administrativa é realizada, necessariamente, mediante norma legal (reserva do legislador) que autoriza a criação, outorga competências e o nível de autonomia do ente descentralizado. É, precisamente, o caso das agências reguladoras, autarquias especiais com competência outorgada por lei para regular determinados subsistemas complexos com autonomia decisória, congregando, a um só tempo, funções executivas, normativas e judicantes.

---

457 Acórdão nº 2.261/2011-TCU-Plenário.

458 Cumpre anotar que o contingenciamento dos recursos das agências reguladoras foi examinado pelo TCU no Acórdão nº 240/2015-TCU-Plenário: Auditoria operacional. Agências reguladoras de infraestrutura. Avaliação da governança da regulação. Recomendações.

459 JUSTEN FILHO, Marçal. *O direito das agências reguladoras independentes*. São Paulo: Dialética, 2002. p. 473: "Um dos temas mais relevantes a propósito das agências independentes consiste na autonomia econômico-financeira e orçamentária. O desempenho satisfatório das funções que se lhes reservam depende da disponibilidade de recursos materiais. Se não forem instituídos mecanismos que assegurem a obtenção desses recursos de modo automático, a agência acabará subordinada ao processo político usual".

Ao examinarmos a autonomia decisória do modelo das agências reguladoras, a Lei nº 13.848, de 25 de junho de 2019, apresenta um regime geral, dispondo que a natureza especial conferida a essas autarquias é caracterizada pela "ausência de tutela ou de subordinação hierárquica".

Essa normativa faz referência ao regime especial geral das agências reguladoras, mas evidencia que a natureza jurídica deverá, ainda, observar as demais disposições constantes das leis específicas voltadas à implementação de cada agência reguladora. Veja-se, por exemplo, que a lei de criação da Agência Nacional de Telecomunicações – ANATEL vai além da norma geral e dispõe que a sua natureza jurídica "é caracterizada por independência administrativa, ausência de subordinação hierárquica, mandato fixo e estabilidade de seus dirigentes e autonomia financeira".

Resta claro, portanto, quanto à expressão legal "ausência de subordinação hierárquica", que as agências reguladoras são entidades autárquicas que não estão subordinadas a outro órgão; isto é, não estão sujeitas aos instrumentos típicos do controle hierárquico. Contudo, a Lei Geral das Agências Reguladoras trouxe uma novidade ao tratar da natureza autárquica especial. A lei também dispõe que a autonomia das agências reguladoras se caracteriza por "ausência de tutela".

Neste aspecto, resta saber se a inovação normativa, ao incluir nas características da autonomia das agências reguladoras a expressão "ausência de tutela" deve ser interpretada (i) como não estando submetidas ao controle administrativo ministerial, o que levaria, inclusive, à vedação de interposição de recurso hierárquico impróprio, ou (ii) se a conjunção "ou" ligando dois termos, ao se referir à autonomia decisória das agências reguladoras ("tutela" ou "subordinação hierárquica"), teria sido utilizada para exercer a mesma função sintática.[460]

A expressão "tutela" não consta da Constituição Federal de 1988 ou de normas legais federais envolvendo a competência ministerial para

[460] Lei nº 13.848, de 25 de junho de 2019 – Art. 3º A natureza especial conferida à agência reguladora é caracterizada pela ausência de tutela ou de subordinação hierárquica, pela autonomia funcional, decisória, administrativa e financeira e pela investidura a termo de seus dirigentes e estabilidade durante os mandatos, bem como pelas demais disposições constantes desta Lei ou de leis específicas voltadas à sua implementação.

exercer o controle da administração indireta; tanto a Carta[461] quanto o Decreto-Lei nº 200/67[462] utilizam o termo "supervisão" ministerial.[463]

A definição de tutela administrativa, no direito brasileiro, foi objeto de estudo elaborado por Cretella Júnior publicado em 1969. O autor investigou, de forma inédita, a incorporação desse instituto à doutrina brasileira sob uma perspectiva do direito francês, italiano, espanhol, português e argentino, chegando à seguinte conclusão:[464]

> Dêsse modo, lato sensu, definimos a tutela administrativa como o conjunto de podêres expressos em lei, mas limitados, que o Estado confere aos órgãos centrais a fim de que exerçam ininterrupta vigilância jurídica sôbre os atos editados pelos órgãos ou pelos agentes das pessoas administrativas descentralizadas, territoriais ou institucionais, para garantir-lhes a legalidade e assegurar a consecução dos interêsses coletivos. Stricto sensu, que é o sentido em que deve ser tomada no sistema pátrio, tutela administrativa, é o conjunto de podêres expressos em lei, mas limitados, que o Estado confere aos órgãos centrais, da União, dos Estados: ou dos Municípios, a fim de que exerçam ininterrupta vigilância jurídica sobre atos editados pelos órgãos ou pelos agentes das autarquias institucionais para garantir-lhes a legalidade e assegurar a consecução dos interêsses coletivos.

---

461 Art. 87. Os Ministros de Estado serão escolhidos dentre brasileiros maiores de vinte e um anos e no exercício dos direitos políticos. Parágrafo único. Compete ao Ministro de Estado, além de outras atribuições estabelecidas nesta Constituição e na lei: I – exercer a orientação, coordenação e supervisão dos órgãos e entidades da administração federal na área de sua competência e referendar os atos e decretos assinados pelo Presidente da República.

462 Art. 19. Todo e qualquer órgão da Administração Federal, direta ou indireta, está sujeito à supervisão do Ministro de Estado competente, excetuados unicamente os órgãos mencionados no art. 32, que estão submetidos à supervisão direta do Presidente da República. Art. 20. O Ministro de Estado é responsável, perante o Presidente da República, pela supervisão dos órgãos da Administração Federal enquadrados em sua área de competência. Parágrafo único. A supervisão ministerial exercer-se-á através da orientação, coordenação e contrôle das atividades dos órgãos subordinados ou vinculados ao Ministério, nos têrmos desta lei.

463 A expressão "controle hierárquico" refere-se aos casos de subordinação, ao passo que *tutela* se refere ao controle sobre entidades vinculadas (administração indireta); ambas as expressões constituem modalidades do gênero "controle administrativo". DI PIETRO, Maria Sylvia Zanella. *Direito administrativo*. 20. ed. São Paulo: Atlas, 2007. p. 452.

464 CRETELLA JÚNIOR, José. Definição da tutela administrativa. *Revista de Direito Administrativo*, Rio de Janeiro, v. p. 28-40, abr./jun. 1969: "Considerações sôbre o tema. Dificuldade, atualidade e importância do assunto, ressaltadas por autores de outros países, ao mesmo tempo que sua permanente presença dentro de nossa realidade jurídica, bem como a inexistência, entre nós, de monografia especializada a respeito do tema, levarmos a escrever um primeiro artigo sôbre o instituto da tutela administrativa, investigando-lhe a origem, o papel, os fundamentos, a configuração, a dinâmica e as finalidades nos diversos sistemas jurídicos, ao mesmo tempo que a ressaltar-lhe a ressonância diante de nosso direito".

De forma objetiva, a centralização impõe um controle hierárquico, e a descentralização um controle de tutela: "à centralização corresponde a fiscalização hierárquica, à descentralização corresponde a fiscalização tutelar".[465]

Jean Rivero anota que tanto a centralização como a descentralização impõem um certo controle administrativo, mas de formas diferentes. O controle de tutela é o controle exercido pela Administração Direta sobre uma entidade descentralizada, dentro dos limites fixados na lei. Esse controle é necessário tanto no interesse do próprio Estado, que tem de salvaguardar a sua política e velar pelo respeito à lei, como no interesse da pessoa descentralizada, principal vítima da má gestão de seus representantes. Além disso, o autor aponta a importância do controle de tutela no interesse dos indivíduos, que podem ter necessidade de uma proteção contra a autoridade descentralizada.[466]

Tutela e supervisão ministerial, segundo Caio Tácito, têm os mesmos contornos de articulação política da Administração indireta com os parâmetros e objetivos globais da ação administrativa de Governo. Isso quer dizer que não se enquadra, em seus moldes, tão somente o controle da legalidade, a ser exercido em grau de recurso ou mesmo em atos de intervenção.[467]

Os processos de controle de tutela podem ser exercidos de diversas formas, sempre eleitas pelo legislador: (i) em relação às pessoas, reservando o poder disciplinar provisório (suspensão) ou definitivo (demissão); (ii) sobre as escolhas, inclusive sobre as discricionárias (oportunidade e conveniência); (iii) sobre a execução das decisões (tutela indireta), nos casos em que a decisão depende de medidas tomadas pelo poder político.[468]

Conclusivamente, quando a lei se refere à "ausência de tutela", significa que a Administração Direta – leia-se, Ministérios – não tem poder de ingerência sobre a atividade-fim [os serviços prestados] das entidades autárquicas especiais, poder este comumente exercido pelo poder central a pretexto de proteger os interesses sujeitos à competência do ente descentralizado.[469] Quando a lei dispõe haver

---

465 CRETELLA JÚNIOR, José. Definição da tutela administrativa. *Revista de Direito Administrativo*, Rio de Janeiro, v. p. 28-40, abr./jun. 1969.

466 RIVERO, Jean. *Direito administrativo*. Coimbra: Almedina, 1981. p. 359.

467 TÁCITO, Caio. Competência ministerial para suspensão de julgamento de concorrência em empresa pública sob sua supervisão. *Revista de Direito da Procuradoria Geral*, Rio de Janeiro, n. 43, p. 27-28, 1991.

468 RIVERO, Jean. *Direito administrativo*. Coimbra: Almedina, 1981. p. 362-363.

469 Sobre o alcance do poder de tutela, Marçal Justen Filho assevera que significa o controle

"ausência de subordinação hierárquica", representa que não há relação de hierarquia entre o ente autárquico e a Administração central, apenas uma vinculação ensejadora de supervisão ministerial.

Partindo do conceito de tutela no contexto da natureza especial conferida pela lei, a interpretação normativa deve conduzir à conclusão de que as agências reguladoras gozam de autonomia decisória, mas isso não significa ausência de controle administrativo, que deve ser exercido, nos termos da Constituição Federal de 1988, pela Administração Direta. A autonomia decisória representa o estabelecimento do colegiado da agência reguladora como última instância de decisão, haja vista a sua vinculação administrativa – e não subordinação hierárquica – ao respectivo Ministério e, consequentemente, ao Chefe do Poder Executivo, que não detém competência constitucional ou legal para avocar a decisão regulatória, como dispõe o art. 170 do Decreto-Lei nº 200/67 sobre as autarquias comuns.[470]

Sobre a autonomia decisória das agências reguladoras, vale mencionar que mesmo antes da edição da Lei nº 13.848, de 25 de junho de 2019, a doutrina controvertia acerca dos limites da supervisão ministerial e a juridicidade ou não do cabimento de recurso hierárquico impróprio contra as decisões das agências reguladoras.

### 4.4.3.1 Controle das agências reguladoras por meio de supervisão ministerial

A administração pública é um todo coeso e orgânico, que deve articular todas as unidades administrativas, sejam os órgãos e entidades da administração direta e indireta. Nesse sentido, antes da promulgação da Lei Geral (Lei nº 13.848, de 25 de junho de 2019), não havia divergência quanto ao poder de supervisão ministerial sobre as agências reguladoras, inobstante a natureza autárquica especial conferida pelas leis de criação dessas entidades.

Por outro lado, antes da edição daquela normativa, não era uníssona a interpretação doutrinária de que, no âmbito da supervisão ministerial, seria jurídico o cabimento de recurso hierárquico impróprio

---

exercitado pela Administração direta sobre aqueles entes da Administração indireta que a ele estão vinculados, não representando competência para rever ações ou omissões praticadas pela entidade descentralizada. JUSTEN FILHO, Marçal. *Curso de direito administrativo*. 13. ed. São Paulo: Thomson Reuters Brasil, 2018. p. 154.

[470] Art. 170. O Presidente da República, por motivo relevante de interêsse público, poderá avocar e decidir qualquer assunto na esfera da Administração Federal.

contra as decisões finais das agências reguladoras. A doutrina majoritária sempre se apresentou contrária ao cabimento do recurso hierárquico impróprio ao ministério supervisor.

Recurso hierárquico impróprio é aquele de uso excepcional, previsto em lei, cabível em situações nas quais não há subordinação entre a autoridade que proferiu a decisão e a autoridade pertencente a outra pessoa jurídica, à qual o recurso administrativo foi distribuído.[471]

O argumento doutrinário central, contrário ao cabimento do recurso hierárquico impróprio contra as escolhas regulatórias finais, centrava-se na ausência de lei expressa que permitisse tal nível excepcional de intervenção. Alexandre Santos de Aragão,[472] representando essa corrente, anota que nenhuma lei prevê no direito brasileiro positivo o cabimento de recurso hierárquico impróprio contra as decisões das agências reguladoras, "o que por si só bastaria para eliminar tal possibilidade em razão da vetusta doutrina do *pas de tutelle sans texte, pas de tutelle au-delà du texte,* decorrente da personificação jurídica das entidades da Administração Indireta". E complementa:[473]

> A admissão de recursos hierárquicos impróprios deitaria por terra todo o arcabouço institucional traçado pelo ordenamento jurídico para as agências reguladoras, tornando inócua, por exemplo, a vedação de exoneração dos seus dirigentes. O espírito da disciplina dessas entidades, que é justamente o de afastá-las das injunções político-eleitorais fugazes e casuísticas, restaria totalmente corrompido se o Ministro ou o Presidente da República pudesse a qualquer momento impor caso a caso a sua vontade.

---

471 Recurso hierárquico impróprio, em síntese, é aquele endereçado a autoridade administrativa que não é hierarquicamente superior àquela de que exarou o ato recorrido. Nas palavras de Celso Antônio Bandeira de Mello: "Os recursos administrativos são propostos na intimidade de uma mesma pessoa jurídica; por isto são chamados de recursos hierárquicos. Se, todavia, a lei previr que da decisão de uma pessoa jurídica cabe recurso para a autoridade encartada em outra pessoa jurídica, o recurso será, em tal caso, denominado de recurso hierárquico impróprio". BANDEIRA DE MELLO, Celso Antônio. *Curso de direito administrativo*. 14. ed. São Paulo: Malheiros, 2002. p. 129. Na mesma linha de raciocínio, José Cretella Júnior denota que "recurso hierárquico impróprio é o que se dirige a autoridade não hierarquicamente superior àquela de que emanou o ato impugnado. É recurso previsto em lei, mas de uso excepcional, visto faltar-lhe o fundamento indispensável da hierarquia". CRETELLA JÚNIOR, José. *Tratado de direito administrativo*. Rio de Janeiro: Forense, 1970. v. 6. p. 22.

472 ARAGÃO, Alexandre Santos de. Supervisão Ministerial das agências reguladoras: Limites, Possibilidades e o Parecer AGU nº AC-051. *Revista de Direito Administrativo,* Rio de Janeiro, v. 245, p. 237-262, maio 2007.

473 ARAGÃO, Alexandre Santos de. *Agências reguladoras e a evolução do direito administrativo econômico*. 2. ed. Rio de Janeiro: Forense, 2003. p. 349.

Em sentido inverso, a doutrina favorável à tese de juridicidade do cabimento do recurso hierárquico impróprio, contra as decisões finais de entidades autárquicas, se baseava na Constituição Federal de 1988[474] e no Decreto-Lei nº 200/67.

Nessa linha, considerando-se que a possibilidade de supervisão ministerial não se presume – dentro do princípio de que não há controle sem norma que o defina – o Decreto-Lei nº 200/67 estabelece os limites do controle administrativo dos atos praticados pelas entidades autárquicas. Para os defensores do cabimento do recurso hierárquico impróprio em face das decisões finais das agências reguladoras, o art. 20 do Decreto-Lei nº 200/67, ainda vigente, combinado com o art. 87 da Constituição Federal de 1988, seria o fundamento legal ao dispor que o Ministro de Estado é responsável, perante o Presidente da República, pela supervisão dos órgãos da Administração Federal enquadrados em sua área de competência. A supervisão ministerial, portanto, seria exercida através da orientação, coordenação e controle das atividades dos órgãos subordinados ou vinculados ao Ministério.

Ademais, argumenta-se que o art. 26 do Decreto-Lei nº 200/67 dispõe que, no que se refere à Administração Indireta, a supervisão ministerial visará a assegurar, essencialmente, a realização dos objetivos fixados nos atos de constituição da entidade; a harmonia com a política e a programação do Governo no setor de atuação da entidade e a eficiência administrativa. E quanto às medidas a serem adotadas na supervisão pelo Ministério, dispõe o parágrafo único desse mesmo dispositivo: a) indicação ou nomeação pelo Ministro ou, se for o caso, eleição dos dirigentes da entidade, conforme sua natureza jurídica; b) designação, pelo Ministro, dos representantes do Governo Federal nas Assembleias Gerais e órgãos de administração ou controle da entidade; c) recebimento sistemático de relatórios, boletins, balancetes, balanços e informações que permitam ao Ministro acompanhar as atividades da entidade e a execução do orçamento-programa e da programação financeira aprovados pelo Governo; d) aprovação anual da proposta de orçamento-programa e da programação financeira da entidade, no caso de autarquia; e) aprovação de contas, relatórios e balanços,

---

474 Constituição Federal de 1988 – Art. 87. Os Ministros de Estado serão escolhidos dentre brasileiros maiores de vinte e um anos e no exercício dos direitos políticos. Parágrafo único. Compete ao Ministro de Estado, além de outras atribuições estabelecidas nesta Constituição e na lei: I – exercer a orientação, coordenação e supervisão dos órgãos e entidades da administração federal na área de sua competência e referendar os atos e decretos assinados pelo Presidente da República.

diretamente ou através dos representantes ministeriais nas Assembleias e órgãos de administração ou controle; f) fixação, em níveis compatíveis com os critérios de operação econômica, das despesas de pessoal e de administração; g) fixação de critérios para gastos de publicidade, divulgação e relações públicas; h) realização de auditoria e avaliação periódica de rendimento e produtividade; e i) intervenção, por motivo de interesse público.

Além dessas competências amplas, o art. 25 do Decreto-Lei nº 200/67, com conceitos jurídicos indeterminados, dispõe que a supervisão ministerial tem por principais objetivos, na área de competência do Ministro de Estado, assegurar a observância da legislação federal; promover a execução dos programas do Governo; fazer observar os princípios fundamentais enunciados na norma; coordenar as atividades dos órgãos supervisionados e harmonizar sua atuação com a dos demais Ministérios; avaliar o comportamento administrativo dos órgãos supervisionados e diligenciar no sentido de que estejam confiados a dirigentes capacitados; proteger a administração dos órgãos supervisionados contra interferências e pressões ilegítimas; fortalecer o sistema do mérito; fiscalizar a aplicação e a utilização de dinheiros, valores e bens públicos; acompanhar os custos globais dos programas setoriais do Governo, a fim de alcançar uma prestação econômica de serviços; fornecer ao órgão próprio do Ministério da Fazenda os elementos necessários à prestação de contas do exercício financeiro; e transmitir ao Tribunal de Contas, sem prejuízo da fiscalização deste, informes relativos à administração financeira e patrimonial dos órgãos do Ministério.

Arnold Wald, com arrimo em Manoel Gonçalves Ferreira Filho, sustenta que devem ser evitados os abusos ou excessos de poder praticados pelas agências reguladoras, especialmente quando agirem em desacordo com a política pública do governo, uma vez que o papel inerente a todo Estado é o controle das atividades individuais em vista do interesse geral.[475] E complementa seu pensamento afirmando que abusos podem ser evitados por meio de recurso ao Ministro ao qual a Agência está vinculada.[476]

Por essa linha de pensamento, tendo em conta, ainda, que a supervisão ministerial não é uma faculdade, e sim um poder-dever atribuído ao Ministro de Estado como uma de suas tarefas públicas, a

---

475 WALD, Arnold. O controle político sobre as agências reguladoras no direito brasileiro e comparado. *Boletim de Direito Administrativo*, v. 20, n. 9, set. 2004.

476 *Idem*.

decisão exarada pela agência reguladora, ainda que apenas vinculada – e não subordinada – ao Ministério, não pode ficar infensa à apreciação superior.[477]

Observando as duas posições doutrinárias, mesmo antes da aprovação da Lei nº 13.848/2019 o nosso entendimento era no sentido de que atentaria contra a juridicidade o cabimento de recurso hierárquico impróprio contra decisões finais das agências reguladoras, cuja lei de criação disponha que suas decisões se deem em último grau. Isto é, não caberia recurso hierárquico impróprio quando as agências reguladoras exercessem, com base na reflexividade administrativa,[478] as suas funções executivas, normativas e judicantes dentro dos limites de suas competências preponderantemente técnicas. Contudo, também sustentamos que se as agências reguladoras usurpassem competência legal dos Ministérios, proferindo decisões em flagrante contraste às normas legais que lhes outorgam competências de natureza técnica, poder-se-ia admitir o cabimento de recurso hierárquico impróprio:[479]

> No entanto, é plausível inferir ser cabível o recurso hierárquico impróprio contra as decisões das agências reguladoras quando deliberarem acerca de temas exclusivamente relacionados às políticas públicas do setor regulado, em flagrante usurpação de competência do Poder Legislativo e do Poder Executivo, aí estando incluída a esfera ministerial com supedâneo no art. 76 da Constituição da República.

Com a edição da Lei nº 13.848/2019 o nosso entendimento está mantido, com argumento renovado. Essa normativa apenas se referiu

---

477 Nas palavras de Jessé Torres Pereira Júnior, é que o Ministro quando supervisiona passa a ser um fiscal da legalidade e da moralidade nas atividades dos órgãos sob sua supervisão. PEREIRA JÚNIOR, Jessé Torres. Supervisão ministerial e entidades vinculadas no moderno direito administrativo brasileiro. *Revista da Informação Legislativa*, p. 186, jan./mar. 1976. E, citando Oliveira Franco, destaca que as faculdades técnicas, os critérios de oportunidade e conveniência, as normas legais programadas, de que use ou deixe de usar o agente administrador delegado, podem escapar ao exame do Judiciário, mas não escapam, na supervisão, à responsabilidade do Ministro. Transfere-se, destarte, a responsabilidade de quem praticou o ato de delegação. Responde aquele Ministro pela inobservância dos deveres gerais afetos ao seu cargo. Internamente, pode-se imputar o agente, mas externamente a responsabilidade envolve autoridade a quem a lei conferiu o poder de delegar.

478 GUERRA, Sérgio. *Discricionariedade, regulação e reflexividade*: uma nova teoria sobre as escolhas administrativas. 6. ed. Belo Horizonte: Fórum, 2021. p. 273.

479 Controle judicial das deliberações das agências reguladoras de atividades econômicas e de exploração privada de bens e serviços públicos, Dissertação de Mestrado, Universidade Cândido Mendes, 2003. Trabalho publicado em GUERRA, Sérgio. *Controle judicial dos atos regulatórios*. Rio de Janeiro: Lumen Juris, 2005. p. 256.

à autonomia decisória caracterizada pela "ausência de tutela ou de subordinação hierárquica", silenciando sobre o cabimento ou não de revisão das suas decisões pela Administração Direta, permanecendo inconcluso o debate.

Passadas mais de duas décadas desde a criação da primeira agência reguladora (ANEEL), pode-se argumentar que, se fosse o desejo do legislador vedar o cabimento de recurso hierárquico impróprio, teria disposto, expressamente, como o fez em 1994, quando disciplinou as competências do Conselho Administrativo de Defesa Econômica – CADE. Com efeito, na Lei nº 8.884/94, constou expressamente que não seria cabível recurso contra a decisão do Conselho Diretor no âmbito do Poder Executivo, disposição essa mantida integralmente pela Lei nº 12.529/2011:

> Art. 9º Compete ao Plenário do Tribunal, dentre outras atribuições previstas nesta Lei: [...] §2º As decisões do Tribunal não comportam revisão no âmbito do Poder Executivo, promovendo-se, de imediato, sua execução e comunicando-se, em seguida, ao Ministério Público, para as demais medidas legais cabíveis no âmbito de suas atribuições.

Por essa normativa, o CADE é um ente autônomo, e suas decisões são definitivas, a teor do que dispõe o §2º, do art. 9º, da Lei nº 12.529/2011, isto é, não são passíveis de reforma por meio de recurso hierárquico impróprio ao Ministro da Justiça e Segurança Pública.[480]

Em reforço a esse argumento, leve-se em conta que a estrutura garantidora da autonomia decisória que constou expressamente na legislação que disciplina a competência do CADE é diversa da reestruturação ocorrida na Comissão de Valores Mobiliários – CVM. Nas competências da CVM, o legislador previu, expressamente, o cabimento de recurso hierárquico impróprio contra decisões dessa autarquia especial. Com efeito, contra as decisões da CVM que apliquem penalidades aos agentes regulados cabe recurso hierárquico impróprio ao Conselho de Recursos do Sistema Financeiro Nacional.

---

480 Essa, aliás, foi a decisão proferida pelo Superior Tribunal de Justiça nos autos do Mandado de Segurança nº 10.138/DF, em que foi Relatora a Ministra Eliana Calmon, perante a Primeira Seção, em julgamento ocorrido no dia 09 de novembro de 2005. O aresto em comento teve a seguinte ementa: Processo civil – Recurso hierárquico – Não cabimento – Lei nº 8.884/94. 1. Da decisão do CADE não cabe recurso no âmbito da esfera administrativa (art. 50 da Lei nº 8.884/94). 2. Recurso hierárquico interposto pelo MPF ao Ministro da Justiça, contra decisão colegiada do CADE, devidamente arquivado. 3. Mandado de segurança extinto sem julgamento do mérito, por falta de interesse.

Veja-se que a CVM também é uma autarquia especial, vinculada ao Ministério da Economia, e que o Conselho de Recursos do Sistema Financeiro Nacional (CRSFN) é um órgão colegiado, integrante da estrutura do Ministério da Economia. Esse Conselho foi criado com o fim de julgar, em última instância administrativa, os recursos contra as sanções aplicadas não só pela CVM, mas também pelo BACEN, e, nos processos de lavagem de dinheiro, as sanções aplicadas pelo Conselho de Controle de Atividades Financeiras – COAF, Superintendência de Seguros Privados – SUSEP e demais autoridades competentes.

Há, portanto, uma diferença entre a autonomia do CADE, com disposição legal expressa de não cabimento de recurso hierárquico impróprio, e a autonomia da CVM, com norma expressa disciplinando o cabimento de recurso hierárquico impróprio ao CRSFN. Diferentemente de ambas, não há previsão expressa na Lei Geral das Agências Reguladoras (Lei nº 13.848/2019) de que os atos administrativos ensejadores de aplicação de penalidades poderão ou não ser revistos, em sede recursal, pelo ministério ao qual estão vinculadas.

Considerando que desde 2006 vigora parecer normativo expedido pela AGU, aprovado pelo Presidente da República, pela juridicidade do cabimento do recurso hierárquico impróprio contra as decisões finais das agências reguladoras, como sustentamos, "que ultrapassem os limites de suas competências materiais definidas em lei ou regulamento, ou, ainda, violem as políticas públicas definidas para o setor regulado pela Administração direta", é plausível inferir que diante do "silêncio legislativo como escolha política"[481] houve, no caso, uma espécie de "ratificação tácita" do parecer AGU nº AC-51/2006 pelo Congresso Nacional.

### 4.4.3.2 Parecer normativo da Advocacia-Geral da União: limites no cabimento de recurso hierárquico impróprio

A Advocacia-Geral da União decidiu pela juridicidade do cabimento do recurso hierárquico impróprio contra as decisões das agências reguladoras em situações extremas, nas quais o ente autárquico extrapole as suas competências técnicas, outorgadas por lei. Essa manifestação ocorreu nos autos do Processo nº 50000.029371/2004-83,

[481] CAIXETA, Gabriel Ricardo Jardim. *Silêncio legislativo, liberdade para legislar e omissão inconstitucional*. 2015. p. 47. Dissertação (Mestrado em Direito do Estado) – Faculdade de Direito, Universidade de São Paulo, São Paulo, 2015. doi: 10.11606/D.2.2015.tde-24112015-110351. Acesso em: 06 ago. 2020.

que tramitou perante o Ministério dos Transportes, em assunto envolvendo deliberação colegiada expedida pela Agência Nacional de Transportes Aquaviários – ANTAQ.

Com efeito, o Parecer AGU/MS-04/06, de 23 de maio de 2006, da Consultoria da União, trouxe as seguintes considerações quanto ao cabimento do recurso hierárquico impróprio: a) o recurso hierárquico próprio, decorrente do princípio e da organização hierárquica no âmbito próprio de cada instância ou nível administrativo, tendente a submeter à autoridade superior o ato ou decisão praticada pela autoridade inferior, na escala organizacional, tem sempre cabimento, independente da previsão legal, salvo se, excepcionalmente, a lei ou o regulamento excluí-lo, de modo explícito; b) o recurso hierárquico impróprio, entendido como aquele que devolve à autoridade superior, estranha ao corpo administrativo da entidade, mas incumbida de sua vigilância e controle, os atos e decisões emanados dos Órgãos da Administração Indireta, tem irrefutável cabimento quando expressamente previsto em lei, e na extensão em que previsto; c) cabe, implicitamente, o recurso hierárquico impróprio, das decisões finais dos Órgãos da Administração Indireta, em virtude do poder de supervisão ministerial, quando os atos e decisões possam suscitar, mediante o recurso, o controle repressivo (art. 25, I; art. 26, I, do DL nº 200-67), quer se tenha por objeto a proteção de direitos subjetivos legítimos, quer o resguardo do interesse público; d) não terá cabimento, porém, o recurso impróprio, quando a própria lei atribuir, de modo induvidoso, a determinados atos e decisões, caracteres de definitividade e preclusão, no âmbito administrativo, de modo que somente tenha lugar o seu controle e revisão no âmbito da apreciação judicial; e) em qualquer caso, porém, embora numa colocação e efeitos de todo diversos da matéria recursal, todo assunto em curso na esfera da Administração Federal é sujeito à avocação de competência pelo Presidente da República, desde que ocorra relevante motivo de interesse público, operando-se uma substituição do poder decisório nos termos do art. 170 do DL nº 200-67 (Parecer CGR L-084/1975, aprovado pelo Presidente da República e publicado no *DOU* de 02.12.1975).

O referido foi aprovado pelo Advogado-Geral da União, por meio do parecer AGU nº AC-51/2006, que "a despeito da inexistência de previsão legal, fixou a possibilidade do cabimento de recurso hierárquico impróprio em face das decisões proferidas pelas agências reguladoras para o respectivo Ministério".[482]

---

[482] Em sentido contrário, ARAGÃO, Alexandre Santos de. Supervisão Ministerial das agências reguladoras: Limites, Possibilidades e o Parecer AGU nº AC-051. *Revista de Direito*

Com a aprovação pelo Presidente da República, em 13 de junho de 2006, o parecer AGU nº AC-51/2006 vinculou toda a organização administrativa federal:[483]

> Estão sujeitas à revisão ministerial, de ofício ou por provocação dos interessados, inclusive pela apresentação de recurso hierárquico impróprio, as decisões das agências reguladoras referentes às suas atividades administrativas ou que ultrapassem os limites de suas competências materiais definidas em lei ou regulamento, ou, ainda, violem as políticas públicas definidas para o setor regulado pela Administração direta. III – Excepcionalmente, por ausente o instrumento da revisão administrativa ministerial, não pode ser provido recurso hierárquico impróprio dirigido aos Ministérios supervisores contra as decisões das agências reguladoras adotadas finalisticamente no estrito âmbito de suas competências regulatórias previstas em lei e que estejam adequadas às políticas públicas definidas para o setor.

## 4.5 Análise de Impacto Regulatório – AIR

Os efeitos decorrentes das escolhas regulatórias,[484] realizadas pelos colegiados das agências reguladoras, podem ser medidos por meio de metodologia estruturada, em vários países, inclusive no Brasil, denominada Análise de Impacto Regulatório (AIR). Trata-se de um

---

*Administrativo*, Rio de Janeiro, v. 245, p. 237-262, maio 2007: "Assim, longe de constituir traço essencial do sistema presidencialista, a supervisão ministerial nos termos vislumbrados pelo parecer-normativo constitui afronta ao Estado Democrático de Direito e ao modelo de agências reguladoras adotado no Brasil, através das respectivas leis criadoras. A pretensão de controlar todas as decisões das agências reguladoras remonta, como visto, a uma ideia totalitária do Poder Executivo, aos moldes do regime napoleônico, este último curiosamente fundamentado na ausência de legitimidade do governo e no receio quanto à perda de poder".

483 Lei Complementar nº 73/93: Art. 39. É privativo do Presidente da República submeter assuntos ao exame do Advogado-Geral da União, inclusive para seu parecer. Art. 40. Os pareceres do Advogado-Geral da União são por este submetidos à aprovação do Presidente da República. §1º O parecer aprovado e publicado juntamente com o despacho presidencial vincula a Administração Federal, cujos órgãos e entidades ficam obrigados a lhe dar fiel cumprimento. §2º O parecer aprovado, mas não publicado, obriga apenas as repartições interessadas, a partir do momento em que dele tenham ciência. Art. 41. Consideram-se, igualmente, pareceres do Advogado-Geral da União, para os efeitos do artigo anterior, aqueles que, emitidos pela Consultoria-Geral da União, sejam por ele aprovados e submetidos ao Presidente da República.

484 Trata-se de uma espécie de escolha administrativa que viabiliza o exercício de uma função de intervenção estatal, indireta, exercida por autoridade pública descentralizada dotada de independência técnica, voltada à implementação de políticas públicas e à realização dos direitos sociais na execução de serviços públicos e realização de atividades econômicas de utilidade pública em setores complexos. cf.: GUERRA, Sérgio. *Discricionariedade, regulação e reflexividade*: uma nova teoria sobre as escolhas administrativas. 6. ed. Belo Horizonte: Fórum, 2021. p. 153.

instrumento voltado ao mapeamento das consequências positivas e negativas que podem advir da regulação de relevantes temas de um determinado setor ou matéria.

A AIR constitui um mecanismo de auxílio aos reguladores, devendo ser utilizado quando se estiver discutindo a necessidade de se adotar ou não determinada regulação, seja em âmbito legislativo, seja em sede administrativa, que tenham um amplo espectro de incidência. A abrangência dos efeitos de uma decisão, a justificar o manejo de AIR, costuma estar prevista na legislação e ser atrelada a uma expressão monetária (*v.g.* decisões que aumentem os custos acima de um determinado valor), podendo, ainda, ter por consideração a quantidade de pessoas potencialmente atingidas com a normatização (agentes ou consumidores).[485]

Antes mesmo da edição de normas sobre a AIR, foram desenvolvidas pesquisas pelo governo federal, por meio do Comitê Interministerial de Governança (CIG), que apresentou um estudo intitulado "Diretrizes Gerais e Roteiro Analítico Sugerido para AIR" e do "Guia Orientativo para Elaboração de AIR"[486] contendo relatório circunstanciado acerca dos princípios da boa regulação e das "melhores práticas de governança pública e regulatória".[487]

A Lei Geral das Agências Reguladoras (Lei nº 13.848, de 25 de junho de 2019) disciplinou o processo decisório das agências reguladoras e incluiu a exigência da realização de AIR previamente à adoção e propostas de alteração de atos normativos de interesse geral dos agentes econômicos, consumidores ou usuários dos serviços prestados. Além disso, determinou que nos casos em que não for realizada a AIR, a agência reguladora deverá disponibilizar nota técnica ou documento equivalente que tenha fundamentado a proposta da decisão.

Embora a lei não tenha apresentado maiores detalhamentos sobre a adoção e os quesitos mínimos para realização da AIR, estabeleceu que o seu conteúdo e a metodologia, bem como as especificidades sobre a obrigatoriedade e dispensa, seriam objeto de regulamentação específica.

---

485 GUERRA, Sérgio; SAMPAIO, Patrícia. *Análise de Impacto Regulatório*: ferramenta a serviço da transparência e da eficiência da regulação. Rio de Janeiro: Ed. JC, 2012. Edição 145.

486 Guia Orientativo para Elaboração de Análise de Impacto Regulatório (AIR). Disponível em: https://www.gov.br/casacivil/pt-br/centrais-de-conteudo/downloads/diretrizes-gerais-e-guia-orientativo_final_27-09-2018.pdf/@@download/file/diretrizes-gerais-e-guia-orientativo_final_27-09.pdf. Acesso em: 03 ago. 2020.

487 PORTO, Antônio José Maristrello; GAROUPA, Nuno; GUERRA, Sérgio. Análise de impacto regulatório: dimensões econômicas de sua aplicação. *Economic Analysis of Law Review* – EALR, v. 10, n. 2, p. 173-190, mai./ago. 2019.

Outra norma que dispõe sobre a AIR é a Lei nº 13.874, de 20 de setembro de 2019, que instituiu a Declaração de Direitos de Liberdade Econômica. De acordo com essa normativa, todos os atos normativos editados por entidades da administração pública federal, direta e indireta, estas de direito público (autarquias e fundações públicas), deverão ser precedidas da realização de AIR.

A AIR, no seu ciclo regulatório, deverá conter informações e dados sobre as consequências do ato normativo sob o ponto de vista econômico para verificar a adequação entre meios e fins do ato normativo, sendo vedada a imposição de obrigações, restrições e sanções em medida que vá além da necessária ao atendimento do interesse da sociedade.

No âmbito regulamentar, foi editado o Decreto nº 10.411, de 30 de junho de 2020, que definiu a AIR como sendo o procedimento, a partir da definição de problema regulatório, de avaliação prévia à edição dos atos normativos, que conterá informações e dados sobre os seus prováveis efeitos, para verificar a razoabilidade do impacto e subsidiar a tomada de decisão.[488]

A normativa exclui a obrigatoriedade de AIR em situações de urgência e em atos normativos destinados a disciplinar direitos ou obrigações definidas em norma hierarquicamente superior que não permita diferentes alternativas regulatórias do ponto de vista técnico ou jurídico. Também podem ser dispensados atos normativos considerados de baixo impacto, que visem à atualização ou à revogação de normas obsoletas ou que visem a preservar liquidez, solvência ou higidez dos mercados de seguro, resseguro, capitalização, previdência complementar, financeiro, de capitais, de câmbio e dos sistemas de pagamentos. Por fim, podem ser dispensados atos normativos que reduzam exigências, obrigações, restrições, requerimentos ou especificações com o objetivo de reduzir custos regulatórios, bem como que revisem normas desatualizadas para adequação ao desenvolvimento tecnológico consolidado internacionalmente.

---

[488] De acordo com o estudo apresentado pelo governo federal, AIR é o processo sistemático de análise baseado em evidências que busca avaliar, a partir da definição de um problema regulatório, os possíveis impactos das alternativas de ação disponíveis para o alcance dos objetivos pretendidos, tendo como finalidade orientar e subsidiar a tomada de decisão. Guia Orientativo para Elaboração de Análise de Impacto Regulatório (AIR). (BRASIL. Presidência da República – Casa Civil. *Guia orientativo para elaboração de análise de impacto regulatório (AIR)*. Fev. 2018. Disponível em: http://www.aenda.org.br/wp-content/uploads/2020/04/cir0163-anexo-guia-para-analise-de-impacto-regulatorio.pdf. Acesso em 15 mai. 2022).

Com a entrada em vigor da normativa regulamentar, a cúpula diretora de cada entidade regulatória, por meio de norma regulatória, disporá sobre o teor do relatório de AIR, notadamente acerca da adequação ou não da proposta de edição de norma vis-à-vis os objetivos pretendidos. Nesse sentido, deverá indicar os impactos esperados em cada caso, seguindo uma das seguintes metodologias: análise multicritério, análise de custo-benefício, análise de custo-efetividade, análise de custo, análise de risco, análise risco-risco ou outra que achar adequada desde que motivadamente.

Com o uso da flexão do verbo "poder" na terceira pessoa do singular do futuro do presente do indicativo ("poderá") ou do conceito jurídico indeterminado "preferencialmente", pela norma regulamentar, a elaboração do AIR está, em grande medida, sujeita a escolhas discricionárias, considerando, por exemplo, que a metodologia, a autorização para participação social por meio consulta pública, em determinadas situações, a definição dos meios e os canais para realização dos procedimentos de participação social e de consulta pública serão definidos discricionariamente com base em oportunidade e conveniência.

Após a publicação do Decreto nº 10.411/2020, a Secretaria Especial de Produtividade, Emprego e Competitividade, do Ministério da Economia, lançou o novo Guia para Elaboração de Análise de Impacto Regulatório (AIR)[489] visando fortalecer a disseminação de práticas voltadas à melhoria da qualidade regulatória.

## 4.6 Análise de Resultado Regulatório – ARR

Além da Análise de Impacto Regulatório (AIR), o Decreto nº 10.411/2020 estabeleceu o instrumento de Análise de Resultado Regulatório (ARR), que deverá ser integrado à atividade de elaboração normativa e poderá ter caráter temático e ser realizado apenas quanto a determinadas partes da norma regulatória. A ARR tem por objetivo verificar os efeitos decorrentes da edição de ato normativo, considerados o alcance dos objetivos originalmente pretendidos e os demais impactos observados sobre o mercado e a sociedade em decorrência de sua implementação.

489 BRASIL. Governo Federal. *Diretrizes gerais e guia orientativo para elaboração de análise de impacto regulatório – AIR*. Junho 2018. Disponível em: https://www.gov.br/economia/pt-br/assuntos/air/o-que-e-air/diretrizesgeraiseguiaorientativo_AIR.pdf. Acesso em 18 jun. 2022.

As entidades alcançadas pela referida normativa deverão instituir uma agenda de ARR de seu estoque regulatório, incluindo, compulsoriamente, um ato normativo de interesse geral de agentes econômicos ou de usuários dos serviços prestados que tenham (i) ampla repercussão econômica; (ii) problemas decorrentes da aplicação da norma; (iii) impacto significativo em organizações ou grupos específicos; (iv) matéria relevante para a agenda regulatória ou (v) vigência da norma por no mínimo cinco anos.[490]

A ARR pode fornecer soluções relevantes para a modificação ou a eliminação de regulações, reforçar a necessidade de sua manutenção, além de evidenciar novas questões regulatórias em que os órgãos e as entidades devem se concentrar. Ademais, quando a sua recomendação é por uma revisão da regulação, essa modalidade de avaliação pode contribuir para o encerramento provisório do ciclo regulatório.[491]

## 4.7 Plano estratégico

As agências reguladoras devem manter um plano estratégico, objetivando o aperfeiçoamento das relações de cooperação com o Poder Público, em particular no efetivo cumprimento das políticas públicas elaboradas pelos Poderes Legislativo e Executivo. Nessa linha, as agências reguladoras devem praticar ações que promovam maior transparência na regulação dos subsistemas e que permitam o exercício eficaz do controle social.

O plano estratégico também deve focar no aumento da eficiência, qualidade e resultados dos serviços prestados à sociedade, tudo atrelado ao seu desempenho a ser medido de acordo com o seu planejamento, isto é, por meio de mecanismos que permitam o acompanhamento da efetiva avaliação da gestão da autarquia.

---

490 Em fevereiro de 2022 foi divulgado o Guia Orientativo para Elaboração de Análise de Resultado Regulatório (ARR), desenvolvido pela Secretaria Executiva do Ministério da Economia com as agências reguladoras federais e o Inmetro, em parceria com o Laboratório de Regulação Econômica da Universidade do Estado do Rio de Janeiro. Guia Orientativo para Elaboração de Análise de Resultado Regulatório (ARR). (BRASIL. Governo Federal. *Guia orientativo para elaboração de avaliação de resultado regulatório – ARR*. UERJ, fev. 2022. Disponível em: https://www.gov.br/mme/pt-br/assuntos/analise-de-impacto-regulatorio-air-e-avaliacao-de-resultado-regulatorio-arr/o-que-e-arr/guiaarrverso5.pdf. Acesso em 16 mai. 2022).

491 BRASIL. Governo Federal. *Guia orientativo para elaboração de avaliação de resultado regulatório – ARR*. UERJ, fev. 2022. Disponível em: https://www.gov.br/mme/pt-br/assuntos/analise-de-impacto-regulatorio-air-e-avaliacao-de-resultado-regulatorio-arr/o-que-e-arr/guiaarrverso5.pdf. Acesso em 16 mai. 2022.

A partir do planejamento, as agências reguladoras deverão elaborar um relatório anual de atividades, em consonância com o relatório de gestão. Esse relatório deverá ser encaminhado, pela agência reguladora, no prazo de até noventa dias após a abertura da sessão legislativa do Congresso Nacional, ao ministro de Estado da pasta a que estiver vinculada, ao Senado Federal, à Câmara dos Deputados e ao Tribunal de Contas da União.

O relatório anual de atividades das agências reguladoras também deverá ser disponibilizado na sua sede e no respectivo sítio na internet, que, necessariamente, deve ser de simples leitura e acompanhamento pela sociedade. A responsabilidade pelo cumprimento das obrigações e prazos assinalados em lei é do Presidente, Diretor-Presidente ou Diretor-Geral do órgão colegiado da agência reguladora. A periodicidade, na elaboração do Plano Estratégico, é, segundo a lei, quadrienal, devendo ser compatível com o Plano Plurianual (PPA).

Esse plano, se bem elaborado, poderá ser uma importante ferramenta de planejamento e comprovante da reflexividade das escolhas regulatórias,[492] justificando a deferência no controle externo.

## 4.8 Plano de gestão anual

As agências reguladoras deverão, por força de lei, elaborar e manter um plano de gestão anual, aprovado pelo Conselho Diretor ou pela Diretoria Colegiada com antecedência mínima de dez dias úteis do início de seu período de vigência. As ações de uma agência reguladora compreendem planos, processos e prioridades para regular os subsistemas sob suas competências, requerendo forte planejamento.

As agências reguladoras brasileiras estão em estágios diversos de institucionalização, de modo que será natural que, a partir da Lei nº 13.874, de 20 de setembro de 2019, cada uma tenha diferentes pontos de partida para executar as suas ações. O plano de gestão deverá contemplar a agenda regulatória e ser estruturado de acordo com as premissas do plano estratégico, o qual conterá, obrigatoriamente, as ações, os resultados e as metas relacionados à gestão da autarquia.

Do plano de gestão deverão constar as metas de desempenho administrativo e operacional, bem como as metas inerentes à função executiva, a exemplo da fiscalização das atividades reguladas, que

---

492 GUERRA, Sérgio. *Discricionariedade, regulação e reflexividade*: uma nova teoria sobre as escolhas administrativas. 6. ed. Belo Horizonte: Fórum, 2021. p. 153.

deverão ser atingidas pela agência reguladora. O plano de gestão deverá contar com uma coleta de dados, trazer uma estimativa de recursos orçamentários e sua aplicação de acordo com cronograma de desembolso factível, *vis-à-vis* as atividades planejadas. Essas metas deverão estar relacionadas à busca de qualidade dos serviços, fomento à pesquisa e cooperação com os órgãos de defesa da concorrência, defesa do consumidor e, dependendo da natureza da atividade regulada, de defesa do meio ambiente.

As agências reguladoras devem adotar estratégias de permanente monitoramento das suas atividades cotejando-as com o plano de gestão, definindo prazos e ações que sejam factíveis, ajustando o cronograma ao identificar obstáculos ao alcance das metas institucionalizadas. Aprovado o plano, a agência reguladora deverá dar ciência de seu conteúdo ao Senado Federal, à Câmara dos Deputados e ao Tribunal de Contas da União, bem como disponibilizá-lo-á na sua sede e no respectivo sítio na internet por mecanismos de fácil acompanhamento e compreensão pela sociedade.

## 4.9 Agenda regulatória

Constitui obrigação das agências reguladoras implementarem a agenda regulatória, categorizada pela lei como sendo o instrumento de planejamento da atividade normativa que conterá o conjunto dos temas prioritários a serem disciplinados pela autarquia durante sua vigência. A agenda regulatória, e todo o processo normativo interno, deverá se compatibilizar tanto com o plano estratégico quanto com o plano de gestão, constituindo importante ferramenta de gestão.

As agendas regulatórias devem descrever as prioridades que pautarão as atividades das agências reguladoras durante o período identificado nos seus planos visando ao aprimoramento do marco regulatório do setor regulado.[493] Essas ações regulatórias devem descrever as atividades que estarão em desenvolvimento ou em fase de revisão, contemplando, por exemplo, estudos exploratórios, adaptações de

---

[493] CONFORTO, Gloria. Descentralização e regulação da gestão de serviços públicos. *Revista de Administração Pública*, Rio de Janeiro, v. 32, n. 1, p. 27-40, mar. 1998: "O marco regulatório é o conjunto de regras, orientações, medidas de controle e valoração que possibilitam o exercício do controle social de atividades de serviços públicos, gerido por um ente regulador que deve poder operar todas as medidas e indicações necessárias ao ordenamento do mercado e à gestão eficiente do serviço público concedido, mantendo, entretanto, um grau significativo de flexibilidade que permita a adequação às diferentes circunstâncias que se configuram".

regimes regulatórios e respectivas normas, que serão desenvolvidos e debatidos sobre serviços e produtos com a sociedade.[494]

Nos termos do Decreto nº 11.243, de 21 de outubro de 2022, que tem por objeto a identificação de medidas a serem adotadas na promoção de boas práticas regulatórias no âmbito do Poder Executivo federal e, simultaneamente, atender ao disposto no "Protocolo ao Acordo de Comércio e Cooperação Econômica entre o Governo da República Federativa do Brasil e o Governo dos Estados Unidos da América Relacionado a Regras Comerciais e de Transparência", a agenda regulatória, como instrumento de planejamento da atividade normativa, deve conter o conjunto dos temas prioritários a serem regulados pelo órgão, pela unidade administrativa ou pela entidade durante a sua vigência e ser aprovada pelo titular do órgão, da unidade administrativa ou da entidade. A norma identifica os elementos que devem ser detalhados, incluindo a descrição concisa dos temas; o contato institucional da autoridade responsável pela área a cargo da regulação do tema; os setores afetados e o indicativo de eventual impacto significativo ao comércio internacional.

A agenda regulatória, sem a pretensão de esgotamento das matérias relevantes para o subsistema regulado, deve consistir em importante ferramenta de planejamento que auxilie na identificação de temas estratégicos para a regulação setorial. Deve privilegiar a previsibilidade da atuação regulatória sobre as políticas públicas definidas para o setor, identificando, sempre que possível, as ações práticas e prioritárias de modo a permitir o acompanhamento e a participação da sociedade.

A agenda deverá conter uma descrição dos temas que serão objeto de normatização, com as devidas justificativas e motivos determinantes para a escolha, apresentando seus objetivos, fundamentos legais e o alcance das normas.

De acordo com o Decreto nº 10.411, de 30 de junho de 2020, os órgãos e entidades da Administração Federal deverão instituir suas agendas de Análise de Resultado Regulatório – ARR no primeiro ano de cada mandato presidencial, que deverá ser concluída até o último ano daquele mandato e conter a relação de atos normativos submetidos à ARR, a justificativa para sua escolha e o seu cronograma para elaboração da ARR.

---

494 Sobre o tripé que incorpora as principais decisões que as agências tomaram ao longo dos anos sob a ótica das políticas regulatórias, políticas burocráticas e outras políticas finalísticas, ver PECI, Alketa (Coord.). *Agenda regulatória na prática*: uma análise das políticas adotadas por agências reguladoras nos últimos 20 anos. Rio de Janeiro: Escola Brasileira de Administração Pública e de Empresas, EBAPE/FGV, 2018.

## 4.10 Controle das escolhas regulatórias pelo Tribunal de Contas da União

O controle externo exercido pelo Tribunal de Contas foi ressaltado na Lei nº 13.848, de 25 de junho de 2019, que estabelece que o controle das agências reguladoras será exercido pelo Congresso Nacional com auxílio do TCU.

O controle de contas sobre as escolhas regulatórias tem sido objeto de grandes debates e polêmicas.[495] A doutrina, majoritariamente, sustenta que está havendo, indevidamente, um controle excessivo sobre o mérito das decisões regulatórias pelo TCU, crítica que vai além do controle dessas escolhas técnicas, avançando sobre diversos setores da administração pública direta e até de outros poderes.[496]

Com a Lei Geral, as agências reguladoras deverão manter um plano estratégico e um plano de gestão anual, de modo a trazer transparência à sua gestão no eficiente e tempestivo cumprimento das políticas públicas definidas em lei, e permitir o acompanhamento, a avaliação e o controle das suas ações, inclusive pelo TCU. A partir desses planos, as agências reguladoras devem manter relatórios anuais circunstanciados de suas atividades, que deverão apresentar o cumprimento da política pública do setor regulado, nas bases definidas tanto pelo Poder Legislativo quanto pelo Poder Executivo.

Mesmo a partir dessas inovações, que, de certa forma, facilitarão o acompanhamento das ações das agências reguladoras de forma mais

---

[495] Cf.: apontado em MARQUES NETO, Floriano de Azevedo; PALMA, Juliana Bonacorsi de. Diálogos fora de esquadro: o controle das agências reguladoras pelo Tribunal de Contas da União. *Revista Brasileira de Estudos Políticos*, Belo Horizonte, n. 120, p. 203-236, jan./jun. 2020: "O grande debate pode ser sintetizado em duas chaves de análise: competência e medida do controle. Com relação à competência, teria o Tribunal de Contas ampla competência para controle dos atos regulatórios ou ele se restringiria a apenas algumas atividades da Agência?44 Há autores que se apoiam no critério da tecnicidade para defender que o controle das agências reguladoras pelo Tribunal de Contas se limita à função administrativa, não podendo se imiscuir sobre as suas atividades técnicas45. Em outras palavras, mas com base no mesmo raciocínio, alguns autores defendem que as atividades-fim das agências reguladoras não estariam albergadas no controle pelo Tribunal de Contas".

[496] A título exemplificativo, destaque-se a recomendação ao Congresso Nacional para reprovação das contas do Governo Federal; a postura proativa para julgar as contas da Ordem dos Advogados do Brasil (OAB); a fiscalização de despesas com passagens e diárias no âmbito do Supremo Tribunal Federal (STF); a manifestação contrária ao bônus pago aos Auditores da Receita Federal e a proposta no plano dos acordos de leniência com empreiteiras envolvidas na operação Lava Jato. GUERRA, Sérgio; HARTMANN, Ivar. Tribunal de Contas da União: uma análise quantitativa. *A&C – Revista de Direito Administrativo & Constitucional*, Belo Horizonte, v. 20, n. 80, p. 153-171, abr./jun. 2020.

transparente, remanesce o ponto central do debate jurídico que envolve a intensidade do controle de contas sobre as atividades-fim dessas autarquias especiais.

Entre as competências outorgadas pela Constituição Federal de 1988 está prevista a competência operacional. A norma que disciplina as competências do TCU – a Lei Orgânica, Lei nº 8.443/1992 – não detalha os limites e alcance dessa competência operacional, sendo esta construída ao longo do tempo pelo próprio TCU.

O disciplinamento da competência operacional advém de normas, editadas pelo TCU, que dispõem sobre a avaliação do cumprimento dos programas de governo e do desempenho das unidades e entidades no tocante aos seus objetivos, metas e prioridades, bem como quanto à alocação e uso dos recursos disponíveis, inclusive os provenientes de financiamento externo. Trata-se, portanto, de competência bastante abrangente, e tem sido invocada, em parte, pelo TCU para avaliar não só as questões de cunho administrativo, mas, também, as escolhas regulatórias.

Nosso entendimento é de que as atividades-fim das agências reguladoras, em tese, não estão sujeitas ao controle de mérito pelo Tribunal de Contas da União, adotando-se, coerentemente, a premissa adotada no Parecer AC-51/2006, expedido pela Advocacia-Geral da União, quando da análise de legalidade sobre os limites do controle ministerial sobre as agências reguladoras. Não é jurídica ação de controle sobre as escolhas das agências reguladoras realizadas finalisticamente no estrito âmbito de suas competências regulatórias, previstas em lei, ainda que por meio de *standards* e princípios inteligíveis, e que estejam motivadamente adequadas às políticas públicas definidas para a regulação do subsistema regulado.[497]

## 4.11 Abuso do Poder Regulatório

A Lei nº 13.874, de 20 de setembro de 2019, também denominada Lei de Liberdade Econômica, dispõe sobre nova modalidade de

---

[497] SUNDFELD, Carlos Ari; CÂMARA, Jacintho Arruda. O Tribunal de Contas da União e a Regulação. *Fórum de Contratação e Gestão Pública*, v. 194, 2018, p. 79: "O Tribunal de Contas não tem poder de revisão nos casos em que a discussão envolva questão puramente regulatória, isto é, trate da aplicação de normas legais e regulamentares que digam respeito à estrita regulação setorial. Decisão típica da atuação regulatória de organismos reguladores não pode se submeter ao crivo e revisão da autoridade controladora das contas públicas, pois isso extrapolaria suas atribuições constitucionais".

supervisão das atividades regulatórias, determinando que o poder público tem o dever de evitar o abuso de poder regulatório.

O instituto do abuso de poder regulatório promoveu intenso debate na comunidade acadêmica. Enquanto uns entendem o abuso do poder regulatório como um importante instrumento para a contenção da função regulatória irrazoável, possibilitando maior controle judicial sobre as atividades de regulação,[498]outros apontam dificuldades para sua operacionalização prática.[499]

Releva destacar que a Secretaria de Advocacia da Concorrência e Competitividade (antiga Secretaria de Acompanhamento Econômico), do Ministério da Economia (SEAE/ME),[500] como órgão responsável pela coordenação da melhoria regulatória,[501] editou a Instrução Normativa nº 97, de 02 de outubro de 2020. Nessa norma, para coibir o abuso regulatório, a SEAE criou o programa "Frente Intensiva de Avaliação Regulatória e Concorrencial (FIARC)",[502] além de especificar medidas que poderiam ser adotadas para o melhoramento do ambiente regulatório e concorrencial no país.

---

498 MARQUES NETO, Floriano de Azevedo. Abuso de poder regulatório: algo prático na Lei de Liberdade Econômica. Advocacia hj., n. 3, 2020, p. 13.

499 De maneira categórica, José Vicente Santos de Mendonça propõe uma análise dos nove incisos do art. 4º como seis espécies do abuso regulatório, que seriam: (i) aumento do custo de transação; (ii) restrição à concorrência; (iii) restrição à inovação; (iv) restrição à formação de empresas ou de atividades econômicas; (v) restrição à comunicação comercial; (vi) restrição às atividades econômicas de baixo risco. MENDONÇA, José Vicente Santos de. Abuso de poder regulatório: modo de usar (compreensão do art. 4º da Lei 13.874/19). Academia. edu, p. 4-6, 2019. Disponível em: https://www.academia.edu/40442363/Art4Lei_Liberdade_Economica_Final_12672. Acesso em 23 set. 2022.

500 Nos termos do Decreto nº 9.745/2019, com a redação dada pelo Decreto nº 10.072/2019, compete à SEAE, como órgão do Ministério da Economia: Art. 119 – XI – acompanhar a implementação dos modelos de regulação e gestão desenvolvidos pelas agências reguladoras, pelos Ministérios setoriais e pelos demais órgãos afins, e manifestar-se, entre outros aspectos, sobre: a) processos que envolvam a privatização ou a alienação de ativos de empresas pertencentes à União, a desestatização de serviços públicos ou concessão, permissão ou autorização de uso de bens públicos; e b) impacto regulatório dos modelos de regulação e gestão, inclusive quanto ao empreendedorismo e à inovação, dos atos regulatórios exarados das agências reguladoras e dos Ministérios setoriais. [...] XVI – avaliar e manifestar-se, quando pertinente, no curso ou na finalização de análise de impacto regulatório e de análise de resultado regulatório realizadas por órgão ou entidade da administração pública federal, nos termos do disposto no art. 20 do Decreto nº 10.411, de 30 de junho de 2020.

501 Sobre a padronização dos entendimentos da SEAE acerca dos critérios mínimos de aceite das AIRs em sua coordenação regulatória, ver Instrução Normativa SEAE nº 60, de 16 de agosto de 2022.

502 Sobre os possíveis resultados da criação da FIARC, ver: ROQUETE, F. L. V. A Frente Intensiva de Avaliação Regulatória e Concorrencial: projeto de indução exógena de regulação responsiva ou fonte de conflito interinstitucional? *Revista Digital de Direito Administrativo*, [S. l.], v. 9, n. 2, p. 28-43, 2022.

A FIARC tem por objetivo (i) propor a revisão de leis, regulamentos e outros atos normativos da administração pública federal, estadual, municipal e do Distrito Federal que afetem ou possam afetar a concorrência nos diversos setores econômicos do País; (ii) acompanhar o funcionamento dos mercados e propor medidas de estímulo à eficiência, à inovação e à competitividade; (iii) propor medidas para a melhoria regulatória e do ambiente de negócios; (iv) analisar o impacto regulatório de políticas públicas; (v) estimular o funcionamento eficiente e competitivo dos mercados; (vi) avaliar e manifestar-se, de ofício ou quando solicitada, sobre atos normativos e instrumentos legais que afetem a eficiência na prestação de serviços, produção e distribuição de bens; e (vii) propor políticas concorrenciais com vistas ao desenvolvimento e ao financiamento da infraestrutura.[503]

Dessa forma, além de especificar as condutas passíveis de qualificação como abuso regulatório, a SEAE instituiu um novo procedimento de investigação por meio do qual pode analisar atos normativos e, se for o caso, propor medidas de revisão do ato normativo (bandeiras "vermelha" e "amarela").

A normativa citada estabelece a possibilidade de maior participação popular no controle das escolhas regulatórias, tendo em vista que o procedimento de investigação poderá ser instaurado a partir do requerimento de diversos segmentos da sociedade, tais como: entidades ou associações, inclusive representantes do setor produtivo, constituídas legalmente sem fins lucrativos; entidades ou associações acadêmicas; órgãos, entes ou representantes de nações parceiras comerciais; profissionais, consultores ou acadêmicos, associados ou não, reconhecidos amplamente como possuidores de relevante experiência e conhecimento; ou órgãos ou entidades da Administração pública, ou demais poderes.[504]

A FIARC orienta-se pelo rol exemplificativo de características de atos anticoncorrenciais previstos na Lei de Liberdade Econômica, alcançando: a criação de reserva de mercado ao favorecer, na regulação,

---

[503] Art. 1º, Instrução Normativa SEAE nº 97, de 02 de outubro de 2020.

[504] A FIARC poderá ensejar conflitos interinstitucionais e dificultar ainda mais a coordenação regulatória. Em seu primeiro ano de vigência, estima-se que tenham sido instaurados ao menos cinco procedimentos para apurar abusos regulatórios de normas que que variam desde decretos presidenciais a atos normativos da Agência Nacional de Transportes Terrestres (ANTT), da Agência Nacional de Transportes Aquaviários (Antaq), da Comissão Nacional de Energia Nuclear (CNEN) e do Conselho Federal de Contabilidade (CFC). (RAMOS, Luiz F. Rosa; Niemeyer, Julia Haddad. Concorrência no Brasil: um ano de Fiarc. *Valor Econômico*, 28 dez. 2021. Disponível em: https://valor.globo.com/legislacao/coluna/concorrencia-no-brasil-um-ano-de-fiarc.ghtml. Acesso em 13 mar. 2021).

grupo econômico, ou profissional, em prejuízo dos demais concorrentes; redação de enunciados que impeçam a entrada de novos competidores nacionais ou estrangeiros no mercado; exigência de especificação técnica que não seja necessária para atingir o fim desejado; redação de enunciados que impeçam ou retardem a inovação e a adoção de novas tecnologias, processos ou modelos de negócios; aumento dos custos de transação sem demonstração de benefícios; criação de demanda artificial ou compulsória de produto, serviço ou atividade profissional, inclusive de uso de cartórios, registros ou cadastros; introdução de limites à livre formação de sociedades empresariais ou de atividades econômicas; restrição ao uso e ao exercício da publicidade e propaganda sobre um setor econômico; e exigência, sob o pretexto de inscrição tributária, de requerimentos de outra natureza, de maneira a mitigar os efeitos indicados na lei.

Quanto à reserva de mercado, pode se materializar quando (i) impuser a adoção de padrão, técnica, forma, método, modo, equipamento, máquina, indicador, profissional, entre outros: a) que devam ser adquiridos, consumidos, observados ou prestados onerosamente pelo regulado; b) que tenham produção ou disponibilidade limitada ou regulada no mercado; e c) em detrimento de outras modalidades, inclusive espontâneas, capazes de produzir os mesmos resultados; (ii) conceder direitos exclusivos a um grupo, arranjo ou setor de agentes econômicos, ou profissionais, para ofertar bens ou serviços em determinado mercado; (iii) impedir a oferta de bens, serviços, produtos, direitos e quaisquer outros ativos à negociação, em mais de um ambiente de negócios, físico ou virtual, ou por mais de um sistema; (iv) determinar ou der preferência à contratação de classe profissional específica na ausência de expressa vedação legal à atuação de outros profissionais; (v) exigir do agente econômico a adoção de processos, insumos, restrições geográficas ou localização de estabelecimentos específicos, em detrimento do desenvolvimento regular das atividades por parte ou totalidade dos concorrentes em um mercado; ou (vi) provocar, ainda que indiretamente, situações que elevem as barreiras de entrada de maneira a limitar o acesso ao mercado de consumidores para parte restrita de agentes econômicos.

## 4.12 Constitucionalidade do modelo das agências no Brasil

Com o surgimento da primeira agência reguladora em 1996 (Lei nº 9.427, de 26 de dezembro de 1996), algumas questões sobre a constitucionalidade do modelo foram endereçadas pela doutrina, a saber: a Constituição Federal (i) disciplina a função de regulação? (ii) autoriza ou determina a criação de órgãos reguladores? (iii) detalhou as características ou natureza jurídica desses órgãos? O modelo de agencificação adotado no Brasil (mandato fixo, autonomia decisória etc.) é constitucional?

As respostas vieram ao longo dos anos. A Constituição Federal de 1988 determina que a atuação estatal deve ser reguladora (art. 174),[505] indicando o vetor interpretativo para essa função. Como agente normativo e regulador da atividade econômica, o Estado exercerá as funções de fiscalização, incentivo e planejamento, na forma de lei aprovada pelo Congresso Nacional. O planejamento a que se refere o dispositivo constitucional é determinante para o setor público e apenas indicativo para o setor privado.

A Constituição Federal não fez menção a qualquer processo de agencificação estatal. Após emendas constitucionais de 1995, durante o Governo do Presidente Fernando Henrique Cardoso, passou a prever a criação de dois *órgãos* de regulação nas áreas de telecomunicações e indústria do petróleo.

Em relação à primeira, nos termos do art. 21,[506] prevê que no âmbito da competência da União compete explorar, diretamente ou mediante autorização, concessão ou permissão, os serviços de telecomunicações, nos termos da lei. A Constituição dispõe que essa "lei disporá sobre a organização dos serviços e a criação de um órgão regulador". Esse dispositivo não constava do texto original; tendo sido incluído pela redação dada pela Emenda Constitucional nº 8, de 15 de agosto de 1995.

No que se refere à indústria do petróleo, o art. 177 da Constituição Federal de 1988 dispõe que a lei definirá a estrutura e atribuições do órgão regulador do monopólio da União. Esse texto também não constava do original e foi incluído pela redação dada pela Emenda Constitucional nº 9, de 15 de agosto de 1995.[507]

---

505 Art. 174. Como agente normativo e regulador da atividade econômica, o Estado exercerá, na forma da lei, as funções de fiscalização, incentivo e planejamento, sendo este determinante para o setor público e indicativo para o setor privado.

506 Art. 21. Compete à União: [...] XI – explorar, diretamente ou mediante autorização, concessão ou permissão, os serviços de telecomunicações, nos termos da lei, que disporá sobre a organização dos serviços, a criação de um órgão regulador e outros aspectos institucionais.

507 Art. 177. Constituem monopólio da União: [...] §2º A lei a que se refere o §1º disporá sobre: III – a estrutura e atribuições do órgão regulador do monopólio da União;

Quanto à criação de entes reguladores no sistema financeiro, a Constituição já fez menção a outros dois órgãos sobre o sistema federal.[508] Esse dispositivo foi incluído ao texto constitucional por força da Emenda Constitucional nº 13, de 21 de agosto de 1996, e, posteriormente, revogado pela Emenda Constitucional nº 40, de 29 de maio de 2003.

Em que pese a previsão expressa quanto à criação de dois *órgãos* reguladores (telecomunicações e indústria do petróleo), o texto constitucional deixou a estruturação administrativa dessas entidades à discricionariedade legislativa. Ao contrário das autarquias, fundações e empresas estatais, expressamente previstas no texto constitucional,[509] a Constituição Federal de 1988 não fez menção ou definiu um modelo de agências reguladoras.

Nos debates ocorridos na Assembleia Constituinte não houve emendas para a criação de agências reguladoras para regular atividades econômicas ou serviços públicos. Apenas registre-se uma tentativa frustrada de criar um tribunal administrativo para regular a concorrência, mais próximo ao *Conseil D'Etat* francês do que nos moldes da *Federal Trade Commission* (FTC). Esse Tribunal Administrativo de Defesa Econômica seria composto por cinco membros, eleitos pelo Congresso Nacional.

### 4.12.1 Decisões do Supremo Tribunal Federal sobre a constitucionalidade do modelo brasileiro de agências reguladoras

A constitucionalidade de alguns aspectos estruturantes do modelo de agências reguladoras foi submetida ao Supremo Tribunal Federal logo após a promulgação de leis criadoras das agências reguladoras. Uma delas refere-se ao setor de telecomunicações, que mereceu previsão constitucional (via emenda constitucional de 1995) quanto à existência de um órgão regulador federal. A outra refere-se à constitucionalidade dos mandatos fixos, em Agência Estadual criada nos moldes adotados pelo Governo Federal.

---

508 Art. 192. O sistema financeiro nacional, estruturado de forma a promover o desenvolvimento equilibrado do País e a servir aos interesses da coletividade, será regulado em lei complementar, que disporá, inclusive, sobre: [...] II – autorização e funcionamento dos estabelecimentos de seguro, previdência e capitalização, bem como do órgão oficial fiscalizador e do órgão oficial ressegurador.

509 Como, por exemplo, no art. 39: A União, os Estados, o Distrito Federal e os Municípios instituirão, no âmbito de sua competência, regime jurídico único e planos de carreira para os servidores da administração pública direta, das autarquias e das fundações públicas.

### 4.12.1.1 ADI nº 1.668-DF

A Constituição Federal de 1988 dispõe que compete ao Supremo Tribunal Federal julgar as ações diretas de inconstitucionalidade contra leis ou atos normativos, federal e estadual. São legitimados, para propor a ação direta de inconstitucionalidade: o Presidente da República; a Mesa do Senado Federal; a Mesa da Câmara dos Deputados; a Mesa de Assembleia Legislativa ou da Câmara Legislativa do Distrito Federal; o Governador de Estado ou do Distrito Federal; o Procurador-Geral da República; o Conselho Federal da Ordem dos Advogados do Brasil; partido político com representação no Congresso Nacional; ou confederação sindical ou entidade de classe de âmbito nacional.

A Ação Direta de Inconstitucionalidade contra a lei de criação da ANATEL foi ajuizada pelos seguintes partidos: Partido Comunista da Brasil, Partido dos Trabalhadores, Partido Democrático Trabalhista e Partido Socialista Brasileiro. Questionou-se a constitucionalidade do modelo adotado pelo governo federal na gestão do Presidente Fernando Henrique Cardoso, pertencente ao Partido Social Democrata (PSDB). Atacou-se a constitucionalidade da Lei nº 9.472, de 16 de julho de 1997, que disciplinou os serviços de telecomunicações e criou a Agência Nacional de Telecomunicações (ANATEL).

A ANATEL, estruturada sob o novo modelo de agencificação independente, é uma autarquia especial, entidade integrante da administração pública federal indireta, criada sob vinculação ao Ministério das Comunicações, com a função de "órgão regulador" das telecomunicações. A ANATEL foi estruturada tendo como órgão máximo o Conselho Diretor, além de contar com um Conselho Consultivo, uma Procuradoria, uma Corregedoria, uma Biblioteca e uma Ouvidoria, além das unidades especializadas incumbidas de diferentes funções.

Nos termos da lei, a natureza de autarquia especial conferida à ANATEL é caracterizada por quatro características: (i) independência administrativa, (ii) ausência de subordinação hierárquica, (iii) mandato fixo e estabilidade de seus dirigentes e (iv) autonomia financeira.

A ADI buscou a declaração de inconstitucionalidade de alguns dispositivos da lei, sendo destacados, a seguir, apenas os referentes à estrutura e competência da ANATEL:

a) Independência administrativa: o argumento contrário à lei baseou-se na suposta afronta ao art. 37, inciso XIX, da Constituição Federal, que, segundo os autores, não contempla a possibilidade de autarquias virem a ter regimes especiais (independência administrativa, ausência de subordinação hierárquica, autonomia financeira, bem como mandato fixo e estabilidade aos dirigentes). Esse dispositivo legal atentaria contra a competência privativa do Presidente da República e do Ministro do Estado a que o órgão está vinculado, a quem compete, de forma exclusiva, a direção superior da administração pública. Essa previsão legal teria ferido o princípio tripartite da separação de poderes, previsto no art. 2º da Constituição Federal.

b) Competência normativa: questionou-se dispositivo da lei que outorgou competência à ANATEL para expedir normas sobre a outorga, a prestação e a fruição de serviços de telecomunicações. Haveria, nos argumentos dos autores, indevida delegação de poder normativo do Poder Legislativo para a ANATEL. Ponderou-se que a Constituição Federal só admite a delegação normativa nos termos do art. 68 (delegação nominada) e que a lei não trouxe parâmetros norteadores para que houvesse regulamentação.

c) Poder de polícia: questionou-se a competência da ANATEL para realizar busca e apreensão de bens.

Sobre essas questões, o Ministro Marco Aurélio, que funcionou como relator, afirmou que a independência administrativa não afasta em si o controle por parte da administração pública federal, exercido, no caso da ANATEL, de maneira direta pelo Ministro das Comunicações e, de maneira indireta, pelo Presidente da República. O regime autárquico especial, segundo aquele julgador, não revela a existência de uma entidade soberana, afastada dos controles estatais.

No que se refere à competência da ANATEL para expedir normas, o Relator votou no sentido de que "se presume que os preceitos a serem expedidos observem o que já se contém no arcabouço normativo, sob pena, aí sim, de extravasamento, a resolver-se no campo da legalidade".

Finalmente, acerca do poder de polícia para promover busca e apreensão de bens, o Relator decidiu que tal dispositivo legal feriria o princípio do devido processo legal.

O Ministro Sepúlveda Pertence, acompanhando integralmente o voto relator quanto ao poder de polícia, votou pela atribuição de interpretação conforme à Constituição no que se refere à função normativa outorgada à ANATEL, para afirmar que as "normas regulatórias são absolutamente subordinadas à legislação e, eventualmente, às normas de segundo grau, de caráter regulamentar, que o Presidente da República entenda baixar".

O julgamento final, quanto aos pontos acima, pode ser assim consolidado: quanto à independência administrativa, a Suprema Corte não conheceu da ação direta por unanimidade, validando o modelo de agência reguladora autônoma, criado por lei. Sobre a expedição de normas, o Supremo Tribunal Federal decidiu que tal dispositivo legal não é inconstitucional; contudo, deixou claro, por atuação do Ministro Sepúlveda Pertence, que essas normas subordinam-se às leis e, eventualmente, a regulamentos. Por fim, com relação ao poder de polícia, para realizar busca e apreensão, a Corte decidiu, por maioria de votos, suspender essa atribuição.

Em 05 de março de 2021 foi publicado o Acórdão do Plenário na ADI nº 1.668, por meio do qual o STF confirmou a medida cautelar e julgou parcialmente procedente o pedido contra dispositivos da Lei nº 9.472/1997.

Nesse sentido, consolidou-se o entendimento de que é constitucional a competência do chefe do Poder Executivo para os seguintes atos: (i) expedir decreto que institui ou elimina a prestação de serviço em regime público, inclusive em conjunto com a prestação no regime privado; (ii) aprovar o plano geral de outorgas do serviço em regime público; e (iii) aprovar o plano de metas de universalização do serviço prestado em regime público. Logo, as competências elencadas no art. 18, incisos I, II e III da Lei dos Serviços de Telecomunicações (Lei nº 9.472/1997) são compatíveis com os arts. 21, XI, e 48, XII, da Constituição Federal (CF) sendo, portanto, consideradas constitucionais.

### 4.12.1.2 ADI nº 1.949-0-RS

Cumpre examinar, sobre a constitucionalidade do modelo de agências reguladoras, a ADI nº 1.949-0-RS, que julgou questão relevante sobre o modelo de agencificação independente no Brasil. Esta ação direta examinou a constitucionalidade de dispositivos da legislação gaúcha (Leis Estaduais nºs 10.931/97 e 11.292/98) que criou a Agência Reguladora de Serviços Públicos Delegados do Rio Grande do Sul (AGERGS), pioneira na esfera estadual. O STF fez interpretação sobre a constitucionalidade do termo "mandato" outorgado aos dirigentes, membros do Conselho Diretor, trazendo, pela primeira vez, um direcionamento sobre a juridicidade do estabelecimento de *tenure* para os dirigentes das agências reguladoras, a exemplo do modelo norte-americano.

O Governador do Rio Grande do Sul havia se insurgido contra dois dispositivos legais, das normas antes citadas. O primeiro previa que a nomeação de dirigente da agência reguladora pelo Governador do Estado, com mandato de quatro anos, dependeria de prévia aprovação pelo Poder Legislativo. O segundo previa que a demissão desse mesmo dirigente seria da competência exclusiva do Poder Legislativo.

O argumento contrário àqueles dispositivos baseava-se no princípio da separação de poderes; isto é, haveria indevida usurpação de função privativa do Poder Executivo pelo Poder Legislativo, nos moldes do debate norte-americano.

Nesse caso, em sede de cognição sumária, ao apreciar o pedido de liminar, o Relator Ministro Sepúlveda Pertence alterou seu voto diante dos argumentos trazidos pelo Ministro Nelson Jobim. Note-se que parte dos argumentos trazidos pelo Ministro Jobim faz referência às decisões da Suprema Corte norte-americana, citadas pelo Ministro Victor Nunes Leal em outro julgado.

O fundamento do voto do Ministro Victor Nunes Leal, sob a égide da Constituição Federal de 1946, baseava-se na ideia de que o Poder Legislativo poderia condicionar o exercício do Presidente da República de prover os cargos públicos federais em termos compatíveis com os dispositivos da própria Constituição. No que se refere às entidades autônomas, Victor Nunes Leal fez menção expressa ao modelo de agências reguladoras estadunidenses:

> No sistema político vigente em nosso país é, realmente, ao Legislativo que cabe traçar a orientação geral da política econômica e administrativa do país, pois dele depende a votação do orçamento, a concessão de créditos especiais, a aprovação de tratados com nações estrangeiras e o poder de votar leis em toda a extensa área da competência legislativa da União. Não é, aliás, a investidura de prazo certo uma invenção brasileira. Ela tem uso frequente em outras nações, e frequentíssimo nos Estados Unidos, cujo regime copiamos. Numerosos são os cargos, especialmente nas independent regulatory commissions, cuja investidura se faz a prazo certo.[510]

Victor Nunes Leal faz expressa menção ao *Myers Case*, julgado em 1926, e ao caso *Humkphrey* (1935), além do caso *Wiener:*[511]

> Tais entidades [comissão independente] são equivalentes das nossas autarquias econômicas e administrativas, cuja criação depende de lei. E a lei que lhe da autonomia, nos limites que o legislador considere

[510] ADI nº 1.949-0-RJ, p. 210-211.

[511] *Wiener v. United States* 357 U.S. 349 (1958).

> conveniente, tem por objetivo, não só facilitar a administração dos serviços respectivos, pela adoção de normas diferentes das quais vigoram para a administração direta, mas também, tornar os seus dirigentes, nos termos da lei, independentes da miúda e cotidiana interferência do Chefe da administração federal.
>
> A doutrina dos casos Humphrey e Wiener tem, como se vê, inteira aplicação ao processo em exame, quer pela semelhança do regime (ao tempo da impetração), quer por se tratar de entidades administrativas de atribuições congêneres, do ponto de vista do direito, e cuja continuidade e independência de ação o legislador quis proteger com a investidura do prazo certo de alguns ou de quase todos os seus dirigentes (RTJ 25/63 a 67).

Nesse contexto, note-se que, com relação ao primeiro dispositivo normativo impugnado na lei de criação da AGERGS, o Supremo Tribunal Federal decidiu ser constitucional a forma de ato complexo de nomeação, nos termos do art. 52, III, "f" da Constituição Federal. Quanto ao segundo, a Corte acolheu o pedido de declaração de inconstitucionalidade; contudo, decidiu que o Governador não poderia demitir o Diretor da AGERGS sem justa causa em consequência da investidura a termo.

Esta ADI foi julgada, no mérito, em setembro de 2014 sob a relatoria do Ministro Dias Toffoli, que não se limitou a confirmar a decisão liminar. Segundo o Relator, o critério utilizado no acórdão proferido em sede de cognição liminar, do "justo motivo", não seria suficiente para garantir a autonomia político-institucional das agências reguladoras. Diante dessa premissa, e considerando haver omissão normativa, Dias Toffoli votou pela fixação de balizas com maior grau de precisão quanto às hipóteses específicas em que seria facultada a demissão dos dirigentes das agências reguladoras:

> Ante o exposto, julgo parcialmente procedente a ação direta para declarar a inconstitucionalidade do art. 8º da Lei estadual nº 10.931/97, em sua redação originária e naquela decorrente da alteração promovida pela Lei estadual nº 11.292/98, fixando ainda, em razão da lacuna normativa na legislação estadual, que os membros do Conselho Superior da Agência Estadual de Regulação dos Serviços Públicos Delegados do Rio Grande do Sul (AGERGS) somente poderão ser destituídos, no curso de seus mandatos, em virtude de renúncia, de condenação judicial transitada em julgado, ou de processo administrativo disciplinar, sem prejuízo da superveniência de outras hipóteses legais, desde que observada a necessidade de motivação e de processo formal, não havendo espaço para discricionariedade pelo chefe do Executivo.

## 4.13 Análise comparativa entre as agências reguladoras norte-americanas e as agências reguladoras brasileiras

Com a pesquisa antes realizada, pode-se concluir, sob uma análise comparativa entre o modelo de agencificação norte-americano e o sistema brasileiro, que no Brasil, quando da edição do Plano Diretor da Reforma do Aparelho do Estado, em 1995, apresentou-se um desenho institucional próximo ao sistema estadunidense para reestruturar a administração pública, até então organizada, de forma geral, pelo Decreto-Lei nº 200/67 aprovado durante o regime militar.

Na prática, a estrutura do plano diretor não foi adotada. Apenas, inicialmente em nove entidades autárquicas, às quais se juntou a ANAC, em 2005, durante o Governo do Presidente Lula, e a ANM em 2017, no governo do Presidente Michel Temer, adotou-se parte do esquema norte-americano.

Destaque-se duas características do amplo e complexo sistema de agencificação norte-americano que foram adotadas no sistema brasileiro, trazendo consigo inúmeras polêmicas sob a ótica constitucional: (i) mandato fixo (*tenure*) para os dirigentes das agências reguladoras, com prazos não coincidentes entre os membros do colegiado, e (ii) independência decisória, com relação ao Chefe do Poder Executivo.

No que se refere à função judicante, o modelo brasileiro é bem diferente do norte-americano. O que, no Brasil, a doutrina qualifica como sendo "função regulatória judicante" relaciona-se a uma decisão administrativa, decorrente de um processo administrativo normal e passível de pleno controle jurisdicional como qualquer outra decisão proferida pelas autoridades públicas. Com efeito, nos Estados Unidos da América a função judicante (*adjudication*) aproxima-se do sistema jurisdicional, contando com uma série de procedimentos formais:

> In each instance, the agency, through one or more of its officials, takes evidence, hears arguments, and renders a disposition that, unless overturned on appeal, is legally binding on the parties involved, including the agency itself.[512]

Quanto à administração colegiada, outra característica das agências reguladoras, não pode ser configurada como novidade no

[512] CASS, Ronald A. *et al. Administrative law*. 6. ed. New York: Wolters Klumer Law & Business, 2011. p. 569. O tema foi apresentado no item 4.3.

sistema administrativo brasileiro. O Conselho Diretor das agências reguladoras brasileiras é composto, em regra, pelo Diretor-Presidente e mais quatro Diretores, com *quórum* deliberativo por maioria absoluta. As nomeações desses dirigentes pelo Presidente da República, com a aprovação pelo Senado Federal, são feitas por mandatos com prazos certos e não coincidentes, havendo impossibilidade de exoneração *ad nutum*. Já havia, no Brasil, órgãos com essa característica, a exemplo do Banco Central do Brasil (BACEN), da Comissão de Valores Mobiliários (CVM) e conselhos ambientais.

Quanto às agências executivas brasileiras, foi editada uma lei geral disciplinando sua criação. Na prática, o modelo só chegou ao setor de metrologia e qualidade industrial, um dos mais técnicos e que, praticamente, tem menor risco de sujeitar-se a pressões político-partidárias.

O questionamento jurídico-constitucional ocorrido no Brasil foi – e continua sendo – próximo àqueles temas questionados nos Estados Unidos da América, em que se destacam o princípio da separação tripartite de poderes, a indelegabilidade do poder normativo, o mandato fixo e a unidade do Poder Executivo já apreciados pelo STF, que confirmou a constitucionalidade do modelo.

Em suma, a burocracia brasileira, mesmo com o advento das agências reguladoras (autarquias especiais), permanece com um modelo diferente do sistema burocrático estadunidense. Os dois modelos partem de estruturas de governabilidade e de governança completamente diferentes. Apenas uma pequena parte do desenho institucional, que atribui mandato aos dirigentes e autonomia decisória à agência reguladora, foi copiada do modelo americano pelo Brasil, confirmando a hipótese investigada nesta obra.

# CARACTERÍSTICAS E COMPETÊNCIAS DE ENTIDADES COM FUNÇÕES NEUTRAIS, REESTRUTURADAS E INSTITUÍDAS SOB INSPIRAÇÃO DO MODELO DE ORGANIZAÇÃO ADMINISTRATIVA GERENCIAL

No bojo do modelo de organização pública que pretendia ser institucionalizado sob a forma de "administração gerencial", foram criadas nove e, atualmente, totalizam onze agências reguladoras federais. Além das agências reguladoras, outras entidades autárquicas foram reestruturas ou instituídas próximas a esse modelo de agencificação. É possível inferir que essas entidades, ainda que apresentando diferentes níveis de autonomia em relação à administração central, foram inspiradas nos influxos britânicos do *New Public Management* e estruturadas com características próximas ao sistema de agencificação estadunidense.

## 5.1 Agências reguladoras

Atualmente, existem onze agências reguladoras federais: Agência Nacional de Energia Elétrica (ANEEL), Agência Nacional de Petróleo, Gás e Biocombustíveis (ANP), Agência Nacional de Telecomunicações (ANATEL), Agência Nacional de Vigilância Sanitária (ANVISA), Agência Nacional de Águas e Saneamento Básico (ANA), Agência Nacional de Saúde Suplementar (ANS), Agência Nacional de Cinema (ANCINE), Agência Nacional de Transportes Terrestres (ANTT),

Agência Nacional de Transportes Aquaviários (ANTAQ), Agência Nacional de Aviação Civil (ANAC) e Agência Nacional de Mineração (ANM), cada uma com suas especificidades adiante examinadas.

Cada agência reguladora foi criada no âmbito do marco regulatório setorial e a Lei nº 9.986, de 18 de julho de 2000, trouxe algumas questões estruturantes para o modelo regulatório federal, visando consolidar e trazer certa padronização à estrutura das agências reguladoras. Constou, por exemplo, nessa normativa, que todas as agências reguladoras serão dirigidas em regime de colegiado, por um Conselho Diretor ou Diretoria composta por Conselheiros ou Diretores, sendo um deles o seu Presidente, o Diretor-Geral ou o Diretor-Presidente.

O Presidente Lula, logo no início do seu primeiro mandato, em março 2003, criou um Grupo de Trabalho Interministerial para analisar o arranjo institucional regulatório no âmbito federal, o papel das agências reguladoras e propor medidas corretivas do modelo adotado.

O Grupo de Trabalho se concentrou na seguinte pauta: a) adequação do grau de autonomia ou independência das Agências em relação aos Ministérios; b) esfera de ação das agências reguladoras, tanto no planejamento quanto na outorga de concessões e permissões; c) necessidade de fortalecimento dos Ministérios com respeito a atribuições básicas de planejamento e formulação de políticas públicas na esteira da reorientação do papel do Estado nos últimos dez anos (do Estado-produtor para o Estado-regulador); d) eficácia das Agências na defesa dos interesses dos consumidores e no cumprimento de suas competências legais; e) adequação dos meios para que as Agências possam cumprir o seu papel, inclusive no que tange à formação de um quadro de pessoal qualificado, com prerrogativas compatíveis ao exercício de seu papel de fiscalização e regulação; e, f) insuficiência de mecanismo de prestação de contas por parte das Agências ao Congresso Nacional, inclusive no que tange ao poder do Congresso para convocar presidentes e diretores dessas entidades para prestar esclarecimentos.[513]

As propostas do Grupo de Trabalho foram materializadas no PL nº 3337/2004. Após inúmeros debates no Congresso Nacional e no âmbito acadêmico, o Projeto de Lei teve sua tramitação interrompida nove anos depois, a pedido da então Presidente Dilma Rousseff, em 13 de maio de 2013.

---

513 Exposição de Motivos – EM Nº 12/C. Civil-PR, de 12 de abril de 2004. Disponível em: https://www.camara.leg.br/proposicoesWeb/prop_mostrarintegra;jsessionid=node0ei1wl7obuiu1owqtni4rhr1z434036.node0?codteor=210114&filename=Tramitacao-PL+3337/2004. Acesso em 27 nov. 2022.

Após o impeachment da Presidente Dilma Rousseff, um novo projeto de lei, o PL nº 6.621/2016, tramitou na Câmara dos Deputados a partir do Projeto de Lei do Senado nº 52, de 2013, de autoria do Senador Eunício Oliveira, retornado o debate nacional sobre a organização administrativa das agências reguladoras. A partir do referido projeto de lei foi editada a Lei nº 13.848, de 25 de junho de 2019, dispondo sobre a gestão, a organização, o processo decisório e o controle social das agências reguladoras.

Neste capítulo serão examinadas as características e competências de cada uma dessas autarquias especiais[514] instituídas sob os influxos do modelo de administração gerencial, além de outras entidades criadas com algumas características próximas às entidades reguladoras autônomas não alcançadas pela Lei Geral das Agências Reguladoras: a Comissão de Valores Mobiliários (CVM), o Conselho Administrativo de Defesa Econômica (CADE), o Banco Central do Brasil (BACEN), a Autoridade Nacional de Proteção de Dados (ANPD), o Conselho Nacional de Previdência Complementar (CNPC) e a Superintendência Nacional de Previdência Suplementar (PREVIC).

Por fim, serão investigadas as características de entidades exógenas à organização administrativa que gerenciam temas de interesse geral, com competências que se imbricam com atividades regulatórias de competência das agências reguladoras: o Operador Nacional do Sistema Elétrico (ONS) e a Câmara de Comercialização de Energia Elétrica (CCEE).

### 5.1.1 Agência Nacional de Energia Elétrica (ANEEL)

A Agência Nacional de Energia Elétrica (ANEEL) foi a primeira agência reguladora federal de serviços públicos e de uso dos bens públicos, surgida no atual contexto jurídico-constitucional do Estado Regulador.

Sua criação deu-se pela Lei nº 9.427, de 26 de dezembro de 1996, durante o Governo do Presidente Fernando Henrique Cardoso. Por essa normativa e suas alterações, a ANEEL é dirigida por um Diretor-Geral e quatro Diretores, em regime de colegiado. Suas funções são estabelecidas no ato administrativo que aprova a estrutura organizacional da autarquia. Tanto o Diretor-Geral quanto os demais Diretores

---

514 Cumpre advertir o leitor de que as competências apresentadas neste capítulo foram extraídas diretamente das normas legais. Disponível em: www.planalto.gov.br.

da ANEEL são nomeados pelo Presidente da República para cumprir mandatos não coincidentes de cinco anos, sendo proibida a recondução. A nomeação dos membros da Diretoria depende de prévia aprovação do Senado Federal, nos termos da alínea "f", do inc. III, do art. 52, da Constituição Federal. Também integram a estrutura da ANEEL uma Procuradoria e uma Ouvidoria.

A missão da ANEEL é de extrema relevância, pois, com o processo de desestatização do setor elétrico brasileiro, houve o fracionamento desse subsistema econômico, passando a se dividir em geração, transmissão, distribuição e comercialização. Compete à ANEEL implementar as políticas e diretrizes do Governo Federal para a exploração da energia elétrica e o aproveitamento dos potenciais hidráulicos, podendo expedir atos regulatórios; promover, desde que haja delegação, as licitações destinadas à contratação de concessionárias e permissionárias de serviço público para produção, transmissão e distribuição de energia elétrica e para a outorga de concessão para aproveitamento de potenciais hidráulicos.

A competência alcança, nos termos da legislação, gerir os contratos de concessão ou de permissão de serviços públicos de energia elétrica, de concessão de uso de bem público, bem como fiscalizar, diretamente ou mediante convênios com órgãos estaduais, as concessões e a prestação dos serviços de energia elétrica; dirimir, no âmbito administrativo, as divergências entre concessionárias, permissionárias, autorizadas, produtores independentes e autoprodutores, bem como entre esses agentes e seus consumidores; fixar os critérios para cálculo do preço de transporte de que trata o §6º do, art. 15, da Lei nº 9.074, de 07 de julho de 1995,[515] e arbitrar seus valores nos casos de negociação frustrada entre os agentes envolvidos; articular com o órgão regulador do setor de combustíveis fósseis e gás natural os critérios para fixação dos preços de transporte desses combustíveis, quando destinados à geração de energia elétrica, e para arbitramento de seus valores, nos casos de negociação frustrada entre os agentes envolvidos; estabelecer, com vistas a propiciar concorrência efetiva entre os agentes e a impedir a concentração econômica nos serviços e atividades de energia elétrica, restrições, limites ou condições para empresas, grupos empresariais e acionistas, quanto à obtenção e transferência de concessões, permissões

---

[515] §6º É assegurado aos fornecedores e respectivos consumidores livre acesso aos sistemas de distribuição e transmissão de concessionário e permissionário de serviço público, mediante ressarcimento do custo de transporte envolvido, calculado com base em critérios fixados pelo poder concedente.

e autorizações, à concentração societária e à realização de negócios entre si; zelar pelo cumprimento da legislação de defesa da concorrência, monitorando e acompanhando as práticas de mercado dos agentes do setor de energia elétrica.

Compete, ainda, à ANEEL, fixar as multas administrativas a serem impostas aos concessionários, permissionários e autorizados de instalações e serviços de energia elétrica; estabelecer tarifas para o suprimento de energia elétrica realizado às concessionárias e permissionárias de distribuição; estabelecer, para cumprimento por parte de cada concessionária e permissionária de serviço público de distribuição de energia elétrica, as metas a serem periodicamente alcançadas, visando à universalização do uso da energia elétrica; efetuar o controle prévio e *a posteriori* de atos e negócios jurídicos a serem celebrados entre concessionárias, permissionárias, autorizadas e seus controladores, suas sociedades controladas ou coligadas e outras sociedades controladas ou coligadas de controlador comum, impondo-lhes restrições à mútua constituição de direitos e obrigações, especialmente comerciais e, no limite, a abstenção do próprio ato ou contrato.

A ANEEL vem descentralizando algumas de suas atividades para agências reguladoras estaduais. Essa descentralização visa agilizar os processos de regulação, fiscalização, mediação e outorgas; adaptar as ações de regulação, fiscalização e mediação às circunstâncias locais; e trazer a solução do problema para o local de sua origem.

Por esse mecanismo, permite-se sejam delegadas atividades relacionadas à fiscalização e à ouvidoria. Para tanto, as agências reguladoras estaduais recebem delegação da ANEEL por meio de Convênios de Cooperação. Para suportar financeiramente a execução das atividades descentralizadas, a ANEEL repassa recursos financeiros provenientes da Taxa de Fiscalização recolhida pelos agentes regulados. As agências reguladoras conveniadas auxiliam nos processos de regulação e outorga, de competência exclusiva da ANEEL.

### 5.1.2 Agência Nacional de Telecomunicações (ANATEL)

No ano de 1997, no governo do Presidente Fernando Henrique Cardoso, foi criada a Agência Nacional de Telecomunicações (ANATEL), que, como a Agência Nacional de Petróleo, Gás e Biocombustíveis (ANP), teve sua previsão, de forma "aberta", em sede constitucional. O art. 21 da Constituição Federal de 1988, ao dispor sobre a competência da União, estabeleceu em seu inciso XI: explorar, diretamente ou mediante autorização, concessão ou permissão, os serviços de telecomunicações, nos termos da lei, que disporá sobre a organização dos serviços, a criação de um órgão regulador e outros aspectos institucionais.

Sua criação ocorreu pela edição da Lei nº 9.472, de 16 de julho de 1997, como entidade integrante da administração pública federal indireta, submetida a regime autárquico especial, vinculada ao Ministério setorial. A lei dispõe, expressamente, caracterizar-se como uma autoridade administrativa independente, isto é: independência administrativa, ausência de subordinação hierárquica, mandato fixo e estabilidade de seus dirigentes (não podem ser demitidos *ad nutum* pelo Chefe do Poder Executivo) e autonomia financeira.

A ANATEL tem, como órgão máximo, um Conselho Diretor composto por Presidente e quatro conselheiros, devendo ser brasileiros e reputação ilibada, além de formação universitária e elevado conceito no campo de sua especialidade. O mandato é de cinco anos, sendo proibida, por lei, a recondução dos membros.

Também conta, a ANATEL, com um Conselho Consultivo, composto por representantes indicados pelo Senado Federal, pela Câmara dos Deputados, pelo Poder Executivo, pelas entidades de classe das prestadoras de serviços de telecomunicações, por entidades representativas dos usuários e da sociedade.

A ANATEL recebeu ampla competência para o exercício das funções inerentes ao Poder Concedente dos serviços públicos de telecomunicações, podendo expedir normas, celebrar e gerenciar contratos de concessão e autorizações, e fiscalizar a prestação do serviço nos regimes público e privado. Além da normatização, nos termos da sua lei de regência, compete à ANATEL implementar, em sua esfera de atribuições, a política nacional de telecomunicações; expedir normas e padrões a serem cumpridos pelas prestadoras de serviços de telecomunicações quanto aos equipamentos que utilizarem; expedir ou reconhecer a certificação de produtos, observados os padrões e normas por ela estabelecidos; expedir normas e padrões que assegurem a compatibilidade, a operação integrada e a interconexão entre as redes, abrangendo, inclusive, os equipamentos terminais.

Na sequência da competência da ANATEL, cabe, ainda, a realização de busca e apreensão de bens; deliberar na esfera administrativa quanto à interpretação da legislação de telecomunicações e sobre os casos omissos; compor administrativamente conflitos de interesses entre prestadoras de serviço de telecomunicações; reprimir infrações dos direitos dos usuários; exercer, relativamente às telecomunicações, as competências legais em matéria de controle, prevenção e repressão das infrações da ordem econômica, ressalvadas as pertencentes ao Conselho Administrativo de Defesa Econômica (CADE); propor ao Presidente da República, por intermédio do Ministério setorial, a declaração de utilidade pública, para fins de desapropriação ou instituição de servidão administrativa, dos bens necessários à implantação ou manutenção de serviço no regime público; e, por fim, decidir, em último grau, sobre as matérias de sua alçada, sempre admitido recurso ao Conselho Diretor.

### 5.1.3 Agência Nacional de Petróleo, Gás e Biocombustíveis (ANP)

Com a Emenda Constitucional nº 9, de 09.11.1995, passou a ser admissível que as atividades relacionadas à pesquisa, lavra, importação, exportação e transporte de petróleo e gás natural fossem exploradas por empresas privadas.

Por força dessa flexibilização constitucional, foi publicada, em 06 de agosto de 1997, a Lei Federal nº 9.478, que dispôs sobre a Política Energética Nacional. Essa lei estabeleceu as atividades econômicas relativas ao monopólio do petróleo, bem como a operação de instalações e equipamentos relacionados com o exercício dessas atividades.

Esse mesmo ato legislativo dispôs acerca da criação da Agência Nacional do Petróleo (ANP) – atual Agência Nacional de Petróleo, Gás e Biocombustíveis –, a quem coube regular as atividades relativas ao monopólio da indústria do petróleo e do gás natural.

A ANP, órgão regulatório do setor, nos termos do art. 177 da Constituição Federal de 1988, é dirigida, em regime de colegiado, por uma Diretoria composta de um Diretor-Geral e quatro Diretores. Esses dirigentes são nomeados pelo Presidente da República, após aprovação dos respectivos nomes pelo Senado Federal, nos termos da alínea "f", do inc. III, do art. 52 da Constituição Federal. A nomeação desses dirigentes é a termo, isto é, recebem mandatos de cinco anos, vedada a recondução e a demissão *ad nutum*. Também integram a estrutura da ANP uma Procuradoria e uma Ouvidoria.

Cumpre ressaltar que o art. 12 dessa lei foi objeto de veto pelo Presidente da República. Esse artigo dispunha que "Os membros da Diretoria da ANP somente poderão ser exonerados em razão de: I – condenação penal, transitada em julgado; II – prática de ato de improbidade apurado em processo administrativo; III – violação administrativa grave ou descumprimento manifesto de suas atribuições, reconhecidos em decisão fundamentada do Senado Federal, por provocação do Presidente da República". No parágrafo único, estava disposto que, nas hipóteses acima, "o Presidente da República poderá afastar temporariamente do cargo o Diretor sob investigação, até decisão final do Senado Federal".

Nas razões do veto o Presidente da República informou tratar-se de dispositivo inconstitucional, pois o inc. III, do art. 12, condicionou a exoneração de membros da Diretoria da ANP pelo Presidente da República ao reconhecimento pelo Senado Federal, em decisão fundamentada, numa flagrante ingerência em área de competência privativa do Presidente da República, qual seja a de dispor sobre a organização e o funcionamento da Administração Federal (CF, art. 84, VI), configurando-se assim infringência ao princípio da independência dos poderes, reconhecido pela Constituição Federal em seu art. 2º.

Com a manutenção do veto ao referido dispositivo legal, os dirigentes da ANP eram demissíveis *ad nutum* pelo Presidente da República, situação que perdurou até a edição da Lei nº 9.986/2000, que padronizou a estabilidade dos dirigentes das agências reguladoras.

As atividades da ANP são de extrema importância econômica e social. Com a entrada em vigor da Lei nº 9.478/97, qualquer empresa, em regime de livre concorrência, constituída sob leis brasileiras, tem o direito de participar – por sua conta e risco – dessas atividades antes monopolizadas, justificando, em parte, o modelo regulatório adotado.

Com efeito, o Poder Público dispôs acerca do regime jurídico da concessão para as atividades de exploração, desenvolvimento e produção de petróleo e gás natural por meio de licitação, assim como o regime jurídico para o refino, processamento, transporte, importação e exportação de petróleo, seus derivados e gás natural.

Com a nova regulamentação do setor petrolífero energético, cabe à ANP, como entidade reguladora, entre outras competências, implementar a política nacional de petróleo, gás e biocombustíveis; promover estudos para delimitar os blocos para concessão ou contratação sob o regime de partilha de produção das atividades de exploração, desenvolvimento e produção; elaborar os editais e realizar as licitações, para fins de avaliar a capacidade técnica e financeira dos futuros agentes concessionários, celebrando os respectivos contratos e fiscalizando sua execução e as participações governamentais sobre as referidas concessões.

Ademais disso, cabe também à ANP expedir autorizações para atividades de refino, liquefação, regaseificação, carregamento, processamento, tratamento, transporte, estocagem e acondicionamento; promover a fiscalização de forma direta ou concorrente, mediante convênios com órgãos estaduais, distrital ou municipal, aplicando as sanções previstas em lei, regulamento ou contrato; declarar a utilidade pública, para fins de desapropriação e instituição de servidão administrativa, das áreas necessárias à exploração, desenvolvimento e produção de petróleo e gás natural, bem como à construção de refinarias, de unidades de processamento de gás natural, de instalações de estocagem subterrânea, de dutos e de terminais.

Algumas de suas competências foram alteradas pela Lei nº 11.909, de 04 de março de 2009, que dispõe sobre as atividades relativas ao transporte de gás natural, bem como sobre as atividades de tratamento, processamento, estocagem, liquefação, regaseificação e comercialização de gás natural, norma esta que foi revogada pela Lei nº 14.134, de 8 de abril de 2021, e que, por sua vez, disciplinou novas competências da ANP. Merecem ainda destaque as competências da ANP estabelecidas no marco regulatório do pré-sal e no setor de etanol disciplinados pela Lei nº 12.490, de 16.09.2011.

### 5.1.4 Agência Nacional de Vigilância Sanitária (ANVISA)

A Agência Nacional de Vigilância Sanitária (ANVISA) foi criada pela Lei nº 9.782, de 26 de janeiro de 1999, sob regime especial, vinculada ao Ministério da Saúde.[516]

A ANVISA é dirigida por uma Diretoria Colegiada, composta por cinco membros, sendo um deles o seu Diretor-Presidente. Os Diretores devem ser brasileiros, indicados e nomeados pelo Presidente da República, após aprovação prévia do Senado Federal nos termos do art. 52, III, "f", da Constituição Federal, para cumprimento de mandato de cinco anos, sendo vedada a recondução. O Diretor-Presidente da Agência é nomeado pelo Presidente da República e investido na função por cinco anos, vedada a sua recondução.

A Agência tem por finalidade institucional promover a proteção da saúde da população, por intermédio do controle sanitário da produção e da comercialização de produtos e serviços submetidos à vigilância sanitária, inclusive dos ambientes, dos processos, dos insumos e das tecnologias a eles relacionados, bem como o controle de portos, aeroportos e fronteiras.

---

516 Sobre um balanço das atividades da ANVISA, ver: RAMALHO, Pedro Ivo Sebba. Insulamento burocrático, *accountability* e transparência: dez anos de regulação da Agência Reguladora de Vigilância Sanitária. *Revista do Serviço Público*, Brasília, v. 60, n. 4, p. 337-364, out./dez. 2009.

Compete à ANVISA, entre outras atribuições, coordenar o Sistema Nacional de Vigilância Sanitária; fomentar e realizar estudos e pesquisas; estabelecer normas, propor, acompanhar e executar as políticas, as diretrizes e as ações de vigilância sanitária; estabelecer normas e padrões sobre limites de contaminantes, resíduos tóxicos, desinfetantes, metais pesados e outros que envolvam risco à saúde.

Sem prejuízo da sua competência para regular outros produtos e serviços, com relação ao risco à saúde a normativa apresenta uma extensa lista, incluindo os medicamentos de uso humano, suas substâncias ativas e demais insumos, processos e tecnologias; alimentos, inclusive bebidas, águas envasadas, seus insumos, suas embalagens, aditivos alimentares, limites de contaminantes orgânicos, resíduos de agrotóxicos e de medicamentos veterinários; cosméticos, produtos de higiene pessoal e perfumes; saneantes destinados à higienização, desinfecção ou desinfestação em ambientes domiciliares, hospitalares e coletivos; conjuntos, reagentes e insumos destinados a diagnóstico; equipamentos e materiais médico-hospitalares, odontológicos e hemoterápicos e de diagnóstico laboratorial e por imagem; imunobiológicos e suas substâncias ativas, sangue e hemoderivados; órgãos, tecidos humanos e veterinários para uso em transplantes ou reconstituições; radioisótopos para uso diagnóstico *in vivo* e radiofármacos e produtos radioativos utilizados em diagnóstico e terapia; cigarros, cigarrilhas, charutos e qualquer outro produto fumígero, derivado ou não do tabaco; e quaisquer produtos que envolvam a possibilidade de risco à saúde, obtidos por engenharia genética, por outro procedimento ou ainda submetidos a fontes de radiação.

Suas funções envolvem o poder-dever de intervir, temporariamente, na administração de entidades produtoras, que sejam financiadas, subsidiadas ou mantidas com recursos públicos, assim como nos prestadores de serviços e/ou produtores exclusivos ou estratégicos para o abastecimento do mercado nacional; autorizar o funcionamento de empresas de fabricação, distribuição e importação, além de anuir com a importação e exportação de produtos mencionados na sua lei de criação; conceder registros de produtos, segundo as normas de sua área de atuação; conceder e cancelar o certificado de cumprimento de boas práticas de fabricação.

No rol de atribuições ainda compete interditar, como medida de vigilância sanitária, os locais de fabricação, controle, importação, armazenamento, distribuição e venda de produtos e de prestação de serviços relativos à saúde; proibir a fabricação, a importação, o armazenamento, a distribuição e a comercialização de produtos e insumos; cancelar a autorização de funcionamento e a autorização especial de funcionamento de empresas, tudo isso no caso de violação da legislação pertinente ou de risco iminente à saúde.

Compete, ainda, coordenar as ações de vigilância sanitária realizadas por todos os laboratórios que compõem a rede oficial de laboratórios de controle de qualidade em saúde; estabelecer, coordenar e monitorar os sistemas de vigilância toxicológica e farmacológica; promover a revisão e atualização periódica da farmacopeia; manter sistema de informação contínuo e permanente para integrar suas atividades com as demais ações de saúde, com prioridade às ações de vigilância epidemiológica e assistência ambulatorial e hospitalar; monitorar e auditar os órgãos e entidades estaduais, distrital e municipais que integram o Sistema Nacional de Vigilância Sanitária, incluindo-se os laboratórios oficiais de controle de qualidade em saúde; coordenar e executar o controle da qualidade de bens e produtos relacionados em lei, por meio de análises previstas na legislação sanitária, ou de programas especiais de monitoramento da qualidade em saúde; e, por fim, autuar e aplicar as penalidades previstas em lei.

A ANVISA pode delegar às autoridades estaduais, distritais e municipais a execução de suas atribuições, com algumas ressalvas indicadas na lei.

### 5.1.5 Agência Nacional de Saúde Suplementar (ANS)

A Agência Nacional de Saúde Suplementar (ANS) foi criada durante o Governo do Presidente Fernando Henrique Cardoso, pela Lei nº 9.961, de 28 de janeiro de 2000, com natureza de autarquia sob regime especial, vinculada ao Ministério da Saúde, como órgão de regulação, normatização, controle e fiscalização das atividades que garantam a assistência suplementar à saúde.

A natureza de autarquia especial conferida à ANS, nos termos da lei, é caracterizada por autonomia administrativa, financeira, patrimonial e de gestão de recursos humanos, autonomia nas suas decisões técnicas e mandato fixo de seus dirigentes.

A direção da ANS é composta por uma Diretoria Colegiada, com cinco Diretores, sendo um deles o seu Diretor-Presidente. Estes dirigentes deverão ser brasileiros, indicados e nomeados pelo Presidente da República, após aprovação prévia pelo Senado Federal, nos termos do art. 52, III, "f", da Constituição Federal, para cumprimento de mandato de cinco anos, vedada a recondução.

O Diretor-Presidente da ANS é nomeado pelo Chefe do Poder Executivo, e investido na função por cinco anos, vedada a recondução. E a Diretoria só poderá se reunir com a presença mínima de três diretores, sendo um deles o Diretor-Presidente ou seu substituto legal.

Compete à ANS propor políticas e diretrizes gerais ao Conselho Nacional de Saúde Suplementar (CONSU) para a regulação do setor de saúde suplementar; estabelecer as características gerais dos instrumentos contratuais utilizados na atividade das operadoras; elaborar o rol de procedimentos e eventos em saúde, que constituirão referência básica para os fins do disposto na Lei nº 9.656, de 03 de junho de 1998, e suas excepcionalidades.

Nas suas atribuições se inserem aquelas para fixar critérios para os procedimentos de credenciamento e descredenciamento de prestadores de serviço às operadoras; estabelecer parâmetros e indicadores de qualidade e de cobertura em assistência à saúde para os serviços próprios e de terceiros oferecidos pelas operadoras; estabelecer normas para ressarcimento ao Sistema Único de Saúde (SUS); estabelecer normas relativas à adoção e utilização, pelas operadoras de planos de assistência à saúde, de mecanismos de regulação do uso dos serviços de saúde; deliberar sobre a criação de câmaras técnicas, de caráter consultivo, de forma a subsidiar suas decisões; normatizar os conceitos de doença e lesão preexistentes; definir, para fins de aplicação da Lei nº 9.656, de 1998, a segmentação das operadoras e administradoras de planos privados de assistência à saúde, observando as suas peculiaridades.

Compete ainda estabelecer critérios, responsabilidades, obrigações e normas de procedimento para garantia dos direitos assegurados nos arts. 30 e 31 da Lei nº 9.656, de 1998; estabelecer normas para registro dos produtos definidos no inc. I e no §1º do art. 1º da Lei nº 9.656, de 1998; decidir sobre o estabelecimento de subsegmentações aos tipos de planos definidos nos incs. I a IV do art. 12 da Lei nº 9.656, de 1998; estabelecer critérios gerais para o exercício de cargos diretivos das operadoras de planos privados de assistência à saúde; estabelecer critérios de aferição e controle da qualidade dos serviços oferecidos pelas operadoras de planos privados de assistência à saúde, sejam eles próprios, referenciados, contratados ou conveniados; estabelecer normas, rotinas e procedimentos para concessão, manutenção e cancelamento de registro dos produtos das operadoras de planos privados de assistência à saúde; autorizar reajustes e revisões das contraprestações pecuniárias dos planos privados de assistência à saúde, ouvido o Ministério da Economia.

Tem função de expedir normas e padrões para o envio de informações de natureza econômico-financeira pelas operadoras, com vistas à homologação de reajustes e revisões; proceder à integração de informações com os bancos de dados do Sistema Único de Saúde; autorizar o registro dos planos privados de assistência à saúde; monitorar a evolução dos preços de planos de assistência à saúde, seus prestadores de serviços, e respectivos componentes e insumos; autorizar o registro e o funcionamento das operadoras de planos privados de assistência à saúde, bem assim, ouvidos previamente os órgãos do sistema de defesa da concorrência, sua cisão, fusão, incorporação, alteração ou transferência do controle societário.

O alcance de competência da ANS envolve as funções de fiscalizar as atividades das operadoras de planos privados de assistência à saúde e zelar pelo cumprimento das normas atinentes ao seu funcionamento; exercer o controle e a avaliação dos aspectos concernentes à garantia de acesso, manutenção e qualidade dos serviços prestados, direta ou indiretamente, pelas operadoras de planos privados de assistência à saúde; avaliar a capacidade técnico-operacional das operadoras de planos privados de assistência à saúde para garantir a compatibilidade da cobertura oferecida com os recursos disponíveis na área geográfica de abrangência; fiscalizar a atuação das operadoras e prestadores de serviços de saúde com relação à abrangência das coberturas de patologias e procedimentos; fiscalizar aspectos concernentes às coberturas e o cumprimento da legislação referente aos aspectos sanitários e epidemiológicos, relativos à prestação de serviços médicos e hospitalares no âmbito da saúde suplementar; avaliar os mecanismos de regulação utilizados pelas operadoras de planos privados de assistência à saúde e fiscalizar o cumprimento das disposições da Lei nº 9.656, de 1998, e de sua regulamentação.

Deve, a ANS, aplicar as penalidades pelo descumprimento da Lei nº 9.656, de 1998, e de sua regulamentação; requisitar o fornecimento de informações às operadoras de planos privados de assistência à saúde, bem como da rede prestadora de serviços a elas credenciadas; instituir o regime de direção fiscal ou técnica nas operadoras; proceder à liquidação extrajudicial e autorizar o liquidante a requerer a falência ou insolvência civil das operadoras de planos privados de assistência à saúde; determinar ou promover a alienação da carteira de planos privados de assistência à saúde das operadoras; articular-se com os órgãos de defesa do consumidor; zelar pela qualidade dos serviços de assistência à saúde no âmbito da assistência à saúde suplementar; celebrar termo de compromisso de ajuste de consulta e termo de compromisso de fiscalizar os seus cumprimentos e fixar normas para a constituição, organização, funcionamento e fiscalização das operadoras listadas na Lei nº 9.656/98.

Compete ainda estipular índices, condições técnicas sobre investimentos, e outras relações patrimoniais que deverão ser observadas pelas operadoras de planos de saúde.

Cumpre assinalar que a Lei nº 9.656/98 foi alterada pela Lei nº 14.454, de 21 de setembro de 2022, dispondo que a ANS estabelecerá, em norma regulatória, a amplitude das coberturas no âmbito da saúde suplementar, inclusive de transplantes e de procedimentos de alta complexidade, por meio de rol de procedimentos e eventos em saúde suplementar. O rol de procedimentos e eventos, segundo a normativa, será atualizado pela ANS a cada nova incorporação, constituindo a referência básica para os planos privados de assistência à saúde contratados a partir de 1º de janeiro de 1999 e para os contratos adaptados.

### 5.1.6 Agência Nacional de Águas e Saneamento Básico (ANA)

Nos termos da Lei nº 9.984, de 17 de julho de 2000, alterada pela Lei nº 14.026, de 15 de junho de 2020, foi criada a Agência Nacional de Águas e Saneamento Básico (ANA), na forma de autarquia federal sob regime especial. Trata-se de entidade federal de implementação da Política Nacional de Recursos Hídricos, aprovada pela Lei nº 9.433, de 8 de janeiro de 1997, que dispõe que determinadas formas de utilização de recursos hídricos estão condicionadas à obtenção de outorga e cobrança pelo seu uso. A ANA também passou a ser responsável pela instituição de normas de referência para regulação dos serviços públicos de saneamento básico.

A ANA é dirigida por uma Diretoria Colegiada composta por cinco membros, nomeados pelo Presidente da República, com mandatos não coincidentes de cinco anos, vedada a recondução. A ANA conta com uma Procuradoria, uma Ouvidoria e uma Auditoria.

Diferentemente das demais agências reguladoras, os dirigentes da ANA não passavam pela sabatina do Senado Federal. Isso foi alterado com a edição da Lei nº 9.986, de 18 de julho de 2000, que dispôs sobre a gestão de recursos humanos das agências reguladoras, padronizando essa premissa. O Diretor-Presidente da ANA é nomeado pelo Presidente da República e é investido na função por cinco anos, vedada a recondução.

De acordo com a Política Nacional de Recursos Hídricos, estarão sujeitas à outorga e cobrança pelo uso da água as atividades que contemplem a derivação ou captação de águas superficiais e subterrâneas, a diluição, transporte ou disposição final de esgotos e demais resíduos líquidos ou gasosos, o aproveitamento dos potenciais hidrelétricos e todos os outros usos que alterem o regime, a quantidade ou a qualidade da água existente em um corpo de água (rios, represas etc.).

Podem-se destacar as seguintes funções conferidas à ANA: supervisionar, controlar e avaliar as ações e atividades decorrentes do cumprimento da legislação federal pertinente aos recursos hídricos; disciplinar, em caráter normativo, a implementação, a operacionalização, o controle e a avaliação dos instrumentos da Política Nacional de Recursos Hídricos.

Sua competência alcança, ainda, o poder-dever de outorgar, por intermédio de autorização, o direito de uso de recursos hídricos em corpos de água de domínio da União; fiscalizar os usos de recursos hídricos nos corpos de água de domínio da União; elaborar estudos técnicos para subsidiar a definição, pelo Conselho Nacional de Recursos Hídricos, dos valores a serem cobrados pelo uso de recursos hídricos de domínio da União, com base nos mecanismos e quantitativos sugeridos pelos Comitês de Bacia Hidrográfica, na forma do inc. VI do art. 38 da Lei nº 9.433/97.

A ANA deve estimular e apoiar as iniciativas voltadas para a criação de Comitês de Bacia Hidrográfica; implementar, em articulação com os Comitês de Bacia Hidrográfica, a cobrança pelo uso de recursos hídricos de domínio da União; arrecadar, distribuir e aplicar receitas auferidas por intermédio da cobrança pelo uso de recursos hídricos de domínio da União, na forma do disposto no art. 22 da Lei nº 9.433/97; planejar e promover ações destinadas a prevenir ou minimizar os efeitos de secas e inundações, no âmbito do Sistema Nacional de Gerenciamento de Recursos Hídricos, em articulação com o órgão central do Sistema Nacional de Defesa Civil, em apoio aos Estados e Municípios; promover a elaboração de estudos para subsidiar a aplicação de recursos financeiros da União em obras e serviços de regularização de cursos de água, de alocação e distribuição de água, e de controle de poluição hídrica; definir e fiscalizar as condições de operação de reservatórios por agentes públicos e privados, visando a garantir o uso múltiplo dos recursos hídricos, conforme estabelecido nos planos de recursos hídricos das respectivas bacias hidrográficas.

Cabe à ANA promover a coordenação das atividades desenvolvidas no âmbito da rede hidrometeorológica nacional, em articulação com órgãos e entidades públicas ou privadas que a integram, ou que dela sejam usuárias e organizar, implantar e gerir o Sistema Nacional de Informações sobre Recursos Hídricos.

Insere-se na competência da ANA estimular a pesquisa e a capacitação de recursos humanos para a gestão de recursos hídricos; prestar apoio aos Estados na criação de órgãos gestores de recursos hídricos; propor ao Conselho Nacional de Recursos Hídricos o estabelecimento de incentivos, inclusive financeiros, à conservação qualitativa e quantitativa de recursos hídricos.

Ademais, cabe à ANA participar da elaboração do Plano Nacional de Recursos Hídricos e supervisionar a sua implementação, além de regular e fiscalizar, quando envolverem corpos d'água de domínio da União, a prestação dos serviços públicos de irrigação, se em regime de concessão, e adução de água bruta, cabendo-lhe, inclusive, a disciplina, em caráter normativo, da prestação desses serviços, bem como a fixação de padrões de eficiência e o estabelecimento de tarifa, quando cabíveis, e a gestão e auditagem de todos os aspectos dos respectivos contratos de concessão, quando existentes.

A ANA tem competência para implantar e gerir o Sistema Nacional de Informações sobre Segurança de Barragens (SNISB) e para promover a articulação entre os órgãos fiscalizadores de barragens. Além disso, compete estabelecer e fiscalizar o cumprimento de regras de uso da água, a fim de assegurar os usos múltiplos durante a vigência da declaração de situação crítica de escassez de recursos hídricos.

A Agência poderá delegar ou atribuir a agências de água ou de bacia hidrográfica a execução de atividades de sua competência, e poderá delegar também certas competências, por meio de convênio ou de outro instrumento, a outros órgãos e entidades da administração pública federal, estadual e distrital.

Conforme a lei de saneamento básico (Lei nº 14.026, de 15 de julho de 2020) a competência da ANA foi ampliada, de modo a instituir normas de referência para a regulação dos serviços públicos de saneamento básico por seus titulares e suas entidades reguladoras e fiscalizadoras, observadas as diretrizes para a função de regulação estabelecidas na Lei nº 11.445, de 5 de janeiro de 2007.

Nesse sentido, as normas de referência alcançarão padrões de qualidade e eficiência na prestação, na manutenção e na operação dos sistemas de saneamento básico; regulação tarifária dos serviços públicos de saneamento básico, com vistas a promover a prestação adequada, o uso racional de recursos naturais, o equilíbrio econômico-financeiro e a universalização do acesso ao saneamento básico; padronização dos instrumentos negociais de prestação de serviços públicos de saneamento básico firmados entre o titular do serviço público e o delegatário, os quais contemplarão metas de qualidade, eficiência e ampliação da cobertura dos serviços, bem como especificação da matriz de riscos e dos mecanismos de manutenção do equilíbrio econômico-financeiro das atividades; metas de universalização dos serviços públicos de saneamento básico para concessões que considerem, entre outras condições, o nível de cobertura de serviço existente, a viabilidade econômico-financeira da expansão da prestação do serviço e o número de Municípios atendidos; critérios para a contabilidade regulatória; redução progressiva e controle da perda de água; metodologia de cálculo de indenizações devidas em razão dos investimentos realizados e ainda não amortizados ou depreciados; governança das entidades reguladoras; reuso dos efluentes sanitários tratados, em conformidade com as normas ambientais e de saúde pública; parâmetros para determinação de caducidade na prestação dos serviços públicos de saneamento básico; normas e metas de substituição do sistema unitário pelo sistema separador absoluto de tratamento de efluentes; e sistema de avaliação do cumprimento de metas de ampliação e universalização da cobertura dos serviços públicos de saneamento básico e conteúdo mínimo para a prestação universalizada e para a sustentabilidade econômico-financeira dos serviços públicos de saneamento básico.

É relevante destacar que, no processo de instituição das normas de referência, a ANA deverá avaliar as melhores práticas regulatórias do setor, ouvidas as entidades encarregadas da regulação e da fiscalização e as entidades representativas dos Municípios; realizará consultas e audiências públicas, de forma a garantir a transparência e a publicidade dos atos, bem como a possibilitar a análise de impacto regulatório das normas propostas; e poderá constituir grupos ou comissões de trabalho com a participação das entidades reguladoras e fiscalizadoras e das entidades representativas dos Municípios para auxiliar na elaboração das referidas normas.

Sobre a solução amigável de conflitos no âmbito da sua área de atuação, a ANA deverá manter, em caráter voluntário e com sujeição à concordância entre as partes, ação mediadora ou arbitral visando encerrar conflitos entre titulares, agências reguladoras ou prestadores de serviços públicos de saneamento básico.

Compete à ANA elaborar estudos técnicos para o desenvolvimento das melhores práticas regulatórias para os serviços públicos de saneamento básico, bem como guias e manuais para subsidiar o desenvolvimento das referidas práticas visando zelar pela uniformidade regulatória do setor de saneamento básico e pela segurança jurídica na prestação e na regulação dos serviços. Tanto o impacto regulatório quanto o estrito cumprimento das normas de referência pelos órgãos e pelas entidades responsáveis pela regulação e pela fiscalização dos serviços deverão ser por ela avaliados.

No âmbito da coordenação nacional, a ANA disciplinará, por meio de ato normativo, os requisitos e os procedimentos a serem observados pelas entidades encarregadas da regulação e da fiscalização dos serviços públicos de saneamento básico, para a comprovação da adoção das normas regulatórias de referência. A ANA também avaliará periodicamente a adoção dessas normas de referência, que impactarão na contratação dos financiamentos com recursos da União ou com recursos geridos ou operados por órgãos ou entidades da administração pública federal.

### 5.1.7 Agência Nacional de Cinema (ANCINE)

A Agência Nacional de Cinema (ANCINE), autarquia especial vinculada ao antigo Ministério do Desenvolvimento, Indústria e Comércio Exterior, foi criada durante o Governo do Presidente Fernando Henrique Cardoso pela Medida Provisória nº 2.228-1, de 06 de setembro de 2001, como ente de fomento, regulação e fiscalização da indústria cinematográfica e videofonográfica, dotada de autonomia administrativa e financeira.

A ANCINE é dirigida em regime de colegiado por uma diretoria composta de um Diretor-Presidente e três Diretores, com mandatos não coincidentes de cinco anos, vedada a recondução. Esses dirigentes devem ser brasileiros, de reputação ilibada e elevado conceito no seu campo de especialidade, escolhidos pelo Presidente da República e por ele nomeados após aprovação pelo Senado Federal.

O Diretor-Presidente da ANCINE será nomeado pelo Presidente da República e investido na função pelo prazo de cinco anos, sendo vedada a sua recondução.

Compete à ANCINE executar a política nacional de fomento ao cinema; fiscalizar o cumprimento da legislação referente à atividade cinematográfica e videofonográfica nacional e estrangeira nos diversos segmentos de mercados; promover o combate à pirataria de obras audiovisuais; aplicar multas e sanções, na forma da lei; regular, na forma da lei, as atividades de fomento e proteção à indústria cinematográfica e videofonográfica nacional, resguardando a livre manifestação do pensamento, da criação, da expressão e da informação; coordenar as ações e atividades governamentais referentes à indústria cinematográfica e videofonográfica, ressalvadas as competências ministeriais; articular-se com os órgãos competentes dos entes federados com vistas a otimizar a consecução dos seus objetivos; gerir programas e mecanismos de fomento à indústria cinematográfica e videofonográfica nacional; estabelecer critérios para a aplicação de recursos de fomento e financiamento à indústria cinematográfica e videofonográfica nacional; promover a participação de obras cinematográficas e videofonográficas nacionais em festivais internacionais; aprovar e controlar a execução de projetos de coprodução, produção, distribuição, exibição e infraestrutura técnica a serem realizados com recursos públicos e incentivos fiscais, ressalvadas as competências dos Ministérios da Cultura e das Comunicações; fornecer os Certificados de Produto Brasileiro às obras cinematográficas e videofonográficas.

Compete, ainda, à ANCINE fornecer Certificados de Registro dos contratos de produção, coprodução, distribuição, licenciamento, cessão de direitos de exploração, veiculação e exibição de obras cinematográficas e videofonográficas; gerir o sistema de informações para o monitoramento das atividades da indústria cinematográfica e videofonográfica nos seus diversos meios de produção, distribuição, exibição e difusão; articular-se com órgãos e entidades voltados ao fomento da produção, da programação e da distribuição de obras cinematográficas e videofonográficas dos Estados membros do Mercosul e demais membros da comunidade internacional; prestar apoio técnico e administrativo ao Conselho Superior do Cinema; atualizar, em consonância com a evolução tecnológica, as definições referidas no art. 1º da Medida Provisória nº 2.228-1, de 06 de setembro de 2001.

À ANCINE compete regular e fiscalizar o cumprimento dos princípios da comunicação audiovisual de acesso condicionado, das obrigações de programação, empacotamento e publicidade e das restrições ao capital total e votante das produtoras e programadoras fixados pela lei que dispõe sobre a comunicação audiovisual de acesso condicionado; elaborar e tornar público plano de trabalho como instrumento de avaliação da atuação administrativa do órgão e de seu desempenho, estabelecendo os parâmetros para sua administração, bem como os indicadores que permitam quantificar, objetivamente, a sua avaliação periódica, inclusive com relação aos recursos aplicados em fomento à produção de audiovisual; enviar relatório anual de suas atividades ao Ministério da Cultura e, por intermédio da Presidência da República, ao Congresso Nacional; tomar dos interessados compromisso de ajustamento de sua conduta às exigências legais no âmbito de suas competências; promover interação com administrações do cinema e do audiovisual dos Estados membros do Mercosul e demais membros da comunidade internacional; e estabelecer critérios e procedimentos administrativos para a garantia do princípio da reciprocidade no território brasileiro em relação às condições de produção e exploração de obras audiovisuais brasileiras em territórios estrangeiros.

### 5.1.8 Agência Nacional de Transportes Terrestres (ANTT)

A Agência Nacional de Transportes Terrestres (ANTT) foi criada pela Lei nº 10.233, de 05 de junho de 2001, como entidade integrante da Administração Federal indireta, submetida ao regime autárquico especial e vinculada ao então Ministério dos Transportes. O regime autárquico especial conferido à ANTT é caracterizado pela independência administrativa, autonomia financeira e funcional e mandato fixo de seus dirigentes.

A Diretoria da ANTT atua em regime de colegiado como órgão máximo de sua estrutura organizacional. É composta por um Diretor-Geral e quatro Diretores. A agência também é composta por uma Procuradoria, uma Ouvidoria e uma Corregedoria. Os membros da Diretoria da ANTT devem ser brasileiros, de reputação ilibada, formação universitária e elevado conceito no campo de especialidade dos cargos a serem exercidos, e serão nomeados pelo Presidente da República, após aprovação pelo Senado Federal, nos termos da alínea "f", do inc. III, do art. 52, da Constituição Federal.

O Diretor-Geral é nomeado pelo Presidente da República e investido na função pelo prazo de 5 (cinco) anos, vedada a recondução. Os demais dirigentes cumprirão mandatos de cinco anos, também vedada a recondução. Os membros da Diretoria perderão o mandato em virtude de renúncia, condenação judicial transitada em julgado ou condenação em processo administrativo disciplinar, e a competência é do Ministro setorial para instaurar o processo administrativo disciplinar, competindo ao Presidente da República determinar o afastamento preventivo, quando for o caso, e proferir o julgamento.

Constituem a esfera de atuação da ANTT: o transporte ferroviário de passageiros e cargas ao longo do Sistema Nacional de Viação; a exploração da infraestrutura ferroviária e o arrendamento dos ativos operacionais correspondentes; o transporte rodoviário interestadual e internacional de passageiros; o transporte rodoviário de cargas;

a exploração da infraestrutura rodoviária federal; o transporte multimodal; o transporte de cargas especiais e perigosas em rodovias e ferrovias.

Cabe à ANTT, como atribuições gerais: promover pesquisas e estudos específicos de tráfego e de demanda de serviços de transporte; promover estudos aplicados às definições de tarifas, preços e fretes, em confronto com os custos e os benefícios econômicos transferidos aos usuários pelos investimentos realizados; propor ao Ministério ao qual estiver vinculada, nos casos de concessão ou permissão, os planos de outorgas, instruídos por estudos específicos de viabilidade técnica e econômica, para exploração da infraestrutura e a prestação de serviços de transporte terrestre.

São, ainda, de competência da ANTT: elaborar e editar normas e regulamentos relativos à exploração de vias e terminais, garantindo isonomia no seu acesso e uso, bem como à prestação de serviços de transporte, mantendo os itinerários outorgados e fomentando a competição; editar atos de outorga e de extinção de direito de exploração de infraestrutura e de prestação de serviços de transporte terrestre, celebrando e gerindo os respectivos contratos e demais instrumentos administrativos; reunir, sob sua administração, os instrumentos de outorga para exploração de infraestrutura e prestação de serviços de transporte terrestre já celebrados antes da vigência da Lei nº 10.233, de 05 de junho de 2001, resguardando os direitos das partes e o equilíbrio econômico-financeiro dos respectivos contratos.

Nas funções desta Agência se incluem, também, as de proceder à revisão e ao reajuste de tarifas dos serviços prestados, segundo as disposições contratuais, após prévia comunicação ao Ministério da Economia; fiscalizar a prestação dos serviços e a manutenção dos bens arrendados, cumprindo e fazendo cumprir as cláusulas e condições avençadas nas outorgas e aplicando penalidades pelo seu descumprimento; autorizar projetos e investimentos no âmbito das outorgas estabelecidas; adotar procedimentos para a incorporação ou desincorporação de bens, no âmbito dos arrendamentos contratados; promover estudos sobre a logística do transporte intermodal, ao longo de eixos ou fluxos de produção; habilitar o Operador do Transporte Multimodal, em articulação com as demais agências reguladoras de transportes; promover levantamentos e organizar cadastros relativos ao sistema de dutovias do Brasil e às empresas proprietárias de equipamentos e instalações de transporte dutoviário; estabelecer padrões e normas técnicas complementares relativos às operações de transporte terrestre de cargas especiais e perigosas; exercer, diretamente ou mediante convênio, as competências expressas no inc. VIII, do art. 21, e 209-A da Lei nº 9.503, de 23 de setembro de 1997 (Código de Trânsito Brasileiro), nas rodovias federais por ela administradas; dispor sobre infrações, sanções e medidas administrativas; declarar de utilidade pública para fins de desapropriação ou de servidão administrativa de bens e propriedades necessários à execução de obras no âmbito das outorgas estabelecidas.

A ANTT pode firmar convênios de cooperação técnica e administrativa com órgãos e entidades da administração pública, estadual, distrital ou municipal, visando à descentralização de suas atividades de fiscalização.

Vale mencionar que a lei de criação da ANTT e da ANTAQ, a seguir examinada, traz um artigo que, para alguns, constitui autorização expressa para a interposição de recurso hierárquico ao Ministro de Estado de Transportes. Com efeito, dispõe o §3º, art. 68, da Lei nº 10.233/01 o seguinte: "Qualquer pessoa, desde que seja parte interessada, terá o direito de peticionar ou de recorrer contra atos das Agências, no prazo máximo de trinta dias da sua oficialização, observado o disposto em regulamento".

### 5.1.9 Agência Nacional de Transportes Aquaviários (ANTAQ)

Juntamente com a ANTT, a Agência Nacional de Transportes Aquaviários (ANTAQ) teve sua criação pela mesma Lei nº 10.233, de 05 de junho de 2001, como entidade integrante da Administração Federal indireta, submetida ao regime autárquico especial e vinculada ao Ministério dos Transportes.

De acordo com a mencionada norma, alterada pela Lei nº 14.465, de 9 de novembro de 2022, a Diretoria é composta por um Diretor-Geral e quatro Diretores. A agência também conta com uma Procuradoria, uma Ouvidoria e uma Corregedoria. Os membros da Diretoria da ANTAQ devem ser brasileiros, de reputação ilibada, formação universitária e elevado conceito no campo de especialidade dos cargos a serem exercidos, e serão nomeados pelo Presidente da República, após aprovação pelo Senado Federal, nos termos da alínea "f", do inc. III, do art. 52, da Constituição Federal.

O Diretor-Geral é nomeado pelo Presidente da República. Todos os dirigentes cumprirão mandatos de cinco anos, vedada a recondução. Os membros da Diretoria perderão o mandato em virtude de renúncia, condenação judicial transitada em julgado ou condenação em processo administrativo disciplinar, sendo da competência do Ministro de Estado ao qual a ANTAQ estiver vinculada instaurar o processo administrativo disciplinar, competindo ao Presidente da República determinar o afastamento preventivo, quando for o caso, e proferir o julgamento.

Sua esfera de atuação compreende a navegação fluvial, lacustre, de travessia, de apoio marítimo, de apoio portuário, de cabotagem e de longo curso; os portos organizados e as instalações portuárias nele localizadas; o transporte aquaviário de cargas especiais e perigosas, e a exploração de infraestrutura portuária federal.

É de competência da ANTAQ promover estudos específicos de demanda de transporte aquaviário e de atividades portuárias; promover estudos aplicados às definições de tarifas, preços e fretes, em confronto com os custos e os benefícios econômicos transferidos aos usuários pelos investimentos realizados; propor ao Ministério ao qual estiver vinculada o plano geral de outorgas de exploração da infraestrutura aquaviária e portuária e de prestação de serviços de transporte aquaviário.

A competência da ANTAQ comporta, ainda: elaborar e editar normas e regulamentos relativos à prestação de serviços de transporte e à exploração da infraestrutura aquaviária e portuária, garantindo isonomia no seu acesso e uso, assegurando os direitos dos usuários e fomentando a competição entre os operadores; celebrar atos de outorga de permissão ou autorização de prestação de serviços de transporte pelas empresas de navegação fluvial, lacustre, de travessia, de apoio marítimo, de apoio portuário, de cabotagem e de longo curso, observados os respectivos contratos e demais instrumentos administrativos.

Ademais disso, compete reunir, sob sua administração, os instrumentos de outorga para exploração de infraestrutura e de prestação de serviços de transporte aquaviário celebrados antes da vigência da Lei nº 10.233, de 05 de junho de 2001; promover as revisões e os reajustes das tarifas portuárias; promover estudos referentes à composição da frota mercante brasileira e à prática de afretamentos de embarcações, para subsidiar as decisões governamentais quanto à política de apoio à indústria de construção naval e de afretamento de embarcações estrangeiras; representar o Brasil junto aos organismos internacionais; supervisionar a participação de empresas brasileiras e estrangeiras na navegação de longo curso, em cumprimento aos tratados, convenções, acordos e outros instrumentos internacionais dos quais o Brasil seja signatário.

Na sua função compete estabelecer normas e padrões a serem observados pelas autoridades portuárias, concessionários, arrendatários, autorizatários e operadores portuários; elaborar os editais e instrumentos de convocação e promover os procedimentos de licitação e seleção para concessão, arrendamento ou autorização da exploração dos portos organizados ou instalações portuárias, de acordo com as diretrizes do poder concedente; cumprir e fazer cumprir as cláusulas e condições avençadas nos contratos de concessão de porto organizado ou dos contratos de arrendamento de instalações portuárias quanto à manutenção e reposição dos bens e equipamentos reversíveis à União; autorizar projetos e investimentos no âmbito das outorgas estabelecidas, encaminhando ao Ministro setorial propostas de declaração de utilidade pública; estabelecer padrões e normas técnicas relativos às operações de transporte aquaviário de cargas especiais e perigosas; fiscalizar o funcionamento e a prestação de serviços de empresas de navegação de longo curso, de cabotagem, de apoio marítimo, de apoio portuário, fluvial e lacustre; fiscalizar a execução de contratos de adesão das autorizações de instalação portuária; adotar procedimentos para incorporação ou desincorporação de bens; autorizar a empresas brasileiras (navegação de longo curso, de cabotagem, de apoio marítimo, de apoio portuário, fluvial e lacustre) o afretamento de embarcações estrangeiras para o transporte de carga; celebrar atos de outorga de concessão para exploração de infraestrutura aquaviária, gerindo e fiscalizando os contratos e demais instrumentos administrativos; fiscalizar a execução dos contratos de concessão de porto organizado e de arrendamento de instalação portuária; publicar editais, julgar as licitações e celebrar os contratos de concessão, precedida ou não de execução de obra pública, para exploração de serviços de operação de eclusas ou de outros dispositivos de transposição de níveis situados em corpos de água de domínio da União; regulamentar outras formas de ocupação e exploração de áreas e instalações portuárias não previstas na legislação específica; e fomentar a competição e tomar as medidas necessárias para evitar práticas anticoncorrenciais, especialmente no tocante à má-fé na oferta de embarcações que não atendam adequadamente às necessidades dos afretadores na hipótese prevista no inciso I do caput do art. 9º da Lei nº 9.432, de 8 de janeiro de 1997.

A ANTAQ está autorizada por lei a firmar convênios de cooperação técnica e administrativa com órgãos e entidades da administração pública, estadual, distrital ou municipal, visando à descentralização de suas atividades de fiscalização.

### 5.1.10 Agência Nacional de Aviação Civil (ANAC)

A Agência Nacional de Aviação Civil (ANAC) é a única agência reguladora criada no primeiro governo do Presidente Luiz Inácio Lula da Silva. Juntamente com a Agência Nacional de Mineração – ANM, criada posteriormente no governo do Presidente Michel Temer, a ANAC surgiu bem depois do contexto inicial de criação das agências reguladoras na década de 90, em plena tentativa do Governo Federal de adotar uma organização administrativa gerencial.

A ANAC é uma entidade integrante da administração pública federal indireta, submetida a regime autárquico especial, com prazo de duração indeterminado, e sua competência, de forma geral, envolve a regulação das atividades de aviação civil e de infraestrutura aeronáutica e aeroportuária.

De acordo com sua normativa de regência (Lei nº 11.182, de 27 de setembro de 2005), a natureza de autarquia especial conferida à ANAC, como autoridade de aviação civil, é caracterizada por independência administrativa, autonomia financeira, ausência de subordinação hierárquica e mandato fixo de seus dirigentes.

No que se refere à sua estrutura, a ANAC é dotada de um órgão de deliberação máxima (Diretoria), contando, também, com uma Procuradoria, uma Corregedoria, um Conselho Consultivo e uma Ouvidoria. A ANAC também adota o sistema de decisão colegiada, com um Diretor-Presidente e quatro Diretores que decidirão por maioria absoluta, prevendo a norma que caberá ao Diretor-Presidente, além do voto ordinário, o voto de qualidade. A Agência conta, ainda, com uma Procuradoria, uma Corregedoria, uma Ouvidoria e um Conselho Consultivo. Quanto ao Conselho Consultivo, trata-se de órgão de participação institucional da comunidade de aviação civil na ANAC, e sua atribuição é assessorar a diretoria, conforme regulamento.

A exemplo das demais agências reguladoras, os membros da Diretoria Colegiada são nomeados pelo Chefe do Poder Executivo, após sabatina e aprovação pelo Senado Federal, de acordo com a alínea "f" do inciso III do art. 52 da Constituição Federal de 1988. O Diretor-Geral e os demais Diretores terão mandatos de cinco anos, sendo proibida, por lei, a recondução. Os membros do corpo diretor somente perderão o mandato em virtude de renúncia, de condenação judicial transitada em julgado, ou de pena demissória decorrente de processo administrativo disciplinar, cabendo ao Ministro de Estado indicado em lei instaurar o processo administrativo disciplinar.

O trâmite do PAD será conduzido por comissão especial constituída por servidores públicos federais com estabilidade, competindo ao Chefe do Poder Executivo determinar o afastamento preventivo, quando for o caso, e proferir julgamento final.

A ANAC tem competência para a representação do Brasil em convenções, acordos, tratados e atos de transporte aéreo internacional com outros países ou organizações internacionais de aviação civil; o estabelecimento do modelo de concessão de infraestrutura aeroportuária, a ser submetido ao Presidente da República; e a suplementação de recursos para aeroportos de interesse estratégico, econômico ou turístico.

Nesses termos, compete à Diretoria colegiada: propor, por intermédio do Ministro setorial, alterações do regulamento da ANAC; aprovar procedimentos administrativos de licitação; regular a exploração de serviços aéreos; conceder ou autorizar a exploração da infraestrutura aeronáutica e aeroportuária; exercer o poder normativo da Agência; aprovar minutas de editais de licitação; homologar adjudicações, transferência e extinção de contratos de concessão e permissão, na forma do regimento interno; aprovar o regimento interno da ANAC; apreciar, em grau de recurso, as penalidades impostas pela ANAC; e aprovar as normas relativas aos procedimentos administrativos internos da Agência.

As competências da ANAC, a exemplo das demais agências reguladoras, são bem abertas. À ANAC compete adotar as medidas necessárias para o atendimento do interesse público e para o desenvolvimento e fomento da aviação civil, da infraestrutura aeronáutica e aeroportuária do país, conceitos esses indeterminados que podem abarcar muitas atividades e situações a serem examinadas no caso concreto.

Para isso, a lei atribui à ANAC poderes para implementar, em sua esfera de atuação, a política de aviação civil; representar o país junto aos organismos internacionais de aviação civil, exceto nos assuntos relativos ao sistema de controle do espaço aéreo e ao sistema de investigação e prevenção de acidentes aeronáuticos; elaborar relatórios e emitir pareceres sobre acordos, tratados, convenções e outros atos relativos ao transporte aéreo internacional, celebrados ou a ser celebrados com outros países ou organizações internacionais; realizar estudos, estabelecer normas, promover a implementação das normas e recomendações internacionais de aviação civil, observados os acordos, tratados e convenções internacionais de que seja parte a República Federativa do Brasil; negociar o estabelecimento de acordos e tratados sobre transporte aéreo internacional, observadas as diretrizes do CONAC; negociar, realizar intercâmbio e articular-se com autoridades aeronáuticas estrangeiras, para validação recíproca de atividades relativas ao sistema de segurança de voo, inclusive quando envolvam certificação de produtos aeronáuticos, de empresas prestadoras de serviços e fabricantes de produtos aeronáuticos, para a aviação civil.

Insere-se na competência da ANAC regular e fiscalizar a operação de serviços aéreos prestados, no país, por empresas estrangeiras, observados os acordos, tratados e convenções internacionais de que seja parte a República Federativa do Brasil; promover, junto aos órgãos competentes, o cumprimento dos atos internacionais sobre aviação civil ratificados pela República Federativa do Brasil; regular as condições e a designação de empresa aérea brasileira para operar no exterior; regular e fiscalizar os serviços aéreos, os produtos e processos aeronáuticos, a formação e o treinamento de pessoal especializado, os serviços auxiliares, a segurança da aviação civil, a facilitação do transporte aéreo, a habilitação de tripulantes, as emissões de poluentes e o ruído aeronáutico, os sistemas de reservas, a movimentação de passageiros e carga e as demais atividades de aviação civil.

Na sua função normativa, compete à ANAC expedir regras sobre segurança em área aeroportuária e a bordo de aeronaves civis, porte e transporte de cargas perigosas, inclusive o porte ou transporte de armamento, explosivos, material bélico ou de quaisquer outros produtos, substâncias ou objetos que possam pôr em risco os tripulantes ou passageiros, ou a própria aeronave ou, ainda, que sejam nocivos à saúde; regular e fiscalizar as medidas a serem adotadas pelas empresas prestadoras de serviços aéreos, e exploradoras de infraestrutura aeroportuária, para prevenção quanto ao uso por seus tripulantes ou pessoal técnico de manutenção e operação que tenha acesso às aeronaves, de substâncias entorpecentes ou psicotrópicas, que possam determinar dependência física ou psíquica, permanente ou transitória.

Na sua função executiva e de solução de controvérsias, cabe à ANAC exigir a certificação do operador como condição para exploração dos serviços aéreos, quando julgar necessário, conforme disposto em regulamentação; promover a apreensão de bens e produtos aeronáuticos de uso civil que estejam em desacordo com as especificações; fiscalizar as aeronaves civis, seus componentes, equipamentos e serviços de manutenção, com o objetivo de assegurar o cumprimento das normas de segurança de voo; proceder à homologação e emitir certificados, atestados, aprovações e autorizações, relativos às atividades de competência do sistema de segurança de voo da aviação civil, bem como licenças de tripulantes e certificados de habilitação técnica e de capacidade física e mental, observados os padrões e normas por ela estabelecidos; administrar o Registro Aeronáutico Brasileiro e disciplinar o seu funcionamento, os requisitos e os procedimentos para o registro; regular as autorizações de horários de pouso e decolagem de aeronaves civis, observadas as condicionantes do sistema de controle do espaço aéreo e da infraestrutura aeroportuária disponível; compor, administrativamente, conflitos de interesses entre prestadoras de serviços aéreos e de infraestrutura aeronáutica e aeroportuária; regular e fiscalizar a infraestrutura aeronáutica e aeroportuária, com exceção das atividades e procedimentos relacionados com o sistema de controle do espaço aéreo e com o sistema de investigação e prevenção de acidentes aeronáuticos.

Também se insere nas funções da ANAC aprovar os planos diretores dos aeroportos; conceder ou autorizar a exploração da infraestrutura aeroportuária, no todo ou em parte; estabelecer o regime tarifário da exploração da infraestrutura aeroportuária, no todo ou em parte, e disciplinar a remuneração do seu uso; homologar, registrar e cadastrar os aeródromos; fiscalizar a observância dos requisitos técnicos na construção, reforma e ampliação de aeródromos e aprovar a sua abertura ao tráfego; expedir normas e padrões que assegurem a compatibilidade, a operação integrada e a interconexão de informações entre aeródromos; expedir normas e estabelecer padrões mínimos de segurança de voo, de desempenho e eficiência, a serem cumpridos pelas prestadoras de serviços aéreos e de infraestrutura aeronáutica e aeroportuária, inclusive quanto a equipamentos, materiais, produtos e processos que utilizarem e serviços que prestarem; expedir certificados de aeronavegabilidade; regular e fiscalizar os serviços aéreos prestados por aeroclubes, escolas e cursos de aviação civil; expedir, homologar ou reconhecer a certificação de produtos e processos aeronáuticos de uso civil, observados os padrões e normas por ela estabelecidos; integrar o Sistema de Investigação e Prevenção de Acidentes Aeronáuticos (SIPAER); reprimir infrações à legislação, inclusive quanto aos direitos dos usuários, e aplicar as sanções cabíveis; arrecadar, administrar e aplicar suas receitas; contratar pessoal por prazo determinado, de acordo com a legislação aplicável; adquirir, administrar e alienar seus bens; apresentar ao Ministro ao qual a lei dispuser a proposta de orçamento; elaborar e enviar o relatório anual de suas atividades ao órgão previsto em lei e, por intermédio da Presidência da República, ao Congresso Nacional; aprovar o seu regimento interno; administrar os cargos efetivos, os cargos comissionados e as gratificações de que trata a lei de criação; decidir, em último grau, sobre as matérias de sua competência; deliberar, na esfera administrativa, quanto à interpretação da legislação, sobre serviços aéreos e de infraestrutura aeronáutica e aeroportuária, inclusive casos omissos, quando não houver orientação normativa da Advocacia-Geral da União; deliberar, na esfera técnica, quanto à interpretação das normas e recomendações internacionais relativas ao sistema de segurança de voo da aviação civil, inclusive os casos omissos; editar e dar publicidade às instruções e aos regulamentos necessários à aplicação da lei.

A ANAC está autorizada por lei para firmar convênios de cooperação técnica e administrativa com órgãos e entidades governamentais, nacionais ou estrangeiros, tendo em vista a descentralização e fiscalização eficiente dos setores de aviação civil e infraestrutura aeronáutica e aeroportuária; e deve contribuir para a preservação do patrimônio histórico e da memória da aviação civil e da infraestrutura aeronáutica e aeroportuária, em cooperação com as instituições dedicadas à cultura nacional, orientando e incentivando a participação das empresas do setor.

Outras competências foram inseridas pela Lei nº 14.368/2022, a saber: adotar medidas cautelares para fazer cessar situação de risco ou ameaça à segurança das operações, à segurança contra atos de interferência ilícita, aos direitos dos usuários e à integridade física ou patrimonial de terceiros; aplicar advertência, multa, suspensão ou cassação de certificados, de licenças e de autorizações, bem como deter, interditar e apreender aeronave ou material transportado, entre outras providências administrativas, inclusive de caráter não sancionatório; requisitar o auxílio da força policial para obter a detenção dos presumidos infratores ou da aeronave que coloque em perigo a segurança pública, pessoas ou coisas; tipificar as infrações à legislação de aviação civil, bem como definir as respectivas sanções e providências administrativas aplicáveis a cada conduta infracional e o processo de apuração e de julgamento; e regulamentar e conceder certificado de habilitação para praticantes de aerodesporto.

Inclui-se na sua competência credenciar pessoas físicas ou jurídicas, públicas ou privadas, de notória especialização, de acordo com padrões internacionalmente aceitos para a aviação civil, para expedição de laudos, pareceres ou relatórios que demonstrem o cumprimento dos requisitos necessários à emissão de certificados ou atestados relativos às atividades de sua competência.

As competências da ANAC podem ser compartilhadas, como no caso de regulação de aeródromo de interesse militar ou de aeródromo administrado pelo Comando da Aeronáutica. Nesse caso, algumas de suas atribuições se darão em conjunto com o Comando da Aeronáutica.

### 5.1.11 Agência Nacional de Mineração (ANM)

A Agência Nacional de Mineração (ANM) assumiu as funções antes exercidas pelo Departamento Nacional de Produção Mineral (DNPM), órgão criado em 1934 sob a forma de administração centralizada (piramidal), tendo sido instituída pela Lei nº 13.575, de 26 de dezembro de 2017, durante o governo do Presidente Michel Temer. A sua estrutura regimental foi estabelecida pelo Decreto nº 9.587, de 27 de novembro de 2018. A ANM foi vinculada a ministério setorial e é entidade integrante da administração pública federal indireta, submetida ao regime autárquico especial.

A ANM deve observar e implementar as orientações e diretrizes fixadas no Código de Mineração, Decreto-Lei nº 227, de 28 de fevereiro de 1967, em legislação correlata e nas políticas estabelecidas pelo Ministério de Minas e Energia, e tem como finalidade promover a gestão dos recursos minerais da União, bem como a regulação e a fiscalização das atividades para o aproveitamento dos recursos minerais no país.

Quanto à estrutura, a ANM conta com uma Diretoria Colegiada; Gabinete do Diretor-Geral; Secretaria-Geral; Procuradoria Federal Especializada; Ouvidoria; Auditoria Interna; Corregedoria; Superintendências e Unidades Administrativas Regionais.

A ANM é dirigida pela Diretoria Colegiada, composta por um Diretor-Geral e quatro Diretores. O Diretor-Geral e os demais Diretores terão mandatos de cinco anos, sendo proibida, por lei, a recondução. O Diretor-Geral da ANM exercerá a representação da ANM, a presidência da Diretoria Colegiada e o comando hierárquico sobre o pessoal e os serviços, cabendo-lhe desempenhar as competências administrativas correspondentes; a presidência das sessões da Diretoria Colegiada, sem prejuízo das deliberações colegiadas para matérias definidas no regimento interno.

Compete ao Diretor-Geral firmar acordos, contratos, convênios, ajustes e outros instrumentos congêneres, conforme decisão da Diretoria Colegiada; expedir os títulos minerários e os demais atos referentes à execução da legislação minerária; outorgar concessões de lavra das substâncias minerais, após deliberação da Diretoria Colegiada; e declarar a caducidade dos direitos minerários, após deliberação da Diretoria Colegiada, cuja outorga de concessões de lavra seja de sua competência.

Quanto ao poder normativo da ANM, quando seus atos normativos afetarem, de forma substancial e direta, direitos de agentes econômicos do setor de mineração deverão ser acompanhados da exposição formal dos motivos que os justifiquem e ser submetidos a consulta ou a audiência pública. Ao tomar conhecimento de fato que possa configurar indício de infração da ordem econômica, a ANM deverá comunicar imediatamente ao Conselho Administrativo de Defesa Econômica (CADE).

A ANM goza de competência fiscalizatória que pode ser exercida por meio de requisição e exame de livros, mercadorias, arquivos ou documentos que repercutam no objeto da fiscalização, e poderão ser realizadas vistorias ou inspeções nas instalações dos titulares de direitos minerários.

São atribuições da ANM: implementar a política nacional para as atividades de mineração; estabelecer normas e padrões para o aproveitamento dos recursos minerais, observadas as políticas de planejamento setorial e as melhores práticas da indústria de mineração; prestar apoio técnico ao Ministério ao qual estiver vinculada; requisitar, guardar e administrar os dados e as informações sobre as atividades de pesquisa e lavra produzidos por titulares de direitos minerários; gerir os direitos e os títulos minerários para fins de aproveitamento de recursos minerais; estabelecer os requisitos técnicos, jurídicos, financeiros e econômicos a serem atendidos pelos interessados na obtenção de títulos minerários; estabelecer os requisitos e os critérios de julgamento dos procedimentos de disponibilidade de área, conforme diretrizes fixadas em atos da ANM; regulamentar os processos administrativos sob sua competência, notadamente os relacionados com a outorga de títulos minerários, com a fiscalização de atividades de mineração e aplicação de sanções; consolidar as informações do setor mineral fornecidas pelos titulares de direitos minerários, cabendo-lhe a sua divulgação periódica, em prazo não superior a um ano; emitir o Certificado do Processo de Kimberley, de que trata a Lei nº 10.743, de 9 de outubro de 2003; fiscalizar a atividade de mineração, podendo realizar vistorias, notificar, autuar infratores, adotar medidas acautelatórias como de interdição e paralisação, impor as sanções cabíveis, firmar termo de ajustamento de conduta, constituir e cobrar os créditos delas decorrentes, bem como comunicar aos órgãos competentes a eventual ocorrência de infração, quando for o caso; regular, fiscalizar, arrecadar, constituir e cobrar os créditos decorrentes: da Compensação Financeira pela Exploração de Recursos Minerais (CFEM); da taxa anual, por hectare, a que se refere o Código de Mineração; e das multas aplicadas pela ANM.

São também atribuições da ANM normatizar, orientar e fiscalizar a extração e coleta de espécimes fósseis a que se refere Código de Mineração e adotar medidas para promoção de sua preservação;

mediar, conciliar e decidir os conflitos entre os agentes da atividade de mineração; decidir sobre direitos minerários e outros requerimentos em procedimentos administrativos de outorga ou de fiscalização da atividade de mineração; julgar o processo administrativo instaurado em função de suas decisões; expedir os títulos minerários e os demais atos referentes à execução da legislação minerária; decidir requerimentos de lavra e outorgar concessões de lavra das substâncias minerais; declarar a caducidade dos direitos minerários, cuja outorga de concessões de lavra seja de sua competência; estabelecer as condições para o aproveitamento das substâncias minerais destinadas à realização de obras de responsabilidade do poder público; aprovar a delimitação de áreas e declarar a utilidade pública para fins de desapropriação ou constituição de servidão mineral.

Na sua função reguladora compete à ANM estabelecer normas e exercer fiscalização, em caráter complementar, sobre controle ambiental, higiene e segurança das atividades de mineração, atuando em articulação com os demais órgãos responsáveis pelo meio ambiente e pela higiene, segurança e saúde ocupacional dos trabalhadores; definir e disciplinar os conceitos técnicos aplicáveis ao setor de mineração; fomentar a concorrência entre os agentes econômicos, monitorar e acompanhar as práticas de mercado do setor de mineração brasileiro e cooperar com os órgãos de defesa da concorrência, observado o disposto na legislação pertinente; regular e autorizar a execução de serviços de geologia e geofísica aplicados à atividade de mineração, visando ao levantamento de dados técnicos destinados à comercialização, em bases não exclusivas; estabelecer os requisitos e procedimentos para a aprovação e decidir sobre o relatório final de pesquisa; apreender, destruir, doar a instituição pública substâncias minerais e equipamentos encontrados ou provenientes de atividades ilegais ou promover leilão deles, conforme dispuser resolução da ANM, com acompanhamento de força policial sempre que necessário, ficando autorizado o leilão antecipado de substâncias minerais e equipamentos, no caso de risco de depreciação, mantido o valor apurado em depósito até o término do procedimento administrativo de perdimento pertinente; normatizar, fiscalizar e arrecadar os encargos financeiros do titular do direito minerário e os demais valores devidos ao poder público nos termos da Lei nº 13.575, bem como constituir e cobrar os créditos deles decorrentes e efetuar as restituições devidas; normatizar e reprimir as infrações à legislação e aplicar as sanções cabíveis; instituir o contencioso administrativo para julgar os créditos devidos à ANM em 1ª instância administrativa e os recursos voluntários, assim como os pedidos de restituição do indébito, assegurados o contraditório e a ampla defesa; manter o registro mineral e as averbações referentes aos títulos e aos direitos minerários; expedir certidões e autorizações; conceder anuência prévia aos atos de cessão ou transferência de concessão de lavra cuja outorga seja de sua competência; regulamentar o compartilhamento de informações sobre a atividade de mineração entre órgãos e entidades da União, dos Estados, do Distrito Federal e dos Municípios; normatizar o sistema brasileiro de certificação de reservas e recursos minerais, no prazo de até um ano, contado da publicação desta Lei; aprovar seu regimento interno; e, por fim, regulamentar a aplicação de recursos de pesquisa, desenvolvimento tecnológico e inovação, do setor mineral.

## 5.2 Outras entidades com características próximas às agências reguladoras

No bojo da complexidade do sistema administrativo brasileiro releva destacar as mudanças na estrutura de governança da Comissão de Valores Mobiliários (CVM), do Conselho Administrativo de Defesa Econômica (CADE), do Banco Central do Brasil (BACEN) e da Autoridade Nacional de Proteção de Dados (ANPD), transformando essas entidades em autarquias especiais com competências e estrutura próximas ao modelo das agências reguladoras.

Deparou-se, ainda, nesta pesquisa, com o surgimento de outras entidades com algumas características das entidades reguladoras autônomas instituídas sob os influxos do modelo de administração gerencial: o Conselho Nacional de Previdência Complementar (CNPC) e a Superintendência Nacional de Previdência Suplementar (PREVIC).

### 5.2.1 Comissão de Valores Mobiliários (CVM)

A Comissão de Valores Mobiliários (CVM) foi criada pela Lei nº 6.385, de 07 de dezembro de 1976, inicialmente como autarquia e tendo seus membros nomeados pelo Presidente da República. Os dirigentes eram nomeados pelo Chefe do Poder Executivo entre pessoas de ilibada reputação e reconhecida competência em matéria de mercado de capitais, podendo ser destituídos a qualquer tempo (demissíveis *ad nutum*).

Com a alteração dessa regra pela Lei nº 10.411, de 26 de fevereiro de 2002, a CVM passou a ser uma entidade autárquica em regime especial, vinculada ao então Ministério setorial, com personalidade jurídica e patrimônio próprios, sob a forma de autoridade administrativa independente, estruturada com ausência de subordinação hierárquica, mandato fixo e estabilidade de seus dirigentes, além de autonomia financeira e orçamentária.

A administração da CVM, na configuração atual, é exercida por um Presidente e quatro Diretores, nomeados pelo Presidente da República, depois de aprovados pelo Senado Federal, entre pessoas de ilibada reputação e reconhecida competência em matéria de mercado de capitais. O mandato dos dirigentes da CVM é de cinco anos, vedada a recondução, devendo ser renovado a cada ano um quinto dos membros do colegiado.

É assegurada aos dirigentes certa garantia na condição de somente perderem o mandato em virtude de renúncia, de condenação judicial transitada em julgado ou de processo administrativo disciplinar. Esse processo disciplinar deve ser instaurado pelo ministro setorial, e é conduzido por comissão especial, competindo ao Chefe do Poder Executivo determinar o afastamento preventivo, quando for o caso, e proferir o julgamento.

Como se vê, seu sistema autárquico especial é similar às agências reguladoras, funcionando, inclusive, como órgão de deliberação colegiada.

A competência da CVM envolve: regulamentar, com observância da política definida pelo Conselho Monetário Nacional, as matérias expressamente previstas na sua lei de criação e na lei de sociedades por ações; administrar os registros instituídos pela lei; fiscalizar permanentemente as atividades e os serviços do mercado de valores mobiliários, de que trata o art. 1º da Lei nº 6.385/76, bem como a veiculação de informações relativas ao mercado, às pessoas que dele participem, e aos valores nele negociados; propor ao Conselho Monetário Nacional a eventual fixação de limites máximos de preço, comissões, emolumentos e quaisquer outras vantagens cobradas pelos intermediários do mercado; fiscalizar e inspecionar as companhias abertas dada prioridade às que não apresentem lucro em balanço ou às que deixem de pagar o dividendo mínimo obrigatório.

No âmbito dessas competências, a CVM poderá publicar projeto de ato normativo para receber sugestões de interessados; convocar, a seu juízo, qualquer pessoa que possa contribuir com informações ou opiniões para o aperfeiçoamento das normas a serem promulgadas; examinar e extrair cópias de registros contábeis, livros ou documentos, inclusive programas eletrônicos e arquivos magnéticos, ópticos ou de qualquer outra natureza, bem como papéis de trabalho de auditores independentes, devendo tais documentos ser mantidos em perfeita ordem e estado de conservação pelo prazo mínimo de cinco anos: das pessoas naturais e jurídicas que integram o sistema de distribuição de valores mobiliários; das companhias abertas e demais emissoras de valores mobiliários e, quando houver suspeita fundada de atos ilegais, das respectivas sociedades controladoras, controladas, coligadas e sociedades sob controle comum; dos fundos e sociedades de investimento; das carteiras e depósitos de valores mobiliários; dos auditores independentes; dos consultores e analistas de valores mobiliários; de outras pessoas quaisquer, naturais ou jurídicas, quando da ocorrência de qualquer irregularidade a ser apurada nos termos da lei, para efeito de verificação de ocorrência de atos ilegais ou práticas não equitativas; intimar as pessoas referidas na lei a prestar informações, ou esclarecimentos, sob cominação de multa, sem prejuízo da aplicação das penalidades; requisitar informações de qualquer órgão público, autarquia ou empresa pública; determinar às companhias abertas que republiquem, com correções ou aditamentos, demonstrações financeiras, relatórios ou informações divulgadas; apurar, mediante processo administrativo, atos ilegais e práticas não equitativas de administradores, membros do conselho fiscal e acionistas de companhias abertas, dos intermediários e dos demais participantes do mercado; e aplicar penalidades aos autores de infrações indicadas na lei, sem prejuízo da responsabilidade civil ou penal.

Ainda se insere na competência da CVM, com o fim de prevenir ou corrigir situações anormais do mercado: suspender a negociação de determinado valor mobiliário ou decretar o recesso de bolsa de valores; suspender ou cancelar registros; divulgar informações ou recomendações com o fim de esclarecer ou orientar os participantes do mercado; e proibir aos participantes do mercado, sob cominação de multa, a prática de atos que especificar, prejudiciais ao seu funcionamento regular.

A CVM é competente para apurar e punir condutas fraudulentas no mercado de valores mobiliários sempre que: seus efeitos ocasionem danos a pessoas residentes no território nacional, independentemente do local em que tenham ocorrido; e os atos ou omissões relevantes tenham sido praticados em território nacional. Ademais, a CVM tem atribuições para firmar termos de compromisso. Para tanto, a CVM tem competência para suspender, em qualquer fase, o procedimento administrativo instaurado para a apuração de infrações da legislação do mercado de valores mobiliários, se o investigado ou acusado concordar com a assinatura de termo pelo qual se comprometa a: cessar a prática de atividades ou atos considerados ilícitos pela autarquia; e corrigir as irregularidades apontadas, inclusive indenizando os prejuízos. A autarquia tem competência para a atividade consultiva ou de orientação junto aos agentes do mercado de valores mobiliários ou a qualquer investidor.

Contra as decisões da CVM que apliquem penalidades, nos termos da referida lei, cabe recurso hierárquico impróprio ao Conselho de Recursos do Sistema Financeiro Nacional. Esse fato, por si só, diferencia a CVM das agências reguladoras haja vista que tanto nas leis de criação das agências quanto na lei geral não há previsão expressa de que os atos administrativos ensejadores de aplicação de penalidades poderão ser revistos, em sede recursal, por outro órgão.[517]

### 5.2.2 Conselho Administrativo de Defesa Econômica (CADE)

O CADE foi criado pela Lei nº 4.137, de 10 de setembro de 1962, norma esta que disciplinava a regulação do abuso do poder econômico. Sua composição original era formada por um Presidente e mais quatro membros, nomeados pelo Presidente da República, por indicação do Presidente do Conselho de Ministros. A qualificação mínima para ser membro do corpo diretor era ser brasileiro, maior de trinta anos, detentor de notório saber jurídico ou econômico e de reputação ilibada.

Naquele formato, o Presidente do CADE exercia o cargo como Delegado do Conselho de Ministros e podia ser exonerado quando o Conselho assim o decidisse. O mandato dos demais membros da diretoria era de quatro anos, sendo obrigatoriamente renovada a sua composição pela quarta parte anualmente e permitida a recondução. A perda do mandato dos membros do corpo diretor do CADE só poderia ocorrer diante de irregularidades administrativas praticadas no desempenho função, mediante processo administrativo.

O CADE foi transformado em autarquia vinculada ao Ministério da Justiça por meio da Lei nº 8.884, de 11 de junho de 1994, sendo o conselho composto, à época, por um Presidente e seis Conselheiros escolhidos entre cidadãos com mais de trinta e menos de sessenta e cinco anos de idade, de notável saber jurídico ou econômico e reputação ilibada, nomeados pelo Presidente da República, após sabatina e aprovação pelo Senado Federal.

---

517 Sobre recurso hierárquico impróprio, veja-se o Capítulo 4.

O mandato do Presidente e dos Conselheiros era de dois anos, permitida uma recondução, sendo que a perda de mandato só poderia ocorrer em virtude de decisão do Senado Federal, por provocação do Presidente da República, ou em razão de condenação penal irrecorrível por crime doloso, ou de processo disciplinar.

Essa normativa foi revogada pela Lei nº 12.529, de 30 de novembro de 2011, que reestruturou o Sistema Brasileiro de Defesa da Concorrência e disciplinou as normas de prevenção e repressão às infrações contra a ordem econômica.

Por essa normativa o CADE, órgão judicante e vinculado ao então Ministério da Justiça, é uma autarquia constituída pelo Tribunal Administrativo de Defesa Econômica; pela Superintendência-Geral; e pelo Departamento de Estudos Econômicos.

O Tribunal Administrativo, órgão judicante, tem como membros um Presidente e seis Conselheiros escolhidos entre cidadãos com mais de 30 (trinta) anos de idade, de notório saber jurídico ou econômico e reputação ilibada, nomeados pelo Presidente da República, depois de aprovados pelo Senado Federal.

Os membros do Conselho são detentores de mandato pelo prazo de quatro anos, não coincidentes, vedada a recondução. E a perda de mandato só poderá ocorrer em virtude de decisão do Senado Federal, por provocação do Presidente da República, ou em razão de condenação penal irrecorrível por crime doloso, ou de processo disciplinar.

Em que pese ter essa denominação (Tribunal Administrativo), o CADE não configura uma jurisdição administrativa independente, e suas decisões podem ser revistas pelo Poder Judiciário. O CADE possui autonomia decisória, que advém da previsão legal de que suas decisões não comportam revisão no âmbito do Poder Executivo, promovendo-se, de imediato, sua execução e comunicando-se, em seguida, com o Ministério Público, para as demais medidas legais cabíveis no âmbito das atribuições do *parquet*. Diante dessas questões, pode-se inferir que o CADE é um ente autônomo, e suas decisões são definitivas, a teor do que dispõe o art. 9º, §2º, da Lei nº 12.529, de 30 de novembro de 2011, isto é, não comportam recursos hierárquicos impróprios ao ministério setorial.

Essa, aliás, foi a decisão proferida pelo Superior Tribunal de Justiça nos autos do Mandado de Segurança nº 10.138/DF, em que foi Relatora a Ministra Eliana Calmon, perante a Primeira Seção, em julgamento ocorrido no dia 09 de novembro de 2005. O aresto em comento teve a seguinte ementa: "Processo civil – recurso hierárquico – não cabimento – Lei nº 8.884/94. 1. Da decisão do CADE não cabe recurso no âmbito da esfera administrativa (art. 50 da Lei nº 8.884/94). 2. Recurso hierárquico interposto pelo MPF ao Ministro da Justiça, contra decisão colegiada do CADE, devidamente arquivado. 3. Mandado de segurança extinto sem julgamento do mérito, por falta de interesse".

Quanto à competência do Plenário CADE, a lei dispõe que cabe decidir sobre a existência de infração à ordem econômica e aplicar as penalidades previstas em lei; decidir os processos administrativos para imposição de sanções administrativas por infrações à ordem econômica instaurados pela Superintendência-Geral; ordenar providências que conduzam à cessação de infração à ordem econômica, dentro do prazo que determinar; aprovar os termos do compromisso de cessação de prática e do acordo em controle de concentrações, bem como determinar à Superintendência-Geral que fiscalize seu cumprimento.

Também se insere na sua competência apreciar, em grau de recurso, as medidas preventivas adotadas pelo Conselheiro-Relator ou pela Superintendência-Geral; requisitar dos órgãos e entidades da administração pública federal e requerer às autoridades dos Estados, Municípios, do Distrito Federal e dos Territórios as medidas necessárias ao cumprimento da lei; contratar a realização de exames, vistorias e estudos, aprovando, em cada caso, os respectivos honorários profissionais e demais despesas de processo, que deverão ser pagas pela empresa, se vier a ser punida; apreciar processos administrativos de atos de concentração econômica, fixando, quando entender conveniente e oportuno, acordos em controle de atos de concentração; determinar medidas administrativas à Superintendência-Geral; requerer à Procuradoria Federal junto ao CADE a adoção de providências administrativas e judiciais; requisitar informações de quaisquer pessoas, órgãos, autoridades e entidades públicas ou privadas, respeitando e mantendo o sigilo legal quando for o caso, bem como determinar as diligências que se fizerem necessárias ao exercício das suas funções; e decidir pelo cumprimento das decisões, compromissos e acordos.

### 5.2.3 Banco Central do Brasil (BACEN)

Até 1964, as funções da autoridade monetária ficavam a cargo de três órgãos: a Superintendência de Moeda e Crédito (Sumoc), o Banco do Brasil (BB) e o Tesouro Nacional. A mudança institucional dessa organização se deu a partir das reformas econômicas implantadas a partir de 1964.

Nesse período foram adotadas diversas medidas legislativas para reformar o Sistema Financeiro Nacional (SFN), com destaque para a Lei nº 4.595/1964 (Lei da Reforma Bancária), que estabeleceu o arcabouço geral do Sistema Financeiro Nacional (SFN) e criou o Banco Central do Brasil (BACEN), determinando que o presidente e os diretores eram detentores de mandato, justamente para garantir independência decisória em relação ao Presidente da República.

O debate sobre a autonomia do BACEN se estendeu por diferentes mandatos presidenciais, oscilando entre momentos de maior intervenção política e de garantia da independência decisória. Durante o Governo do Presidente Jair Bolsonaro, o BACEN passou a ser estruturado sob a forma de autarquia de natureza especial, com autonomia. A autarquia tem por objetivo fundamental assegurar a estabilidade de preços, zelar pela estabilidade e pela eficiência do sistema financeiro, suavizar as flutuações do nível de atividade econômica e fomentar o pleno emprego. A instituição é responsável por executar a estratégia estabelecida pelo Conselho Monetário Nacional (CMN) para manter a inflação sob controle e atua como secretaria executiva desse órgão.[518]

A Diretoria Colegiada do BACEN é composta por nove membros – presidente e oito diretores, indicados e nomeados pelo Presidente da República, após aprovação pelo Senado Federal. Os mandatos do presidente e dos diretores do BACEN são de quatro anos, não coincidentes com o do Presidente da República. De modo a garantir, efetivamente, sua autonomia decisória, o presidente e os diretores do BACEN somente poderão ser exonerados se (i) houver enfermidade que os incapacite para a função; (ii) a pedido; (iii) quando apresentarem comprovado e recorrente desempenho insuficiente para o alcance dos objetivos do Banco Central; (iv) houver condenação transitada em julgado por crimes que impeçam o exercício de cargos públicos.

Esse modelo de governança próximo ao sistema de agencificação, com a garantia de mandato e impossibilidade de exoneração *ad nutum*, foi instituído por força da Lei Complementar nº 179/2021. Essa normativa foi questionada na Ação Direta de Inconstitucionalidade (ADI) nº 6.696, sob a alegação da competência privativa do Presidente da República para proposição do projeto de lei, além de questões do ponto de vista material.[519] Em 26 de agosto de 2021, o Supremo Tribunal Federal (STF) decidiu pela constitucionalidade da norma.

---

518 Conforme definido pelo BACEN em seu site institucional. (BRASIL. Banco Central do Brasil. *Sistema Financeiro Nacional (SFN)*. [s.d.]. Disponível em: https://www.bcb.gov.br/estabilidadefinanceira/sfn. Acesso em 16 ago. 2020).

519 A inconstitucionalidade material da norma foi apresentada com base nos seguintes argumentos: i. "A autonomia retira a autoridade do governo eleito sobre um instrumento

### 5.2.4 Autoridade Nacional de Proteção de Dados (ANPD)

A Autoridade Nacional de Proteção de Dados (ANPD) foi criada sob a forma de órgão da administração pública federal, integrante da Presidência da República. Mesmo sendo um órgão, sua estrutura seguiu o modelo de direção colegiada e mandato fixo adotado nas agências reguladoras, composta por cinco diretores nomeados pelo Presidente da República.

A ANPD estava prevista, inicialmente, na Lei Geral de Proteção de Dados (Lei nº 13.709, de 14 de agosto de 2018), sancionada pelo Presidente Michel Temer. Após o seu veto, a ANPD foi prevista na Medida Provisória nº 869, de 27 de dezembro de 2018, aprovada pelo Congresso Nacional já no mandato do Presidente Bolsonaro. A citada MP foi convertida na Lei nº 13.853/2019, posteriormente revogada pela Medida Provisória nº 1.124/2022, convertida na Lei nº 14.460/2022.

De acordo com essa normativa, a ANPD foi transformada em autarquia de natureza especial, dotada de autonomia técnica e decisória e patrimônio próprio. É composta por um Conselho Diretor formado pelo Diretor-Presidente e por mais quatro membros, Corregedoria, Ouvidoria e Procuradoria, competindo deliberar, na esfera administrativa, em caráter terminativo, sobre a interpretação da lei, as suas competências e os casos omissos.

---

central de definição da política econômica, inclusive interferindo na coordenação dos instrumentos disponíveis para implantação dessa política e reduzindo sua eficácia, ao diluir a responsabilidade sobre os seus resultados"; ii. "[O] Poder Executivo, deste modo, abre mão de uma competência constitucional para a qual foi eleito. Capitula e abdica, sem que possa, das obrigações constitucionais conferidas diretamente ao Presidente emanadas do art. 170, art. 174 e 192" e "pratica ato [...] de desistência de competência e que é nulo sob o prisma constitucional de um ato lesa pátria"; iii. Os benefícios da concessão de autonomia aos bancos centrais no âmbito internacional são questionáveis e não há evidências empíricas de que ter um banco central sujeito ao controle do Poder Executivo resulta em consequências econômicas negativas; iv. A autonomia do Banco Central do Brasil (BCB) promoveria a descoordenação entre políticas monetária e fiscal; v. A Lei atribuiria ao BCB uma legitimidade não democrática, pois teria a pretensão de imunizar ou proteger o BCB das ingerências do governo federal, mas o conduziria para ingerências de interesses dos agentes do mercado financeiro; vi. O BCB já conta com autonomia operacional de facto, logo a questão seria de mera formalização dessa autonomia; vii. Ao conferir autonomia ao BCB, a LC nº 179, de 2021, deveria fixar regras de maior controle, em especial, prever um período maior de "quarentena" que o previsto na Lei de Conflito de Interesses (art. 6º, inciso II, da Lei nº 12.813, de 16 de maio de 2013); viii. O melhor mecanismo de proteção da autarquia seria a possibilidade de demissão ad nutum de seus dirigentes em caso de ingerência dos setores regulados. O "engessamento na exoneração" importaria em violação à razoabilidade, economicidade, eficácia e eficiência para adoção de medidas urgentes; ix. A formalização da autonomia deveria ser acompanhada de uma maior transparência e prestação de contas.

A exemplo do modelo de agências reguladoras, os dirigentes são escolhidos e nomeados pelo Presidente da República, porém para o exercício de um mandato de quatro anos, após aprovação pelo Senado Federal, nos termos da alínea 'f' do inciso III do art. 52 da Constituição Federal. Em função do mandato, os dirigentes só perdem seus cargos nos casos de renúncia, condenação judicial transitada em julgado ou pena de demissão decorrente de processo administrativo disciplinar instaurado pelo Ministro de Estado Chefe da Casa Civil da Presidência da República.

Se insere na competência da ANPD: zelar pela proteção dos dados pessoais e pela observância dos segredos comercial e industrial, observada a proteção de dados pessoais e do sigilo das informações quando protegido por lei ou quando a quebra do sigilo violar fundamentos previstos na lei; elaborar diretrizes para a Política Nacional de Proteção de Dados Pessoais e da Privacidade; fiscalizar e aplicar sanções em caso de tratamento de dados realizado em descumprimento à legislação, mediante processo administrativo que assegure o contraditório, a ampla defesa e o direito de recurso; apreciar petições de titular contra controlador após comprovada pelo titular a apresentação de reclamação ao controlador não solucionada no prazo estabelecido em regulamentação; promover na população o conhecimento das normas e das políticas públicas sobre proteção de dados pessoais e das medidas de segurança; promover e elaborar estudos sobre as práticas nacionais e internacionais de proteção de dados pessoais e privacidade; estimular a adoção de padrões para serviços e produtos que facilitem o exercício de controle dos titulares sobre seus dados pessoais, os quais deverão levar em consideração as especificidades das atividades e o porte dos responsáveis; promover ações de cooperação com autoridades de proteção de dados pessoais de outros países, de natureza internacional ou transnacional; dispor sobre as formas de publicidade das operações de tratamento de dados pessoais, respeitados os segredos comercial e industrial; solicitar, a qualquer momento, às entidades do poder público que realizem operações de tratamento de dados pessoais informe específico sobre o âmbito, a natureza dos dados e os demais detalhes do tratamento realizado, com a possibilidade de emitir parecer técnico complementar para garantir o cumprimento da lei; elaborar relatórios de gestão anuais acerca de suas atividades.

A ANPD detém competência normativa, cabendo a edição de regulamentos e procedimentos sobre proteção de dados pessoais e privacidade, bem como sobre relatórios de impacto à proteção de dados pessoais para os casos em que o tratamento representar alto risco à garantia dos princípios gerais de proteção de dados pessoais previstos na lei. Também compete editar normas, orientações e procedimentos simplificados e diferenciados, inclusive quanto aos prazos, para que microempresas e empresas de pequeno porte, bem como iniciativas empresariais de caráter incremental ou disruptivo que se autodeclarem startups ou empresas de inovação, possam adequar-se à lei. Nesse sentido, os atos normativos devem ser precedidos de consulta e audiência públicas, bem como de Análise de Impacto Regulatório (AIR).

A competência da ANPD inclui ouvir os agentes de tratamento e a sociedade em matérias de interesse relevante e prestar contas sobre suas atividades e planejamento; arrecadar e aplicar suas receitas e publicar em relatório de gestão o detalhamento de suas receitas e despesas; realizar auditorias ou determinar sua realização, no âmbito da atividade de fiscalização. Ademais, compete garantir que o tratamento de dados de idosos seja efetuado de maneira simples, clara, acessível e adequada ao seu entendimento, observando o disposto no Estatuto do Idoso.

A Lei também dispõe que compete à ANPD celebrar, a qualquer momento, compromisso com agentes de tratamento para eliminar irregularidade, incerteza jurídica ou situação contenciosa no âmbito de processos administrativos, de acordo com o previsto no Decreto-Lei nº 4.657, de 4 de setembro de 1942 (LINDB).

É relevante destacar que a ANPD deve articular-se com Agências e demais entidades reguladoras no exercício de suas competências em setores específicos de atividades econômicas e governamentais sujeitas à regulação. Nestes termos, a ANPD e reguladores devem coordenar suas atividades, nas correspondentes esferas de atuação, com vistas a assegurar o cumprimento de suas atribuições com a maior eficiência e promover o adequado funcionamento dos setores regulados.

A ANPD também detém competência sancionadora, que prevalecerá, no que se refere à proteção de dados pessoais, sobre as competências correlatas de outras entidades ou órgãos da administração pública. Deverá, assim, articular sua atuação com outros órgãos e entidades com competências sancionatórias e normativas afetas ao tema de proteção de dados pessoais, sendo, nos termos da lei, considerado o órgão central de interpretação da lei de proteção de dados e o estabelecimento de normas e diretrizes para a sua implementação.

Nos termos da Lei de Liberdade Econômica (Lei nº 13.874/2019), ao impor condicionantes administrativas ao tratamento de dados pessoais por agente de tratamento privado, a ANPD deve observar a exigência de mínima intervenção, assegurados os fundamentos, os princípios e os direitos dos titulares previstos no art. 170 da Constituição Federal.

### 5.2.5 Conselho Nacional de Previdência Complementar (CNPC)

As inovações em termos de estruturação de entes autônomos alcançaram a regulação da previdência complementar. Foram criados um Conselho e uma entidade reguladora para o setor da previdência complementar sem algumas características das agências reguladoras, a exemplo da investidura a termo dos dirigentes do órgão regulador.

Com a edição da Lei nº 12.154, de 23 de dezembro de 2009, foram criadas: a Superintendência Nacional de Previdência Complementar (PREVIC); o Conselho Nacional de Previdência Complementar (CNPC) e a Câmara de Recursos da Previdência Complementar (CRPC).

Essa mesma normativa transformou o Conselho de Gestão da Previdência Complementar, órgão da estrutura básica do então Ministério da Previdência Social, no Conselho Nacional de Previdência Complementar. Este passou a exercer a função de órgão regulador do regime de previdência complementar operado pelas entidades fechadas de previdência complementar.

O Conselho Nacional de Previdência Complementar conta com oito integrantes, com direito a voto e mandato de dois anos, permitida uma recondução, sendo: cinco representantes do poder público; e três indicados, respectivamente: a) pelas entidades fechadas de previdência complementar; b) pelos patrocinadores e instituidores; e c) pelos participantes e assistidos. Ou seja, os membros do Conselho – e não da PREVIC – receberam mandato.

Também foi criada, no âmbito do então Ministério da Previdência Social, a Câmara de Recursos da Previdência Complementar. Essa Câmara passou a ser a instância recursal e de julgamento das decisões da PREVIC. Seu pronunciamento encerra a instância administrativa, diferentemente das agências reguladoras que não se inserem no modelo hierarquizado subordinado a uma instância recursal.

Sua composição é de sete integrantes, com direito a voto e mandato de dois anos, permitida uma recondução, sendo quatro escolhidos entre servidores federais ocupantes de cargo efetivo, em exercício no Ministério da Previdência Social ou entidades a ele vinculadas; e três indicados, respectivamente: a) pelas entidades fechadas de previdência complementar; b) pelos patrocinadores e instituidores; e c) pelos participantes e assistidos.

Os membros da Câmara de Recursos da Previdência Complementar e seus respectivos suplentes são designados pelo ministério setorial, que deverão ter formação superior completa e experiência comprovada em matéria jurídica, gerencial, financeira, contábil, atuarial, de fiscalização ou de auditoria, que mantenha estreita relação com o segmento de previdência complementar.

Diante dessas considerações, é justo inferir que no sistema de previdência suplementar o Poder Executivo criou um modelo de regulação híbrido, com dirigentes indicados por Ministro de Estado e atribuindo o sistema de mandato apenas aos integrantes dos Conselhos, admitindo-se recurso à Câmara de Recursos da Previdência Complementar (CRPC).

A CRPC é composta por quatro servidores titulares de cargos de provimento efetivo, com exercício no então Ministério da Previdência Social, na PREVIC ou no Instituto Nacional do Seguro Social (INSS). Além disso, é composta por um representante das entidades fechadas de previdência complementar, por um dos patrocinadores e instituidores de planos de benefícios das entidades fechadas de previdência complementar e por um dos participantes e assistidos de planos de benefícios dessas entidades.

A regulamentação da atuação da CRPC veio com a edição do Decreto nº 7.123, de 03 de março de 2010. Nessa normativa está previsto mandato de seus membros e atribuições, disciplina as sessões ordinárias e extraordinárias e os procedimentos processuais referentes à apreciação dos recursos administrativos.

### 5.2.6 Superintendência Nacional de Previdência Complementar (PREVIC)

No sistema de regulação da previdência complementar, a Superintendência Nacional de Previdência Complementar (PREVIC) foi criada pela Lei nº 12.154, de 23 de dezembro de 2015, sob a forma de autarquia de natureza especial, dotada de autonomia administrativa e financeira e patrimônio próprio, vinculada ao então Ministério da Previdência Social, com sede e foro no Distrito Federal e atuação em todo o território nacional.

A PREVIC atua como entidade de fiscalização e de supervisão das atividades das entidades fechadas de previdência complementar e de execução das políticas para o regime de previdência complementar operado pelas entidades fechadas de previdência complementar.

Nos termos da referida norma de criação, compete à PREVIC proceder à fiscalização das atividades das entidades fechadas de previdência complementar e de suas operações; apurar e julgar infrações e aplicar as penalidades cabíveis; expedir instruções e estabelecer procedimentos para a aplicação das normas relativas à sua área de competência, de acordo com as diretrizes do Conselho Nacional de Previdência Complementar.

Compete à PREVIC autorizar a constituição e o funcionamento das entidades fechadas de previdência complementar, bem como a aplicação dos respectivos estatutos e regulamentos de planos de benefícios; autorizar as operações de fusão, de cisão, de incorporação ou de qualquer outra forma de reorganização societária, relativas às entidades fechadas de previdência complementar; celebrar convênios e termos de adesão por patrocinadores e instituidores, bem como as retiradas de patrocinadores e instituidores; autorizar as transferências de patrocínio, grupos de participantes e assistidos, planos de benefícios e reservas entre entidades fechadas de previdência complementar.

Integra, ainda, as competências dessa autarquia a função de harmonizar as atividades das entidades fechadas de previdência complementar com as normas e políticas estabelecidas para o segmento; decretar intervenção e liquidação extrajudicial das entidades fechadas de previdência complementar, bem como nomear interventor ou liquidante, nos termos da lei; nomear administrador especial de plano de benefícios específico, podendo atribuir-lhe poderes de intervenção e liquidação extrajudicial, na forma da lei.

Na função de solução de controvérsias, compete à PREVIC promover a mediação e a conciliação entre entidades fechadas de previdência complementar e entre estas e seus participantes, assistidos, patrocinadores ou instituidores, bem como compete dirimir os litígios que lhe forem submetidos na forma da Lei nº 9.307, de 23 de setembro de 1996, que dispõe sobre as arbitragens comerciais realizadas em Câmaras Arbitrais privadas.[520]

No que se refere à estrutura regimental disciplinada na referida Lei e regulamentada pelo Decreto nº 11.241, de 18 de outubro de 2022, a PREVIC é composta por uma Diretoria Colegiada composta por um Diretor-Superintendente e quatro Diretores, escolhidos entre pessoas de ilibada reputação e de notória competência, indicados pelo Ministro ao qual estiver legalmente vinculada e nomeados pelo Chefe do Poder Executivo.

Diferentemente das agências reguladoras, os membros da Diretoria da PREVIC não são indicados pela Presidência da República

---

520 Este tema é objeto do Capítulo 6.

e sabatinados pelo Senado Federal. Com essa característica, não há, como nas agências reguladoras, garantias contra ingerências político-partidárias, nem tampouco proteção contra a demissão *ad nutum*.

## 5.3 Entidades exógenas à organização administrativa que gerenciam temas de interesse geral com competências imbricadas com atividades regulatórias

É assinalável que surgiram, no Brasil, por força de lei, entidades privadas que gerenciam temas de interesse público, cuja direção é exercida por profissionais indicados, em parte, pelo Governo. São pessoas jurídicas privadas, sem fins lucrativos, criadas por lei e atuação mediante autorização estatal, tendo dirigentes com mandatos e garantias contra demissão *ad nutum*. A razão para incluir essas entidades na presente pesquisa está no fato de que – malgrado serem entidades privadas – regulam, em alguns aspectos, mercados complexos, e seus dirigentes recebem mandatos fixos.

A investigação dessas entidades visa examinar as características da governança dessas entidades privadas, às quais o Governo estabeleceu, para os ocupantes de seus cargos diretivos, garantias diferenciadas como no modelo de autarquias especiais. Tomem-se como exemplo duas instituições que foram geradas com essas características, que apontam haver certo imbricamento com as competências das agências reguladoras: o Operador Nacional do Sistema Elétrico (ONS) e a Câmara de Comercialização de Energia Elétrica (CCEE), cujas características são adiante examinadas.

### 5.3.1 Operador Nacional do Sistema Elétrico (ONS)

O Operador Nacional do Sistema Elétrico é uma entidade de direito privado, sem fins lucrativos, criada em 26 de agosto de 1998, responsável pela coordenação e controle da operação das instalações de geração e transmissão de energia elétrica no Sistema Interligado Nacional (SIN), sob a regulação da Agência Nacional de Energia Elétrica (ANEEL).

Sua criação foi disposta na Lei nº 9.648/1998, com a nova redação dada pela Lei nº 13.360/2016, para realizar as atividades de coordenação e controle da operação da geração e da transmissão de energia elétrica integrantes do Sistema Interligado Nacional (SIN) e as atividades de previsão de carga e planejamento da operação do Sistema Isolado (SISOL).

O ONS é uma das entidades que apresentam organização híbrida, isto é, uma sociedade privada criada por lei com características similares às entidades regulatórias públicas, cujos dirigentes são indicados, em parte, pelo Governo Federal. É fiscalizada e regulada pela ANEEL e integrada por titulares de concessão, permissão ou autorização e consumidores que tenham exercido a opção de serem livres e que sejam conectados à rede básica.

O ONS é detentor das seguintes competências: o planejamento e a programação da operação e o despacho centralizado da geração, com vistas à otimização dos sistemas eletroenergéticos interligados; a supervisão e coordenação dos centros de operação de sistemas elétricos; a supervisão e controle da operação dos sistemas eletroenergéticos nacionais interligados e das interligações internacionais; a contratação e administração de serviços de transmissão de energia elétrica e respectivas condições de acesso, bem como dos serviços ancilares; propor ao Poder Concedente as ampliações das instalações da rede básica, bem como os reforços dos sistemas existentes, a serem considerados no planejamento da expansão dos sistemas de transmissão; e propor regras para a operação das instalações de transmissão da rede básica do SIN, a serem aprovadas pela ANEEL.

Malgrado ser uma entidade privada, o ONS é dirigido por um Diretor-Geral e quatro Diretores, em regime de colegiado, sendo três indicados pelo Ministério responsável pelo setor elétrico, incluindo o Diretor-Geral, e dois pelos agentes do setor, com mandatos de quatro anos não coincidentes, permitida uma única recondução.

Esses dirigentes não podem ser exonerados sem motivação e a exoneração imotivada de dirigente do ONS somente poderá ser efetuada nos quatro meses iniciais do mandato, findos os quais é assegurado seu pleno e integral exercício. Somente por condenação em ação penal transitada em julgado o dirigente do ONS poderá ser exonerado.

Com essa estrutura, confirma-se a hipótese desta pesquisa quanto à complexidade do sistema administrativo brasileiro, que não observa um padrão na estruturação da organização administrativa.

### 5.3.2 Câmara de Comercialização de Energia Elétrica (CCEE)

A CCEE é uma instituição de natureza híbrida (público/privada). Foi instituída pela Lei nº 10.848/04 e criada pelo Decreto nº 5.177/04. A CCEE absorveu as funções do Mercado Atacadista de Energia Elétrica (MAE) e suas estruturas organizacionais e operacionais.

De acordo com essa normativa, a CCEE foi instituída como pessoa jurídica de direito privado, sem fins lucrativos, sob autorização do Poder Concedente e regulação e fiscalização pela ANEEL, com a finalidade de viabilizar a comercialização de energia elétrica. Quanto aos dirigentes, foi previsto o sistema de mandatos fixos e consequente garantia e estabilidade, como o fez o Governo na estruturação do ONS. O Conselho de Administração da CCEE é composto de cinco conselheiros, eleitos em Assembleia Geral conforme estabelecido na Convenção de Comercialização e no Estatuto Social da CCEE, com mandatos de quatro anos, não coincidentes, permitida uma única recondução no cargo.

O presidente do Conselho de Administração é indicado pelo Ministério, três membros são indicados pelas Categorias de Geração, de Distribuição e de Comercialização, sendo um membro por Categoria; e um membro é indicado pelos agentes da CCEE em conjunto.

Com relação às regras para que os dirigentes assumam seus mandatos, o eleito para o cargo de Conselheiro do Conselho de Administração da CCEE deve ter experiência anterior no setor elétrico de, no mínimo, cinco anos e não poderá manter com qualquer concessionária, permissionária, autorizada, detentora de registro e empresa que represente consumidor livre, consumidor especial ou consumidor potencialmente livre, bem como de empresa coligada, controlada ou controladora, órgão governamental ou com fornecedora de bens ou serviços a quaisquer dessas entidades, nenhum dos seguintes vínculos: acionista ou sócio com participação no capital social de empresa coligada, controlada ou controladora; membro de conselho de administração, fiscal, de diretoria executiva ou de órgão gerencial; empregado, mesmo com contrato de trabalho suspenso, prestador de serviço permanente ou temporário, inclusive das empresas controladoras e controladas ou das fundações de previdência de que sejam patrocinadoras; ou membro de conselho ou de diretoria de associação regional ou nacional, representativa de interesses dos Associados ou de órgãos governamentais, de conselho ou diretoria de categoria profissional de empregados dos Associados ou de órgãos governamentais, bem como membro de conselho ou diretoria de associação ou classe de consumidores de energia.

Os membros do Conselho de Administração da CCEE devem respeitar uma quarentena, estando, assim, impedidos de prestar, direta ou indiretamente, independentemente da forma ou natureza do contrato, qualquer tipo de serviço aos Agentes da CCEE e a empresas fornecedoras e prestadoras de serviços a esses Agentes, inclusive controladoras, controladas, coligadas ou subsidiárias, sendo preservados, durante esse período, a remuneração e os benefícios percebidos na vigência do mandato.

Algumas formalidades se apresentam para a posse dos Conselheiros. O dirigente deve apresentar declaração expressa e individual de que não está enquadrado em nenhuma condição de impedimento; e assinatura de termo de compromisso relativo à manutenção de confidencialidade em relação às atividades desenvolvidas pela entidade, em que conste o período de quarentena ao final do mandato e a concordância com a expressa proibição de que faça uso de informações ou obtenha qualquer vantagem em razão de sua função, sob pena de responder civil e criminalmente.

Como se vê, exige-se experiência técnica no setor de, pelo menos, cinco anos para a assunção de cargo de membro do Conselho de Administração, medida essa de aguda importância para evitar-se o preenchimento desses cargos com interesses preponderantemente político-partidários.

Essa associação civil é integrada por titulares de concessão, permissão ou autorização, por outros agentes vinculados aos serviços e às instalações de energia elétrica, e pelos consumidores livres (arts. 15 e 16 da Lei nº 9.074, de 07 de julho de 1995). O Conselho de Administração é integrado por representantes dos agentes setoriais de cada uma das categorias de geração, distribuição e comercialização e os custos administrativo e operacional são garantidos por meio de contribuições de seus membros e emolumentos cobrados sobre as operações realizadas.

O Governo, por meio da referida lei, definiu sobre os direitos disponíveis envolvidos, e que as regras para a resolução das eventuais divergências sobre esses direitos entre os agentes integrantes da CCEE, incluindo empresas públicas e as sociedades de economia mista, suas subsidiárias ou controladas, titulares de concessão, permissão e autorização, serão estabelecidas na convenção de comercialização[521] e em seu estatuto social, que tratam do mecanismo e da convenção de arbitragem, nos termos da Lei nº 9.307, de 23 de setembro de 1996.

---

521 A convenção de comercialização dispõe sobre as seguintes disposições: obrigações e direitos dos agentes do setor elétrico referidos na Lei nº 10.848, de 2004, e no Decreto nº 5.163, de 2004; garantias financeiras; penalidades e sanções a serem impostas aos agentes participantes, na hipótese de descumprimento das normas aplicáveis à comercialização, sem prejuízo da imposição, pela ANEEL, das penalidades administrativas cabíveis; convenção arbitral; diretrizes para a elaboração das regras e dos procedimentos de comercialização, incluindo o mecanismo de compensação de sobras e déficits entre os agentes de distribuição de que trata o Decreto nº 5.163, de 2004; e diretrizes para garantir a publicidade e transparência de dados e informações das transações contabilizadas e liquidadas na CCEE.

A missão da CCEE envolve promover leilões de compra e venda de energia elétrica, desde que delegado pela ANEEL; manter o registro de todos os contratos fechados nos Ambientes de Contratação Regulada (ACR) e de Contratação Livre (ACL); promover a medição e registro dos dados de geração e consumo de todos os Agentes da CCEE; apurar o Preço de Liquidação de Diferenças (PLD) do Mercado de Curto Prazo por submercado; efetuar a Contabilização dos montantes de energia elétrica comercializados no Mercado de Curto Prazo e a Liquidação Financeira; apurar o descumprimento de limites de contratação de energia elétrica e outras infrações e, quando for o caso, por delegação da ANEEL, nos termos da Convenção de Comercialização, aplicar as respectivas penalidades; apurar os montantes e promover as ações necessárias para a realização do depósito, da custódia e da execução de Garantias Financeiras, relativas às Liquidações Financeiras do Mercado de Curto Prazo, nos termos da Convenção de Comercialização.

Compete, ainda, à CCEE, promover o monitoramento das ações empreendidas pelos Agentes, visando à verificação de sua conformidade com as Regras e Procedimentos de Comercialização, e com outras disposições regulatórias, conforme definido pela ANEEL; efetuar a estruturação, a gestão e a liquidação financeira da Conta no Ambiente de Contratação Regulada (CONTA-ACR), realizando as atividades necessárias para sua constituição e operacionalização; efetuar a estruturação, a gestão e a liquidação financeira da Conta Centralizadora dos Recursos de Bandeiras Tarifárias, realizando as atividades necessárias para sua constituição e operacionalização; efetuar a gestão administrativa dos recursos financeiros da Conta de Desenvolvimento Energético (CDE), da Conta de Consumo de Combustíveis (CCC) e da Reserva Global de Reversão (RGR); efetuar a estruturação, a gestão e a liquidação financeira da Conta-covid, por meio da realização das atividades necessárias para sua constituição e operacionalização; executar outras atividades, expressamente determinadas pela ANEEL, pela Assembleia Geral ou por determinação legal.

# CAPÍTULO 6

# ARBITRAGEM ENVOLVENDO AS AGÊNCIAS REGULADORAS

A juridicidade da arbitragem comercial envolvendo entes da Administração Pública passou por diversas fases no Brasil. O Decreto-Lei nº 2.300/1986, que disciplinava as licitações e os contratos da Administração Federal, proibia a instituição de juízo arbitral nos contratos administrativos.[522] Em 1987, essa norma foi alterada para permitir o uso da arbitragem em concorrências internacionais, para a aquisição de bens ou serviços cujo pagamento fosse realizado com o produto de financiamento externo, além da contratação com empresa estrangeira para a compra de equipamentos fabricados e entregues no exterior.[523]

A Lei nº 8.666/1993, disciplinadora de licitações e contratos administrativos, revogou o DL nº 2.300/86 e não disciplinou sobre o cabimento da arbitragem para dirimir conflitos em contratos firmados entre particulares e a Administração Pública, fazendo com que o Tribunal de Contas da União – TCU proferisse, dentre outras, a decisão

[522] Decreto-Lei nº 2.300/1986: Art 45. São cláusulas necessárias em todo contrato as que estabeleçam: [...] Parágrafo único. Nos contratos com pessoas físicas ou jurídicas domiciliadas no estrangeiro deverá constar, necessariamente, cláusula que declare competente o foro do Distrito Federal para dirimir qualquer questão contratual, vedada a instituição de juízo arbitral.

[523] Decreto-Lei nº 2.348, de 1987. Art. 25 [...] §13. O disposto no §2º do artigo 3º, no §10 do artigo 25, no §1º do artigo 26 e no parágrafo único do artigo 45, não se aplica às concorrências internacionais, para a aquisição de bens ou serviços cujo pagamento seja feito com o produto de financiamento concedido por organismo internacional, de que o Brasil faça parte, nem nos casos de contratação com empresa estrangeira, para a compra de equipamentos fabricados e entregues no exterior, desde que para este caso tenha havido prévia autorização do Presidente da República.

nº 286/1993, expressamente contrária ao uso da arbitragem comercial no âmbito estatal.[524]

Nesse contexto normativo e de controle de contas, a arbitragem comercial, como atualmente conhecida, foi instituída no Brasil pela Lei nº 9.307/1996, sendo alterada pela Lei nº 13.129/2015, que, dentre outras questões, expressamente dispôs sobre a juridicidade de a Administração Pública direta e indireta participar desse método extrajudicial de resolução de controvérsias. A norma legal vinculou a participação da Administração Pública, em arbitragens comerciais, a matérias relacionadas a direitos patrimoniais disponíveis, e desde que observada a publicidade e a adoção de regras estritas de direito com o afastamento do julgamento por equidade.[525]

Em 2021, por meio da edição da Lei nº 14.133, foi editada nova lei geral sobre licitações e contratos administrativos, dispondo que a Administração Pública poderá participar de arbitragens comerciais em casos que se relacionem a direitos patrimoniais disponíveis. A título exemplificativo, a norma indicou questões relacionadas ao restabelecimento do equilíbrio econômico-financeiro do contrato, ao inadimplemento de obrigações contratuais por quaisquer das partes e ao cálculo de indenizações como sendo matérias objetivamente arbitráveis.[526]

Mesmo antes da alteração da Lei nº 9.307/96, em 2015, outras normas legais previram o uso do "sistema arbitral"[527] em contratos

---

524 Sobre as decisões do TCU acerca da arbitragem envolvendo a Administração Pública, ver: PARADA, André Luís Nascimento. Análise crítica das decisões do Tribunal de Contas da União acerca da utilização da arbitragem em contratos administrativos: evolução interpretativa. *RDA – Revista de Direito Administrativo*, Rio de Janeiro, v. 273, p. 165-198, set./dez. 2016.

525 Lei nº 13.129/2015 – Art. 1º [...] §1º – A administração pública direta e indireta poderá utilizar-se da arbitragem para dirimir conflitos relativos a direitos patrimoniais disponíveis. §2º – A autoridade ou o órgão competente da administração pública direta para a celebração de convenção de arbitragem é a mesma para a realização de acordos ou transações.

526 Lei nº 14.133, de 1º de abril de 2021 – Art. 151. Nas contratações regidas por esta Lei, poderão ser utilizados meios alternativos de prevenção e resolução de controvérsias, notadamente a conciliação, a mediação, o comitê de resolução de disputas e a arbitragem.
Parágrafo único. Será aplicado o disposto no caput deste artigo às controvérsias relacionadas a direitos patrimoniais disponíveis, como as questões relacionadas ao restabelecimento do equilíbrio econômico-financeiro do contrato, ao inadimplemento de obrigações contratuais por quaisquer das partes e ao cálculo de indenizações.
Art. 152. A arbitragem será sempre de direito e observará o princípio da publicidade.
Art. 153. Os contratos poderão ser aditados para permitir a adoção dos meios alternativos de resolução de controvérsias.
Art. 154. O processo de escolha dos árbitros, dos colegiados arbitrais e dos comitês de resolução de disputas observará critérios isonômicos, técnicos e transparentes.

527 O "processo arbitral é decorrente de seu universo interno, produzido por ele mesmo, em função dos princípios que o regem e o informam. [...] Na medida em que seus

de longo prazo firmados no âmbito de setores estatais regulados por agências reguladoras, seja na prestação de serviços públicos delegados, seja na realização de atividade econômica autorizada.[528]

A lei das Parcerias Público-Privadas – PPP (Lei nº 11.079/2004), que disciplina as concessões patrocinada e administrativa, dispôs que o instrumento convocatório poderá prever o emprego de arbitragem, a ser realizada no Brasil e em língua portuguesa.

Do mesmo modo, um ano depois, a Lei nº 8.987/1995, que dispõe sobre o regime de concessão e permissão da prestação de serviços públicos, passou a disciplinar a resolução de conflitos em contratos de delegação de serviços públicos regulados. A lei de concessões comuns dispõe, em seu art. 23, que enumera as cláusulas essenciais do contrato de concessão, a obrigatoriedade de indicação do foro competente e o modo amigável de solução das divergências contratuais.[529]

A Lei nº 13.448/2017,[530] que estabelece diretrizes gerais para prorrogação e relicitação dos contratos de parceria nos setores rodoviário, ferroviário e aeroportuário da administração pública federal, dispõe sobre a assinatura de termo aditivo com o atual contratado, que constará o compromisso arbitral entre as partes, com previsão de submissão à arbitragem de questões que envolvam o cálculo das indenizações.[531] O Decreto nº 10.025/2019 regulamentou essa norma, detalhando os procedimentos da arbitragem comercial para dirimir litígios que envolvam a administração pública federal nos setores portuário e de transporte rodoviário, ferroviário, aquaviário e aeroportuário.

---

instrumentos são produzidos pelo próprio sistema arbitral, ele é autorreferente, e, por isso, autônomo". (PARENTE, Eduardo de Albuquerque. *Processo arbitral e sistema*. São Paulo: Atlas, 2012. p. 57).

528 Sobre as características da função estatal de serviço público e o conceito doutrinário de atividade econômica regulada, ver: ARAGÃO, Alexandre Santos de. *Direito dos serviços públicos*. 4. ed. Belo Horizonte: Fórum, 2021 (Capítulos 3 e 5).

529 Ressalte-se que essa lei foi alterada pela Lei nº 11.196/2005, a Lei de Incentivos Fiscais à Pesquisa e Desenvolvimento da Inovação Tecnológica, para a inclusão dos métodos de resolução consensual de litígios.

530 Lei nº 13.448, de 5 de junho de 2017. Art. 11. O instrumento convocatório conterá minuta do contrato, indicará expressamente a submissão da licitação às normas desta Lei e observará, no que couber, os §§3º e 4º do art. 15, os arts. 18, 19 e 21 da Lei nº 8.987, de 13 de fevereiro de 1995, podendo ainda prever: [...] III – o emprego dos mecanismos privados de resolução de disputas, inclusive a arbitragem, a ser realizada no Brasil e em língua portuguesa, nos termos da Lei nº 9.307, de 23 de setembro de 1996, para dirimir conflitos decorrentes ou relacionados ao contrato.

531 Os objetivos dessa normativa podem ser conferidos em: FREITAS, Rafael Véras de. As prorrogações e a relicitação previstas na Lei nº 13.448/2017: um novo regime jurídico de negociação para os contratos de longo prazo. *Revista de Direito Público da Economia – RDPE*, Belo Horizonte, a. 15, n. 59, p. 175-199, jul./set. 2017.

Para além do disciplinamento e da regulamentação da arbitragem comercial no âmbito da administração pública, foram editadas normas setoriais criando agências reguladoras prevendo a função de solução de controvérsias e o uso da arbitragem propriamente dita.

A Lei Geral de Telecomunicações (Lei nº 9.472/97), dispõe que o contrato de concessão indicará o modo para solução extrajudicial das divergências contratuais. Do mesmo modo, a lei que criou a Agência Nacional de Petróleo, Gás e Biocombustíveis (ANP), em 1997, previu o uso da arbitragem internacional nos contratos de concessão de blocos para exploração e produção de petróleo e gás natural, assinados com as empresas vencedoras das rodadas de licitações.[532]

A Lei de Transportes Aquaviários e Terrestres (Lei nº 10.233/2001), que criou a Agência Nacional de Transportes Terrestres (ANTT) e a Agência Nacional de Transportes Aquaviários (ANTAQ), dispõe que o contrato de concessão deverá prever "regras sobre solução de controvérsias relacionadas com o contrato e sua execução, inclusive a conciliação e a arbitragem".

A Lei sobre comercialização de energia elétrica (Lei nº 10.848/2004) dispõe que as empresas públicas e as sociedades de economia mista, suas subsidiárias ou controladas, titulares de concessão, permissão e autorização, ficam autorizadas a integrar a Câmara de Comercialização de Energia Elétrica (CCEE) e a aderir ao mecanismo e à convenção de arbitragem.

A Lei de Transporte de Gás Natural (Lei nº 11.909/2009) previa, como cláusula do contrato de concessão, as regras sobre solução de controvérsias relacionadas com o contrato e com sua execução, inclusive a conciliação e a arbitragem, sendo revogada pela Lei nº 14.134, de 8 de abril de 2021, que prevê que os contratos de comercialização de gás natural poderão prever a convenção de arbitragem, nos termos da Lei nº 9.307/1996.[533]

---

532 Lei nº 9.478, de 6 de agosto de 1997. Art. 43. O contrato de concessão deverá refletir fielmente as condições do edital e da proposta vencedora e terá como cláusulas essenciais: [...] X – as regras sobre solução de controvérsias, relacionadas com o contrato e sua execução, inclusive a conciliação e a arbitragem internacional;

533 Lei nº 11.909/2009: Art. 31. A comercialização de gás natural dar-se-á mediante a celebração de contratos de compra e venda de gás natural, registrados na ANP ou em entidade por ela habilitada, nos termos de sua regulação, ressalvada a venda de gás natural pelas distribuidoras de gás canalizado aos respectivos consumidores cativos. [...] §5º Os contratos de comercialização de gás natural deverão conter cláusula para resolução de eventuais divergências, podendo, inclusive, prever a convenção de arbitragem, nos termos da Lei nº 9.307, de 23 de setembro de 1996.

Também na normativa que disciplina as atividades da Agência Nacional de Águas e Saneamento Básico – ANA (Lei nº 14.026/2020) e o atual marco legal do setor de saneamento, inseriu o art. 10-A na Lei nº 9.984/2000, cujo §1º estabelece que "os contratos que envolvem a prestação dos serviços públicos de saneamento básico poderão prever mecanismos privados para resolução de disputas [...] nos termos da Lei nº 9.307, de 23 de setembro de 1996".

Com a edição da Lei Geral das Agências Reguladoras (Lei nº 13.8484/2019), há menção à competência arbitral desses entes autárquicos sem maior delineamento do seu formato ou alcance.[534] Com efeito, há previsão expressa, na Lei Geral das Agências (Lei nº 13.848, de 25 de junho de 2019), de competência arbitral sem um delineamento do seu alcance e forma:

> Art. 29. No exercício de suas competências definidas em lei, duas ou mais agências reguladoras poderão editar atos normativos conjuntos dispondo sobre matéria cuja disciplina envolva agentes econômicos sujeitos a mais de uma regulação setorial. [...]
>
> §2º Os atos normativos conjuntos deverão conter regras sobre a fiscalização de sua execução e prever mecanismos de solução de controvérsias decorrentes de sua aplicação, podendo admitir solução mediante mediação, nos termos da Lei nº 13.140, de 26 de junho de 2015 (Lei da Mediação), ou mediante arbitragem por comissão integrada, entre outros, por representantes de todas as agências reguladoras envolvidas.
>
> Art. 34. As agências reguladoras de que trata esta Lei poderão promover a articulação de suas atividades com as de agências reguladoras ou órgãos de regulação dos Estados, do Distrito Federal e dos Municípios, nas respectivas áreas de competência, implementando, a seu critério e mediante acordo de cooperação, a descentralização de suas atividades fiscalizatórias, sancionatórias e arbitrais, exceto quanto a atividades do Sistema Único de Saúde (SUS), que observarão o disposto em legislação própria. [...]

534 Cumpre salientar que o termo "arbitragem regulatória" (ou "regulatory arbitrage") por vezes é utilizado em direito internacional, no segmento financeiro, como sendo a escolha, por um investidor, de um ambiente regulatório mais favorável ao desempenho de suas atividades, o que pode envolver regras de diversos locais ou países. A abordagem financeira da arbitragem regulatória não será contemplada nesta obra, que se restringirá às implicações regulatórias do uso da arbitragem envolvendo agências reguladoras, seus agentes regulados e os setores em que atuam. Sobre o tema, ver: HOUSTON, Joel F. *et al*. Regulatory arbitrage and international bank flows. *The Journal of Finance*, v. 67, n. 5, p. 1845-1895, 2012; CARBO-VALVERDE, Santiago *et al*. Regulatory arbitrage in cross-border banking mergers within the EU. *Journal of Money, Credit and Banking*, v. 44, n. 8, p. 1609-1629, 2012.

> §6º Além do disposto no §2º deste artigo, a delegação de competências fiscalizatórias, sancionatórias e arbitrais somente poderá ser efetivada em favor de agência reguladora ou órgão de regulação estadual, distrital ou municipal que gozar de autonomia assegurada por regime jurídico compatível com o disposto nesta Lei.

Veja-se que quando a Lei Geral das Agências Reguladoras dispõe sobre a mediação, faz menção expressa à Lei nº 13.140, de 26 de junho de 2015 (Lei da Mediação), dando concretude ao termo. Contudo, a norma silencia quanto à arbitragem.

Desse modo, além da competência para edição de normas, fiscalização e sanção, foi outorgada competência às agências reguladoras para solução de controvérsias entre os agentes regulados, função identificada pela doutrina como função judicante,[535] arbitramento de conflitos, arbitragem administrativa e arbitragem regulatória. Além desse mecanismo de solução de controvérsias entre agentes regulados, foram instauradas diversas arbitragens comerciais administradas por Câmaras Arbitrais, em que as agências reguladoras figuram como requeridas.

Neste contexto normativo, pretende-se examinar neste capítulo algumas características da arbitragem regulatória, isto é, os processos administrativos realizados pelas agências reguladoras para solução de conflitos, de modo a investigar se há similaridade parcial, ou não, com a categoria instituída no Brasil com a Lei nº 9.307/96 (arbitragem comercial). Além desses aspectos, pretende-se investigar os limites objetivos da arbitragem comercial em que as agências reguladoras participarem na qualidade de requeridas.

Por fim, esta investigação examinará a juridicidade de as agências reguladoras funcionarem como tribunais arbitrais (arbitragem comercial no interior da agência) nos conflitos entre agentes regulados, inclusive um estudo de caso sobre a inovação jurídica com a criação de uma Câmara Arbitral estatal pela PREVIC, autarquia especial com funções regulatórias.[536]

---

535 Esse termo é utilizado na Lei nº 12.529, de 30 de novembro de 2011, que estrutura o sistema brasileiro de defesa da concorrência: Art. 4º O Cade é entidade judicante com jurisdição em todo o território nacional, que se constitui em autarquia federal, vinculada ao Ministério da Justiça, com sede e foro no Distrito Federal, e competências previstas nesta Lei.

536 A inovação na criação de "procedimentos de arbitragem" por entes estatais, de duvidosa constitucionalidade, chegou à Secretaria Especial de Cultura do Ministério do Turismo. Por meio da Instrução Normativa nº 2, de 25 de setembro de 2020, foi aprovado um Regulamento de Mediação e Arbitragem em que o órgão atuará como Câmara Arbitral com base na Lei nº 9.610, de 19 de fevereiro de 1998, alterada pela Lei nº 12.853, de 14 de

As perguntas decorrentes dos problemas a serem abordados consistem, em suma, em: (i) a arbitragem regulatória ou administrativa possui todas ou algumas das características da arbitragem comercial? (ii) como delimitar os espaços e limites das arbitragens comerciais em que a agência reguladora estiver exercendo sua função reguladora e for demandada por ente privado, considerando especialmente que os próprios árbitros, dentro do conceito de competência-competência,[537] decidem se eles são ou não competentes para apreciar o caso? (iii) a arbitragem comercial entre agentes regulados de um determinado setor pode ser realizada pelas agências reguladoras, atuando como tribunais arbitrais? Quais seriam as consequências práticas caso se admita essa possibilidade? É constitucional a criação de uma Câmara Arbitral estatal por autarquia especial?

## 6.1 Função judicante das agências reguladoras: a arbitragem regulatória como processo administrativo sujeito ao controle jurisdicional

No campo regulatório estatal brasileiro, o modelo organizacional formalizado pelo Poder Legislativo, juntamente com a participação do Executivo na formulação e implementação do Plano Diretor da Reforma do Aparelho do Estado,[538] levou em consideração experiências de outra sociedade, os Estados Unidos da América, adotando o modelo em que

agosto de 2013, que dispõe: Art. 100-B. Os litígios entre usuários e titulares de direitos autorais ou seus mandatários, em relação à falta de pagamento, aos critérios de cobrança, às formas de oferecimento de repertório e aos valores de arrecadação, e entre titulares e suas associações, em relação aos valores e critérios de distribuição, poderão ser objeto da atuação de órgão da Administração Pública Federal para a resolução de conflitos por meio de mediação ou arbitragem, na forma do regulamento, sem prejuízo da apreciação pelo Poder Judiciário e pelos órgãos do Sistema Brasileiro de Defesa da Concorrência, quando cabível.

[537] BAPTISTA, Patrícia. A inarbitrabilidade objetiva do conflito entre Petrobras e a ANP. *RDA – Revista de Direito Administrativo*, Rio de Janeiro, v. 275, p. 251-318, maio/ago. 2017: "De modo didático, a literatura específica indica que o princípio da competência-competência pode apresentar dois efeitos: o positivo e o negativo. [...] O efeito positivo do princípio da competência-competência opera no sentido do reconhecimento da competência dos árbitros para decidirem questões afetas à sua própria competência sem a necessidade de prévia oitiva do Poder Judiciário. É dizer: caso uma das partes questione a possibilidade de determinado litígio ser resolvido pela via arbitral, os árbitros estão autorizados a se pronunciar sobre essa matéria, de modo que, se entenderem não haver óbice ao foro privado, podem prosseguir com o exame de mérito e proferir decisão. Assim, não é preciso haver um provimento jurisdicional reconhecendo a sua competência para, somente então, estarem aptos a analisar o cerne da controvérsia".

[538] Examinado no Capítulo 3 desta obra.

as agências reguladoras detêm competência normativa, executiva e judicante.

A competência autárquica especial, que a doutrina brasileira classifica como função judicante, arbitramento de conflitos, arbitragem regulatória ou arbitragem administrativa corresponde a competência para instaurar um processo administrativo em que a autarquia, ao final, decide por meio de deliberação da sua autoridade máxima, isto é, o Conselho Diretor, um conflito entre agentes regulados.

De fato, a função judicante das agências reguladoras é diversa da função adjudicatória das agências norte-americanas que inspiraram o modelo nacional, haja vista que no modelo estadunidense, em muitos casos, há participação de um juiz administrativo (*administrative law judge*) que profere a decisão final.

Na arbitragem regulatória brasileira a intervenção da agência reguladora, que tem poder decisório administrativo final, consistirá na instauração e tramitação do procedimento com todas as garantias do devido processo legal, até a fase de julgamento do conflito entre os agentes regulados, exarando e impondo uma decisão técnica, contra a qual não caberá recurso administrativo.[539]

A arbitragem regulatória, portanto, não possui as características da arbitragem comercial, nada mais sendo do que um processo administrativo regulatório,[540] cujas regras gerais estão disciplinadas pela Lei nº 9.784/99 e pelas regras setoriais.[541] A arbitragem regulatória, portanto, não se confunde, em cada uma de suas etapas, com a arbitragem comercial que é um "meio alternativo de solução de controvérsias através da intervenção de uma ou mais pessoas que recebem seus poderes de uma convenção privada, decidindo com base nela, sem intervenção estatal".[542]

---

539 Sobre o cabimento de recurso administrativo, remeto o leitor para capítulo 3.

540 Neste sentido, BRANCHER, Paulo. Soluções de controvérsias e as agências reguladoras. *Revista Brasileira de Arbitragem – RBAr*, n. 1, p. 40-56, jan./mar/2004.

541 No mesmo sentido, BINENBOJM, Gustavo. Arbitragem em ambientes regulados e sua relação com as competências das agências reguladoras. *Revista de Direito da Associação dos Procuradores do Estado do Rio de Janeiro*, Rio de Janeiro, v. XXVI – Arbitragem e administração Pública, 2016, p. 30; e ANDRADE, Gustavo Fernandes de. Algumas reflexões sobre as arbitragens e as regras da Câmara de Comercialização de Energia Elétrica – CCEE. *In*: VERÇOSA, Fabiane *et al*. (Coord.). *Arbitragem e mediação – temas controvertidos*. Rio de Janeiro: Forense, 2014. p. 176.

542 CARMONA, Carlos Alberto. *Arbitragem e processo*. 3. ed. São Paulo: Atlas, 2009. p. 31. No mesmo sentido, CAHALI, Francisco Jose. *Curso de arbitragem*. 5. ed. São Paulo: Revista dos Tribunais, 2015. p. 115.

A arbitragem comercial, formando um sistema,[543] exige prévio compromisso arbitral pelo qual as partes acordam que qualquer conflito seja solucionado de acordo com certas regras, por um ou mais árbitros escolhidos pelas partes, observando-se uma série de princípios, ritos e disposições especiais regidas pela Lei nº 9.307/96.

A arbitragem regulatória, por ser um processo administrativo, sempre poderá ser submetida ao controle do Poder Judiciário, seja a decisão final materializada em ato administrativo, ou quaisquer atos processuais em qualquer fase caso a agência reguladora se afaste dos princípios gerais de direito.

Vale destacar uma decisão proferida pelo Superior Tribunal de Justiça em caso envolvendo arbitragem regulatória que tramitou perante a Agência Nacional de Telecomunicações (ANATEL). Tratou-se de recurso especial interposto pela ANATEL em face de acórdão prolatado pelo Tribunal Regional Federal da 1ª Região, em que se destacou a competência técnica da agência reguladora em matéria envolvendo a interconexão entre telefonia móvel e fixa, com a seguinte ementa:

> PROCESSUAL CIVIL E ADMINISTRATIVO. AGRAVO DE INSTRUMENTO. PRELIMINAR DE PERDA DE OBJETO QUE SE AFASTA. PRETENDIDA REDUÇÃO DO VALOR DE USO DE REDE MÓVEL (VU-M). 1. No que concerne à preliminar de perda do objeto deste agravo, cumpre repeli-la, por inconsistente, dado que, se é certo que o pedido de liminar formulado pela GVT consiste na fixação pelo órgão judicial de um valor provisório que remunere o uso da rede móvel, até a superveniência de decisão definitiva em instância administrativa, a ser proferida pela Anatel em processo de arbitragem, não há dúvida de que remanesce o interesse da parte autora (GVT) em prosseguir com a demanda enquanto não vier a ocorrer o exaurimento da discussão na seara da Administração, o que, efetivamente, ainda não ocorreu, pois pendem de julgamento recursos interpostos pelas partes envolvidas na arbitragem. [...]

Verifica-se que, no caso, a parte interessada pretendia a fixação de um valor provisório pelo Poder Judiciário que remunerasse o uso da rede móvel, até a decisão definitiva da ANATEL em processo de arbitragem. O caso foi julgado pelo STJ (Recurso Especial nº 1.275.859 – DF), e, pela sua importância para a identificação de espaços afetos ao tema da arbitragem regulatória, destaquem-se alguns pontos relevantes:

---

543 PARENTE, Eduardo de Albuquerque. *Processo arbitral e sistema*. São Paulo: Atlas, 2012. p. 40.

[...] PROCESSO DE ARBITRAGEM EM TRÂMITE NA ANATEL. DECISÃO QUE SE CONSUBSTANCIA ATO ADMINISTRATIVO PASSÍVEL DE REVISÃO PELO PODER JUDICIÁRIO. [...] 11. Nos termos da Lei Geral de Telecomunicações, a atuação da ANATEL é de extrema relevância para o bom desenvolvimento deste setor econômico, sendo o órgão de regulação setorial dotado de competência legal expressa para tanto. Essa competência é privativa, mas não exclusiva, razão pela qual seus regulamentos não são imunes à eventual análise por este Poder Judiciário, conforme se verá adiante. Neste sentido, colaciona-se o precedente do Supremo Tribunal Federal, em liminar, exarado no âmbito da Ação Direta de Inconstitucionalidade nº 1668/DF. 12. Não obstante, é bom que se deixe claro: a análise aqui empreendida, em nenhuma hipótese, quer afastar a regulação que vem sendo promovida pela ANATEL no mercado de interconexão entre telefonia móvel e fixa. Muito pelo contrário, reconhece-se que esta regulação não engloba somente os valores cobrados, que estão submetidos à relativa liberdade de iniciativa, mas também aspectos técnicos podem melhorar a qualidade do serviço oferecido ao consumidor pelas concessionárias de telefonia móvel. [...] 16. Nunca é demais relembrar que vigora no Brasil o sistema da unidade de jurisdição, o qual – ao contrário do sistema contencioso francês – possibilita a parte a ingressar no Poder Judiciário independentemente da solução alcançada nas vias administrativas, salvo algumas exceções previstas tanto na Constituição Federal quanto na legislação infraconstitucional. 17. Esta observação tem relevância para o deslinde da presente controvérsia, na medida em que nem a Lei das Agências Reguladoras (Lei nº 9.986/2000), tampouco a Lei Geral de Telecomunicações excluiu a possibilidade de revisão dos atos administrativos – quanto à legalidade e legitimidade – praticados por estas agências de regulação setorial. Entendimento em sentido contrário implicaria em assumir o ilógico de que os litigantes em contendas administrativas não possam usufruir de seu direito individual fundamental de recorrer a um terceiro imparcial – o Estado Juiz – para ver solucionados seus conflitos de interesses qualificados pela pretensão resistida. 18. O Supremo Tribunal Federal, no julgamento da liminar formulada no âmbito da Ação Direta de Inconstitucionalidade nº 1668/DF, se expressou no sentido que a competência da Agência Nacional de Telecomunicações para expedir normas subordina-se aos preceitos legais e regulamentares que regem a outorga, prestação e fruição dos serviços de telecomunicações no regime público e no regime privado. Esse entendimento também doutrinariamente aceito. Ademais, no caso em concreto, embora a Lei Geral de Telecomunicações – Lei nº 9.472/97 – tenha atribuído à ANATEL a competência para compor administrativamente conflitos de interesses entre prestadoras de serviço de telecomunicações (art. 19, XVII), em nenhum momento há vedação para que eventuais interessados ingressem no Poder Judiciário visando à discussão de eventual lesão ou a ameaça de lesão a direito tutelado por Lei.

Como se pode constatar desse importante precedente do STJ, respeitando-se as características da função regulatória e a competência da agência reguladora, nos termos da lei setorial e geral, para decidir sobre conflitos entre agentes regulados, reconheceu-se que a regulação não engloba somente os valores cobrados e submetidos à arbitragem regulatória. A regulação tem características próprias visando o equilíbrio sistêmico, levando-se em conta a importância da deferência judicial às escolhas regulatórias[544] diante dos aspectos técnicos que devem visar à melhoria da qualidade do serviço oferecido aos usuários e consumidores.

Deste modo, é jurídico concluir que a arbitragem regulatória ou administrativa não possui as características da arbitragem comercial disciplinada pela Lei nº 9.307/96, constituindo um processo administrativo passível de controle jurisdicional.

## 6.2 Experiências das agências reguladoras em arbitragens comerciais

Pela própria natureza das atividades reguladas, notadamente aquelas exploradas por particulares por meio de contratos de delegação de serviços públicos e de exploração de atividades econômicas, de longo prazo e incompletos,[545] algumas agências reguladoras participam de arbitragens comerciais, na modalidade institucional.[546]

As arbitragens comerciais são administradas por câmaras privadas, a exemplo da Câmara de Comércio Internacional (CCI), da Câmara de Mediação e Arbitragem, da Fundação Getulio Vargas (FGV), do Centro de Arbitragem e Mediação, da Câmara de Comércio Brasil-Canadá (CAM-CCBC), da Câmara de Mediação, Conciliação e

---

544 JORDÃO, Eduardo. *Controle judicial de uma administração pública complexa*. São Paulo: Malheiros, 2016. (Capítulo I, 3.).

545 "A regulação por contrato é naturalmente incompleta, inacabada e dotada de lacunas que deverão ser objeto de uma atuação integrativa da agência capaz de manter o equilíbrio sistêmico entre os interesses juridicamente protegidos de todas as partes". GARCIA, Flávio Amaral. A mutabilidade e incompletude na regulação por contrato e a função integrativa das Agências. *Revista de Contratos Públicos – RCP*, Belo Horizonte, ano 3, n. 5, p. 59-83, mar./ago. 2014. p. 76.

546 A arbitragem "ad hoc" teria algumas vantagens, a exemplo da redução de custos. Mas, os eventuais impasses na definição de questões procedimentais justificam o uso da arbitragem institucional. Ver, nesse sentido, OLIVEIRA, Rafael Carvalho Rezende. A arbitragem nos contratos da Administração Pública e a Lei nº 13.129/2015: novos desafios. *Revista Brasileira de Direito Público – RBDP*, Belo Horizonte, a. 13, n. 51, p. 59-79, out./dez. 2015. p. 74-75.

Arbitragem de São Paulo (CAM-CIESP/FIESP), do Centro de Arbitragem da AMCHAM – Brasil (AMCHAM), da Câmara de Arbitragem de Mercado – B3 (CAM-MERCADO), da Câmara de Arbitragem Empresarial – Brasil (CAMARB) e da Câmara Brasileira de Mediação e Arbitragem (CBMA).

A Agência Nacional do Petróleo, Gás e Biocombustíveis (ANP) possui larga experiência em arbitragens comerciais, a exemplo da requerida pela Petrobrás perante a Corte Internacional de Arbitragem – CCI, objetivando a declaração de nulidade da RD 69/2014. Essa arbitragem foi instaurada a partir do recebimento do Ofício ANP nº 223/2015/SPG, por meio do qual a agência reguladora intimou a Petrobras a recolher, a título de participação especial, o montante de R$2.093.895.353,88 (dois bilhões, noventa e três milhões, oitocentos e noventa e cinco mil, trezentos e cinquenta e três reais, oitenta e oito centavos). No caso, houve a indicação de que seria aplicada a penalidade de 50% sobre o valor do débito, caso tal pagamento não fosse efetuado até o dia 29.4.2015.[547]

Na referida demanda, questionou-se, ainda, a obrigação de a Petrobras efetuar o pagamento de valor referente às participações governamentais correspondentes ao primeiro trimestre de 2015, além de estar obrigada a efetivar modificações no desenvolvimento da área de concessão do Parque das Baleias.[548]

A Agência Nacional de Transporte Terrestre – ANTT, segundo informações disponibilizadas pela autarquia,[549] contabiliza nove procedimentos arbitrais, sendo oito com trâmite perante a Câmara de Comércio Internacional – CCI: (i) MGO, atual ECO 050, processo nº 23238/2017/GSS/PFF; GALVÃO, processo nº 23433/2018/GSS/PFF;

---

547 Cf.: Decisão proferida em 09 de abril de 2015, no Conflito de Competência nº 139.519 – RJ. (2015/0076635-2), no Superior Tribunal de Justiça. Sobre o caso, ver: BAPTISTA, Patrícia Ferreira. A inarbitrabilidade objetiva do conflito entre Petrobras e a ANP. *Revista de Direito Administrativo – RDA*, v. 275, 2017 e MOREIRA, Egon Bockmann; CRUZ, Elisa Schmidlin. Novos parâmetros da arbitragem frente à Administração Pública brasileira: o caso "Petrobras-ANP". *Revista de Direito Público da Economia – RDPE*, Belo Horizonte, a. 16, n. 62, p. 225-235, abr./jun. 2018.

548 Não foi localizada, em nossas pesquisas, a relação de arbitragens comerciais com a participação da ANP. Foi noticiado que em 2019 foi instaurado outro procedimento arbitral com o objetivo de obter a declaração de nulidade ou anulação da decisão proferida pela diretoria colegiada da ANP "no sentido de autorizar a cessão da participação da Dommo no Bloco BS-4 para Barra e QGEP". (Cf.: Dommo tenta reaver participação em Atlanta com arbitragem contra ANP, Enauta e Barra Energia. *EPBR*, 28 ago. 2019. Disponível em: https://epbr.com.br/dommo-entra-com-arbitragem-contra-anp-enauta-e-barra-energia/. Acesso em 19 ago. 2022).

549 BRASIL. Governo Federal. *Arbitragem*. [s.d]. Disponível em: https://portal.antt.gov.br/arbitragem. Acesso em 19 ago. 2022.

VIA 040, processo nº 23932/2018/GSS/PFF; ROTA DO OESTE, processo nº 23960/2018/GSS/PFF; CONCEBRA, processo nº 24595/2019/PFF; MS-VIA, processo nº I 24957/2019/PFF; VIA 040, processo nº 25572/2020/PFF; Auto Pista Litoral, processo nº 26437/2021/PFF. A ANTT conta com uma arbitragem perante a Centro de Arbitragem e Mediação da Câmara de Comércio Brasil Canadá (CAM-CCBC): VIABAHIA, processo nº 64/2019/SEC7.

A Agência Nacional de Aviação Civil – ANAC participa do processo nº 26.042/PFF, instaurado por solicitação da Concessionária Aeroportos Brasil Viracopos S/A, e que tramita perante a CCI.[550]

A ANATEL e a Telefônica Brasil S/A (Vivo) participam do processo nº 26.383/PFF perante a Câmara de Comércio Internacional – CCI, observando as regras estabelecidas no Compromisso Arbitral de 01.07.2021.[551] Além desse procedimento arbitral a agência litiga contra as concessionárias Oi, Claro, Sercomtel[552] e Algar[553] em arbitragens que também decorreram de termos de compromisso arbitral estruturados com a participação da Advocacia Geral da União.[554]

Quanto ao setor elétrico, cumpre ressaltar que, para além da previsão de arbitragem como forma de solução de controvérsias em contratos privados no âmbito da Câmara de Comercialização de Energia Elétrica – CCEE, em setembro de 2021, a diretoria colegiada da Agência Nacional de Energia Elétrica – ANEEL[555] autorizou a celebração de

---

550 Conforme Ata de Missão. CORTE INTERNACIONAL DE ARBITRAGEM DA CÂMARA DE COMÉRCIO INTERNACIONAL – CCI. *Procedimento Arbitral nº 26042/PFF*. Brasília, 24 ago. 2021. Disponível em: https://www.gov.br/agu/pt-br/composicao/cgu/cgu/neadir/arquivos/CASOVIRACOPOSICC26042PFFATADEMISSO.pdf. Acesso em 19 ago. 2022.

551 BRASIL. Advocacia Geral da União. *Planilhas de Arbitragem da União*. 10 jun. 2021. Disponível em: https://www.gov.br/agu/pt-br/composicao/cgu/cgu/neadir/casos-de-arbitragem-2/planilhas-de-arbitragem-da-uniao. Acesso em 19 ago. 2022.

552 Somados os pleitos das empresas, o valor submetido à arbitragem alcança R$36 bilhões. (BITENCOURT, Rafael. Teles pedem R$36 bí à União; Anatel vê exagero. *Valor Econômico*, Brasília, 30 mai. 2022. Disponível em: https://valor.globo.com/empresas/noticia/2022/05/30/teles-pedem-r-36-bi-a-uniao-anatel-ve-exagero.ghtml. Acesso em 19 ago. 2022).

553 LOBO, Ana Paula. Algar Telecom pede arbitragem à Anatel para tratar da concessão. *Convergência Digital*, 04 jul. 2022. Disponível em: https://www.convergenciadigital.com.br/Telecom/Algar-Telecom-pede-arbitragem-a-Anatel-para-tratar-da-concessao-60746.html. Acesso em 22 ago. 2022.

554 BRASIL. Advocacia Geral da União. *AGU viabiliza arbitragens para resolver controvérsias bilionárias do setor de telecomunicações*. 03 dez. 2021. Disponível em: https://www.gov.br/agu/pt-br/comunicacao/noticias/agu-viabiliza-arbitragens-para-resolver-controversias-bilionarias-do-setor-de-telecomunicacoes. Acesso em 22 ago. 2022.

555 Despacho nº 2.812, de 10 de setembro de 2021. (BRASIL. Impensa Nacional. Despacho nº 2.812, de 10 de setembro de 2021. *Diário Oficial da União*, 10 set. 2021. Disponível em: https://www.in.gov.br/en/web/dou/-/despacho-n-2.812-de-10-de-setembro-de-2021-344145066. Acesso em 19 ago. 2022).

Termo de Compromisso Arbitral a ser firmado entre Transnorte Energia S.A – TNE, com interveniência de União Federal, Funai e Ibama.

O compromisso, juntamente com o Termo Aditivo ao Contrato de Concessão nº 003/2012-ANEEL, contendo a Cláusula Compromissória de Arbitragem, visa à solução de conflito pela via arbitral envolvendo o reequilíbrio do contrato de concessão da Linha de Transmissão de 500kV Lechuga – Equador – Boa Vista, que faria a ligação do Estado de Roraima ao Sistema Interligado Nacional (SIN). O pleito de reequilíbrio econômico-financeiro ocorrido no âmbito do Contrato de Concessão nº 003/2012-ANEEL foi submetido ao juízo arbitral, com expressa autorização do Advogado-Geral da União e do Ministro de Minas e Energia.[556]

Dentre as vantagens na adoção do modelo de solução alternativa de conflitos, as arbitragens comerciais em ambientes regulados permitem uma redução dos custos de transação, a exemplo do tempo excessivo dos tramites dos litígios envolvendo a Administração Pública perante o Poder Judiciário, bem como um ambiente de simetria de informações entre as partes e os árbitros.[557] Ademais, considerando que os temas submetidos à arbitragem comercial envolvem contratos de concessão de longo prazo de duração, com questões jurídicas setoriais altamente complexas, a possibilidade de escolha dos julgadores e a flexibilidade do rito arbitral permitem o aprimoramento da análise dos fatos, a apresentação de amplo material probatório e o estudo aprofundado do direito material em questão.

Os árbitros, em tese, possuem mais tempo do que membros da jurisdição estatal para se dedicarem ao exame dos pleitos e teses apresentadas pelas partes, inclusive propiciando um alargado espectro de instrução probatória muitas vezes mediante a realização de

---

556 Despacho nº 2.812, de 10 de setembro de 2021. (BRASIL. Impensa Nacional. Despacho nº 2.812, de 10 de setembro de 2021. *Diário Oficial da União*, 10 set. 2021. Disponível em: https://www.in.gov.br/en/web/dou/-/despacho-n-2.812-de-10-de-setembro-de-2021-344145066. Acesso em 19 ago. 2022).

557 "A arbitragem consiste, ademais, em fator de redução dos riscos e dos custos de transação. Ao se avaliar as alternativas disponíveis para a solução dos litígios que poderão decorrer dos contratos, a possibilidade de se recorrer à arbitragem sinaliza que as controvérsias poderão ser resolvidas com menores custos de transação. A solução arbitral propicia também a simetria de informações entre as partes e os julgadores. Ao se possibilitar a escolha de árbitros especializados, tanto estes quanto as partes podem ter o mesmo grau ou graus aproximados de informação quanto à matéria objeto do litígio". (KLEIN, Aline Lícia. A Arbitragem nas concessões de serviço público. *In*: PEREIRA, Cesar Augusto Guimarães; TALAMINI, Eduardo (Coord.). *Arbitragem e poder público*. São Paulo: Saraiva, 2010. p. 64).

audiências com a participação de dezenas de testemunhas em vários dias de duração.

Observada a experiência das agências reguladoras em diversas arbitragens comerciais e indicadas as vantagens do sistema arbitral na solução de conflitos nos contratos regulados, releva destacar que há determinadas peculiaridades das funções regulatórias que devem ser observadas e compreendidas pelas partes e seus patronos, pelo tribunal arbitral e pelas câmaras de arbitragem no curso dos procedimentos arbitrais.

## 6.3 Arbitragem comercial: agente regulado *versus* agência reguladora

Questão mais complexa do que a categorização da arbitragem regulatória como função regida por processo administrativo, sujeito à revisão pelo Poder Judiciário, envolve aspectos relacionados à arbitragem comercial envolvendo as agências reguladoras. Estão em trâmite, perante Câmaras Arbitrais, diversas arbitragens comerciais entre empresas reguladas (requerentes) e agências reguladoras (requeridas).

Podem-se apresentar alguns argumentos favoráveis à arbitragem comercial entre a agência reguladora e o agente regulado. Ao optar pela contratualização da arbitragem comercial para a solução de conflitos durante a execução de contratos de concessão, de longo prazo, substituindo a jurisdição estatal pela jurisdição arbitral, a agência reguladora não está transigindo com o interesse público, mas, apenas escolhendo uma forma mais eficaz para a defesa do interesse da sociedade em setores de grande complexidade sistêmica.[558]

Trata-se de alternativa, prevista em lei, visando manter mais atrativo o escopo do contrato para os investidores, especialmente os internacionais, que carecem de soluções rápidas para enfrentar os possíveis e longos litígios com o Poder Público quando submetidos aos trâmites jurisdicionais estatais. Para além do interesse dos investidores, a arbitragem comercial permite que, por meio da advocacia pública

[558] "Quando a Administração Pública celebra um contrato com cláusula compromissória ou um compromisso arbitral, está ela representando a coletividade e buscando um resultado que atenda ao interesse público. Já o particular busca o resultado financeiro decorrente da relação jurídica com o Estado. Portanto, o objeto do conflito é algo que interessa à sociedade, ali representada pela parte pública". (CALDAS, Evandro Pereira. *Controle da administração pública pela via arbitral*. Dissertação (mestrado) – Escola de Direito da Fundação Getulio Vargas, 2020. p. 85).

especializada, a Administração defenda os interesses públicos em um ambiente mais técnico e altamente qualificado.

Ressalte-se que a arbitragem comercial é cercada de garantias para os litigantes públicos e privados, em igualdade de condições, pois presume-se que os árbitros escolhidos, em parte, pelas partes, sejam altamente experientes e profundos conhecedores das matérias regulatórias submetidas à arbitragem, decidam com imparcialidade e com base na paridade de armas[559] entre o setor público e o setor privado, sendo, inclusive, permitido o acesso ao Poder Judiciário caso haja alguma nulidade no curso do processo arbitral.[560]

O ponto polêmico sobre a legalidade e legitimidade da arbitragem comercial envolvendo as agências reguladoras e os agentes regulados não se dirige à arbitrabilidade subjetiva, haja vista a expressa disposição da Lei de arbitragem que autoriza, expressamente, o uso da arbitragem comercial por entidades estatais.[561] O que se debate é o que efetivamente pode ou não ser objeto de arbitragem comercial, isto é, o alcance da arbitrabilidade objetiva em arbitragem comercial instaurada para solução de conflitos entre os agentes regulados e as agências reguladoras.

---

[559] Que significa a igualdade de tratamento em relação ao exercício de direitos e faculdades processuais, aos meios de defesa, aos ônus, aos deveres e à aplicação de sanções processuais. GRECO, Leonardo. Contraditório efetivo. *Revista Eletrônica de Direito Processual – REDP*, v. 15, jan./jun. 2015.

[560] Lei nº 9.307/96. Art. 32. É nula a sentença arbitral se: VIII – forem desrespeitados os princípios de que trata o art. 21, §2º, desta Lei. Art. 33. A parte interessada poderá pleitear ao órgão do Poder Judiciário competente a declaração de nulidade da sentença arbitral, nos casos previstos nesta Lei. §1º A demanda para a declaração de nulidade da sentença arbitral, parcial ou final, seguirá as regras do procedimento comum, previstas na Lei nº 5.869, de 11 de janeiro de 1973 (Código de Processo Civil), e deverá ser proposta no prazo de até 90 (noventa) dias após o recebimento da notificação da respectiva sentença, parcial ou final, ou da decisão do pedido de esclarecimentos. §2º A sentença que julgar procedente o pedido declarará a nulidade da sentença arbitral, nos casos do art. 32, e determinará, se for o caso, que o árbitro ou o tribunal profira nova sentença arbitral. §3º A decretação da nulidade da sentença arbitral também poderá ser requerida na impugnação ao cumprimento da sentença, nos termos dos arts. 525 e seguintes do Código de Processo Civil, se houver execução judicial. §4º A parte interessada poderá ingressar em juízo para requerer a prolação de sentença arbitral complementar, se o árbitro não decidir todos os pedidos submetidos à arbitragem.

[561] Lei nº 9.307/96. Art. 1º As pessoas capazes de contratar poderão valer-se da arbitragem para dirimir litígios relativos a direitos patrimoniais disponíveis. §1º A administração pública direta e indireta poderá utilizar-se da arbitragem para dirimir conflitos relativos a direitos patrimoniais disponíveis. §2º A autoridade ou o órgão competente da administração pública direta para a celebração de convenção de arbitragem é a mesma para a realização de acordos ou transações. (Os parágrafos 1º e 2º foram incluídos na lei de arbitragem pela Lei nº 13.129/2015).

Com efeito, a Lei de Arbitragem dispõe que a Administração Pública direta e indireta poderá adotar o processo arbitral para dirimir conflitos relativos a direitos patrimoniais disponíveis. Em que pese o disposto em diversas leis, geral e setoriais, encerrar dúvidas e questionamentos sobre a arbitrabilidade subjetiva envolvendo ente estatal, o tema ainda comporta questionamentos quanto à limitação objetiva em alguns casos em que uma das partes é uma agência reguladora.

Um desses casos, submetido à arbitragem comercial, chegou ao Poder Judiciário para examinar os limites da arbitrabilidade objetiva envolvendo a função reguladora da ANP. O Parque das Baleias alcançava áreas da Baleia Anã, Baleia Azul, Baleia Franca, Cachalote, Caxaréu, Mangangá, Pirambu e o Campo de Jubarte, originadas do bloco BC-60, na Bacia de Campos. A ANP, por meio da Resolução ANP nº 69/2014, determinou a unificação das áreas ao Campo de Jubarte, excetuando-se o Campo de Mangangá, gerando um conflito com a Petrobras. O procedimento arbitral, após ser judicializado pela ANP, chegando até o Superior Tribunal de Justiça em sede de conflito de competências, foi encerrado por meio de acordo.[562]

O caso envolvendo a ANP e a Petrobras comprova a tese de que a participação de agência reguladora em um procedimento arbitral pode levar o Tribunal Arbitral a ter que decidir sobre a sua competência, diante de zonas cinzentas surgidas quando da interpretação do conceito jurídico indeterminado "direito patrimonial disponível", no todo ou em parte atrelado às prerrogativas estatais do regime jurídico de direito público.

Assim, o problema a ser investigado consiste em saber se são arbitráveis questões submetidas ao Tribunal Arbitral decorrentes de situações originadas nas cláusulas contratuais, pactuadas entre agências reguladoras e agentes regulados, quando imbricadas com temas sujeitos a escolhas regulatórias e prerrogativas inerentes ao regime jurídico de direito público, trazendo para os regulados "um cenário até então inusitado".[563]

---

562 GANDRA, Alana. Acordo entre ANP e Petrobrás dá novo contorno ao Campo de Jubarte. *Agencia Brasil*, 05 abr. 2019. Disponível em: https://agenciabrasil.ebc.com.br/economia/noticia/2019-04/acordo-entre-anp-e-petrobras-da-novo-contorno-ao-campo-de-jubarte. Acesso em 19 ago. 2022.

563 BRANCHER, Paulo. Soluções de controvérsias e as agências reguladoras. *Revista Brasileira de Arbitragem – RBAr*, n. 1, p. 40-56. jan.-mar/2004.

### 6.3.1 Limites objetivos da arbitragem envolvendo as agências reguladoras

Para um posicionamento em tese sobre a limitação objetiva nas arbitragens envolvendo as agências reguladoras, de início, registre-se que a Lei de Arbitragem (Lei nº 9.307, de 23 de setembro de 1996) dispõe, em seu art. 1º, que as partes poderão "valer-se da arbitragem para dirimir litígios relativos a direitos patrimoniais disponíveis", isto é, tudo aquilo que for "alienável, transmissível, renunciável, transacionável".[564]

Desse modo, num primeiro aspecto, parece não haver dissenso de que o que for passível de contratualização pela agência reguladora com o agente privado pode ser submetido à arbitragem comercial,[565] incluindo obrigações e sanções contratuais inclusive quando as penalidades passam da esfera legal, como fase do poder de polícia estatal, para o campo negocial.[566] Pensar em sentido contrário, isto é, de que parte do que foi pactuado no contrato deveria ser considerado direito indisponível, seria criar um "impasse insuperável"[567] pois impediria a própria contratação pela Administração Pública:

> Não faz sentido entender que os direitos são "disponíveis" para poderem ser estabelecidos mediante um acordo de vontades (contrato) e, de outro lado, entender que são "indisponíveis" para vedar que as controvérsias dele oriundas possam ser submetidas à arbitragem.[568]

---

564 MATTOS NETO, Antonio José de. Direitos patrimoniais disponíveis e indisponíveis à luz da lei de arbitragem. *Revista do Processo*, São Paulo, n. 122, p. 151-166, 2005.

565 SUNDFELD, Carlos Ari; CÂMARA, Jacintho Arruda. O cabimento da arbitragem nos contratos administrativos. *Revista de Direito Administrativo*, n. 248, p. 117-126, 2008.

566 ARAGÃO, Alexandre Santos de. A arbitragem no direito administrativo. *Revista da AGU*, Brasília-DF, v. 16, n. 03, p. 19-58, jul./set. 2017: "O simples fato de a Administração Pública estar jungida a nele inscrever ou considerar como pressupostas algumas regras legais, como, por exemplo, as de determinadas sanções, não faz com que elas passem a ser sanções legais, e não mais contratuais. Tanto é assim, que, por mais que estejam na lei, se ninguém assinar os contratos por ela regulados, inviável será cogitar a sua aplicação. [...] Ainda que determinadas sanções contratuais sejam prévia e detalhadamente reguladas em sede legislativa, o seu campo de aplicação não deixa de ser uma relação jurídica negocial e o ato que lhe motiva não deixa de ser um evento contratual. O seu fundamento de aplicação imediato, reitere-se, é o contrato; a lei é apenas o quadro do qual ele parte".

567 JUSTEN FILHO, Marçal. *Curso de direito administrativo*. 10. ed. São Paulo: Revista dos Tribunais, 2014. p. 822.

568 ARAGÃO, Alexandre Santos de. *Empresas estatais*: o regime jurídico das empresas públicas e sociedades de economia mista. Rio de Janeiro: Forense, 2017. p. 403. No mesmo sentido, TALAMINI, Eduardo. A (in)disponibilidade do interesse público: consequências processuais (composições em juízo, prerrogativas processuais, arbitragem, negócios processuais e ação monitoria – versão atualizada para o CPC/2015). *Revista do Processo*, ano 42, v. 264, p. 83-107, fev. 2017.

De outro lado, é jurídico inferir que não faz parte do contrato administrativo a função de regulação e correspondente categoria de escolha administrativa (regulatória) por constituir direito indisponível e indelegável[569] exercido, por força de lei, pelas agências reguladoras.

A competência autárquica de natureza especial congrega diversas funções (executiva, normativa e adjudicatória) voltadas à implementação de políticas públicas no campo econômico e na realização dos direitos sociais, por meio da regulação da execução de serviços públicos e atividades econômicas de utilidade pública em setores complexos.

A regulação, nos moldes estruturados na origem pelo sistema norte-americano e adotada parcialmente no Brasil, pode ser definida como um conjunto de "técnicas administrativas consubstanciadas em normas destinadas à organização do sistema econômico ou que geram efeitos sobre o sistema econômico".[570]

De forma transparente, a escolha regulatória deve perseguir o equilíbrio sistêmico, adotando os mecanismos que permitam, sempre que necessário, a efetiva participação e respaldo popular. Nas questões complexas, a escolha regulatória deve ser precedida e motivada com base em estudos prévios de impacto regulatório (AIR), que apontem os custos e benefícios da escolha, demonstrando os seus efeitos prospectivos. Além disso, a base das escolhas regulatórias é o planejamento estatal e deve ser estruturada com preponderância técnica (e não a preponderância política), baseando-se em *standards* e princípios inteligíveis previstos nas normas legais propositadamente abertas, reduzindo-se o espaço para as escolhas absolutamente vinculadas, relativamente vinculadas e escolhas discricionárias.[571]

Com base na Constituição Federal de 1988, a função de regulação fundamenta-se na atuação do Estado sobre decisões e atuações empresariais, com fundamentos técnicos e científicos que visem atender ao interesse geral substantivo, devendo sopesar os efeitos dessas decisões no subsistema regulado com os interesses de segmentos da sociedade

---

569 Veja-se a previsão legal, expressa, quanto à indelegabilidade de funções estatais, nos contratos de parceria público-privada. Lei nº 11.079/2004: Art. 4º Na contratação de parceria público-privada serão observadas as seguintes diretrizes: [...] III – indelegabilidade das funções de regulação, jurisdicional, do exercício do poder de polícia e de outras atividades exclusivas do Estado.

570 MATTOS, Paulo Todescan Lessa. *O novo Estado regulador no Brasil*: eficiência e legitimidade. 2. ed. São Paulo: Revista dos Tribunais, 2017. p. 40.

571 Cf.: o nosso GUERRA, Sérgio. *Discricionariedade, regulação e reflexividade*: uma nova teoria sobre as escolhas administrativas. 6. ed. Belo Horizonte: Fórum, 2021. p. 153.

e, até mesmo, com o interesse individual no caso concreto.[572] Essa função se caracteriza como função de Estado e não de um determinado Governo;[573] aquela incumbida de atuar em setores cujos impactos alcançam efeitos sistêmicos e, portanto, prospectivos; esta impactada com aspectos conjunturais e reflexos nas urnas.[574]Tem, portanto, como fundamento jurídico, buscar soluções reflexivas[575] que apontem para o menor sacrifício possível dos interesses constitucionalmente protegidos e, secundariamente, com o menor dispêndio de recursos públicos.[576]

Assim, se houver algum conflito entre as partes contratantes, de um lado a agência reguladora, e, do outro, o agente regulado (concessionário, permissionário, autorizatário), em que não haja consenso sobre a interpretação de dispositivo legal ou regulamentar envolvendo a promoção de políticas públicas, com repercussão direta e efeitos prospectivos na execução do contrato, deve remanescer íntegra

[572] A regulação se refere a um específico conjunto de regras destinado a realizar certos objetivos e a ser aplicado por uma instituição desenhada para atingir esses propósitos; a todas as ações estatais desenhadas para influenciar o comportamento social ou negocial; ou a todos os mecanismos que afetam comportamentos, independentemente de terem ou não origem estatal. BALDWIN, Robert; CAVE, Martin; LODGE, Martin. *Understanding Regulation*. Theory, Strategy, and Practice. 2[nd]. ed. Oxford: OUP, 2012. p. 2-3.

[573] "Ser ministro de Estado e secretário de Estado não deixa de ser em alguma medida uma atuação político-partidária. Em alguma medida, o papel de um ministro de Estado, além de sua subordinação à vontade do presidente da República, é fazer valer o programa de governo do partido, seja da administração, que tem uma dimensão essencialmente política. [...] Quem exerce função de Estado, como é o caso do membro do Ministério Público, não deve poder exercer função de governo. Função de Estado exige distanciamento crítico e imparcialidade. Função de governo exige lealdade e engajamento". Min. Luiz Roberto Barroso, em seu voto proferido na ADPF nº 388 – 09.03.2016.

[574] Funções de Estado podem ser indicadas como sendo aquelas dispostas na Constituição e nas leis, as quais devem necessariamente ser observadas e executadas pela Administração Pública, independentemente de quem seja o partido ou governante na chefia do Poder Executivo. De outro lado, as funções de governo consistem nas prioridades concretas do governante democraticamente eleito para a implementação durante o seu governo e dizem respeito à orientação política e governamental que se pretende imprimir a um setor, sempre e em qualquer caso submetidas às políticas de Estado. (MARQUES NETO, Floriano Peixoto de Azevedo. *Agências reguladoras independentes*: fundamentos e seu regime jurídico. Belo Horizonte: Fórum, 2005. p. 84 *et seq*.). O autor assinala que as políticas de governo são os objetivos concretos que um determinado governante eleito pretende ver impostos a um dado setor da vida econômica ou social e, assim, dizem respeito à orientação política e governamental que se pretende imprimir a um setor. (MARQUES NETO, Floriano Peixoto de Azevedo. A nova regulação estatal e as agências independentes. *In*: SUNDFELD, Carlos Ari (Org.). *Direito administrativo econômico*. São Paulo: Malheiros, 2000. p. 80).

[575] GUERRA, Sérgio. *Discricionariedade, regulação e reflexividade*: uma nova teoria sobre as escolhas administrativas. 6. ed. Belo Horizonte: Fórum, 2021. p. 273.

[576] MOREIRA NETO, Diogo de Figueiredo. *Direito regulatório*: a alternativa participativa e flexível para a administração pública de relações setoriais complexas no Estado democrático. Rio de Janeiro: Renovar, 2003. p. 93.

a escolha regulatória por ser matéria indisponível, sendo defesa sua submissão à arbitragem comercial.[577] Não se trata, no caso, de ausência de isonomia ou quebra de paridade de armas num contrato de parceria, haja vista que a função regulatória não faz parte do negócio contratado, sujeito à arbitragem comercial; não é alcançada pela norma pactual. Só questões contratualizáveis podem se sujeitar ao escrutínio arbitral.

Com efeito, a existência de convenção de arbitragem não torna arbitrável toda e qualquer questão advinda da celebração de contrato administrativo que envolva escolhas regulatórias, de competência exclusiva de entidade de direito público, no caso, a agência reguladora que congrega, em um só ente autárquico, funções complexas (executiva, normativa e judicante). A complexidade dos setores regulados de infraestrutura pode impactar determinados *claims* submetidos por empresas reguladas em procedimentos arbitrais institucionais, em face de ações ou omissões das agências reguladoras.[578]

Perante essa complexidade, o Tribunal Arbitral – que deverá ser formado por profissionais que conheçam as peculiaridades jurídicas e a complexidade dos setores regulados – deve observar, com muita precisão, se eventual pleito subsome-se a questões sistêmicas atreladas a políticas públicas de efeitos prospectivos com alcance sobre terceiros (agentes regulados, usuários, consumidores).[579] Norteados por tal lógica, há que se entender por atentatória à juridicidade a submissão

---

[577] MENEZELLO, Maria D'Assunção Costa. *Agências reguladoras e o direito brasileiro*. São Paulo: Atlas, 2002. p. 181: "Assim, não há como realizar arbitragem de obrigações legais atribuídas à agência e que, por força de lei, são indisponíveis. O árbitro, diz a lei de arbitragem, decide sobre negócio jurídico disponível; assim, em nenhum momento, pode substituir os dirigentes da agência, porque não é competente para tanto".

[578] CARDOSO, André Guskow. As agências reguladoras e a arbitragem. *In*: PEREIRA, Cesar Augusto Guimarães; TALAMINI, Eduardo (Coord.). *Arbitragem e poder público*. São Paulo: Saraiva, 2010. p. 48: "É que, em determinadas hipóteses, o litígio envolve não apenas uma determinada competência exercida pela agência reguladora. É o caso, por exemplo, de um determinado litígio derivado da aplicação de cláusula contratual a respeito do reajuste de tarifas, mas que tenha por origem uma norma geral editada pela agência e tenha igualmente implicado a aplicação de sanções ao concessionário. A presença de diversos atos praticados pela agência, derivados de competências de natureza diversa amplia a complexidade da discussão ora examinada".

[579] "Por outro lado, há também a diferenciação no que tange às consequências da sentença arbitral. Enquanto na arbitragem privada a decisão dos árbitros afeta exclusivamente os particulares que são partes do conflito, nas Arbitragens que envolvem a Administração Pública, as consequências da decisão atingem a coletividade. Seja indiretamente, na forma de pagamento de compensações por meio da entrega de bens ou dinheiro público, seja diretamente, impactando o funcionamento de alguma atividade de relevante interesse coletivo prestada ao cidadão". (CALDAS, Evandro Pereira. *Controle da administração pública pela via arbitral*. Dissertação (mestrado) – Escola de Direito da Fundação Getulio Vargas, 2020. p. 87).

de direitos não patrimoniais e indisponíveis ao juízo arbitral, posto que o cumprimento do requisito de arbitrabilidade objetiva é condição primordial para que a arbitragem comercial seja válida.

Deste modo, ressalvadas situações especiais situadas em zonas cinzentas, que só podem ser identificadas no caso concreto, com avaliação de dados necessários à confirmação ou não de que o tema se subsome a questões típicas da função regulatória,[580] entende-se, regra geral e em tese, que matérias afetas à escolha regulatória são reservadas e privativas, por força de lei, à competência do ente autárquico regulador e, portanto, por serem indisponíveis, não são arbitráveis. Registre-se, portanto, que todas as demais questões, inclusive a aplicação de sanções contratuais, decretação de caducidade, reequilíbrio econômico e financeiro, e outras da mesma natureza jurídica e contratual, são passíveis de arbitragem comercial e cobertas pelo princípio da competência-competência.[581]

## 6.4 Arbitragem comercial entre dois ou mais agentes regulados: agência reguladora como órgão arbitral institucional

O terceiro ponto a ser examinado neste capítulo, envolvendo a arbitragem nas agências reguladoras, refere-se à juridicidade ou não de autarquias especiais poderem, de forma institucionalizada, atuar em litígios entre participantes do mercado regulado como órgão arbitral em arbitragem comercial, inclusive criando comissões ou câmaras arbitrais em regime de competição com o setor privado com esse objetivo.

A primeira indagação dirige-se a saber quem pode, no Brasil, à luz da Lei nº 9.307/96 atuar como árbitro em arbitragem comercial.

---

580 Como o exemplo sobre a fixação de tarifas pela agência reguladora no caso relatado por BINENBOJM, Gustavo. Arbitragem em ambientes regulados e sua relação com as competências das agências reguladoras. *Revista de Direito da Associação dos Procuradores do Estado do Rio de Janeiro*, Rio de Janeiro, v. XXVI – Arbitragem e administração Pública, p. 26, 2016.

581 CARDOSO, André Guskow. As agências reguladoras e a arbitragem. *In*: PEREIRA, Cesar Augusto Guimarães; TALAMINI, Eduardo (Coord.). *Arbitragem e poder público*. São Paulo: Saraiva, 2010. p. 48: "É que, em determinadas hipóteses, o litígio envolve não apenas uma determinada competência exercida pela agência reguladora. É o caso, por exemplo, de um determinado litígio derivado da aplicação de cláusula contratual a respeito do reajuste de tarifas, mas que tenha por origem uma norma geral editada pela agência e tenha igualmente implicado a aplicação de sanções ao concessionário. A presença de diversos atos praticados pela agência, derivados de competências de natureza diversa amplia a complexidade da discussão ora examinada".

A Lei nº 9.307/96 dispõe que qualquer pessoa capaz, e que tenha a confiança das partes, pode ser árbitro, cabendo às partes, de comum acordo, estabelecer o processo de escolha, podendo adotar as regras de um órgão arbitral institucional ou entidade especializada.

No caso de nomeação de vários árbitros, os co-árbitros, por maioria – diz a lei –, elegerão o presidente, sendo ele o mais idoso caso não haja consenso. Alguns órgãos arbitrais ou entidades especializadas possuem listas de árbitros, sendo possível que as partes afastem eventual regra que imponha limites à escolha fora de lista.

O segundo aspecto a examinar é saber quem não pode ser árbitro, no sentido definido pela lei geral de arbitragem (Lei nº 9.307/96). Segundo a normativa de regência, não pode atuar como árbitro quem possua algumas das relações que caracterizam os casos de impedimento ou suspeição de magistrados em relação às partes ou com o litígio. As causas de impedimento e suspeição estão previstas nos artigos 144 a 148, do Código de Processo Civil e dizem respeito à imparcialidade do julgador no exercício de sua função.[582]

Por isso, a referida lei de arbitragem dispõe que o árbitro tem o dever de revelar, antes da aceitação da função, qualquer fato que denote dúvida justificada quanto à confiança das partes em ter um julgamento justo, isto é, sua imparcialidade e independência, podendo sua indicação ser objeto de exceção que, se acolhida, provocará o seu afastamento do processo.

---

582 Art. 144. Há impedimento do juiz, sendo-lhe vedado exercer suas funções no processo: I – em que interveio como mandatário da parte, oficiou como perito, funcionou como membro do Ministério Público ou prestou depoimento como testemunha; II – de que conheceu em outro grau de jurisdição, tendo proferido decisão; III – quando nele estiver postulando, como defensor público, advogado ou membro do Ministério Público, seu cônjuge ou companheiro, ou qualquer parente, consanguíneo ou afim, em linha reta ou colateral, até o terceiro grau, inclusive; IV – quando for parte no processo ele próprio, seu cônjuge ou companheiro, ou parente, consanguíneo ou afim, em linha reta ou colateral, até o terceiro grau, inclusive; V – quando for sócio ou membro de direção ou de administração de pessoa jurídica parte no processo; VI – quando for herdeiro presuntivo, donatário ou empregador de qualquer das partes; VII – em que figure como parte instituição de ensino com a qual tenha relação de emprego ou decorrente de contrato de prestação de serviços; VIII – em que figure como parte cliente do escritório de advocacia de seu cônjuge, companheiro ou parente, consanguíneo ou afim, em linha reta ou colateral, até o terceiro grau, inclusive, mesmo que patrocinado por advogado de outro escritório; IX – quando promover ação contra a parte ou seu advogado. Art. 145. Há suspeição do juiz: I – amigo íntimo ou inimigo de qualquer das partes ou de seus advogados; II – que receber presentes de pessoas que tiverem interesse na causa antes ou depois de iniciado o processo, que aconselhar alguma das partes acerca do objeto da causa ou que subministrar meios para atender às despesas do litígio; III – quando qualquer das partes for sua credora ou devedora, de seu cônjuge ou companheiro ou de parentes destes, em linha reta até o terceiro grau, inclusive; IV – interessado no julgamento do processo em favor de qualquer das partes.

O conceito de confiança, previsto no art. 13 da Lei de Arbitragem, segundo Selma Lemes, tem duas óticas, a intrínseca, que significa que o árbitro deve ser pessoa de bem, honesta e proba (probidade arbitral), representando a idoneidade do árbitro para o exercício da função. Com relação à ótica extrínseca, representa a certeza de que o árbitro será capaz de exarar decisão sem se deixar influenciar por elementos que não façam parte da demanda e que não tenha interesse no litígio.[583]

Examinados esses dois aspectos – quem pode e quem não pode ser árbitro –, parece haver "imprecisão semântica"[584] ou certa incompreensão da natureza jurídica da arbitragem e da função de regulação, que acaba por levar ao entendimento equivocado de que (i) a agência reguladora, por seu Conselho Diretor como instância final, tem competência para atuar com as mesmas características de um órgão arbitral institucional[585] ou mesmo como Tribunal Arbitral, ou que (ii) à entidade reguladora seria facultado, discricionariamente, criar, por meio de instrução normativa ou qualquer outra forma regimental, uma câmara arbitral na sua estrutura organizacional, no molde próximo ou idêntico a órgãos arbitrais institucionais privados a que se refere a Lei nº 9.307/96.

Esse "movimento" de juridicização da atuação de entidades reguladoras no desempenho de "função arbitral", próximo ou idêntico ao procedimento arbitral existente nas câmaras arbitrais privadas, surgiu por iniciativa das próprias agências reguladoras. Nesse sentido, cumpre fazer menção expressa à resolução interna de conflitos por meio de arbitragem editada em 1999 (Resolução Conjunta nº 1 da ANEEL, ANATEL e ANP).

Nesse ato normativo, que tratava do compartilhamento de infraestrutura, constou que o interessado em trecho já compartilhado por outro agente de seu setor deveria negociar a utilização da capacidade excedente deste agente antes de solicitar o compartilhamento; e, caso o solicitante não concordasse com as razões alegadas pelo detentor da infraestrutura, para inviabilidade do compartilhamento, poderia "requerer a arbitragem das agências". Esse dispositivo foi alterado em 2001, retirando-se o termo "arbitragem", passando a constar a expressão "requerer a atuação das Agências".

583 LEMES, Selma Ferreira. O Dever de revelação e a ação de anulação da sentença arbitral. *In*: LEMES, Selma Ferreira; BALBINO, Inez (Coord.). *Arbitragem*. Temas contemporâneos. São Paulo: Quartier Latin, 2012. p. 452.

584 BRANCHER, Paulo. Soluções de controvérsias e as agências reguladoras. *Revista Brasileira de Arbitragem – RBAr*, n. 1, p. 40-56, jan./mar/2004.

585 Sobre essa questão, ver: MANNHEIMER, Sérgio Nelson. Agências estaduais reguladoras de serviços públicos. *Revista Forense*, Rio de Janeiro, v. 343, p. 221-233, jul./set. 1998.

Em 2019, essa Comissão foi extinta pelo Decreto nº 9.759, de junho de 2019,[586] alcançando "colegiados da administração pública federal direta, autárquica e fundacional", além de estabelecer "diretrizes, regras e limitações" para a criação de novos colegiados.[587]

Próximo a isso ocorreu em normativa expedida pela ANATEL. A Lei de criação da ANATEL (Lei nº 9.472, de 16 de julho de 1997), em seu artigo 19, XVII, elenca, entre as competências da agência, a atribuição de "compor administrativamente conflitos de interesses entre prestadoras de serviço de telecomunicações", determinando que caberá à ANATEL resolver administrativamente os conflitos entre seus agentes regulados. De igual modo, o inciso XVI lhe garante competência para "deliberar na esfera administrativa quanto à interpretação da legislação de telecomunicações e sobre os casos omissos".

O Regimento Interno da ANATEL – Resolução nº 612, de 29 de abril de 2013 – reserva o seu Capítulo XIII para tratar "Dos Procedimentos Administrativos de Resolução de Conflitos", e admite a mediação, a arbitragem administrativa e a reclamação administrativa – além de outros previstos em regulamentação específica – como tipos de procedimento (art. 92).

Para a prestação dos seus serviços de telecomunicações, redes devem ser implantadas, sendo obrigatória a interconexão entre elas, e tais contratos de interconexão contarão com a resolução de assuntos, sobre os quais não houver consenso, pela via arbitral, a ser

---

586 Decreto nº 9.759, de junho de 2019: Art. 1º Este Decreto extingue e estabelece diretrizes, regras e limitações para colegiados da administração pública federal direta, autárquica e fundacional. Parágrafo único. A aplicação deste Decreto abrange os colegiados instituídos por: I – decreto, incluídos aqueles mencionados em leis nas quais não conste a indicação de suas competências ou dos membros que o compõem; II – ato normativo inferior a decreto; e III – ato de outro colegiado.

587 Por meio do Parecer nº 00020/2019/DEPCONSU/PGF/AGU, a Advocacia-Geral da União se manifestou sobre a aplicação do referido ato do Chefe do Poder Executivo às comissões criadas pelas agências reguladoras: "a) a edição do Decreto nº 9.759/2019 representou exercício da competência constitucional do Presidente da República para expedir normas sobre organização e funcionamento da administração pública federal, sendo igualmente aplicável à administração direta e à indireta; b) o regime especial conferido por lei às agências reguladoras não lhes garante imunidade em relação à competência do Presidente da República conferida pelo art. 84, VI, 'a', da Constituição Federal de 1988; c) a Advocacia-Geral da União firmou entendimento no Parecer AC nº 051/2006 no sentido de que 'os atos das agências reguladoras referentes às suas atividades de administração ordinária (atividade meio) estão sujeitos ao controle interno do Poder Executivo', não podendo a autonomia administrativa de mencionadas agências ser equiparada à independência em relação aos parâmetros gerais administrativos estipulados pelo Presidente da República; e d) o Decreto nº 9.759/2019 deverá ser aplicado aos colegiados de toda administração pública federal, direta e indireta, observadas apenas as ressalvas expressas trazidas pelo seu próprio art. 2º, parágrafo único".

desempenhada pela própria agência. A Resolução nº 410, de 11 de julho de 2015, já revogada, que disciplinava o Regulamento Geral de Interconexão, destinava um anexo específico para regular um processo de arbitragem próprio da ANATEL. O Regulamento dispunha que haveria uma Comissão de Arbitragem, composta por três membros nomeados pelo Presidente da ANATEL, a qual deveria se reunir sempre que a agência fosse provocada (art. 2º).

O Relator da Comissão seria denominado "Árbitro Relator" e adquiriria tal qualidade ao ser sorteado na distribuição do requerimento de arbitragem ou homologação (art. 3º). A condição de árbitro seria reafirmada, ao passo que aos membros da Comissão seria imposto o dever de revelação, tal como na lei de arbitragem, nos casos em que qualquer fato ou circunstância fosse passível de comprometer a sua imparcialidade e independência como julgador (art. 4º, §1º). De igual modo, as partes poderiam suscitar impedimento ou suspeição dos árbitros na primeira oportunidade em que puderem (art. 4º, §2º). Ademais, era garantido o tratamento confidencial às matérias que pudessem pôr em risco a segurança do país ou pudessem provocar prejuízo para qualquer das partes (art. 5º, §1º), e as partes poderiam contar com a assistência de advogados em todo o procedimento (art. 6º).

A arbitragem de contratos de interconexão na ANATEL admitia, ainda, a possibilidade de as partes chegarem a um acordo, o qual seria homologado pela assinatura da Comissão (art. 10), e caso o deslinde da questão ficasse a cargo do julgamento dos árbitros, de sua decisão caberia recurso ao Conselho Diretor (art. 20) e, em última instância, admitir-se-ia pedido de reconsideração, nos termos do Regimento Interno da ANATEL (art. 24).

As demais regras de tramitação também estavam previstas na Resolução nº 410, procurando denotar um "caráter institucionalizado" e exaustivamente regulado do procedimento arbitral dentro desta agência reguladora. Ao final, o artigo 26 da referida Resolução previa que, "em comum acordo, as partes podem desenvolver processo de arbitragem próprio, encaminhando o resultado para avaliação e homologação da ANATEL".

Para além da utilização do termo "arbitragem", e pelas características adotadas naquele normativo, próprias de arbitragem comercial (dever de revelação, impedimento e suspeição etc.), o regulado era indevidamente levado a um procedimento completamente atípico, híbrido, trazendo certa confusão entre institutos, a arbitragem comercial *versus* o processo administrativo de arbitragem regulatória, conforme crítica da doutrina:

> É relevante destacar que, apesar da utilização (imprópria, aliás) do termo arbitragem, trata-se apenas de um procedimento para solução de litígios na esfera administrativa. Corrobora esse entendimento circunstância de que, por meio desse procedimento, arbitragem 'é feita pela Comissão de arbitragem composta por três membros nomeados pelo Presidente da Anatel' (art. 2º, Anexo III, do Regulamento Geral de Interconexão). Seu desenrolar não é sigiloso (art. 5º). Podem dele participar aqueles que, sem estar diretamente envolvidos no acordo, têm direitos ou interesses que possam ser afetados pela decisão ser adotada (art. 8º., II). É dever das prestadoras oferecer todas as informações necessárias para arbitragem de conflitos de Interconexão (art. 7º). A decisão da Comissão está sujeita recurso ao Conselho Diretor (art. 20), podendo ainda ser objeto de um pedido de reconsideração (art. 24). A seu turno, o art. 26 do Anexo III da Resolução 420/2005, estabelece que 'em comum acordo, as partes podem desenvolver processo de arbitragem próprio, encaminhando resultado para avaliação homologação da Anatel.[588]

Essa normativa foi revogada pela Resolução nº 693, de 17 de julho de 2018, ao que parece para afastar qualquer possibilidade de interpretação de que a Agência poderia funcionar como se Câmara Arbitral ou Tribunal Arbitral fosse.

## 6.5 Estudo de caso: criação de comissão ou câmara arbitral estatal pela PREVIC em regime de competição com órgãos arbitrais privados

Sobre a indagação acerca da juridicidade ou não de agência reguladora criar uma comissão ou câmara Arbitral na sua estrutura para promover arbitragens comerciais, nos moldes da Lei nº 9.307/96, cumpre notar que por força de texto normativo expedido por ente autárquico, com funções regulatórias, esse modelo já foi adotado na estrutura de governança estatal.

Trata-se de caso inédito, implementado pela Superintendência Nacional de Previdência Complementar (PREVIC), autarquia de natureza especial, com características próximas ao modelo das agências reguladoras, dotada de autonomia administrativa e financeira e patrimônio próprio.[589]

---

[588] GROTTI, Dinorá Adelaide Musetti. Arbitragem e o setor de telecomunicações no Brasil. *Revista de Direito de Informática e Telecomunicações – RDIT*, Belo Horizonte, v. 2, n. 2, p. 99-127, jan./jul. 2006.

[589] As competências da PREVIC foram examinadas no Capítulo 4.

A exemplo de outras leis setoriais, a Lei nº 12.154, de 23 de dezembro de 2009, instituidora da PREVIC, que atua como autarquia especial reguladora das atividades exercidas por entidades fechadas de previdência complementar, ao elencar as competências desta autarquia, incluiu a promoção da mediação e da conciliação "entre entidades fechadas de previdência complementar e entre estas e seus participantes, assistidos, patrocinadores ou instituidores". Contudo, diversamente das leis setoriais das agências reguladoras, que fazem menção à competência para a solução de controvérsias, a referida normativa foi muito além, dispondo que competia à PREVIC dirimir os litígios que lhe forem submetidos na forma da Lei nº 9.307, de 23 de setembro de 1996.

Com a previsão legal de atribuição de "competência arbitral" para a PREVIC, com base na Lei nº 9.307/96; isto é, fazendo-se menção direta a essa lei que disciplina as arbitragens comerciais, operou-se uma situação peculiar no direito administrativo brasileiro, em que uma autarquia especial teria competência outorgada por lei para decidir, discricionariamente, por atuar no mercado de arbitragens comerciais em regime de competição com órgãos arbitrais institucionais privados.

Passa-se a examinar, inicialmente, a construção jurídica que levou à criação da Comissão de Mediação, Conciliação e Arbitragem no âmbito da PREVIC, e, passo seguinte, examinar-se-ão, criticamente, os fundamentos jurídicos e estrutura adotados na criação de uma Câmara Arbitral de modo a concluir pela juridicidade ou não dessa inovação na governança regulatória.

### 6.5.1 Fundamentos jurídicos para criação da Comissão de Mediação, Conciliação e Arbitragem (CMCA)

Diante da inusitada situação criada pelo Poder Legislativo, que outorgou competência a ente autárquico para o exercício de "atividades eminentemente privadas", em regime de competição com o setor privado, inclusive com a utilização de recursos públicos e do aparelho estatal para a solução de "conflitos estritamente privados", a Comissão de Mediação, Conciliação e Arbitragem (CMCA) foi instalada na PREVIC por meio da edição da Instrução nº 10, de 20 de junho de 2014.

A viabilidade jurídica da instalação da Comissão foi submetida pela direção da PREVIC à Procuradoria Federal. O órgão de assessoramento jurídico da PREVIC exarou parecer sustentando a juridicidade da sua criação, em conformidade com a Lei de Arbitragem (Lei nº 9.307/96), dentro de algumas premissas:

*Ab initio*, algumas premissas devem ser lançadas e discutidas, a fim de que se busque adoção de um modelo viável, que atenda aos particulares ao ente público, na solução dos conflitos, em conformidade com Lei de Arbitragem, dotando as decisões arbitrais dos mesmos efeitos por ela previstos. [...]

Apesar de se tratar de atividade de cunho eminentemente privado, no entanto, entendemos que isso não exclui a possibilidade de se prever uma espécie de juízo de admissibilidade, adotando-se, por exemplo, os critérios do artigo 543-A do Código de Processo Civil. Isso evitaria o surgimento de críticas em razão da utilização de recursos públicos e do aparelho estatal apenas para a solução de conflitos estritamente privados, sem nenhuma relevância econômica, política, social ou jurídica. Nesse caso, portanto, o Estado estaria utilizando instrumentos de natureza privada, mas com finalidade pública, em sintonia com as competências do ente estabelecidas pela legislação. [...]

Considerando que a arbitragem somente pode versar sobre direitos patrimoniais disponíveis (art. 1º., Lei nº 9.307/1996), não se pode admitir também instituição de arbitragem sobre fatos que possam ensejar exercício do poder de polícia.

Embora, nesses casos, exista possibilidade de celebração de Termo de Ajustamento de Conduta TAC, arbitragem efetuada pelo próprio ente fiscalizador poderia colocar em cheque (*sic*) princípio da imparcialidade do órgão arbitral, estabelecido no artigo 13, 62, da Lei nº. 9.307/96. [...]

É desejável, por outro lado, que a arbitragem seja realizada por procuradores federais.

Já se disse que, embora não haja interesse direto da autarquia, recomendável que assunto em debate tenha alguma relevância para sistema regulado. Desse modo, considerando que os procuradores federais somente se submetem tecnicamente à Procuradoria-Geral Federal e à Advocacia-Geral da União (art. 38, 1º., MP nº 2229-43/2001, art. 11, 2º., inciso II, Lei nº 10.480/2002), isto poderia reforçar independência na análise das matérias submetidas Comissão. [...]

Recomenda-se, no entanto, a não remuneração dos árbitros, mas apenas cobrança de tarifa destinada cobrir os custos com arbitragem.[590]

[590] Nota nº 24/2010/BAC/CONSU/PGF/AGU, de 10.11.2010 – Processo nº 00407.010259/2010-76, Interessado: Procuradoria-Geral Federal. Assunto: Conciliação, Mediação Arbitragem promovida por entidades públicas. Disponível em: http://www.consultaesic.cgu.gov.br/busca/dados/Lists/Pedido/Attachments/536010/RESPOSTA_PEDIDO_024%20-%2000407.010259%20-%20BAC%20-%20Conciliao,%20Mediao%20e%20Arbitragem%20promovida%20.pdf. Acesso em jul. 2020.

A proposta de expedição de norma interna, visando à criação da Comissão de Mediação, Conciliação e Arbitragem, na estrutura da PREVIC, com base na Lei nº 9.307/96, foi submetida a consulta pública. Segundo consta no processo de consulta pública, instaurado pela autarquia, a manifestação da assessoria jurídica indicou que as arbitragens promovidas pela PREVIC seriam legítimas, legais, em regime de competição com outras câmaras arbitrais (privadas):

> É bom ressaltar que Comissão de Mediação, Conciliação e Arbitragem da Previc, formada por servidores em exercido na autarquia e por procuradores federais em exercício da Procuradoria Federal junto PREVIC, não pretende monopolizar resolução de conflitos no âmbito da previdência fechada, sendo apenas mais uma opção, mais uma alternativa ao Judiciário oferecida ao setor na resolução dos conflitos que porventura venham ocorrer entre seus atores.
>
> Em outras palavras, eventual conflito entre as partes indicadas no art. 2º, inciso VIII da Lei da PREVIC (EFPC, participantes, assistidos, patrocinadores e instituidores), quando versar sobre direito patrimonial disponível, poderá ser levado ao Judiciário ou, caso assim decidam as partes em litigio, à conciliação ou à decisão de um árbitro ou de uma câmara arbitral.
>
> E, se as partes resolverem levar controvérsia à apreciação de uma câmara arbitral, isto não significa que elas deverão submeter essa controvérsia à Comissão da PREVIC, podendo levar caso qualquer outra câmara de conciliação e arbitragem em funcionamento no território nacional ou que vier ser colocada em funcionamento.
>
> Portanto, a Comissão da PREVIC, disciplinada pelo Regulamento cuja minuta foi levada à consulta e audiência públicas, é apenas mais uma câmara de conciliação e arbitragem entre as diversas outras já existentes nas principais cidades brasileiras, nada impedindo que sejam criadas outras câmaras, no âmbito exclusivamente privado, sem qualquer intervenção da PREVIC.[591]

---

[591] Procuradoria Federal Junto à PREVIC – Coordenação-Geral de Consultoria Assessoria e Assessoramento Jurídico – Nota nº 51/2010/CGCJ/PF/PREVIC – Processo nº 342669834 e 343181814 Interessado: Diretoria Colegiada. Assunto: Aviso de Consulta Pública nº 01/2010. Disponível em: http://www.consultaesic.cgu.gov.br/busca/dados/Lists/Pedido/Attachments/536010/RESPOSTA_PEDIDO_024%20-%2000407.010259%20-%20BAC%20-%20Conciliao,%20Mediao%20e%20Arbitragem%20promovida%20.pdf. Acesso em jul. 2020.

A partir dos pareceres jurídicos constantes dos autos da consulta pública foi "instalada", no âmbito da própria estrutura administrativa da PREVIC, a Comissão de Conciliação, Mediação e Arbitragem (CMCA), por meio da Instrução nº 10, de 20 de junho de 2014:

> A DIRETORIA COLEGIADA DA SUPERINTENDÊNCIA NACIONAL DE PREVIDÊNCIA COMPLEMENTAR – PREVIC, em sessão realizada em 17 de junho de 2014, com fundamento no art. 2º, incisos III e VIII, da Lei nº 12.154, de 23 de dezembro de 2009, e nos arts. 11, inciso XII, 17, inciso I, e 21, inciso VI, do Anexo I do Decreto nº 7.075, de 26 de janeiro de 2010, e considerando: Ser papel primordial do Estado a promoção da solução pacífica das controvérsias, de acordo com o preâmbulo da Constituição Federal, cabendo à Previc estimular toda forma de solução consensual de conflitos; Que cabe às partes interessadas, de forma autônoma, optar pela via judicial ou arbitral para a resolução de eventual controvérsia e, no caso de opção pela via arbitral, escolher livremente o árbitro ou a instituição arbitral de sua mútua confiança para dirimir o litígio; Que a Previc possui competência legal para funcionar como instituição arbitral, ao lado dos árbitros e instituições arbitrais já existentes ou que venham a ser constituídas, sendo a autarquia, nesta matéria, mais uma opção à disposição do sistema de previdência complementar fechada;

Na tentativa de adotar um modelo "viável" sob o ponto de vista jurídico-constitucional, o regulamento ressaltava que as competências arbitrais da Comissão, seguindo o parecer jurídico exarado pela Procuradoria Federal, não constituíam poder de polícia (art. 1º, §1º). Ademais, a exemplo do desenho institucional de entidades privadas que atuam como órgãos arbitrais institucionais, a norma determinava que a arbitragem, no âmbito da Comissão, seria de direito e somente abrangeria direitos patrimoniais disponíveis (§2º), inclusive aqueles da União, dos Estados, do Distrito Federal e dos Municípios (§3º).

A Comissão foi extinta pelo Decreto nº 9.759, de junho de 2019,[592] alcançando "colegiados da administração pública federal direta, autárquica e fundacional", além de estabelecer "diretrizes, regras e limitações" para a criação de novos colegiados.[593]

---

592 Decreto nº 9.759, de junho de 2019: Art. 1º Este Decreto extingue e estabelece diretrizes, regras e limitações para colegiados da administração pública federal direta, autárquica e fundacional. Parágrafo único. A aplicação deste Decreto abrange os colegiados instituídos por: I – decreto, incluídos aqueles mencionados em leis nas quais não conste a indicação de suas competências ou dos membros que o compõem; II – ato normativo inferior a decreto; e III – ato de outro colegiado.

593 Instrução nº 14, de 17 de julho de 2019. A Diretoria Colegiada da Superintendência Nacional de Previdência Complementar – PREVIC, na 448ª sessão ordinária, realizada em

### 6.5.2 Estrutura da Comissão de Mediação, Conciliação e Arbitragem (CMCA)

A composição da Comissão era integrada por um Presidente, um Comitê Conciliador, um Comitê Arbitral e os *Experts*, procurando evidenciar o caráter técnico do corpo responsável pela condução do processo arbitral, tratando o serviço como sendo "relevante" e "não remunerado" (art. 2º).

O procedimento, segundo a normativa da PREVIC, observaria os princípios de igualdade, imparcialidade, oralidade, simplicidade, informalidade, economia processual e celeridade (art. 3º, *caput*); e, nos casos de instituição de arbitragem, o contraditório, a ampla defesa e o livre convencimento do árbitro (art. 3º, parágrafo único).

Para que a arbitragem comercial pudesse ser instaurada, a norma expedida pela Direção colegiada da PREVIC exigia que o desejo das partes para submeter o litígio à Comissão estivesse consignado em requerimento (art. 5º), subscrito no momento em que seria definido se os interessados pretendiam se submeter apenas à mediação e à conciliação ou se, também, à arbitragem (art. 5º, §3º). Ademais, a arbitragem, segundo constou na norma, contaria com uma composição diferenciada de comitê arbitral e regras procedimentais próprias, como, por exemplo, a determinação de que a "sentença arbitral deveria ser proferida no prazo de 6 (seis) meses contados a partir da decisão de que trata o *caput* do art. 6º, podendo este prazo ser prorrogado por acordo entre as partes" (art. 12, *caput*).

A sentença arbitral, a que se refere a Instrução Normativa da PREVIC, deveria ter fundamento nas normas constitucionais, legais e infralegais (art. 13, *caput*), e as partes e seus sucessores seriam obrigados a cumpri-la (art. 13, §2º). Poderia haver, alternativamente, pedido de esclarecimento no prazo de 5 (cinco) dias para que o Comitê Arbitral corrigisse eventuais inexatidões materiais da sentença (art. 14).

Havia flagrante incompatibilidade jurídica com a estrutura da arbitragem comercial nos moldes adotados pela PREVIC. Da análise normativa que regulamenta a arbitragem nessa autarquia, pode-se concluir que a Comissão pretendia funcionar como órgão arbitral

de 15 de julho de 2019, no uso das atribuições que lhe conferem o art. 5º da Lei Complementar nº 109, de 29 de maio de 2001, o art. 2º da Lei nº 12.154, de 23 de dezembro de 2009, e o art. 11 do Anexo I do Decreto nº 8.992, de 20 de fevereiro de 2017, e considerando o disposto no Decreto nº 9.759, de 11 de abril de 2019, resolve: Art. 1º Fica extinta a Comissão de Mediação, Conciliação e Arbitragem da Previc – CMCA. Art. 2º Fica revogada a Instrução Previc nº 10, de 20 de junho de 2014.

institucional, à medida que a resolução do litígio deixaria de ser um mero ato administrativo decisório, para concretizar uma "arbitragem comercial" nos termos da Lei nº 9.307/96.

Pela referida normativa, competia a determinação e escolha da composição do Comitê Arbitral, composto por três membros, ao presidente da Comissão. A lista de árbitros, disponibilizada pela Procuradoria Federal e pelas Diretorias da PREVIC, e publicizada pelo Presidente da Comissão, continha, inclusive, Procuradores Federais, que teriam competência para julgar "os litígios que envolvam interesses patrimoniais disponíveis da administração pública direta (União, dos Estados, do Distrito Federal e dos Municípios), e indireta (inclusive suas autarquias, fundações, sociedades de economia mista e empresas controladas direta ou indiretamente), enquanto patrocinadores de entidades fechadas de previdência complementar".[594]

A presidência da Comissão era uma função ocupada exclusivamente por procurador-chefe ou outro advogado público federal, em exercício na Procuradoria Federal junto à PREVIC, que viesse a ser designado pelo procurador-chefe. E o presidente teria poderes para decidir sobre os casos omissos do regulamento, bem como competência para expedir normas complementares.

O procedimento arbitral seria iniciado por provocação da PREVIC, e não pelas partes. Quanto aos *experts* que poderiam funcionar no processo, seriam selecionados a partir de lista elaborada anualmente pelas Diretorias da PREVIC.

Com a extinção da Comissão, a PREVIC criou uma Câmara Arbitral, nos moldes do sistema privado.

---

594 ANEXO I – REGULAMENTO DE MEDIAÇÃO, CONCILIAÇÃO E ARBITRAGEM DA PREVIC – CAPÍTULO I – DA COMPETÊNCIA E DA COMPOSIÇÃO – Art. 1º A Comissão de Mediação, Conciliação e Arbitragem da PREVIC – CMCA tem a competência de promover a mediação e a conciliação entre entidades fechadas de previdência complementar e entre estas e seus participantes, assistidos, patrocinadores ou instituidores, bem como dirimir os litígios que lhe forem submetidos na forma da Lei nº 9.307, de 23 de setembro de 1996. §1º O exercício das competências a que se refere o caput não constitui poder de polícia. §2º A arbitragem de que trata este regulamento será de direito, aplicando-se a legislação vigente, sem restrições, e somente poderá versar sobre direitos patrimoniais disponíveis. §3º Poderão ser submetidos à CMCA, nos termos deste regulamento, os litígios que envolvam interesses patrimoniais disponíveis da União, dos Estados, do Distrito Federal e dos Municípios, inclusive suas autarquias, fundações, sociedades de economia mista e empresas controladas direta ou indiretamente, enquanto patrocinadores de entidades fechadas de previdência complementar.

### 6.5.3 Fundamentos jurídicos e estruturação da Câmara de Mediação, Conciliação e Arbitragem (CMCA)

Com a extinção da Comissão de Mediação, Conciliação e Arbitragem por decisão governamental, por meio da Instrução nº 17, de 13 de setembro de 2019, a Diretoria Colegiada da PREVIC criou uma Câmara de Mediação, Conciliação e Arbitragem, com a mesma sigla da antiga Comissão (CMCA):[595]

> A DIRETORIA COLEGIADA DA SUPERINTENDÊNCIA NACIONAL DE PREVIDÊNCIA COMPLEMENTAR – PREVIC, em sessão realizada em 13 de setembro de 2019, em cumprimento ao disposto no art. 43 da Lei nº 13.140, de 26 de junho de 2015, e ao disposto no art. 1º da Lei nº 13.129, de 26 de maio de 2015, e com fundamento no art. 2º incisos III e VIII, da Lei nº 12.154, de 23 de dezembro de 2009, e o art. 2º, inciso VIII e o art. 10, incisos XII e XV, ambos do Anexo I do Decreto nº 8.922, de 20 de fevereiro de 2017, e: Considerando ser papel primordial do Estado a promoção da solução pacífica das controvérsias, de acordo com o preâmbulo da Constituição Federal, cabendo à PREVIC estimular toda forma de solução consensual de conflitos; Considerando que cabe às partes interessadas, de forma autônoma, optar pela via judicial, extrajudicial ou arbitral para a resolução de eventual controvérsia e, no caso de opção pela via arbitral, escolher livremente o árbitro ou a instituição arbitral de sua mútua confiança para dirimir o litigio; Considerando que a PREVIC possui competência legal para funcionar como instituição arbitral, ao lado dos árbitros e instituições arbitrais já existentes ou que venha a ser constituídas, sendo a autarquia, nesta matéria, mais uma opção à disposição do regime de previdência complementar fechada; decide:

Basicamente, o regulamento da antiga Comissão foi adaptado para disciplinar as atividades da nova Câmara Arbitral, com ajustes pontuais, procurando demonstrar que a escolha discricionária dos dirigentes da PREVIC, materializada na criação de uma câmara arbitral estatal, produziria um ambiente de maior garantia ao devido processo legal e plena "paridade de armas" entre os litigantes.

Manteve-se, nesse modelo, o controle de determinados aspectos da administração da arbitragem comercial sob a competência do

---

[595] Vale registrar, para efeitos das reflexões apresentadas nesta obra, que a natureza jurídica da Câmara Arbitral da PREVIC não se confunde com a natureza jurídica da Câmara de Arbitragem do Mercado (CAM), da B3, que é uma sociedade de capital aberto, que atua como uma empresa de infraestrutura de mercado financeiro, com atuação em ambiente de bolsa e de balcão.

Presidente da CMCA e a obrigatoriedade de composição do Tribunal Arbitral por advogado público federal, em exercício na Procuradoria Federal junto à PREVIC, além de especialistas indicados pelas partes.

Detectam-se, em diversas partes da norma, peculiaridades dessa câmara arbitral estatal que são incompatíveis com a arbitragem privada como um sistema. No art. 10, §2º, por exemplo, que dispõe que se as partes afastarem a aplicação de dispositivo do regulamento do órgão arbitral que limite a escolha do árbitro único, coárbitro ou presidente do tribunal à respectiva lista de árbitros, é autorizado o controle da escolha do árbitro pelo Presidente da CMCA. Ainda a título exemplificativo, destaque-se o art. 13, ao dispor que o Tribunal Arbitral será composto por três membros, sendo que um, necessariamente, será advogado público federal, em exercício na Procuradoria Federal junto à PREVIC e escolhido pelo Presidente da CMCA.

Releva notar, ainda, que, se houver acolhimento de pedido de suspeição ou impedimento de algum árbitro, este será substituído por outro escolhido pelo Presidente da Câmara, posição que, necessariamente, é ocupada por procurador-chefe ou outro advogado público federal, em exercício na Procuradoria Federal junto à PREVIC.

Outro aspecto digno de nota sobre essa inovação jurídica, em que uma autarquia cria uma câmara arbitral estatal em regime de concorrência com câmaras privadas, é que a "sentença arbitral" está sujeita a trâmites e exigências procedimentais da PREVIC.

## 6.5.4 Análise quanto à juridicidade da criação da Câmara Arbitral pela diretoria da PREVIC

No presente estudo de caso, analisando-se os fundamentos jurídicos e a estrutura da câmara arbitral instituída pela PREVIC, pode-se concluir haver flagrante incompatibilidade jurídica com a estrutura da arbitragem comercial. A antijuridicidade desponta logo nos *consideranda* da norma de criação da nova câmara arbitral estatal, que atuaria em regime de competição com câmaras arbitrais privadas:

> Considerando que cabe às partes interessadas, de forma autônoma, optar pela via judicial, extrajudicial ou arbitral para a resolução de eventual controvérsia e, no caso de opção pela via arbitral, escolher livremente o árbitro ou a instituição arbitral de sua mútua confiança para dirimir o litígio;
>
> Considerando que a PREVIC possui competência legal para funcionar como instituição arbitral, ao lado dos árbitros e instituições arbitrais

já existentes ou que venha a ser constituídas, sendo a autarquia, nesta matéria, mais uma opção à disposição do regime de previdência complementar fechada; [...]

Sobre esse aspecto, o inovador formato jurídico adotado pela PREVIC, por meio de escolha discricionária[596] materializada em Instrução, com amparo em previsão genérica de competência com base na Lei nº 9.307/96, configura "indesejável intervenção estatal"[597] desnaturando as características autárquicas e contrariando a estrutura e natureza jurídica da arbitragem comercial institucional.

Com efeito, a arbitragem comercial é um método privado de solução de conflitos, portanto, de natureza não estatal, com características e princípios próprios, que não se engastam no modelo autárquico, seja ele especial ou comum, de modo que "não é cabível à autarquia exercitar diretamente atividades subordinadas ao regime de direito privado, tal como a exploração econômica".[598] Segundo Peter Sester, a arbitragem comercial, surgida no contexto do comércio internacional, está estruturada sob o binômio autonomia privada e princípios do mercado, que significa, "em outras palavras, a iniciativa privada", tendo as câmaras privadas nascido, em grande maioria, como "filhotes das câmaras de comércio".[599]

Há disposições expressas na lei de arbitragem comercial que demonstram essa incompatibilidade, a exemplo dos riscos de invalidação da sentença arbitral, pelo Poder Judiciário, por ter sido emanada de quem não poderia ser árbitro. Ademais, há desrespeito a princípios da Lei nº 9.307/96, notadamente, imparcialidade e ausência de estrutura adequada para administrar um procedimento arbitral com as complexidades do seu sistema.[600]

---

596 Escolha discricionária é liberdade de eleição entre alternativas igualmente justas, porque a decisão fundamenta-se em critérios extrajurídicos que não estão incluídos na lei, e sim no juízo subjetivo da administração pública. GUERRA, Sérgio. *Discricionariedade, regulação e reflexividade:* uma nova teoria das escolhas administrativas. 6. ed. Belo Horizonte: Fórum, 2021. p. 201.

597 MARTINS, Pedro Batista. *Arbitragem no direito societário*. São Paulo: Quartier Latin, 2012. p. 38.

598 JUSTEN FILHO, Marçal. *Curso de direito administrativo*. 13. ed. São Paulo: Thomson Reuters Brasil, 2018. p. 152.

599 SESTER, Peter Christian. *Comentários à lei de arbitragem e à legislação extravagante*. São Paulo: Quartier Latin, 2020. p. 89.

600 Lei nº 9.307/1996: Art. 11. Poderá, ainda, o compromisso arbitral conter: [...] V – a declaração da responsabilidade pelo pagamento dos honorários e das despesas com a arbitragem; e VI – a fixação dos honorários do árbitro, ou dos árbitros.

Note-se, ainda, que, por não se admitir recurso ou submissão da sentença arbitral ao controle judicial, torna-se essencial a autonomia de vontade das partes na escolha dos árbitros, conforme dispõe a Lei nº 9.307/96. A função de árbitro, de acordo com a lei, se equipara à de um juiz de fato e de direito, com competência para proferir uma sentença não sujeita a recurso ou homologação pelo Poder Judiciário.

Ademais, ha, nesse modelo, incompatibilidade entre a função regulatória e a função arbitral, haja vista que, na sua atividade autárquica, a PREVIC exerce poder de polícia nas quatro fases tradicionais – ordem, consentimento, fiscalização e sanção –[601] e não poderá desconsiderar fatos e provas constantes dos processos arbitrais que possam eventualmente afetar as atividades reguladas,[602] sob pena de responsabilização por omissão.

Atenta, assim, contra a juridicidade a decisão discricionária da PREVIC, materializada por meio de Instrução, que dispõe que o "terceiro" com competência para solucionar a controvérsia em sede de arbitragem comercial será um procurador federal ou advogado público da própria PREVIC.

Isto é, a função arbitral consubstancia atividade incompatível com a atuação de agentes públicos que atuem na própria entidade regulatória, diante do patente viés vedado por diretrizes internacionais,[603] que

601 Na lição clássica de: MOREIRA NETO, Diogo de Figueiredo. *Curso de direito administrativo*. 14. ed. Rio de Janeiro: Forense, 2006. p. 398.

602 Lei nº 12.154, de 23 de dezembro de 2009. Art. 2º. Compete à Previc: I – proceder à fiscalização das atividades das entidades fechadas de previdência complementar e de suas operações; II – apurar e julgar infrações e aplicar as penalidades cabíveis; III – expedir instruções e estabelecer procedimentos para a aplicação das normas relativas à sua área de competência, de acordo com as diretrizes do Conselho Nacional de Previdência Complementar, a que se refere o inciso XVIII do art. 29 da Lei nº 10.683, de 28 de maio de 2003; [...] §1º O Banco Central do Brasil, a Comissão de Valores Mobiliários e os órgãos de fiscalização da previdência complementar manterão permanente intercâmbio de informações e disponibilidade de base de dados, de forma a garantir a supervisão contínua das operações realizadas no âmbito da competência de cada órgão. §2º O sigilo de operações não poderá ser invocado como óbice ao fornecimento de informações, inclusive de forma contínua e sistematizada, pelos entes integrantes do sistema de registro e liquidação financeira de ativos autorizados pelo Banco Central do Brasil ou pela Comissão de Valores Mobiliários, sobre ativos mantidos em conta de depósito em instituição ou entidade autorizada à prestação desse serviço.

603 De acordo com as Diretrizes da IBA relativas a Conflitos de Interesses em Arbitragem Internacional, "constitui o mais importante princípio ético norteador da atuação de todo árbitro que a existência efetiva de um viés por parte do árbitro deve levá-lo a recusar tal incumbência. Esse princípio aplica-se independentemente do estágio em que se encontra o processo arbitral. O princípio é tão eloquente por si só que muitas legislações nacionais nem o declaram expressamente". Disponível em: https://www.ibanet.org/Document/Default.aspx?DocumentUid=EB37DA96-F98E-4746-A019-61841CE4054C. Acesso em 30 jul. 2020.

configura conflito de interesses, ainda que a atuação do servidor ocorra de forma não remunerada e que seja possível comprovar que ocorreu fora de seu expediente de trabalho.

Sobre o conflito de interesses envolvendo advogados públicos, releva destacar que foi expedido parecer da Corregedoria-Geral da Advocacia da União,[604] confirmado pelo Advogado-Geral da União,[605] concluindo pela incompatibilidade entre a atuação desses servidores, em procedimentos arbitrais, e as suas funções públicas. Nestes termos, aos membros da AGU (Advogados da União, Procuradores da Fazenda Nacional, Procuradores Federais, Procuradores do Banco Central do Brasil) é vedada a atuação na resolução de conflitos via arbitral, diante da possibilidade de interferência imprópria na prestação do serviço público prestado, inclusive em vista do acesso a informações privilegiadas que a instituição estatal proporciona:

> Dos conceitos trazidos no tópico anterior, infere-se que o exercício de atividades relacionadas aos meios alternativos de resolução de conflitos (arbitragem, mediação, conciliação e negociação) e de compliance por advogados públicos federais encontra vedação na hipótese descrita no inciso III: III – exercer, direta ou indiretamente, atividade que em razão da sua natureza seja incompatível com as atribuições do cargo ou emprego, considerando-se como tal, inclusive, a atividade desenvolvida em áreas ou matérias correlatas; 97. Arbitragem, mediação, conciliação, negociação e compliance podem ser entendidas como atividades consideradas incompatíveis com as atribuições do cargo. Primeiro, em face já do descrito no tópico IV. Segundo, por serem atividades que têm grande potencial de gerar embaraços ao desempenho da função de advocacia pública. 98. A título exemplificativo podemos citar casos em que tal atuação privada como mediador, conciliador, negociador, árbitro ou agente de compliance podem exigir reorganização de trabalho, redistribuição de processos e atividades por advogados públicos que tenham atuado em conflitos que posteriormente suscitem manifestação da AGU, ou seja, casos que gerem posterior arguição de suspensão e/ou impedimento. Neste ponto, frise-se as hipóteses de impedimento e suspeição aplicáveis aos árbitros e mediadores, expostas no parágrafo 70

604 Parecer nº 00043/2019/CGAU/AGU, NUP: 00400.001911/2018-89, de 23 de agosto de 2019. Vládia Pompeu Silva – Corregedora Geral da União. Interessados: Secretaria Executiva da Comissão de Ética Pública da Presidência da República – Assuntos: Direito Administrativo e outras matérias de Direito Público. Disponível em: https://www.conjur.com.br/dl/corregedoria-agu-veta-pratica.pdf. Acesso em 07 ago. 2020.

605 Orientação Normativa nº 57, de 29 de agosto de 2019. Disponível em: https://www.in.gov.br/en/web/dou/-/orientacao-normativa-n-57-de-29-de-agosto-de-2019-213478329. Acesso em 07 ago. 2020.

da presente manifestação. 99. Lembra ainda de casos em que a União Federal, bem como suas autarquias e fundações, possam ter interesse na solução do conflito. Nessas situações, parece óbvio que o advogado público estaria intrinsecamente impedido para atuar na questão, por haver confusão de interesses. 100. Ainda que se discuta o tema sob o foco de que em algumas destas atividades o membro da AGU estaria atuando na condição de terceiro imparcial, como ocorre na mediação ou conciliação, verifica-se possibilidade de comprometimento do interesse público, uma vez que a solução da demanda poderia influenciar/vincular a atuação profissional do advogado atuante, potencialmente em ações de interesse coletivo. 101. Ademais, tais atividades são exercidas, regra geral, envolvendo alto grau de utilização de expertise ou conhecimento jurídicos por parte do árbitro, mediador, conciliador, negociador ou do agente de compliance. Conhecimento jurídico, muitas vezes, adquirido em razão do exercício de cargo de membro da AGU e do acesso a informações privilegiadas que a Instituição proporciona. 102. A este respeito, insta destacar que a própria Lei nº 12.813, de 2013, define, de forma automática, que os ocupantes de cargo DAS 5, 6 e de natureza especial (ou equivalentes da Administração Indireta), bem como os chefes máximos dos órgãos e entidades, têm acesso sistemático a informações privilegiadas. Tais agentes públicos já encontrariam vedação legal ao exercício de qualquer atividade privada em face da presunção exposta pela regra. 103. Ora, se nos termos da Lei Complementar nº 73, de 1993, sabemos que o exercício de advocacia fora das atribuições institucionais encontra-se expressamente vedada, e que, nos termos da Lei nº 12.813, de 2013, seria potencialmente causadora de conflito de interesse àquela atividade similar desenvolvida em áreas ou matérias correlatas, não há como fugir da conclusão de que arbitragem, mediação, conciliação, negociação e compliance estariam igualmente vedadas. 104. Do exposto, entende-se que a prática de tais atividades é incompatível com o exercício das funções de advogados públicos federais, tendo em vista a grande possibilidade de interferência imprópria na prestação do serviço público prestado pela AGU, a possível utilização de informações privilegiadas obtidas no âmbito da Instituição e, especialmente, pela natureza intrinsecamente correlata da advocacia pública e das atividades ligadas à arbitragem, mediação, conciliação, negociação e compliance.

Além disso, há um filtro incompatível com a função arbitral quanto à admissibilidade da arbitragem, considerando-se que o presidente da câmara arbitral deve submeter a instauração do procedimento à Diretoria da PREVIC sobre a existência de situação que recomende a não instauração do feito.

Em reforço ao entendimento pela antijuridicidade da norma da PREVIC, que criou a câmara arbitral, ressalte-se que as câmaras arbitrais privadas possuem estrutura administrativa compatível com a natureza do processo arbitral. Para além da administração processual, fornecimento de serviços com estrutura administrativa e suporte para a realização de audiências são detentoras de técnicas de preservação da confidencialidade e equidistância entre as partes, segregação de comunicação em determinadas fases da arbitragem entre partes litigantes, além de profissionais especializados em contabilidade e finanças.[606]

A PREVIC, em sentido contrário ao sistema privado, não tem meios legais para segregar parte de sua estrutura de modo a atuar com as mesmas características de uma câmara arbitral privada, onde os funcionários são treinados para promover um ambiente propício para a prática da arbitragem. Com efeito, e ainda que a norma da PREVIC disponha que "a CMCA contará com o suporte logístico e administrativo da Coordenação-Geral de Apoio à Diretoria Colegiada da Previc", não seria possível, do ponto de vista prático, "criar" uma autarquia "B", adotar uma espécie de *Chinese wall regulatória*[607] contendo barreiras virtuais e/ou físicas de disseminação de informação e comunicação interna para minimizar riscos que potencialmente materializem conflitos de interesses ensejadores da nulidade da sentença arbitral.

Veja que a indicação de algumas das principais competências da PREVIC[608] já demonstra a complexidade da sua área de atuação e sua

---

[606] GIUSTI, Gilberto. Os vinte anos da Lei 9.307/1996. *In*: MELLO, Leonardo de Campos; BENEDUZI, Renato Resende (Org.). *A reforma da arbitragem*. Rio de Janeiro: Forense, 2016. p. 16.

[607] *Chinese wall* é um sistema que visa a segregar e impedir a circulação de informações internas que possam gerar algum conflito de interesses. No sistema financeiro nacional, a *Chinese wall* é disciplinada por dois órgãos reguladores: o Banco Central do Brasil (BACEN), por meio, respectivamente, da Resolução nº 2.486, de 30 de abril de 1998, e pela Comissão de Valores Mobiliários (CVM), Instrução nº 306, de 5 de maio de 1999.

[608] As principais competências indicadas pela PREVIC, segundo o Decreto nº 8.992, de 20 de fevereiro de 2017, são: I – proceder à fiscalização das atividades das entidades fechadas de previdência complementar e das suas operações; II – apurar e julgar as infrações e aplicar as penalidades cabíveis; III – expedir instruções e estabelecer procedimentos para a aplicação das normas relativas à sua área de competência; IV – autorizar: a constituição e o funcionamento das entidades fechadas de previdência complementar e a aplicação dos respectivos estatutos e dos regulamentos de planos de benefícios; as operações de fusão, cisão, incorporação ou qualquer outra forma de reorganização societária, relativas às entidades fechadas de previdência complementar; a celebração de convênios e termos de adesão por patrocinadores e instituidores e as retiradas de patrocinadores e instituidores; e as transferências de patrocínio, grupos de participantes e assistidos, planos de benefícios e reservas entre entidades fechadas de previdência complementar; V – harmonizar as atividades das entidades fechadas de previdência complementar com as normas e as políticas estabelecidas para o segmento; VI – decretar intervenção e liquidação extrajudicial das entidades fechadas de previdência complementar e nomear interventor ou liquidante, nos termos da lei; VII – nomear administrador especial de

importância como ente estatal com funções regulatórias para manter o equilíbrio sistêmico do mercado de previdência complementar. Pela sua natureza jurídica, a PREVIC não pode desvirtuar suas competências para atuar em assuntos laterais, que podem e devem ser solucionados pelas partes nos foros privados apropriados ou perante o Poder Judiciário.

Como constou no parecer jurídico que deu base à construção inovadora de modelo arbitral na PREVIC – que, pela sua antijuridicidade, não deve servir de paradigma para outras entidades reguladoras –, trata-se de uma atividade eminentemente privada, que, contrariamente ao sustentado, afronta o texto constitucional, haja vista ser reservada à livre iniciativa, nos termos do art. 170 da Constituição Federal de 1988.[609]

Pensar em sentido diverso poderia levar à esdrúxula situação em que todos os entes autárquicos reguladores, vocacionados "a executar atividades típicas da administração pública",[610] poderiam, discricionariamente, fazendo interpretações de normas abertas e impregnadas de conceitos jurídicos indeterminados, ingressar em atividades alheias ao regime autárquico visando à prestação de serviços de natureza tipicamente privada. Nesse sentido, entes autárquicos poderiam atuar em regime de competição com o setor privado em diversos temas, sob o rótulo do atendimento e busca do "interesse público" no setor regulado.

Outrossim, "as instituições de arbitragem são verdadeiras prestadoras de serviços e exercem, assim, independentemente de visarem ou não ao lucro, atividade eminentemente empresarial",[611] que é reservada à iniciativa privada. Nestes termos, a atuação da PREVIC viola texto constitucional, haja vista que o Estado só está autorizado a

---

plano de benefícios específico, podendo atribuir-lhe poderes de intervenção e liquidação extrajudicial, na forma da lei; VIII – promover a mediação e a conciliação entre entidades fechadas de previdência complementar e entre as entidades e seus participantes, assistidos, patrocinadores ou instituidores, bem como dirimir os litígios que lhe forem submetidos na forma da Lei nº 9.307, de 23 de setembro de 1996; IX – enviar relatório anual de suas atividades ao Ministério da Fazenda e, por seu intermédio, ao Presidente da República e ao Congresso Nacional; e adotar as providências necessárias ao cumprimento de seus objetivos. Disponível em: http://www.previc.gov.br/acesso-a-informacao/institucional/copy_of_a-previc-1. Acesso em: 22 jul. 2020.

609 GIUSTI, Gilberto. Os vinte anos da Lei 9.307/1996. *In*: MELLO, Leonardo de Campos; BENEDUZI, Renato Resende (Org.). *A reforma da arbitragem*. Rio de Janeiro: Forense, 2016. p. 16.

610 CARVALHO FILHO, José dos Santos. *Manual de direito administrativo*. 30. ed. São Paulo: Atlas, 2016. p. 500.

611 GIUSTI, Gilberto. Os vinte anos da Lei 9.307/1996. *In*: MELLO, Leonardo de Campos; BENEDUZI, Renato Resende (Org.). *A reforma da arbitragem*. Rio de Janeiro: Forense, 2016. p. 17.

exercer atividade de natureza privada quando necessária aos imperativos da segurança nacional ou a relevante interesse coletivo (art. 173, CRFB/1988) sob a ótica da subsidiariedade:[612]

> A atuação direta do Estado não é justificável mediante a mera invocação de algum interesse público que se considere relevante. É necessário evidenciar que a intervenção direta do Estado é a solução adequada e imprescindível para a satisfação de necessidades determinadas. Aplica-se o princípio da proporcionalidade, o que significa que somente se legitimará a intervenção estatal se outra alternativa não for mais satisfatória. Sob esse prisma, o princípio da proporcionalidade se manifesta como princípio da subsidiariedade.[613]

Em conclusão, e somando-se aos demais aspectos investigados, a imprescindibilidade de atuação direta do Estado, prevista no art. 173 da Constituição Federal de 1988, com o uso de estrutura física e servidores públicos para solucionar conflitos entre agentes regulados por meio de mecanismos privados, não está demonstrada no serviço autárquico de arbitragem comercial, considerando haver inúmeras câmaras privadas aptas a executar os serviços administrativos incorporados pela PREVIC.

---

[612] Lei nº 13.874, de 20 de setembro de 2019 (Declaração de direitos da liberdade econômica) Art. 2º – São princípios que norteiam o disposto nesta Lei: I – a liberdade como uma garantia no exercício de atividades econômicas; II – a boa-fé do particular perante o poder público; III – a intervenção subsidiária e excepcional do Estado sobre o exercício de atividades econômicas; e IV – o reconhecimento da vulnerabilidade do particular perante o Estado.

[613] JUSTEN FILHO, Marçal. *Curso de direito administrativo*. 13. ed. São Paulo: Thomson Reuters, 2018. p. 767.

Muito em função da crise do financiamento do Estado e dos processos de democratização no mundo, o modelo intervencionista brasileiro, ancorado na atuação direta do Estado em diversos setores, cedeu espaço a um modelo temperado, inserido em um movimento influenciado por práticas neoliberais, que surgiu no continente europeu na década de 1980.

Surge, assim, com a promulgação da Constituição Federal de 1988, o modelo intitulado pela literatura jurídica de Estado Regulador, tendo como eixo a busca da dignidade da pessoa humana. Com efeito, a Constituição Brasileira de 1988 pautou a ordem econômica sob o princípio da livre iniciativa e na valorização do trabalho humano (art. 170), reservando ao Estado funções de fiscalização, incentivo e planejamento (art. 174).

Buscando ajustar-se a esse novo modelo, o Brasil implementou amplo processo de desestatização (notadamente, privatizações), transferindo, para a iniciativa privada, diversas atividades econômicas e a concessão de serviços públicos.

De tudo quanto foi examinado durante a realização da presente pesquisa, pode-se concluir que foi com o aparecimento desses novos operadores privados, na execução de atividades econômicas, que se adotou uma posição política, num ambiente globalizado, em que deveria haver uma "segregação" de algumas funções de regulação daquelas típicas funções de governo centralizado.

A estrutura, de viés hierarquizado, piramidal, deixaria, nessa fase por que passou o Estado brasileiro, de ser uníssona no bojo da administração pública. O Estado, seguindo influxos da *New Public Management*, procurou dar um viés de "administração pública gerencial" e, entre outras medidas, criou autarquias especiais com funções neutrais para regular alguns setores econômicos e a prestação de serviços públicos.

Essas entidades, denominadas de agências reguladoras, receberam uma série de competências não livres de controvérsias, tanto em sede doutrinária quanto em sede pretoriana, à luz da clássica teoria tripartite de separação de poderes (também mitigada, em sede constitucional, com os modelos de órgãos independentes do Ministério Público e do Tribunal de Contas da União).

Com efeito, na década de 1990, e diante da forte crise econômica, o governo brasileiro desenvolveu consistente esforço político e institucional para implantar o modelo constitucional de Estado regulador sem se valer da regra clássica da hierarquia, isto é, criou-se uma espécie de entidade estatal sem subordinação ao poder central e que teria, nas suas decisões, o "poder" (a função), de dizer a última palavra em sede administrativa em determinados setores.

É fato que este processo gerou significativas mudanças práticas na organização administrativa do governo, mudanças que trazem, em seu bojo, expressivas transferências de "poder" para novos atores.

Pode-se inferir que o fator fundamental para a adoção desse modelo de viés liberal estava atrelado à premente necessidade de atrair investimentos, sobretudo estrangeiros, gerar salvaguardas institucionais que significassem, para o setor privado globalizado, um compromisso com a manutenção de regras e contratos a longo prazo.

Com aquele gesto, o governo do Presidente Fernando Henrique Cardoso, com a aprovação do Congresso Nacional, buscou demonstrar que a regulação deixava de ser assunto de um Governo para ser assunto de Estado. Isto é, a regulação deveria ser efetiva, sem percalços e variações inerentes aos processos político-partidários.

Os agentes políticos (eleitos pelo povo) liberariam parte de seus "poderes" (funções) a favor de entidades autônomas, não eleitas, para tentar reduzir o "risco regulatório".[614] Essas entidades passariam, na prática, até mesmo, a serem capazes de mitigar as decisões das autoridades que passaram pelo crivo das urnas, gerando um mecanismo de freios e contrapesos em relação ao poder central.

Além dessas premissas, também nos parece justo concluir que, pelo fato de o Congresso Nacional, pela história brasileira, não ter condições de, a todo instante, deliberar sobre questões técnicas e que

[614] O relatório da Organização para a Cooperação e Desenvolvimento (OCDE) foi apresentado em seminário realizado pela Casa Civil da Presidência da República, no dia 28 de maio de 2008. O estudo realizado em 2007 analisa os marcos regulatórios e o desempenho das agências reguladoras nos setores de energia, telecomunicações, transportes terrestres e assistência suplementar à saúde no Brasil. Pela pesquisa as agências reguladoras contribuíram para a criação de um ambiente de concorrência e o bom desempenho da economia brasileira. Segundo a pesquisa: "Em termos gerais, depois de dez anos de experiência institucional, a situação macroeconômica melhorou e o progresso feito pelas agências reguladoras setoriais também foi satisfatório. Houve uma tendência de diminuição do risco regulatório". ORGANIZAÇÃO PARA COOPERAÇÃO E DESENVOLVIMENTO ECONÔMICO – OCDE. *Relatório sobre a Reforma Regulatória no Brasil*: fortalecendo a governança para o crescimento. Paris e Brasília, 2008.

lograsse êxito no equilíbrio sistêmico setorial, essas entidades reguladoras foram criadas para a cessão da capacidade decisória sobre aspectos preponderantemente técnicos no sentido concorrencial (corrigir falhas de mercado).

Até porque, a lei, em sentido estrito, deve conter as decisões políticas fundamentais, traçando rumos e fixando objetivos, mas sem engessar a atividade administrativa, deve, sim, conferir-lhe maior agilidade, flexibilidade e aptidão na escolha de meios para atingir os fins legalmente estabelecidos.

É possível afirmar, com base nesta pesquisa, ser indisputável o distanciamento do circuito legiferante das inúmeras especificidades tecnológicas a serem decididas, paulatinamente, no curso da regulação econômica e social mediante a tentativa de suprimento das falhas provocadas pelas forças do mercado, sob forte competição.

Ao contrário do que ocorreu no modelo liberal positivista, em muitas situações, a busca de exaustiva regulação de atividades econômicas por meio da norma primária, decorrente do processo legislativo, pode, inclusive, produzir consequências nefastas ao interesse público.

A adequação da ação regulatória a determinadas circunstâncias que se apresentam no cotidiano exige certa maleabilidade normativa para sua correta apreciação e decisão com efeitos sistêmicos e prospectivos. Se o Poder Legislativo não tem capacidade e condições de regular em detalhes científicos e sopesar interesses conflitantes decorrentes da regulação dos subsistemas, submetidos a uma intervenção estatal, o desafio passa a ser, então, o de que todos compreendam a "nova" categoria da regulação estatal brasileira.

Mas, por óbvio, isso não é fácil. Com efeito, retirando-se o debate sobre temas simples submetidos ao Estado, de simples decisão, é difícil, em muitas situações, separar questões "políticas" das questões "técnicas". Com isso, surgem inúmeros conflitos entre o modelo de organização administrativa clássica, piramidal, com o novo modelo implantado, sob a forma policêntrica (em rede).

Nas escolhas regulatórias, de viés prospectivo, o Administrador Público tem de observar linhas mestras da política econômica e social, fazendo com que esteja subsumida a um novo referencial normativo a ser aplicado de formas diversas, por exemplo, em contratos administrativos propositadamente incompletos, firmados por prazo de duas ou três décadas. E isso depende, na maior parte das vezes, do momento, da conjuntura e da circunstância em que a regra esteja sendo utilizada.

Vale sempre lembrar que à administração pública, no contexto atual, não basta só atuar de acordo com a lei. Deve ser considerado, entre outros princípios, o da eficiência para, diante do caso concreto, se buscar a melhor forma de satisfação do interesse público.

Parece, conforme esta pesquisa, estar justificada a eleição "política" adotada no Brasil, na década de 1990, de se deslocar o centro de gravidade da produção normativa legiferante – esta que se limitaria a ser o eixo do marco regulatório – para a escolha do regulador autônomo, protegido por investidura a termo (mandato).

No Brasil, quando da edição do Plano Diretor da Reforma do Aparelho do Estado, em 1995, apresentou-se um desenho próximo ao sistema norte-americano para reestruturar a administração pública, organizada pelo Decreto-Lei nº 200/67 aprovado durante o regime militar.

Na prática, esse plano não foi adotado. Apenas, inicialmente em nove entidades autárquicas, as quais se juntou a Agência Nacional de Aviação (ANAC), em 2005, durante o Governo do Presidente Lula, e a ANM durante o governo do Presidente Temer, adotou-se parte do esquema norte-americano (mandato, outorga de competência normativa a partir de expressões vagas e amplas, além de autonomia decisória).

No que se refere às funções executivas e normativas, verificou-se certa similitude, seja no modelo em si, seja nos questionamentos quanto a sua constitucionalidade. Constatou-se, em sentido contrário, que a função judicante é completamente diferente entre os dois modelos.

Quanto à constitucionalidade do modelo brasileiro, o Supremo Tribunal Federal, em dois casos, validou o sistema de mandato (*tenure*), as funções normativas (com menção ao seu caráter secundário e subordinado à lei), bem como a autonomia decisória.

Em suma, a burocracia brasileira, mesmo com o advento das agências reguladoras (autarquias especiais), próximo ao modelo norte-americano, é diferente do sistema burocrático estadunidense. Os dois modelos partem de estruturas de governabilidade e de governança completamente distintas. Apenas uma pequena parte do desenho institucional, que atribui mandato aos dirigentes e autonomia decisória à agência reguladora, foi copiada do modelo americano pelo Brasil.

Deve-se registrar, ainda, que (i) o modelo nacional – federativo e presidencialista – também se espelhou no sistema estadunidense, e (ii) o Brasil vem adotando o sistema de regulação de algumas atividades privadas de interesse público, também próximo ao modelo das *public utilities*.

O questionamento judicial sobre a constitucionalidade do modelo de agências reguladoras, ocorrido no Brasil foi – e continua sendo – próximo àqueles temas questionados nos Estados Unidos da América, em que se destaca o princípio da separação tripartite de poderes, a indelegabilidade do poder normativo, o mandato fixo e a unidade do Poder Executivo.

Após examinar o texto constitucional e as decisões proferidas pelo Supremo Tribunal Federal, e consideradas *remarkable cases*, pode-se inferir que o modelo de agências reguladoras, com a atribuição de função normativa, subordinada à lei, função executiva (poder de polícia) e judicante (puramente administrativa), é constitucional. O mandato (*tenure*) também foi confirmado pela Corte, inaugurando esse precedente sobre a matéria.

Desse modo, diante de um termo vago e aberto, previsto no art. 174 da Carta de 1988 – o Estado como "agente regulador" –, parece ser plausível considerar constitucional, como decidiu o Supremo em dois casos, a interpretação eleita pelo Parlamento para a estruturação do modelo regulatório. Ao criar entidades reguladoras o Parlamento atuou discricionariamente com vistas ao alcance dos *fins* democráticos garantidos na Carta Política.

Os arts. 173 e 174 da Constituição Federal definiram, expressamente, os princípios a serem observados pelo Poder Legiferante, cujos vetores são a fiscalização, o incentivo e o planejamento, este não obrigatório para o setor privado. Ao Estado, permitiu-se, contudo, atuar diretamente mediante a exploração de atividade econômica quando necessária aos imperativos da segurança nacional ou relevante interesse coletivo, conforme definidos em lei.

Examinando cada uma das agências reguladoras, constatou-se que as onze autarquias, notadamente com a edição da Lei Geral das Agências Reguladoras, seguem um padrão; contudo, outras entidades regulatórias foram criadas com características diversas trazendo complexidade ao sistema administrativo brasileiro.

E, por fim, sobre as arbitragens nas agências, concluiu-se que as arbitragens regulatórias representam processos administrativos. Alguns temas submetidos à arbitragem comercial não são objetivamente arbitráveis em conflitos entre agentes regulados e as agências reguladoras em vista das características e indisponibilidade dos direitos inerentes às escolhas regulatórias. Diante do problema desta pesquisa, envolvendo as arbitragens comerciais em que a agência reguladora estiver exercendo sua função reguladora e for demandada pela parte privada, na qualidade de parte contratante, em arbitragem comercial, pode-se sustentar que no exercício dessa complexa função – que não se confunde com questões contratuais, plenamente arbitráveis por serem direitos disponíveis –, a competência das agências reguladoras deve ser preservada por ser indelegável e, portanto, direito indisponível.

Conclusivamente e em tese, a escolha regulatória não pode ser objeto de arbitragem comercial, de modo que os árbitros devem, de acordo com o princípio competência-competência, se dar por incompetentes para decidirem o litígio, no todo ou em parte, se além de temas sujeitos exclusivamente à função estatal houver matéria de natureza contratual disponível.

Também não nos pareceu ser jurídico que entidades reguladoras atuem como Tribunal Arbitral para solucionar conflitos entre agentes privados, desvirtuando a natureza autárquica, ou criem câmaras estatais para atuar em competição com órgãos arbitrais privados. A função estatal de regulação não se coaduna com a função arbitral comercial, instituída na Lei nº 9.307/96, método não estatal com características e princípios que não se encaixam no modelo autárquico.

Na lei de criação da PREVIC constou, expressamente, que a sua competência para solucionar conflitos entre os regulados observaria a Lei nº 9.307/06, que disciplina as arbitragens comerciais em câmaras privadas. Com base nessa normativa, a PREVIC criou uma câmara arbitral para atuar em regime de concorrência com as câmaras privadas.

Não parece ser jurídico que a PREVIC ou quaisquer entidades reguladoras detentoras de função judicante criem ou mantenham câmaras estatais para atuar em competição com órgãos arbitrais privados. A função estatal de regulação não se coaduna com o sistema arbitral, disciplinado pela Lei nº 9.307/96, método de solução de conflitos não estatais, com características e princípios que não se encaixam no modelo autárquico.

Mesmo sob o olhar da subsidiariedade, a imprescindibilidade de atuação direta do Estado, prevista no art. 173 da Constituição Federal de 1988, com o uso de estrutura física e servidores públicos para solucionar conflitos entre agentes regulados por meio de mecanismos privados, não está demonstrada no serviço autárquico de arbitragem comercial, considerando haver inúmeras câmaras privadas aptas a executar os serviços administrativos incorporados pela PREVIC.

# REFERÊNCIAS


ABRUCIO, Fernando L. O impacto do modelo gerencial na administração pública: um breve estudo sobre a experiência internacional recente. *Revista do Serviço Público*, v. 47, abr. 1996.

ACER – EUROPEAN UNION AGENCY FOR THE COOPERATION OF ENERGY REGULATORS. *About Acer*. [s.d.]. Disponível em: https://www.acer.europa.eu/the-agency/about-acer. Acesso em 15 mar. 2022.

ACKERMAN, Bruce. The new separation of powers. *Harvard Law Review*, v. 113, n. 3, p. 634-725, Jan. 2000.

ACKERMAN, Bruce. *We the people*: foundations. Massachusetts: First Harvard University Press Paperback Edition, 1993. v. 1.

ADAMS JR., Charles Francis. *Railroads*: their origin and problems. Gp Putnam's Sons, 1878.

ADLER, Jonathan H.; WALKER, Christopher J. Delegation and Time. *Iowa L. Rev.*, v. 105, p. 1931, 2019.

ANDERSON, Perry. Balanço do neoliberalismo. *In*: SADER, Emir; GENTILI, Pablo (Org.). *Pós-neoliberalismo*: as políticas sociais e o Estado democrático. Rio de Janeiro: Paz e Terra, 1995.

ANDRADE, Gustavo Fernandes de. Algumas reflexões sobre as arbitragens e as regras da Câmara de Comercialização de Energia Elétrica – CCEE. *In*: VERÇOSA, Fabiane *et al*. (Coord.). *Arbitragem e mediação – temas controvertidos*. Rio de Janeiro: Forense, 2014.

ANDRADE, Odilon. *Serviços públicos e de utilidade pública*. São Paulo: Livraria Acadêmica, 1937.

ARAGÃO, Alexandre Santos de. A arbitragem no direito administrativo. *Revista da AGU*, Brasília-DF, v. 16, n. 03, p. 19-58, jul./set. 2017.

ARAGÃO, Alexandre Santos de. *Agências reguladoras e a evolução do direito administrativo econômico*. 2. ed. Rio de Janeiro: Forense, 2003.

ARAGÃO, Alexandre Santos de. As agências reguladoras independentes e a separação dos poderes: uma contribuição da teoria dos ordenamentos setoriais. *Revista dos Tribunais*, São Paulo, v. 786, p. 11-56, abr. 2001.

ARAGÃO, Alexandre Santos de. *Direito dos serviços públicos*. 4. ed. Belo Horizonte: Fórum, 2021.

ARAGÃO, Alexandre Santos de. Regulação da economia: conceito e características contemporâneas. *Revista de Direito da Associação dos Procuradores do Novo Estado do Rio de Janeiro*, Rio de Janeiro, v. XI, p. 27, 2002.

ARAGÃO, Alexandre Santos de. Supervisão Ministerial das Agências Reguladoras: Limites, Possibilidades e o Parecer AGU nº AC – 051. *Revista de Direito Administrativo*, Rio de Janeiro, v. 245, p. 237-262, mai. 2007.

ARAGÃO, Alexandre. *Empresas estatais*: o regime jurídico das empresas públicas e sociedades de economia mista. Rio de Janeiro: Forense, 2017.

ARNOLD, Peri E. The Brownlow Committee, Regulation, and the Presidency: Seventy Years Later. *Public Administration Review*, v. 67, n. 6, p. 1030-1040, 2007.

BACELLAR FILHO, Romeu Felipe. O poder normativo dos entes reguladores e a participação dos cidadãos nesta atividade. Serviços públicos e direitos fundamentais: os desafios da regulação na experiência brasileira. *Revista de Direito Administrativo*, Rio de Janeiro, v. 230, p. 153-162, out./dez. 2002.

BALBÉ, Manuel. El futuro del derecho administrativo em la globalización: entre americanización y la europeización. *Revista de Administración Publica*, Madrid, v. 174, p. 215-276, sep./dic. 2007.

BALDWIN, Robert; CAVE, Martin; LODGE, Martin. Understanding Regulation. Theory, Strategy, and Practice. 2nd. ed. Oxford: OUP, 2012.

BANDEIRA DE MELLO, Celso Antônio. *Curso de direito administrativo*. 14. ed. São Paulo: Malheiros, 2002.

BAPTISTA, Patrícia Ferreira. A inarbitrabilidade objetiva do conflito entre Petrobras e a ANP. *Revista de Direito Administrativo – RDA*, v. 275, p. 251-318, mai./ago. 2017.

BARROSO, Luís Roberto. Apontamentos sobre as agências reguladoras. *In*: MORAES, Alexandre de (Org.). *Agências reguladoras*. São Paulo: Atlas, 2002.

BASTOS, Celso Ribeiro. *Curso de direito administrativo*. 4. ed. São Paulo: Saraiva, 2000.

BECK, Ulrich. A reinvenção da política: rumo a uma teoria da modernização reflexiva. *In*: BECK, Ulrich; GIDDENS, Anthony; LASH, Scott. *Modernização reflexiva*: política, tradição e estética na ordem social moderna. Tradução de Magda Lopes. São Paulo: Unesp, 1997.

BECK, Ulrich. *O que é globalização*? equívocos do globalismo, respostas à globalização. Tradução de André Carone. São Paulo: Paz e Terra, 1999.

BENDIX, Reinhard. *Max Weber*: um perfil intelectual. Tradução de Elisabeth Hanna e Jose Viegas Filho. Brasília: UnB, 1986.

BENTO, Leonardo Valles. *Governança e governabilidade na reforma do Estado*: entre eficiência e democratização. Barueri: Manole, 2003.

BEREC – BODY OF EUROPEAN REGULATORS FOR ELETRONIC COMMUNICATIONS. Disponível em: https://berec.europa.eu. Acesso em 15 mar. 2022.

BERNSTEIN, Marver H. *Regulating business by independent commission*. 2. tir. New Jersey: Princeton University Press, 1955.

BINENBOJM, Gustavo. Arbitragem em ambientes regulados e sua relação com as competências das agências reguladoras. *Revista de Direito da Associação dos Procuradores do Estado do Rio de Janeiro*, Rio de Janeiro, v. XXVI (Arbitragem e Administração Pública), 2016.

BINENBOJM, Gustavo. As parcerias público-privadas (PPPs) e a Constituição. *Revista Direito Administrativo*, Rio de Janeiro, v. 241, p. 159-175, jul./set. 2005.

BINENBOJM, Gustavo. *Uma teoria do direito administrativo*: direitos fundamentais, democracia e constitucionalização. Rio de Janeiro: Renovar, 2006.

BITENCOURT, Rafael. Teles pedem R$36 bí à União; Anatel vê exagero. *Valor Econômico*, Brasília, 30 mai. 2022. Disponível em: https://valor.globo.com/empresas/noticia/2022/05/30/teles-pedem-r-36-bi-a-uniao-anatel-ve-exagero.ghtml. Acesso em 19 ago. 2022.

BONAVIDES, Paulo. *Do Estado liberal ao Estado social*. 7. ed. São Paulo: Malheiros, 2001.

BONAVIDES, Paulo; PAES DE ANDRADE. *História constitucional do Brasil*. 3. ed. Rio de Janeiro: Paz e Terra, 1991.

BRANCHER, Paulo. Soluções de controvérsias e as agências reguladoras. *Revista Brasileira de Arbitragem – RBAr*, n. 1, p. 40-56, jan.-mar/2004.

BRASIL. Advocacia Geral da União. *AGU viabiliza arbitragens para resolver controvérsias bilionárias do setor de telecomunicações*. 03 dez. 2021. Disponível em: https://www.gov.br/agu/pt-br/comunicacao/noticias/agu-viabiliza-arbitragens-para-resolver-controversias-bilionarias-do-setor-de-telecomunicacoes. Acesso em 22 ago. 2022.

BRASIL. Advocacia Geral da União. *Planilhas de Arbitragem da União*. 10 jun. 2021. Disponível em: https://www.gov.br/agu/pt-br/composicao/cgu/cgu/neadir/casos-de-arbitragem-2/planilhas-de-arbitragem-da-uniao. Acesso em 19 ago. 2022.

BRASIL. Banco Central do Brasil. *Sistema Financeiro Nacional (SFN)*. [s.d.]. Disponível em: https://www.bcb.gov.br/estabilidadefinanceira/sfn. Acesso em 16 ago. 2020.

BRASIL. Governo Federal. *Arbitragem*. [s.d.]. Disponível em: https://portal.antt.gov.br/arbitragem. Acesso em 19 ago. 2022.

BRASIL. Governo Federal. *Diretrizes gerais e guia orientativo para elaboração de análise de impacto regulatório – AIR*. Junho 2018. Disponível em: https://www.gov.br/economia/pt-br/assuntos/air/o-que-e-air/diretrizesgeraiseguiaorientativo_AIR.pdf. Acesso em 18 jun. 2022.

BRASIL. Governo Federal. *Guia orientativo para elaboração de avaliação de resultado regulatório – ARR*. UERJ, fev. 2022. Disponível em: https://www.gov.br/mme/pt-br/assuntos/analise-de-impacto-regulatorio-air-e-avaliacao-de-resultado-regulatorio-arr/o-que-e-arr/guiaarrverso5.pdf. Acesso em 16 mai. 2022.

BRASIL. Impensa Nacional. Despacho nº 2.812, de 10 de setembro de 2021. *Diário Oficial da União*, 10 set. 2021. Disponível em: https://www.in.gov.br/en/web/dou/-/despacho-n-2.812-de-10-de-setembro-de-2021-344145066. Acesso em 19 ago. 2022.

BRASIL. Presidência da República Câmara da Reforma do Estado. *Plano Diretor da Reforma do Estado*. Brasília, 1995. Disponível em: http://www.biblioteca.presidencia.gov.br/publicacoes-oficiais/catalogo/fhc/plano-diretor-da-reforma-do-aparelho-do-estado-1995.pdf. Acesso em 22 mar. 2022.

BRASIL. Presidência da República – Casa Civil. *Guia orientativo para elaboração de análise de impacto regulatório (AIR)*. Fev. 2018. Disponível em: http://www.aenda.org.br/wp-content/uploads/2020/04/cir0163-anexo-guia-para-analise-de-impacto-regulatorio.pdf. Acesso em 15 mai. 2022.

BRASIL. *Relatório de Gestão*. Jan./set. 2022. Disponível em: https://www.gov.br/infraestrutura/pt-br/acesso-a-informacao/transparencia-e-prestacao-de-contas/copy2_of_RelatriodeGestoMInfra2022atualizaojansetFINAL.pdf. Acesso em 23 nov. 2022.

BRASIL. Secretaria-Geral da Presidência da República. Secretaria Especial do Programa de Parcerias de Investimentos (PPI). *Programa de Parcerias de Investimentos*: relatório de gestão do exercício de 2021. Disponível em: https://www.gov.br/economia/pt-br/orgaos/seppi/centrais-de-conteudo/documentos/relatorio-da-secretaria-especial-do-ppi-congresso-nacional-2021-1.pdf. Acesso em 29 nov. 2022.

BRESSER-PEREIRA, Luiz Carlos. *A reforma do Estado para a cidadania*: a reforma gerencial brasileira na perspectiva internacional. São Paulo: Ed. 34, 1998.

BRESSER-PEREIRA, Luiz Carlos. *Construindo o estado republicano*: democracia e reforma da gestão pública. Rio de Janeiro: FGV, 2009.

BRESSER-PEREIRA, Luiz Carlos. Da Administração Pública burocrática à gerencial. *In*: BRESSER-PEREIRA, Luiz Carlos; SPINK, Peter Kevin (Org.). *Reforma do estado e administração pública gerencial*. Rio de Janeiro: FGV, 1998.

BRESSER-PEREIRA, Luiz Carlos. Gestão do setor público: estratégia e estrutura para um novo Estado. *In*: BRESSER-PEREIRA, Luiz Carlos; SPINK, Peter Kevin (Org.). *Reforma do estado e administração pública gerencial*. 7. ed. Rio de Janeiro: FGV, 2009.

BRESSER-PEREIRA, Luiz Carlos; SPINK, Peter Kevin (Orgs.). *Reforma do Estado e Administração Pública Gerencial*. Rio de Janeiro: Editora FGV, 1998.

BRESSMAN, Lisa Schultz *et al*. *The regulatory state*. New York: Aspen Publishers, 2010.

BREYER, Stephen. *Regulation and its reform*. Cambridge: Massachusetts, 1982.

BUCCI, Maria Paula Dallari. *Direito administrativo e políticas públicas*. São Paulo: Saraiva, 2002.

CARBO-VALVERDE, Santiago *et al*. Regulatory arbitrage in cross-border banking mergers within the EU. *Journal of Money, Credit and Banking*, v. 44, n. 8, p. 1609-1629, 2012.

CAHALI, Francisco Jose. *Curso de arbitragem*. 5. ed. São Paulo: Revista dos Tribunais, 2015.

CAIXETA, Gabriel Ricardo Jardim. *Silêncio legislativo, liberdade para legislar e omissão inconstitucional*. 2015. p. 47. Dissertação (Mestrado em Direito do Estado) – Faculdade de Direito, Universidade de São Paulo, São Paulo, 2015.

CALABRESI, Steven G.; LAWSON, Gary. The unitary executive, jurisdiction stripping, and the hamdan opinions: a textualist response to justice Scalia. 107 *Colum. L. Rev*. 1002 2007.

CALABRESI, Steven G.; YOO, Christopher S. The unitary executive during the first half-century, 47 *Case W. Res. L. Rev*. 1451 (1997).

CALDAS, Evandro Pereira. *Controle da administração pública pela via arbitral*. Dissertação (mestrado) – Escola de Direito da Fundação Getulio Vargas, 2020.

CÂMARA, Jacintho Arruda; GASPARI, Felipe Natal de. Raízes da regulação no Brasil. *In*: WALD, Arnoldo *et al*. *O direito administrativo na atualidade:* estudos em homenagem ao centenário de Hely Lopes Meirelles (1917-2017). São Paulo: Malheiros, 2017.

CAMPILONGO, Celso Fernandes. *O direito na sociedade complexa*. São Paulo: Max Limonad, 2000.

CARBO-VALVERDE, Santiago *et al*. Regulatory Arbitrage in Cross-Border Banking Mergers within the EU. *Journal of Money, Credit and Banking*, v. 44, n. 8, p. 1609-1629, 2012.

CARDOSO, André Guskow. As agências reguladoras e a arbitragem. *In*: PEREIRA, Cesar Augusto Guimarães; TALAMINI, Eduardo (Coord.). *Arbitragem e poder público*. São Paulo: Saraiva, 2010.

CARDOSO, José Lucas. *Autoridades administrativas independentes e Constituição*. Coimbra: Coimbra Ed., 2002.

CARRIGAN, Christopher; CAGLIANESE, Cary. Oversight in hindsight: assessing the U.S. Regulatory System in the wake of calamity. In *Regulatory breakdown*: the crisis of confidence in U.S. regulation. Philadelphia: University of Pennsylvania Press, 2012.

CARVALHO FILHO, José dos Santos. *Manual de direito administrativo*. 30. ed. São Paulo: Atlas, 2016.

CASS, Ronald A. *et al*. *Administrative law*. 6. ed. New York: Wolters Klumer Law & Business, 2011.

CASSESE, Sabino. *A crise do estado*. Campinas, SP: Saberes Editora, 2010.

CASTELLS, Manuel. *Sociedade em rede*. 8. ed. Tradução de Roneide Venancio Majer e Klauss Brandini Gerhardt. São Paulo: Paz e Terra, 2005.

CAVALCANTI, Bianor Scelza. *O gerente equalizador*: estratégias de gestão no setor público. Rio de Janeiro: FGV, 2008.

CAVALCANTI, Bianor Scelza; PECI, Alketa. Reflexões sobre a autonomia do órgão regulador: análise das agências reguladoras estaduais. *Revista de Administração Pública*, Rio de Janeiro, v. 34, n. 5, p. 101, set./out. 2000.

CAVALCANTI, Themistocles Brandão. *Instituições de direito administrativo brasileiro*. 2. ed. Rio de Janeiro: Freitas Bastos, 1938. v. II.

CHEVALLIER, Jacques. *O Estado pós-moderno*. Tradução de Marçal Justen Filho. Belo Horizonte: Fórum, 2009.

CLÈVE, Clèmerson Merlin. *Atividade legislativa do poder executivo*. 2. ed. São Paulo: Revista dos Tribunais, 2000.

COMISSÃO EUROPEIA. Disponível em: http://ec.europa.eu. Acesso em 15 mar. 2022.

CONFORTO, Gloria. Descentralização e regulação da gestão de serviços públicos. *Revista de Administração Pública*, Rio de Janeiro, v. 32, n. 1, p. 27-40, mar. 1998.

CORTE INTERNACIONAL DE ARBITRAGEM DA CÂMARA DE COMÉRCIO INTERNACIONAL – CCI. *Procedimento Arbitral nº 26042/PFF*. Brasília, 24 ago. 2021. Disponível em: https://www.gov.br/agu/pt-br/composicao/cgu/cgu/neadir/arquivos/CASOVIRACOPOSICC26042PFFATADEMISSO.pdf. Acesso em 19 ago. 2022.

COSTA, Frederico Lustosa da. Brasil: 200 anos de Estado; 200 anos de Administração Pública; 200 anos de reformas. *Revista de Administração Pública*, Rio de Janeiro, v. 42, n. 5, p. 848, set./out. 2008.

COSTA, Frederico Lustosa da. *Reforma do estado e contexto brasileiro*: crítica do paradigma gerencialista. Rio de Janeiro: FGV, 2010.

CRETELLA JÚNIOR, José. Definição da tutela administrativa. *Revista de Direito Administrativo*, Rio de Janeiro, p. 28-40, abr./jun. 1969.

CRETELLA JÚNIOR, José. *Tratado de direito administrativo*. Rio de Janeiro: Forense, 1970. v. 6.

CROLEY. Steven P. *Regulation and public interest*: the possibility of good regulatory government. New Jersey: Princeton University Press, 2008.

CUÉLLAR, Mariano-Florentino. James Landis and the Dilemmas of Administrative Government. *George Washington Law Review*, v. 83, p. 1330-1339, 2014.

CUSHMAN, Robert E. *The independent regulatory commissions*. New York: Octagonn Books, 1972.

DAVIS, Frederick. Judicialization of administrative law: the trial-type hearing and changing status of the hearing officer. *Duke Law Journal*, p. 389-408, 1977.

DELEO, John D. *Administrative law*. New York: Delmar Gengage Learning, 2008.

DERANI, Cristiane. *Privatização e serviços públicos*: as ações do Estado na produção econômica. São Paulo: Max Limonad, 2002.

DI PIETRO, Maria Sylvia Zanella. *Direito administrativo*. 14. ed. São Paulo: Atlas, 2002.

DI PIETRO, Maria Sylvia Zanella. *Parcerias na administração pública*: concessão, permissão, franquia, terceirização e outras formas. 7. ed. São Paulo: Atlas, 2009.

DIVER, Colin. The Optimal precision of administrative rules. *The Yale Law Journal*, v. 93, n. 1, nov. 1983.

DOMINGO, Rafael (Ed.). *Juristas universales*. Madrid: Marcial Pons, 2004. v. 2.

DUDLEY, Susan E.; BRITO, Jerry. *Regulation*: a primer. 2. ed. Washington: The George Washington University, 2012.

DUTRA, Pedro. As agências reguladoras nos âmbitos federal e estadual: natureza jurídica da atividade de fiscalização e regulação. *In*: SARAIVA, Enrique; PECI, Alketa; BRASÍLICO, Edson Américo (Org.). *Regulação, defesa da concorrência e concessões*. Rio de Janeiro: FGV, 2002.

EASA – EUROPEAN UNION AVIATION SAFETY AGENCY. Disponível em: https://www.easa.europa.eu/. Acesso em 15 mar. 2022.

EFSA – EUROPEAN FOOD SAFETY AUTHORITY. Disponível em: http://www.efsa.europa.eu/. Acesso em 15 mar. 2022.

EMSA – EUROPEAN MARITIME SAFETY AGENCY. Disponível em: https://www.emsa.europa.eu/. Acesso em 15 mar. 2022.

EPBR. *Dommo tenta reaver participação em Atlanta com arbitragem contra ANP, Enauta e Barra Energia*. 28 ago. 2019. Disponível em: https://epbr.com.br/dommo-entra-com-arbitragem-contra-anp-enauta-e-barra-energia/. Acesso em 19 ago. 2022.

EPSTEIN, Richard A. *How progressives rewrote the constitution*. Cato Institute: Washington, 2001.

EPSTEIN, Richard A. *Simple rules for a complex world*. Cambridge: Harvard University Press, 1995.

EPSTEIN, Richard. Why the modern administrative state is inconsistent with the rule of law. *NYU Journal of Law & Liberty*, v. 3, p. 491-515, 2006.

FARIA, José Eduardo. *O direito na economia globalizada*. 4. tir. São Paulo: Malheiros, 2004.

FARIA, Sara Jane Leite de. *Regulação jurídica dos serviços autorizados*. Rio de Janeiro: Lumen Juris, 2005.

FELLMETH, Robert. *The interstate commerce omission*. New York: Grossman Publishers, 1970.

FERREIRA FILHO, Manoel Gonçalves. *Direito constitucional econômico*. São Paulo: Saraiva, 1990.

FREEDMAN, James O. Boards in the administrative process. *University of Pennsylvania Law Review*, v. 117, 1969.

FREITAS, Rafael Véras de. As prorrogações e a relicitação previstas na Lei nº 13.448/2017: um novo regime jurídico de negociação para os contratos de longo prazo. *Revista de Direito Público da Economia – RDPE*, Belo Horizonte, a. 15, n. 59, p. 175-199, jul./set. 2017.

GANDRA, Alana. Acordo entre ANP e Petrobrás dá novo contorno ao Campo de Jubarte. *Agencia Brasil*, 05 abr. 2019. Disponível em: https://agenciabrasil.ebc.com.br/economia/noticia/2019-04/acordo-entre-anp-e-petrobras-da-novo-contorno-ao-campo-de-jubarte. Acesso em 19 ago. 2022.

GARRY, Patrick M. Judicial review and the "hard look" doctrine. *Nevada Law Journal*, v. 7, 2006-2007.

GASPARINI, Diógenes. *Direito administrativo*. 7. ed. São Paulo: Saraiva, 2002.

GELLHORN, Walter. The Administrative Procedure Act: the beginnings. *Virginia Law Review*, v. 72, n. 2 (The Administrative Procedure Act: A Fortieth Anniversary Symposium), Mar. 1986.

GIDDENS, Anthony. *A terceira via*: reflexões sobre o impasse político atual e o futuro da social-democracia. Tradução de Maria Luiza X. de A. Borges. 5. ed. Rio de Janeiro: Record, 2005.

GIUSTI, Gilberto. Os vinte anos da Lei 9.307/1996. *In*: MELLO, Leonardo de Campos; BENEDUZI, Renato Resende (Org.). *A reforma da arbitragem*. Rio de Janeiro: Forense, 2016.

GOMES, Ângela de Castro. Autoritarismo e corporativismo no Brasil: o legado de Vargas. *Revista USP*, São Paulo, n. 65, p. 105-119, mar./maio 2005.

GOMES, Ângela Maria de Castro *et al*. *O Brasil republicano*: sociedade e política (1930-1964). 6. ed. Rio de Janeiro: Bertrand Brasil, 1996.

GRAU, Eros Roberto. *A ordem econômica na Constituição de 1988*. 6. ed. São Paulo: Malheiros, 2001.

GRECO, Leonardo. Contraditório efetivo. *Revista Eletrônica de Direito Processual – REDP*, v. 15, jan./jun. 2015.

GROTTI, Dinorá Adelaide Musetti. Arbitragem e o setor de telecomunicações no Brasil. *Revista de Direito de Informática e Telecomunicações – RDIT*, Belo Horizonte v. 2, n. 2, p. 99-127, jan.-jul. 2006.

GUASTINI, Riccardo. La "constitucionalización" del ordenamiento jurídico: el caso italiano. *In*: CARBONELL, Miguel (Org.). *Neoconstitucionalismo(s)*. 2. ed. Madrid: Trotta, 2005.

GUERRA, Sérgio. Aperfeiçoando a Regulação brasileira por agências: quais lições podem ser extraídas do sesquicentenário modelo norte-americano? *In*: GUERRA, Sergio (Coord.). *Teoria do Estado Regulador*. Curitiba: Juruá, 2015.

GUERRA, Sérgio. Controle das agências reguladoras por meio de supervisão ministerial. *Revista de Direito Público da Economia – RDPE*, Belo Horizonte, ano 3, n. 10, p. 205-221, abr./jun. 2005.

GUERRA, Sérgio. *Controle judicial dos atos regulatórios*. Rio de Janeiro: Lumen Juris, 2005.

GUERRA, Sérgio. *Discricionariedade, regulação e reflexividade*: uma nova teoria sobre as escolhas administrativas. 5. ed. Belo Horizonte: Fórum, 2018.

GUERRA, Sérgio. *Discricionariedade, regulação e reflexividade*: uma nova teoria sobre as escolhas administrativas. 6. ed. Belo Horizonte: Fórum, 2021.

GUERRA, Sérgio. Neoempreendedorismo estatal e os consórcios com empresas do setor privado. *In*: MARSHALL, Carla (Org.). *Direito empresarial público II*. Rio de Janeiro: Lumen Juris, 2004.

GUERRA, Sérgio. Separação de poderes, executivo unitário e estado administrativo no Brasil. *Revista de Estudos Institucionais*, v. 3, n. 1, 2017.

GUERRA, Sérgio; GUERRA, Thamires. Brasil deve observar modelo francês de agências reguladoras. *Consultor Jurídico*, São Paulo, 2016.

GUERRA, Sérgio; HARTMANN, Ivar. Tribunal de Contas da União: uma análise quantitativa. *A&C – Revista de Direito Administrativo & Constitucional* (no prelo).

GUERRA, Sérgio; SAMPAIO, Patrícia (Org.). *Autonomia financeira das agências reguladoras*. Curitiba: Juruá, 2016.

GUERRA, Sérgio; SAMPAIO, Patrícia. *Serviços públicos e controle da Administração Pública*. 6. ed. Disponível em: http://academico.direito-rio.fgv.br. Acesso em: 18 dez. 2010. (Roteiro de curso).

GUERRA, Sérgio; THEVENARD, Lucas; BORGES, Gabriela. *Major questions doctrine*: decisão da Suprema Corte coloca o tema da deferência novamente em pauta nos EUA. 11 ago. 2022. Disponível em: https://portal.fgv.br/artigos/major-questions-doctrine-decisao-suprema-corte-coloca-tema-deferencia-novamente-pauta-eua. Acesso em 21 set. 2022.

HOLANDA, Sérgio Buarque de. *Raízes do Brasil*. 26. ed. 26. reimpr. São Paulo: Companhia das Letras, 2006.

HOMELAND SECURITY. Disponível em: https://www.dhs.gov/. Acesso em 3 dez. 2022.

HOUSTON, Joel F. *et al*. Regulatory arbitrage and international bank flows. *The Journal of Finance*, v. 67, n. 5, p. 1845-1895, 2012.

HOWARD, Philip K. *The rule of nobody*: saving América from dead laws and broken government. New York: W.W. Norton & Company, 2014.

JORDÃO, Eduardo. *Controle judicial de uma administração pública complexa*. São Paulo: Malheiros, 2016.

JUSTEN FILHO, Marçal. Art. 20 da LINDB: dever de transparência, concretude e profundidade nas decisões públicas. *Revista de Direito Administrativo*. Edição Especial, p. 15-25, out. 2018.

JUSTEN FILHO, Marçal. *Curso de direito administrativo*. 10. ed. São Paulo: Revista dos Tribunais, 2014.

JUSTEN FILHO, Marçal. *Curso de direito administrativo*. 13. ed. São Paulo: Thomson Reuters Brasil, 2018.

JUSTEN FILHO, Marçal. *O direito das agências reguladoras independentes*. São Paulo: Dialética, 2002.

KLEIN, Aline Lícia. A Arbitragem nas concessões de serviço público. *In*: PEREIRA, Cesar Augusto Guimarães; TALAMINI, Eduardo (Coord.). *Arbitragem e poder público*. São Paulo: Saraiva, 2010.

KITCH, Edmund W.; BOWLER, Clara Ann. The Facts of Munn v. Illinois. *The Supreme Court Review*, v. 1978, p. 313-343, 1978.

KOLKO, Gabriel. *Railroads and regulations*: 1877-1916. New York: The Norton Library, 1965.

KRISCH, Nico. KINGSBURY, Benedict. Introdução: governança global e direito administrativo global na ordem legal internacional. *Revista de Direito Administrativo*, Belo Horizonte, v. 261, p. 12-31, set./dez. 2012.

LANDIS, James M. *Report on regulatory agencies to the president-elect*: a report submitted to Sen. John F. Kennedy – December 21, 1960. New Orleans: Quid Pro Books, 2014.

LANDIS, James. *The administrative process*. New Haven: Yale University Press, 1938.

LAWSON, Gary S. Limited government, unlimited administration: is it possible to restore constitution? First Principles Series. *The Heritage Foundation*, n. 23, Jan. 27, 2009.

LAWSON, Gary. Delegation and original meaning. 88 *Va. L. Rev*. 327 2002.

LAWSON, Gary. *Federal administrative law*. 6. ed. ST. Paul: West, 2013.

LAWSON, Gary. The rise and rise of the administrative state. *Harvard Law Review*, v. 107, n. 6, 1994.

LEMES, Selma Ferreira. O Dever de revelação e a ação de anulação da sentença arbitral, *In*: LEMES, Selma Ferreira; BALBINO Inez (Coord.). *Arbitragem*. Temas contemporâneos. São Paulo: Quartier Latin, 2012.

LIMA, Alcides de Mendonça. O vice-presidente da república na constituição federal de 1946. *Revista de Direito Administrativo*, Rio de Janeiro, v. 16, p. 360-373, abr. 1949.

LIMA, Ruy Cirne. *Princípios de direito administrativo*. 6. ed. São Paulo: RT, 1987.

LOBO, Ana Paula. Algar Telecom pede arbitragem à Anatel para tratar da concessão. *Convergência Digital*, 04 jul. 2022. Disponível em: https://www.convergenciadigital.com.br/Telecom/Algar-Telecom-pede-arbitragem-a-Anatel-para-tratar-da-concessao-60746.html. Acesso em 22 ago. 2022.

LOPES, José Reinaldo de Lima. *O direito na história*: lições introdutórias. 4. ed. São Paulo: Atlas, 2012.

MACARINI, José Pedro. A política bancária do regime militar: o projeto de conglomerado (1967-1973). *Economia e Sociedade*, Campinas, v. 16, n. 3 (31), p. 343-369, dez. 2007.

MACHADO, Luiz Toledo. *Formação do Brasil e unidade nacional*. São Paulo: IBRASA, 1980.

MAJONE, Giandomenico. Do Estado positivo ao estado regulador: causas e consequências da mudança no modo de governança. *In*: MATTOS, Paulo Todescan L. (Coord.). *Regulação econômica e democracia*: o debate europeu. São Paulo: Singular, 2006.

MANNHEIMER, Sérgio Nelson. Agências estaduais reguladoras de serviços públicos. *Revista Forense*, Rio de Janeiro, v. 343, p. 221-233, jul./set. 1998.

MARQUES NETO, Floriano de Azevedo. Abuso de poder regulatório: algo prático na Lei de Liberdade Econômica. *Advocacia hj*., n. 3, 2020.

MARQUES NETO, Floriano Peixoto de Azevedo. A nova regulação estatal e as agências independentes. *In*: SUNDFELD, Carlos Ari (Org.). *Direito administrativo econômico*. São Paulo: Malheiros, 2000.

MARQUES NETO, Floriano Peixoto de Azevedo. *Agências reguladoras independentes*: fundamentos e seu regime jurídico. Belo Horizonte: Fórum, 2005.

MARQUES NETO, Floriano de Azevedo; PALMA, Juliana Bonacorsi de. Diálogos fora de esquadro: o controle das agências reguladoras pelo Tribunal de Contas da União. *Revista Brasileira de Estudos Políticos*, Belo Horizonte, n. 120, p. 203-236, jan./jun. 2020.

MARTINS, Pedro Batista. *Arbitragem no direito societário*. São Paulo: Quartier Latin, 2012.

MARTINS, Ricardo Marcondes. Natureza jurídica das organizações sociais e das Organizações da Sociedade Civil de Interesse Público. *In*: SPARAPANI, Priscilia; ADRI, Renata Porto (Coord.). *Intervenção do Estado no domínio econômico e domínio social*: homenagem ao Professor Celso Antônio Bandeira de Mello. Belo Horizonte: Fórum, 2010.

MASHAW, Jerry L. *Creating the administrative constitution*: the lost one hundred years of American administrative law. New Haven: Yale University Press, 2012.

MATTOS NETO, Antonio José de. Direitos patrimoniais disponíveis e indisponíveis à luz da lei de arbitragem. *Revista do Processo*, São Paulo, n. 122, p. 151-166, 2005.

MATTOS, Paulo Todescan Lessa. *O novo Estado regulador no Brasil*: eficiência e legitimidade. 2. ed. São Paulo: Revista dos Tribunais, 2017.

MENEZELLO, Maria D'Assunção Costa. *Agências reguladoras e o direito brasileiro*. São Paulo: Atlas, 2002.

MCCRAW, Thomas K. *et al*. *Prophets of regulation*: Cf. Charles Francis, Adams Louis D. Brandeis, James M. Landis, Alfred E. Kahn. Massachusetts: Harvard, 1984.

MCGARITY, Thomas O. Some Thoughts on "Deossifying" the Rulemaking Process. *Duke Law Journal*, v. 41, n. 6, Twenty-Third Annual Administrative Law Issue, p. 1385-1462, Jun. 1992.

MCEVOY, Arthur F. The Triangle Shirtwaist Factory Fire of 1911: Social Change, Industrial Accidents, and the Evolution of Common-Sense Causality. *Law & Social Inquiry*, v. 20, n. 2, p. 621-651, 1995.

MEDAUAR, Odete. *Direito administrativo moderno*. 6. ed. São Paulo: Revista dos Tribunais, 2002.

MEDAUAR, Odete. *O direito administrativo em evolução*. 2. ed. São Paulo: Revista dos Tribunais, 2003.

MEIRELLES, Hely Lopes. *Direito administrativo*. 18. ed. São Paulo: Malheiros, 1993.

MENDONÇA, José Vicente Santos de. Abuso de poder regulatório: modo de usar (compreensão do art. 4º da Lei 13.874/19). *Academia. Edu*, p. 4-6, 2019. Disponível em: https://www.academia.edu/40442363/Art4Lei_Liberdade_Economica_Final_12672. Acesso em 23 set. 2022.

MENDONÇA, José Vicente Santos de. *Direito constitucional econômico*: a intervenção do estado na economia à luz da razão pública e do pragmatismo. 2. ed. Belo Horizonte: Fórum, 2018.

MENEZELLO, Maria D'Assunção Costa. *Agências reguladoras e o direito brasileiro*. São Paulo: Atlas, 2002.

MERRILL, Thomas W. Article III, agency adjudication, and the origins of the appellate review model of administrative law. *Columbia Law Review*, v. 111, n. 5, jun. 2011.

MODESTO, Paulo (Coord.). *Nova organização administrativa brasileira*. Belo Horizonte: Fórum, 2009.

MONTESQUIEU. *O espírito das leis*. Tradução de Cristina Murachco. São Paulo: Martins Fontes, 1993.

MOREIRA NETO, Diogo de Figueiredo. *Curso de direito administrativo*. 14. ed. Rio de Janeiro: Forense, 2006.

MOREIRA NETO, Diogo de Figueiredo. *Direito regulatório*: a alternativa participativa e flexível para a Administração Pública de relações setoriais complexas no estado democrático. Rio de Janeiro: Renovar, 2003.

MOREIRA NETO, Diogo de Figueiredo. *Mutações do direito administrativo*. Rio de Janeiro: Renovar, 2001.

MOREIRA NETO, Diogo de Figueiredo. *Poder, direito e Estado*: o direito administrativo em tempos de globalização. Belo Horizonte: Fórum, 2011.

MOREIRA NETO, Diogo de Figueiredo. Reforma da ordem econômica e financeira. *Cadernos de Direito Constitucional e Ciência Política*, São Paulo, v. 3, n. 9, p. 22-25, out./dez. 1994.

MOREIRA, Egon Bockmann; CRUZ, Elisa Schmidlin. Novos parâmetros da arbitragem frente à Administração Pública brasileira: o caso "Petrobras-ANP". *Revista de Direito Público da Economia – RDPE*, Belo Horizonte, a. 16, n. 62, p. 225-235, abr./jun. 2018.

MOREIRA, Vital. Por uma regulação ao serviço da economia de mercado e do interesse público: a "declaração de condeixa". *Revista de Direito Público da Economia – RDPE*, Belo Horizonte, n. 01, p. 252, 253, jan./mar. 2003.

MOREIRA, Vital; MAÇAS, Fernanda. *Autoridades reguladoras independentes*. Coimbra: Coimbra Ed., 2003.

MOSHER. Frederick C. *Basic documents of American public administration*: 1776-1950. New York: Holmes & Meier Publishers, Inc. 1976.

NUNES, Edson *et al*. Agências reguladoras no Brasil. *In*: AVELAR, Lúcia; CINTRA, Antônio Octávio (Org.). *Sistema político brasileiro*: uma introdução. São Paulo: UNESP, 2004.

OLIVEIRA, Gustavo Justino. *Direito administrativo democrático*. Belo Horizonte: Fórum, 2010.

OLIVEIRA, Rafael Carvalho Rezende. A arbitragem nos contratos da Administração Pública e a Lei nº 13.129/2015: novos desafios. *Revista Brasileira de Direito Público – RBDP*, Belo Horizonte, a. 13, n. 51, p. 59-79, out./dez. 2015.

ORBACH, Barak. What is regulation? *Yale Journal on Regulation*, 30, online 1 September 7, 2012.

ORGANIZAÇÃO PARA COOPERAÇÃO E DESENVOLVIMENTO ECONÔMICO – OCDE. *Relatório sobre a reforma regulatória no Brasil*: fortalecendo a governança para o crescimento. Paris e Brasília, 2008.

OSBORNE, David; GAEBLER, Ted. *Reinventando o governo*: como o espírito empreendedor está transformando o setor público. Tradução de Sérgio Fernando Guarisch Bath e Ewandro Magalhães Jr. 10. ed. Brasília: MH Comunicação, 1998.

OTERO, Paulo. *Legalidade e Administração Pública*: o sentido da vinculação administrativa à juridicidade. Coimbra: Almedina, 2003.

OTERO, Paulo. *Privatizações, reprivatizações e transferências de participações sociais no interior do sector público*. Coimbra: Coimbra Ed., 1999.

PARADA, André Luís Nascimento. Análise crítica das decisões do Tribunal de Contas da União acerca da utilização da arbitragem em contratos administrativos: evolução interpretativa. *RDA – Revista de Direito Administrativo*, Rio de Janeiro, v. 273, p. 165-198, set./dez. 2016.

PARENTE, Eduardo de Albuquerque. *Processo arbitral e sistema*. São Paulo: Atlas, 2012.

PAULA, Ana Paula Paes de. Administração Pública brasileira entre o gerencialismo e a gestão social. *Revista de Administração de Empresas – RAE*, v. 45, n. 1, p. 73, jan./mar. 2005.

PECI, Alketa (Coord.). *Agenda regulatória na prática*: uma análise das políticas adotadas por agências reguladoras nos últimos 20 anos. Rio de Janeiro: Escola Brasileira de Administração Pública e de Empresas, EBAPE/FGV, 2018.

PECI, Alketa *et al*. Governança e New Public Management: convergências e contradições no contexto brasileiro. *Organização e Sociedade – O&S*, v. 15, n. 46, p. 48, jul./set. 2008.

PECI, Alketa; PIERANTI, Octavio Penna; RODRIGUES, Silvia. Governança e *New Public Management*: convergências e contradições no contexto brasileiro. *O&S*, v. 15, n. 46, jul./set. 2008.

PEREIRA JÚNIOR, Jessé Torres. Supervisão ministerial e entidades vinculadas no moderno direito administrativo brasileiro. *Revista da Informação Legislativa*, p. 186, jan./mar. 1976.

PIMENTA, Carlos Cesar. A reforma gerencial do estado brasileiro no contexto das grandes tendências mundiais. *Revista de Administração Pública*, Rio de Janeiro, v. 32, n. 5, p. 173-199, 1998.

PINTO, Bilac. O declínio das sociedades de economia mista e o advento das modernas empresas públicas. *Revista de Direito Administrativo*, Rio de Janeiro, v. 32, p. 1-15, abr./jun. 1953.

PINTO, Bilac. *Regulamentação efetiva dos serviços públicos*. 2. ed. atual. por Alexandre Santos de Aragão. Rio de Janeiro: Forense, 2002.

PORTO, Antônio José Maristrello; GAROUPA, Nuno; GUERRA, Sérgio. Análise de impacto regulatório: dimensões econômicas de sua aplicação. *Economic Analysis of Law Review* – EALR, v. 10, n. 2, p. 173-190, maio-ago. 2019.

POSNER, Richard A. Theories of economic regulation. *The Bell Journal of Economics and Management Science*, v. 5, n. 2, Autumn 1974.

PRIEST, George L. The origins of utility regulation and the "theories of regulation" debate. *J.L. & Econ*, v. 36, 1993.

RAKOFF, Todd D. The choice between formal and informal modes of administrative regulation. *Administrative Law Review*, v. 52, n. 1, p. 159-174, 2000.

RAMALHO, Pedro Ivo Sebba (Org.). *Regulação e agências reguladoras*: governança e análise de impacto regulatório. Brasília: ANVISA, 2009.

RAMALHO, Pedro Ivo Sebba. Insulamento burocrático, *accountability* e transparência: dez anos de regulação da Agência Reguladora de Vigilância Sanitária. *Revista do Serviço Público*, Brasília, v. 60, n. 4, p. 337-364, out./dez. 2009.

RAMOS, Luiz F. Rosa; Niemeyer, Julia Haddad. Concorrência no Brasil: um ano de Fiarc. *Valor Econômico*, 28 dez. 2021. Disponível em: https://valor.globo.com/legislacao/coluna/concorrencia-no-brasil-um-ano-de-fiarc.ghtml. Acesso em 13 mar. 2021.

RAWLS, John. *Justiça e democracia*. Tradução de Irene A. Paternot. São Paulo: Martins Fontes, 2002. (Publicada originalmente em francês sob o título: *Justice e démocratie*, em 1978).

REGO, Vicente Pereira do. *Elementos de direito administrativo brasileiro*. Recife: Tipografia Universal, 1857.

REZENDE, Flavio da Cunha. *Por que falham as reformas administrativas*? Rio de Janeiro: FGV, 2004.

RIBAS, Antonio Joaquim. *Direito administrativo brasileiro*. Rio de Janeiro: F.L. Pinto & C., Livreiros-Editores, 1866.

RIVERO, Jean. *Direito administrativo*. Coimbra: Almedina, 1981.

ROBINSON, Glen O. Independent Agencies: Form and Substance in Executive Prerogative. *Duke Law Journal*, v. 1988, n. 2/3, p. 238-251, 1988.

ROCHA, Maria Elizabeth Guimarães Teixeira. A intervenção do Estado brasileiro e a política oligárquica na República Velha. *Revista de Informação Legislativa*, v. 32, n. 126, p. 207-219, abr./jun. 1995.

RODRÍGUEZ RODRÍGUEZ, Libardo. Las vicisitudes del derecho administrativo y sus desafíos en el siglo XXI. *In*: FERNÁNDEZ RUIZ, Jorge (Coord.). *Perspectivas del derecho administrativo en el siglo XXI*. Ciudad Universitaria: Universidad Nacional Autónoma de México, 2002.

ROQUETE, F. L. V. A Frente Intensiva de Avaliação Regulatória e Concorrencial: projeto de indução exógena de regulação responsiva ou fonte de conflito interinstitucional? *Revista Digital de Direito Administrativo*, [S. l.], v. 9, n. 2, p. 28-43, 2022.

ROSE-ACKERMAN, Susan. *Rethinking the progressive agenda*: the reform of the American regulatory state. New York: The Free Press, 1992.

ROSE-ACKERMAN, Susan; LINDSETH, Peter L. Comparative administrative law: outlining a field of study. *Windsor Y.B.*, v. 201, 2010.

ROSE-ACKERMAN, Susan; LINDSETH, Peter L. Lindseth. *Comparative administrative law*. Cheltenhan, UK: Edward Elgar, 2010.

ROSE-ACKERMAN, Susan; PERROUD, Thomas. Policymaking and Public Law in France: public participation, agency independence, and impact assessment. *The Columbia Journal of European Law*, v. 19, n. 2, Spring 2013.

ROUSSEAU, Jean-Jacques. *Do contrato social*: princípios do direito político. Tradução de J. Cretella Jr. e Agnes Cretella. São Paulo: Revista dos Tribunais, 2002. p. 31 *et seq*. Título original: *Du contrat social*: *principes du droit politique*.

SALGADO, Lucia Helena; SEROA DA MOTTA, Ronaldo. *Marcos regulatórios no Brasil*: o que foi feito e o que falta fazer. Rio de Janeiro: IPEA, 2005.

SALVADOR MARTÍNEZ, Maria. *Autoridades independientes*. Barcelona: Ariel, 2002.

SÁNCHEZ MORÓN, Miguel. *Discrecionalidad administrativa y control judicial*. Madri: Tecnos, 1994.

SARAVIA, Enrique J. Governança social no Brasil contemporâneo. *Revista Governança Social – IGS*, Belo Horizonte, ano 3, ed. 7, p. 21-23, dez. 2009/mar. 2010.

SARAVIA, Enrique J. O sistema de carreira no setor público: descrição, análise comparativa e perspectivas. *In*: BALASSIANO, Moisés; COSTA, Isabel de Sá Affonso da *Gestão de carreiras*: dilemas e perspectivas. Rio de Janeiro: Atlas, 2006.

SARAVIA, Enrique J. *O sistema empresarial público no Brasil*: gênese e tendências atuais. Brasília: Instituto de Planejamento Econômico e Ampliada – IPEA; Comissão Econômica para a América Latina e Caribe – CEPAL, 1988. Versão ampl. e atual., 2002.

SARAVIA, Enrique J.; FERRAREZI, Elisabete. *Políticas públicas*: coletânea. Brasília: ENAP, 2006. 2. v.

SCALIA, Antonin. Back to basics: making law without making rules. *Regulation*, Jul./Aug. 1981.

SCHOENBROD, David. *Power without responsibility*: how congress abuses the people through delegation. New Haven: Yale University Press, 1993.

SESTER, Peter Christian. *Comentários à lei de arbitragem e à legislação extravagante.* São Paulo: Quartier Latin, 2020.

SHAPIRO, Sidney A.; LEVY, Richard E. Heightened Scrutiny of the Fourth Branch: Separation of Powers and the Requirement of Adequate Reasons for Agency Decisions. *Duke Law Journal*, v. 1987, n. 3, p. 387-455, 1987.

SILVA, Junia Camarinha da. *Direito administrativo*: legislação. 20. ed. rev. e atual. Rio de Janeiro: Thex, 2006.

SKOWRONEK, Stephen. *Bulding a new American state*: the expansion of national administrative capacities 1877-1920. New York: Cambridge University Press, 1982.

SOARES FILHO, Sidney; PONTE, Marcelo Dias. Cultura e federalismo na trajetória constitucional brasileira. *Revista Eletrônica do Curso de Direito da UFSM*, Santa Maria, RS, v. 12, n. 2, p. 517-544, ago. 2017.

SORDI, Bernardo. Révolution, Rechtsstaat and the Rule of Law: historical reflections on the emergence and development of administrative law [2017] ELECD 1082. *In*: ROSE-ACKERMAN, Susan; LINDSETH, L. Peter; EMERSON, Blake (Ed.). *Comparative Administrative Law*. Edward Elgar Publishing, 2017.

SOUTO, Marcos Juruena Villela. *Desestatização*: privatização, concessões, terceirizações e regulação. 4. ed. Rio de Janeiro: Lumen Juris, 2001.

SOUTO, Marcos Juruena Villela. *Direito administrativo regulatório*. Rio de Janeiro: Lumen Juris, 2002.

STIGLER, George J. The Origin of the Sherman Act. *The Journal of Legal Studies*, v. 14, n. 1, p. 1-12, 1985.

STIGLER, George J. The theory of economic regulation. v. 2. *The Bell Journal of Economics and Management Science*, v. 3, 1971.

STRAUSS, Peter L. Changing Times: The APA at fifty. 63 *University of Chicago Law Review*, 1996.

STRAUSS, Peter L. The place of agencies in government: separation of powers and the fourth branch. *Columbia Law Review*, v. 84, n. 3. Apr. 1984.

SUNDFELD, Carlos Ari. *Direito administrativo ordenador*. 1. ed. 3. tir. São Paulo: Malheiros, 2003.

SUNDFELD, Carlos Ari. Preços e tarifas dos serviços de telecomunicações. *In*: SUNDFELD, Carlos Ari (Coord.). *Direito administrativo econômico*. São Paulo: Malheiros, 2000.

SUNDFELD, Carlos Ari; CÂMARA, Jacintho Arruda. O cabimento da arbitragem nos contratos administrativos. *Revista de Direito Administrativo*, n. 248, p. 117-126, 2008.

SUNDFELD, Carlos Ari; CÂMARA, Jacintho Arruda. O Tribunal de Contas da União e a Regulação. *Fórum de Contratação e Gestão Pública –FCGP*, v. 194, 2018.

SUSTEIN, Cass R. *Why nudge?*: the politics of libertarian paternalism. Yale University Press, 2014.

SYRIOS, Andrew. The Financial Crisis – Part 1: Is Deregulation to Blame? Well, Kinda..., May 25, 2009. *SwiftEconomics.com*.

TÁCITO, Caio. Agências reguladoras da administração. *Revista de Direito Administrativo*, n. 221, p. 3, 4, jul./set. 2000.

TÁCITO, Caio. Competência ministerial para suspensão de julgamento de concorrência em empresa pública sob sua supervisão. *Revista de Direito da Procuradoria Geral*, Rio de Janeiro, n. 43, p. 27-28, 1991.

TÁCITO, Caio. O retorno do pêndulo: serviço público e empresa privada; o exemplo brasileiro. *Revista de Direito Administrativo*, n. 202, p. 1-10, out./dez. 1995.

TALAMINI, Eduardo. A (in)disponibilidade do interesse público: consequências processuais (composições em juízo, prerrogativas processuais, arbitragem, negócios processuais e ação monitoria – versão atualizada para o CPC/2015). *Revista do Processo*, v. 264, ano 42, p. 83-107, fev. 2017.

TEIXEIRA, Alberto. *Planejamento público*: de Getulio a JK (1930-1960). Fortaleza: IPLANCE, 1997.

THALER, Richard H.; SUNSTEIN, Cass R.; BALZ, John P. *Choice Architecture*, April 2, 2010.

TOLEDO, Karina. Propaganda de alimentos pouco saudáveis terá alerta. *O Estado de São Paulo*, 04 jul. 2010.

TORRES, Ricardo Lobo. *Tratado de direito constitucional financeiro e tributário*. Rio de Janeiro: Renovar, 2005. v. 2.

TORRES, Silvia Faber. *Princípio da subsidiariedade no direito público contemporâneo*. Rio de Janeiro: Renovar, 2001.

VAUGHAN, Diane. Autonomy, Interdependence, and Social Control: NASA and the Space Shuttle Challenger. *Administrative Science Quarterly*, v. 35, n. 2, p. 225-257, 1990.

VENÂNCIO FILHO, Alberto. *A intervenção do Estado no domínio econômico*: o direito público econômico no Brasil. Rio de Janeiro: Renovar, 2008.

VERMEULE, Adrian. The administrative state: law, democracy and knowledge. *Oxford Handbook of the United States Constitution*, 2013. Harvard Public Law Working Paper No. 13-28, 2013. Disponível em: http://papers.ssrn.com/sol3/papers.cfm?abstract_id=2329818. Acesso em: 13 dez. 2014.

VOLOTÃO, Romilson de Almeida. *Direito regulatório, governança e licenciamento ambiental*: soluções para o aperfeiçoamento do licenciamento ambiental brasileiro. Curitiba: Juruá, 2016.

WALD, Arnold. O controle político sobre as agências reguladoras no direito brasileiro e comparado. *Boletim de Direito Administrativo*, v. 20, n. 9, set. 2004.

WALDO, Dwight. The Administrative State Revisited. *Public Administration Review*, v. 25, n. 1, p. 5-30, 1965.

WEBER, Max. *Economia e sociedade*. Tradução de Regis Barbosa e Karen Elsabe Barbosa. São Paulo: Imprensa Oficial, 2004. v. 2, p. 199. Título original: *Wirtschaft und Gesellschaft*: Grundriss der verstehenden Soziologie.

WILLIAM, Burnham. *Introduction to the Law and Legal System of the United States*. West Academic Publishing: Seventh Edition, 2021.

WILSON, Woodrow. *The new freedom*. New York: Doubleday, Page and Company, 1913.

YOO, Christopher S.; CALABRESI, Steven G.; NEET, Laurence D. The unitary executive during the third half-century, 1889-1945. 80 *Notre Dame L. Rev*. 1, 2004-2005.

**Livros**

Coautor de *Parcerias Público-Privadas*: reflexões sobre a Lei 11079/2004. Organizado por Marçal Justen Filho; Rafael Wallbach Schwind. 2. ed. São Paulo: Thomson Reuters Brasil, 2022.

*Agências Reguladoras*: da organização administrativa piramidal à governança em rede. 2. ed. 1. reimpr. Belo Horizonte: Fórum, 2022.

Organizador e coautor de *Teoria do Estado Regulador*. Curitiba: Juruá, 2022. v. V.

*Agências Reguladoras* – Da organização administrativa piramidal à governança em rede. 2. ed. Belo Horizonte: Fórum, 2021.

Coautor de *Dinâmica da Regulação: Estudos de Casos da Jurisprudência Brasileira*: a convivência dos tribunais e órgãos de controle com agências reguladoras, autoridade da concorrência e livre iniciativa. 2. ed. Belo Horizonte: Fórum, 2021.

Coautor de *Direito da Infraestrutura*: Regulação e Controle do TCU. Rio de Janeiro: Fórum, 2021.

*Discricionariedade, regulação e reflexividade*: uma nova teoria sobre as escolhas administrativas. 6. ed. Belo Horizonte: Fórum, 2021.

Coautor de *Direito e infraestrutura*: portos e transporte aquaviário. Organizado por Sebastião Botto de Barros Tojal; Jorge Henrique de Oliveira Souza. Belo Horizonte: Fórum, 2021.

Coautor com Ivar Hartmann de *Tecnología, Administración pública y Regulación*. Organizado por Luis Ferney; Moreno Castillo; William Ivan; Gallo Aponte; Vivian Cristina; Lima López Valle. Bogota: Universidad Externado de Colombia, 2021.

Coautor de *Los mercados de gas y su regulación en Iberoamerica*. Organizado por Luis Ferney Castillo; Inigo del Guayo Castiella. Bogota: Universidad del Externado, 2021.

Coautor de *Direito Portuário Brasileiro*. Organizado por Cesar Pereira; Rafael Walbach Schwind. 3. ed. Belo Horizonte: Fórum, 2020.

Coautor de *Dinâmica da Regulação: Estudos de Casos da Jurisprudência Brasileira*: a convivência dos tribunais e órgãos de controle com agências reguladoras, autoridade da concorrência e livre iniciativa. Belo Horizonte: Fórum, 2020.

Coautor com Pericles Gonçalves Filho de *Temas atuais de direito dos seguros*. Organizado por Ilan Golberg e Tiago Junqueira. São Paulo: Thomson Reuters Brasil, 2020.

Coautor de *Dinâmica da Regulação*: estudos de casos de jurisprudência brasileira – a convivência dos tribunais e órgãos de controle com agências reguladoras, autoridade da concorrência e livre iniciativa. Belo Horizonte: Fórum, 2020.

Coautor de *Direito Portuário Brasileiro*. 3. ed. Organizado por Cesar Pereira e Rafael Wallbach Schwind. Belo Horizonte: Fórum, 2020.

*Discricionariedade, regulação e reflexividade*: uma nova teoria sobre as escolhas administrativas. 5. ed. 1. impr. Belo Horizonte: Fórum, 2019.

Coautor de *Tratado de Equilíbrio Econômico-Financeiro*. 2. ed. Coordenado por Egon Bockmann Moreira. Belo Horizonte: Fórum, 2019.

Coautor de *Equilíbrio financeiro em projetos de infraestrutura e a TIR flexível*. Rio de Janeiro: FGV Projetos, 2019.

Organizador e coautor de *Teoria do Estado Regulador*. Curitiba: Juruá, 2019. v. IV.

*Discricionariedade, regulação e reflexividade*: uma nova teoria sobre as escolhas administrativas. 5. ed. Belo Horizonte: Fórum, 2018.

Organizador e coautor de *Teoria do Estado Regulador*. Curitiba: Juruá, 2018. v. III.

Coautor de *Regulação e novas tecnologias*. 1. reimpr. Belo Horizonte: Fórum, 2018.

Coorganizador de *Tributação setorial v. 1*. Rio de Janeiro: FGV, 2018.

Coorganizador de *Tributação setorial v. 2*. Rio de Janeiro: FGV, 2018.

*Discricionariedade, regulação e reflexividade*: uma nova teoria sobre as escolhas administrativas. 4. ed. Belo Horizonte: Fórum, 2017.

Coautor de *O direito administrativo na atualidade*: estudos em homenagem ao centenário de Hely Lopes Meirelles. Organizado por Arnold Wald, Marçal Justen Filho e César Augusto Guimarães Pereira. São Paulo: Malheiros, 2017.

Coautor de *Direito público*: grandes temas. Homenagem a Urbano Vitalino de Melo Filho. Organizado por Juarez Freitas e Renato Saeger Magalhães Costa. Curitiba: Juruá, 2017.

Coautor de *Temas relevantes no direito de energia elétrica*. Rio de Janeiro: Synergia, 2017. v. IV.

Coautor de Coleção de *Direito ambiental*. Brasília: Embrapa, 2017. v. 3.

Coautor de Teses jurídicas dos Tribunais Superiores. In: *Direito administrativo*. Coordenado por Maria Sylvia Zanella Di Pietro e Irene Patrícia Nohara. São Paulo: RT, 2017. v. III.

Coautor de *Direito administrativo e seus novos paradigmas*. 2. ed. Coordenado por Floriano de Marques Neto e Alexandre Santos de Aragão. Belo Horizonte: Fórum, 2017.

Coautor de *Regulação e novas tecnologias*. Belo Horizonte: Fórum, 2017.

Organizador e coautor de *Teoria do Estado Regulador*. Curitiba: Juruá, 2016. v. II.

Coorganizador de *Autonomia financeira das agências reguladoras*. Curitiba: Juruá, 2016.

Coautor de *Contratos administrativos, equilíbrio econômico-financeiro e a taxa interna de retorno*. Belo Horizonte: Fórum, 2016.

Coautor de *Direito econômico e socioambiental*. Curitiba: Íthala, 2016.

Coautor de *Segurança jurídica e protagonismo judicial* – Desafios em tempos de incerteza. Rio de Janeiro: GZ, 2016.

Coautor de *Temas relevantes no direito de energia elétrica*. Rio de Janeiro: Synergia, 2016. v. 5.

Coautor de *Processo administrativo nas agências reguladoras*. Rio de Janeiro: FGV, 2016.

Organizador de *Contribuições especiais*. Rio de Janeiro: FGV, 2016. v. 2.

Organizador de *Contribuições especiais*. Rio de Janeiro: FGV, 2016. v. 1.

Organizador de *Tributação internacional e planejamento tributário*. Rio de Janeiro: FGV, 2016.

Organizador de *Normas gerais de direito tributário*. Rio de Janeiro: FGV, 2016. v. 1.

Organizador de *Normas gerais de direito tributário*. Rio de Janeiro: FGV, 2016. v. 2.

Organizador de *Soluções alternativas de controvérsias no setor público*. Rio de Janeiro: FGV, 2015.

Organizador e coautor de *Direito administrativo*: estudos em homenagem ao Professor Marcos Juruena Villela Souto. Belo Horizonte: Fórum, 2015.

Organizador e coautor de *Teoria do Estado Regulador*. Curitiba: Juruá, 2015.

*Discricionariedade, regulação e reflexividade*: uma nova teoria sobre as escolhas administrativas. 3. ed. Belo Horizonte: Fórum, 2015.

Organizador de *Direito constitucional tributário*. Rio de Janeiro: FGV, 2015. v. 1.

Organizador de *Direito constitucional tributário*. Rio de Janeiro: FGV, 2015. v. 2.

Coautor de *A nova regulação da infraestrutura e da mineração*: portos, aeroportos, ferrovias, rodovias. Belo Horizonte: Fórum, 2015.

Coautor de *Parcerias público-privadas*. São Paulo: Revista dos Tribunais, 2015.

Coautor de *Direito portuário brasileiro*. Madri: Marcial Pons, 2015.

Coautor de *Temas relevantes no direito de energia elétrica*. 4. ed. Rio de Janeiro: Synergia, 2015.

Organizador e Coautor de *Regulação no Brasil*: uma visão multidisciplinar. Rio de Janeiro: FGV, 2014.

Coautor de *Curso de direito ambiental*. 2. ed. São Paulo: Atlas, 2014.

Coautor de *Direito administrativo:* transformações e tendências. São Paulo: Almedina, 2014.

Coautor de *Temas relevantes no direito da energia elétrica*. Rio de Janeiro: Synergia, 2014. v. 3.

Coautor de *Temas relevantes no direito da energia elétrica*. Rio de Janeiro: Synergia, 2013. v. 2.

Coautor de *Parcerias público-privadas de medicamentos (PDPS)*. Belo Horizonte: Fórum, 2013.

*Discricionariedade, regulação e reflexividade*: uma nova teoria sobre as escolhas administrativas. 2. ed. Belo Horizonte: Fórum, 2013.

Coautor de *Fundamentos de direito constitucional*. Rio de janeiro: FGV, 2013. v. 1.

Coautor de *Ordem constitucional econômica*. Rio de Janeiro: FGV, 2013.

Coautor de *Fundamentos de direito constitucional*. Rio de Janeiro: FGV, 2013. v. 2.

Coautor de *Administração pública gerencial*. Rio de Janeiro: FGV, 2013.

*Agências reguladoras*: da organização administrativa piramidal à governança em rede. Belo Horizonte: Fórum, 2012.

Coautor de *Intervenção estatal ambiental*. São Paulo: Atlas, 2012.

Coautor de *Direito sanitário*. Organizado por Felipe Asensi e Roseni Pinheiro. Rio de Janeiro: Campus, 2012.

Coautor de *Temas relevantes no direito da energia elétrica*. Rio de Janeiro: Synergia, 2012.

Coautor de *Direito administrativo e democracia econômica*. Belo Horizonte: Fórum, 2012.

Coautor de *Direito do petróleo e de outras fontes de energia*. Organizado por Alexandre Santos de Aragão. Rio de Janeiro: Lumen Juris, 2011.

Coautor de *Tópicos de direito ambiental*: 30 anos da Política Nacional do Meio Ambiente. Organizado por Rômulo Sampaio, Guilherme Leal e Antônio Reis. Rio de Janeiro: Lumen Juris, 2011.

Coorganizador de *Novas parcerias entre os setores público e privado*. Rio de Janeiro: Ed. FGV, 2011. v. 2.

Coorganizador de *Sociedades empresárias*. 2. ed. Rio de Janeiro: Ed. FGV, 2011. v. 1.

Coorganizador de *Sociedades empresárias*. 2. ed. Rio de Janeiro: Ed. FGV, 2011. v. 2.

Coorganizador de *Novas parcerias entre os setores público e privado*. Rio de Janeiro: Ed. FGV, 2011.

Organizador e coautor de *Transformações do Estado e do Direito*: novos rumos para o Poder Judiciário. Rio de Janeiro: Ed. FGV, 2011. v. 2.

Coautor de *Ministério Público*: reflexões sobre princípios e funções institucionais. Organizado por Carlos Vinícius Alves Ribeiro. São Paulo: Atlas, 2010.

Coautor de *Poder Judiciário*: novos olhares sobre a gestão e a jurisdição. Organizado por José Ricardo Cunha. Rio de Janeiro: Ed. FGV, 2010.

Organizador e coautor de *Transformações do Estado e do direito*: novos rumos para o Poder Judiciário. Rio de Janeiro: Ed. FGV, 2009. v. 1.

Coautor de *Curso de direito ambiental*. Belo Horizonte: Fórum, 2009.

*Discricionariedade e reflexividade*: uma nova teoria sobre as escolhas administrativas. Belo Horizonte: Fórum, 2008.

Coautor de *Direito administrativo e seus novos paradigmas*. Coordenado por Floriano de Azevedo Marques Neto e Alexandre Santos de Aragão. Belo Horizonte: Fórum, 2008.

Coautor de *Poder normativo das agências reguladoras*. Coordenado por Alexandre Santos de Aragão. Rio de Janeiro: Forense, 2006.

Coautor de *Direito administrativo*: estudos em homenagem a Diogo de Figueiredo Moreira Neto. Coordenado por Fábio Medina Osório e Marcos Juruena Villela Souto. Rio de Janeiro: Lumen Juris, 2006.

Coautor de *Direito administrativo empresarial*. Coordenado por Marcos Juruena Villela Souto. Rio de Janeiro: Lumen Juris, 2006.

Coautor de *Regulação jurídica do setor elétrico*. Coordenado por Elena Landau. Rio de Janeiro: Lumen Juris, 2006.

*Controle judicial dos atos regulatórios*. Rio de Janeiro: Lumen Juris, 2005.

Coordenador de *Temas de direito regulatório*. Rio de Janeiro: Freitas Bastos, 2005.

Coautor de *Direito ambiental*. Rio de Janeiro: Freitas Bastos, 2005.

Coautor de *Direito ambiental visto por nós advogados*. Coordenado por Mario Werneck, Bruno Campos Silva, Henrique A. Mourão. Belo Horizonte: Del Rey, 2005.

*Introdução ao direito das agências reguladoras*. Rio de Janeiro: Freitas Bastos, 2004.

Coautor de *Direito empresarial público II*. Organizado por Carla Marshall. Rio de Janeiro: Lumen Juris, 2004.

Coautor de *Responsabilidade civil empresarial e da Administração Pública*. Organizado por Patrícia Ribeiro Serra Vieira. Rio de Janeiro: Lumen Juris, 2004.

Coautor de *Direito empresarial público*. Organizado por Marcos Juruena Villela Souto e Carla Marshall. Rio de Janeiro: Lumen Juris, 2002.

Coautor de *Regulação, defesa da concorrência e concessões*. Organizado por Enrique Saraiva, Alketa Peci e Edson Américo Brasílico. Rio de Janeiro: FGV, 2002.

## Artigos

Câmara arbitral estatal em regime de concorrência como setor privado: estudo de caso na regulação da previdência complementar. *Revista Interesse Público*, v. 131, p. 17-42, 2022.

Coautor com Lucas Gomes e Gabriela Borges. Major Questions Doctrine: deferência em pauta nos Estados Unidos. *Consultor Jurídico (São Paulo. Online)*, v. 148, p. 1, 2022.

Coautor com Rafael Veras. Expropriação regulatória e a Resolução nº 56/2009 da Anvisa. *Consultor Jurídico (São Paulo. Online)*, v. 348, p. 1, 2022.

Coautor com Rafael Veras. Novo Marco Regulatório do Saneamento. *Revista De Direito Econômico e Socioambiental*, v. 12, p. 4, 2021.

Autonomia decisória e responsabilidade civil da ANVISA no exercício da função executiva. *Novos Estudos Jurídicos (Online)*, v. 26, p. 4, 2021.

Coautor com Ivar Hartmann. Tribunal de Contas da União: uma análise quantitativa. A&C. *Revista De Direito Administrativo & Constitucional (Impresso)*, v. 80, p. 1-306, 2020.

Regulamentação e regulação: distinções necessárias - caso ANVISA: 'regulação setorial do tabaco': ADI nº 4874, STF. *Revista de Direito Público da Economia*, v. 71, p. 4, 2020.

Coautor com Natasha Salinas e Lucas Gomes de As agências reguladoras em resposta à crise da COVID-19. *Revista de Administração Pública*, v. 54, p. 4, 2020.

Coautor com Péricles Gonçalvez Filho de Integração metropolitana, saneamento básico e governança interfederativa. *Revista Nomos*, v. 40.1, p. 155, 2020.

Regulação da participação estrangeira em atividades econômicas e na aquisição de terras. *Revista Novos Estudos Jurídicos*, v. 25, p. 455, 2020.

Coautor com Natasha Salinas de O Congresso Nacional e a frágil autonomia das agências reguladoras. *Revista de Direito Econômico e Socioambiental*, v. 1, p. 26-28, 2020.

Coautor com Natasha Salinas de Resolução Eletrônica de Conflitos em agências reguladoras. *Revista Direito GV (on-line)*, v. 16, n. 1, jan./abr. 2020.

Coautor com Fernanda Martins de A Influência do Sistema Norte-americano das *Public Utilities* nas Concessões do Serviço Público Brasileiro. *Interesse Público – IP*, v. 113, p. 15-36, 2019.

Coautor com Antonio Maristrello Porto e Nuno Garoupa de Análise do impacto regulatório: dimensões econômicas de sua aplicação. *Economic Analysis of Law Review*, v. 10, n. 2, p. 173-190, 2019.

Refletindo sobre o ensino jurídico no mestrado em direito da regulação. *Revista Estudos Institucionais*, v. 5, p. 20-33, 2019.

Coautor com Rafaela Nogueira de Regulação da energia pré-paga no Brasil e os direitos dos consumidores. *Direitos Fundamentais & Justiça*, v. 1, p. 239-264, 2019.

Coautor com Patrícia Sampaio de Relicitação das concessões de geração de energia elétrica e a reversão dos bens. *Revista Brasileira de Políticas Públicas*, v. 9, n. 1, p. 371-388, 2019.

Coautor com Rômulo Sampaio de Acordos substitutivos como instrumento de regulação ambiental. *Novos Estudos Jurídicos (on-line)*, v. 23, p. 798-823, 2018.

Coautor com Juliana Bonacorsi de Palma de Art. 26 da LINDB – Novo regime jurídico de negociação com a administração pública. *Revista de Direito Administrativo*, Edição Especial: Direito Público na Lei de Introdução às Normas de Direito Brasileiro – LINDB (Lei nº 13.655/2018), p. 135-169, nov. 2018.

Coautor com Natasha Salinas de Controle político da atividade normativa das agências reguladoras no Brasil. *Revista de Direito Econômico e Socioambiental*, v. 9, p. 402-430, 2018.

Regulação e natureza jurídica das bandeiras tarifárias. *Nomos*, Fortaleza, v. 38, p. 357-377, 2018.

Integração metropolitana e a prestação de serviços públicos de interesse comum. *Interesse Público – IP*, v. 105, p. 215-231, 2017.

Coautor com Lara Piau de Regulação das faturas de energia elétrica no ambiente de privilégio postal. *A&C – Revista de Direito Administrativo & Constitucional*, v. 17, p. 153-170, 2017.

Separação de poderes, Executivo unitário e Estado administrativo. *Revista Estudos Institucionais*, v. 3, p. 123-152, 2017.

Tecnicidade e regulação estatal no setor de infraestrutura. *Fórum Administrativo – FA*, v. 17, p. 61-71, 2017.
Sociedade de riscos e incertezas: o controle judicial sobre as escolhas regulatórias. *Interesse Público – IP*, v. 1, p. 155-174, 2016.

Exoneração de presidente da EBC é ato administrativo constitucional. *Consultor Jurídico*, São Paulo, 2016.

Arbitragem regulatória. *Revista Colunistas de Direito do Estado*, 28 jun. 2016.

Inovações tecnológicas, regulação e o direito administrativo. *Revista Colunistas de Direito do Estado*, 4 maio 2016.

Autonomia e perda de mandato nas agências reguladoras. *Revista Colunistas de Direito do Estado*, 19 jan. 2016.

Coautor com Thamires Guerra de Brasil deve observar modelo francês de agências reguladoras. *Consultor Jurídico*, São Paulo, 2016.

Revisão da taxa interna de retorno nas concessões. *Revista Conjuntura Econômica*, Rio de Janeiro, v. 69, p. 64-65, 2015.

Atualidades sobre o Poder de Polícia da Guarda Municipal. *Revista Colunistas de Direito do Estado*, 18 nov. 2015.

Coautor com Clovis de Faro de Proibição de capitalização de juros e o Poder Judiciário: equívocos na aplicação de teorias econômicas sobre juros simples e compostos. *Revista de Direito Administrativo*, v. 266, p. 209-229, 2014.

Coautor com Fernando Leal de Regulação do exercício de atividade extracorporativa por policiais civis e militares. *A&C – Revista de Direito Administrativo & Constitucional*, v. 56, p. 103-124, 2014.

Função de regulação e sustentabilidade. *Revista Direito à Sustentabilidade*, v. 1, p. 48-62, 2014.

Agências reguladoras: entre governança e governabilidade. *Valor Econômico*, v. 1, p. 1-14, 2013.

Conselhos e outros órgãos judicantes: um novo eixo de poder? *Revista Justiça & Cidadania*, v. 151, p. 52-53, 2013.

Projeto que cria Agência de Mineração deve ser alterado. *Consultor Jurídico*, São Paulo, set. 2013.

Regulação estatal sob a ótica da organização administrativa brasileira. *Revista de Direito Público da Economia*, v. 1, p. 229-248, 2013.

Novo cenário com a Lei Complementar 140. *Jornal Valor Econômico*, p. E3, 20 jan. 2012.

Abusos na normatização regulatória. *Revista Conjuntura Econômica*, Rio de Janeiro, v. 66, p. 60-62, 2012.

Coautor com Patricia Sampaio de Análise de impacto regulatório. *Revista Justiça & Cidadania*, v. 145, p. 30-33, 2012.

Controle judicial das escolhas regulatórias: o fim do protagonismo do Superior Tribunal de Justiça? *Revista Brasileira de Estudos Constitucionais*, v. 22, p. 525-556, 2012.

Agências reguladoras e risco Brasil. *Valor Econômico*, v. 13, p. A15, 2012.

Por que as agências reguladoras? *Revista Conjuntura Econômica*, Rio de Janeiro, v. 66, p. 46-48, 2012.

A regulação estatal da vigilância em saúde: transparência e accountability à luz da LC 141/2012. *Revista da Faculdade de Direito Candido Mendes*, v. 17, p. 257-288, 2012.

A regulação estatal na sociedade de risco. *Revista da Procuradoria Geral do Estado do Espírito Santo*, v. 12, p. 327-356, 2012.

Transformação de cargos públicos: a racionalização burocrática no atendimento do princípio da eficiência. *Interesse Público – IP*, v. 1, p. 89-108, 2012.

Discricionariedade administrativa e sua transformação no Estado Democrático de Direito. *Revista da Faculdade de Direito Candido Mendes*, ano 16, n. 16, p. 205-228, 2011.

Supremo Tribunal Federal (STF) – Função normativa do Conselho Monetário Nacional: regulação sistêmica e a capacidade normativa de conjuntura. *Revista de Direito Administrativo*, v. 254, p. 261-273, 2011.

Pedágio ambiental e a visão do Poder Judiciário. *Revista Conjuntura Econômica*, Rio de Janeiro, v. 65, p. 44-45, 2011.

Poder Judiciário e o controle da atuação regulatória. *Revista Conjuntura Econômica*, Rio de Janeiro, v. 64, p. 50-51, 2011.

Os limites da atuação do Cade e o Poder Judiciário. *Revista Conjuntura Econômica*, Rio de Janeiro, v. 65, p. 44-45, 2011.

Ministério Público, Tribunal de Contas e agências reguladoras: novos poderes? *Revista Conjuntura Econômica*, Rio de Janeiro, v. 65, p. 64-65, 2011.

Função normativa das agências reguladoras: uma nova categoria de direito administrativo? *Revista Direito GV*, São Paulo, v. 7, p. 131-152, 2011.

Limites da Anvisa no seu poder de polícia. *Fórum de Contratação e Gestão Pública – FCGP*, v. 97, p. 49-51, 2010.

Poder Judiciário e meio ambiente. *Revista Conjuntura Econômica*, Rio de Janeiro, v. 64, p. 70-71, 2010.

Limites do Poder Judiciário nas atividades desportivas. *Revista Conjuntura Econômica*, Rio de Janeiro, v. 64, p. 56-57, 2010.

Novas restrições à aquisição de terras por estrangeiros. *Revista Conjuntura Econômica*, Rio de Janeiro, v. 64, p. 50-51, 2010.

Discricionariedade administrativa – Críticas e propostas. *REDE (IBDP)*, v. 21, p. 1-40, 2010.

Atualidades sobre o controle judicial dos atos regulatórios. *REDAE*, Salvador, v. 21, p. 1-24, 2010.

Poder normativo das agências reguladoras: as imagens nas embalagens de produtos derivados de tabaco exigidas pela Anvisa. *Revista de Direito Administrativo*, v. 252, p. 143-185, 2010.

Transformações do direito administrativo e a (in)segurança jurídica. *RERE*, Salvador, v. 17, p. 1, 2009.

Transformações do direito administrativo e a (in)segurança jurídica. *Revista de Direito do TJ-RJ*, v. 79, p. 97, 2009.

Limites da Anvisa no seu poder de polícia reforçado. *Revista Conjuntura Econômica*, Rio de Janeiro, v. 63, p. 57-59, 2009.

Redução da discricionariedade administrativa por meio de previsibilidade técnica. *REDAE*, Salvador, v. 20, p. 1-5, 2009.

Direito administrativo e a nova hermenêutica: uma releitura do modelo regulatório brasileiro. *REDAE*, Salvador, v. 19, p. 1-37, 2009.

Crise e refundação do princípio da legalidade: a supremacia formal e axiológica da Constituição Federal de 1988. *Revista Interesse Público*, v. 49, p. 89-112, 2008.

Reflexividade: o fim da discricionariedade administrativa? *Revista Conjuntura Econômica*, Rio de Janeiro, v. 62, p. 36, 2008.

O Supremo e a nova compensação ambiental. *Valor Econômico,* v. 1, p. 1, 2008.

Direito administrativo e nova hermenêutica: uma releitura do modelo regulatório brasileiro. *Boletim de Licitações e Contratos – Governet,* Curitiba, ano 3, n. 28, ago. 2007.

Atualidades sobre o controle judicial dos atos regulatórios. *Revista da Escola da Magistratura do Estado de Rondônia,* n. 15, p. 111-146, 2007.

Coautor de agências reguladoras pelos ares. *O Estado de S.Paulo,* São Paulo, p. B3, 15 ago. 2007. Caderno de Economia.

Direito administrativo e nova hermenêutica: uma releitura do modelo regulatório brasileiro. *Boletim de Licitações e Contratos – Governet,* Curitiba, v. 28, p. 25, 2007.

Atualidades sobre o controle judicial dos atos regulatórios. *Revista da Escola da Magistratura do Estado de Rondônia – EMERON,* v. 15, p. 111-146, 2007.

A advocacia pós-moderna. *Jornal do Commercio,* 16 jan. 2006.

Teoria da captura de agência reguladora em sede pretoriana. *Revista de Direito Administrativo – RDA,* São Paulo, v. 244, 2006.

Direito administrativo e nova hermenêutica: uma releitura do modelo regulatório brasileiro. *Revista de Direito Administrativo – RDA,* São Paulo, v. 243, 2006.

Regulação estatal e novas tecnologias. *Interesse Público,* v. 100, p. 201-214, 2016.

O princípio da proporcionalidade na pós-modernidade. *Revista Eletrônica de Direito do Estado,* Salvador, n. 2, abr./jun. 2005.

Agências reguladoras e a supervisão ministerial. *Gazeta Mercantil.* Artigos especiais. Disponível em: http://www.gazetamercantil.com.br. Acesso em: 24 jun. 2005.

Controle das agências reguladoras por meio de supervisão ministerial. *Revista de Direito Público da Economia,* Belo Horizonte, n. 9, jun. 2005.

Agências reguladoras e supervisão ministerial. *Migalhas,* 6 jan. 2005. Disponível em: http://www.migalhas.com.br. Acesso em: 6 jan. 2005.

Os bens reversíveis nas concessões de serviços públicos. *Revista de Direito Público da Economia*, Belo Horizonte, n. 8, jan. 2005.

Discricionariedade técnica e agências reguladoras: marco regulatório. *Revista da Agência Estadual de Regulação dos Serviços Delegados do Rio Grande do Sul – AGERGS*, n. 8, p. 61-71, mar. 2005.

Poder de regular (agências reguladoras se submetem ao interesse público). *Consultor Jurídico*, 14 maio 2005. Disponível em: http://www.conjur.com.br. Acesso em: 20 maio 2005.

A cobrança pelo uso dos recursos hídricos. *Valor Econômico*, p. E2, 29 jan. 2004. Caderno Legislação e Tributos.

Coautor de Inspeção veicular e terceirização. *Gazeta Mercantil*, p. 8, 17 mar. 2004. Caderno Legal & Jurisprudência.

Discricionariedade na regulação por entidades estatais independentes. *Revista de Direito Público da Economia*, Belo Horizonte, n. 6, abr. 2004.

A regulação pelo Cade e ponderação de interesses. *Gazeta Mercantil*, p. 2, 14 fev. 2004. Caderno Legal & Jurisprudência.

A regulação pelo Cade e ponderação de interesses. *Informativo ADCOAS*, jul. 2004.

Coautor de A ponderação de interesses na cobrança municipal para uso do subsolo, solo e espaço aéreo por concessionária de serviços públicos. *Revista Interesse Público*, Porto Alegre, n. 26, jul./ago. 2004. Caderno de Direito Municipal.

O princípio da segurança jurídica nos reajustes tarifários. *Gazeta Mercantil*, 23-25 jul. 2004, p. 2. Caderno Legal & Jurisprudência.

As agências e o devido processo regulatório. *Valor Econômico*, p. E2, 4 ago. 2004. Caderno Legislação e Tributos

Bens reversíveis nas concessões de serviços públicos. *Gazeta Mercantil*, 14 jul. 2004, p. 2. Caderno Legal & Jurisprudência.

Aspectos legais para implantação da unidade de refino. *Revista Brazilian Business*, Rio de Janeiro, ano 18, n. 186, p. 20-21, mar. 2003.

A due diligence ambiental. *Gazeta Mercantil,* 24 abr. 2003. Caderno Legal & Jurisprudência.
O controle das agências reguladoras. *Gazeta Mercantil,* 16 set. 2003. Caderno Legal & Jurisprudência.

O controle dos atos das agências reguladoras. *Jornal do Commercio,* Rio de Janeiro, 7 nov. 2003. Caderno de Direito.

O princípio da proporcionalidade na pós-modernidade. *Revista Brasileira de Direito Público,* Belo Horizonte, n. 3, out./dez. 2003.

De quem é a responsabilidade pelo saneamento básico? *Gazeta Mercantil,* p. 2, 12 jul. 2002.
Saneamento básico: de quem é a competência? *Revista Brazilian Business,* Rio de Janeiro, ano 17, n. 178, p. 48-49, jul. 2002.

Adulteração de combustíveis. *Revista Brazilian Business,* Rio de Janeiro, ano 17, n. 179, p. 28-29, ago. 2002.

Competência das agências reguladoras. *Gazeta Mercantil,* p. A-2, 11 maio 2001.
Leilões de energia elétrica. *Gazeta Mercantil,* p. 4, 7 ago. 2001. Caderno Legislação e Tributos.

A competência das agências reguladoras. *Revista Brazilian Business,* Rio de Janeiro, ano 16, n. 163, p. 44-45, maio 2001.

A competência dos entes federados em matéria ambiental. *Revista de Direito Ambiental,* v. 6, p. 120, abr. 1997.

Esta obra foi composta em fonte Palatino Linotype, corpo 10
e impressa em papel Offset 75g (miolo) e Supremo 250g (capa)
pela Gráfica Star7.